KB042587

실패의 성공학

Learning from Entrepreneurial Failure
: Emotions, Cognitions, and Actions

Dean A. Shepherd
Trenton Williams
Marcus Wolfe
Holger Patzelt 저

박상규 역

박영사

　이 책을 한국어로 번역하게 되어 영광으로 생각한다. 박사학위 취득 후 조교수로 부임을 한 후 몇 주 동안 마냥 즐거워하던 때에 한국인 박사과정 학생이 찾아와 논문 지도 교수가 되어주기를 요청한 기억이 한국 독자를 위한 서문을 작성하다 보니 상기된다. 내가 막 박사학위 논문을 마친 새내기 교수였기에 그의 제안을 만류하려 했지만 그 또한 끈질겼다. 그래서 최영록(Young-Rok Choi)은 나의 첫 박사과정 학생이 되었다. 우리는 잠재적 기회 평가, 신규 시장 진출, 신규성 부채 극복과 관련된 이슈를 함께 연구했다. 신상품 부채 담보 능력은 새로운 벤처기업이 파산할 가능성을 증가시키는 요소들을 포함하기 때문에 현금성 장부와 다름없는 것이다. 학자로서의 경력 초기에 실패가 많은 사람들에게 기업가적 과정의 필수적인 부분이라는 것을 깨닫게 되었다. 혁신적인 기업가들은 실패를 경험할 수 있다는 것을 인정하는 사람은 드물지만, 실제로 기업가들은 실패한다. 또 다른 한편 실패로부터 학습할 수 있는 기회에 관심을 두는 사람들도 별로 없다. 실패로부터 학습하는 것은 자동적이고 즉각적으로 이루어지는 것이라고 쉽게 생각하는 것 같다. 그러나 수년간 다양한 연구 과제에서 입증하고 이 책에서 제시했듯이 실패로부터 학습하는 것은 자동적이거나 즉각적인 것이 아니라, 감정을 조절하는 노력과 능력을 필요로 하는 과정을 수반한다. 이 책을 통해 한국 학계, 기업가 및 그 가족 등 기업가적 과정에 관여한 사람들이 새로운 통찰력을 얻었으면 한다. 불확실성에 가려져 있는 기회를 붙잡고 이용하기 위해 나선 기업인들이 자신의 삶과 그 경험을 통해 배울 수 있는 능력에 지장을 주는 실패와 슬픔을 경험하게 될 수도 있다는 것을 깨달았으면 좋겠다. 이 책이 기업가적 노력에 따른 실패를 사회적으로 낙인찍지 말아야 한다는 분명한 메시지를 전달하고, 기업가들에게 실패에 따른 슬픔의 감정을 더 빨리 줄여서 실패로부터 회복되어 다시 도전할 준비를 인지·감정 그리고 행동으로 동기부여가 될 수 있는 도구를 제공하기를 바란다. 행운을 빈다.

저자대표 Dean A. Shepherd

역자 서문

이 책은 Dean A. Shepherd, Trenton Williams, Marcus Wolfe and Holger Patzelt가 2016년도에 공동 저술한 Learning from Entrepreneurial Failure: Emotions, Cognitions, and Actions(UK. Cambridge University Press)의 번역본이다.

실패학연구에 대한 학문적으로 연구된 최초의 논문은 1938년도에 나왔다(Dorothy Grandine-Stanton. 1938. A Study of Failure. Journal of Personality. 6(4): 321-334). 그러나 학문적으로 실패학(failure study)은 아직도 미개척지로 남아 있다. 흥미로운 사실은 대학 졸업식사의 가장 단골 주제는 실패에 대한 이야기들이다. 실패는 누구나 당연히 경험하는 것이니, 실패 때문에 무너지지 말고 다시 일어나야 한다는 메시지가 전달된다. 역자는 졸업식 이전에 재학 중인 학생들에게도 실패의 경험으로 이미 무너져 버린 마음들을 많이 보게 되었다. 아마도 역자가 실패학에 대한 관심을 가지게 된 것이 이러한 장면들 때문이라고 기억한다. 역자가 행정학(조직학)을 공부하였기 때문에 따라서 리더십 실패, 학습 조직, 정책 실패, 정부 실패 등등의 용어를 접하였기 때문에 실패라는 용어에 대하여 낯설지 않은 것 또한 학문적으로 실패학에 관심을 가지게 된 경로의존적인 측면도 있겠다.

역자는 재직 중인 대학에서 2016년부터 "실패의 성공학"이라는 교과목을 처음 개설하였다. 교과목 명칭도 당시 학생들이 지어준 것이다. 3~4년 전부터 수집하였던 강의자료를 나름 순서대로, 내용의 전개에 맞춰, 그리고 폭과 깊이에 맞춰 한 학기 끌고 갈 수 있는 컨텐츠를 마치 시제품처럼 교양 강좌 시판에 출시하였다. 생각보다 학생들의 인기를 얻었다. 매년 강의 컨텐츠는 수정·보완되었다. 시제품은 조금씩 틀을 갖추어 완성품에 가까워진다고 생각하게 되었다. 그래서 실패학에 대한 저서 발간이라는 원대한 꿈을 꾸기 시작하였다.

지금도 그렇지만 당시에도 실패학에 대한 국내외 저서와 연구 논문 등은 매우 제한적이었다. 실패학의 대가라는 Youtarou Hatamura(畑村洋太郎)의 몇 권의 저서와 실패학의 권위자라는 Sydney Finkelstein의 두 권의 저서(공저 포함), Farson & Keyes의 저서(2002), Chales Pépin의 저서(2016), Christiane Zschirnt의 저서(2005)를 토대로 초기 시제품이 구성되었다. 이후 Edmondson, Amy C.의 논문과 실패학 관련 저서 등이 보강되었다. 한 학기 끌고 갈 수 있는 양적 컨텐츠는 어느 정도 갖추었다. 그런데 자료는 가지고 있었지만 실패학이라는 제품 제작에 투입되지 못했던 몇 권의 해외 저서와 논문들이 있었다. 나름 애를 써 번역하였지만 실패학이라는 저서에 담기에는 전반적인 프레임을 갖추지 못했던 기억이 있다. 그때부터 실패학이라는 대학 교재 수준의 내용을 담을 프레임을 구축하는 데 골몰하였고, 시간이 지나고 알게 된 사실은 프레임을 설계하는 과정이 실패학의 내용을 보강하는 데 매우 귀중한 시간이 되었다. 프레임이 어느 정도 디자인 된 시점에서 또 다른 장벽이 가로 막았다. 그 프레임을 채워줄 질적인 내용이 부족하다는 것은 넘어설 수 없는 장벽이었다. 이러한 절벽을 만난 것은 아마 2018년쯤, 그러니까 2016년도에 첫 강좌를 개설하고 2년차쯤 되었을 때이다. 당시에는 한 학기에 실패의 성공학을 50명 정원으로 2~3개 강좌를 개설하였던 시기였기 때문에 거의 10차례 정도의 강의를 하면서 학생들의 반응과 질문 그리고 교수자 스스로 느끼는 부족함 등이 맞물려 내용적으로 더 깊게 접근하고자 하는 욕구와 목표가 자연스럽게 생성되었다. 그러나 목표는 목표다. 목표에 이르기 위해서는 많은 시간과 노력이 수반된다. 거기에는 실패도 당연히 심각하게 뒤따른다. 다행히 역자는 실패에 대하여 낙관적 태도를 가진 사람이라는 것을 번역하면서 깨닫게 되었다.

실패학 저서의 전체 프레임이 만들어지고 그 프레임을 채워야 할 내용을 학습하느라 분주히 이 책(논문) 저 책(논문)을 뒤적이고 번역하기를 일삼았다. 실패학에 대한 연구는 크게 이렇게 분류될 수 있다. 리더십실패의 분야이다. 이 분야의 권위 있는 전문가는 Sydney Finkelstein과 Edmondson,

Amy C.이다. 최근에 부상하고 있는 학자는 Edmondson 하버드 경영대학원 교수이다. 물론 이 두 권위자는 리더십 연구에 권위자이다. 리더십에 대한 연구는 자연스럽게 리더십 실패에 대한 연구로 연결된다. 그리고 또 하나의 영역은 조직학습 혹은 학습조직의 영역이다. 20세기 말까지 급부상하다가 최근에는 너무 보편적이 되어 오히려 식상한 표현이 되어버린 느낌이다. 이 영역은 경영학과 조직학 분야에서 여전히 명맥이 유지되고 있지만, 다시 학문적으로 관심을 받을 수 있을 것으로 기대한다. 아마도 실패학이라는 범용성 있는 학문이 진보가 이루어진다면 과거 영광을 누렸던 학습조직과 실패학의 접목은 학습조직의 재부상을 기대할 수 있을 것이다. 마지막으로 실패학의 영역은 재난실패에 대한 연구이다. 실제 이러한 영역에서의 실패학의 발전은 필요하다. 하타무라 요타로(畑村洋太郎) 역시 공학의 세계에서 실패학을 연구한 것이 계기가 되었다. 현재 미국에서는 실패학 연구와 관련된 학술지가 왕성하게 많은 연구업적을 발간하고 있는데, 이들의 영역이 바로 공학적 및 사회재난에 관련한 분야이다. 앞서 두 분야는 사회과학적 영역이라면 후자는 공학적 및 공학과 사회과학의 융합 영역이다. 국가 사회적으로 보면, 후자에 대한 연구가 활성화되어야 한다.

그러나 역자에게는 더 중요한 실패학의 연구 영역이 있다. 개인차원에서의 실패에 대한 이야기가 필요하다. 대학 졸업식사의 단골 메뉴이고, 세계적인 기업가와 리더들도 실패하고, 조직(기업)도 실패하고, 정부도 실패하고 시장도 실패하는 데 있어서 공통분모는 인간적인 측면, 개인적인 실패가 있다. 그리고 실패를 경험하는 모든 사람은 실패 때문에 상실감으로, 자아의 정체성이 무너짐으로, 미래에 대한 기회의 상실과 박탈감으로, 사회적 소외와 낙인으로 괴롭고 그 짐들을 짊어지고 가기엔 너무 버겁기에 마음이 무너진다. 무너지고 쓰러진 마음을 다시 일으키는 학문은 실패학이 되어야 한다.

이러한 영역에 대한 실패학적 내용을 탐색과 개척의 과정에서 이 책을 만났다. 만나는 순간 목표가 바뀌었다. 실패학 저서 저술이 번역서 발간으로. 그런데 이 책을 이미 2017년 1월 5일에 만났었다. 역자는 책을 만난 날을 책 안의 가장 첫 페이지에 날짜를 기록하는 버릇이 있는데, 지적 열정과 호기심을 직접적으로 채워 주는 이 책을 세상에 무려 3년 전에 만난 적이 있었다니, 놀라울 따름이다. 세상에 기회는 얼마든지 있다. 다만 우리들이 준비가 아직 안 되어 있을 뿐이다. 이제 만 3년이 지난 후에는 다행스럽게도 역자는 이 책을 만날 준비가 되어 있었다. 실패의 과정 속에 성장의 축적과 정이 지속하고 있었던 것이다.

역자는 실패학의 대가는 이 책의 저자들이라고 생각한다. 10여 년간의 실패학에 대한 연구업적의 누적을 보시라. 역자의 말을 거부하기 어려울 것이다. 실패학은 요즘 표현으로 융합 학문이고 종합과학이다. 실패는 곧 삶 자체이기 때문이다.

역자에게 번역서는 난생 처음이다. 부족할 것이다. 삶이 그렇다. 늘 부족하다. 그리고 나중에 알게 된다. 부족했음을. 그러나 도전해봐야 안다. 얼마나 부족한지. 부족한 것을 알았으니 또 달려야 하지 않겠나. 이런 마음이다. 이 책의 독자들이 특히 대학생들이 역자와 같은 마음으로 이 책을 몇 차례 읽어보기를 바란다.

이 책을 번역하기에 앞서 역자는 대표저자인 Dean A. Shepherd에게 이메일로 상의하였다. 당시는 번역을 결심하기 전이었고, 논문 준비로 책을 읽던 중에 논문 작성은 뒤로 미루고 이 책을 완역하는 것이 앞으로 실패학 연구에 더 필요하겠다고 판단하고 결심한 순간 이미 역자는 Shepherd 교수에게 이메일을 작성하고 있었다. 역자는 그렇게 보면 매우 기업가적인(겁 없이 달려드는) 학자이다. 짧은 영어로 당신들의 방대한 책을 번역하겠노라고 이메일 전송 버튼을 누른 후 바로 후회하였다. 감당하기 벅찬 일이라는 것을 누구보다 역자가 가장 잘 알기 때문이다. 지난 이메일함을 들여다보니 저녁 10시 34분에 역자가 전송하였고, 다음 날 오전 1시 19분에, 그러니까 약 3시간 후 Shepherd 교수에게서 답신을 받았다. 그 날은 연구실에서 이미 번역 작업을 나름 본격적으로 시작한 첫 날의 각오로 늦게까지 작업을 하던 중에 이메일 답신을 받고 가슴이 철렁했던 기억이 생생하다. 그리곤 그 이후는 기억이 없다. 힘든 줄 모르고 경주마처럼 한 문장, 한 문장만 보고 달렸다. 약 7개월을 달렸다. 어떤 문장은 몇 시간씩을 씨름하였다. 정 어려우면 미국인 교수에게 물어봤다. 그런데 그들은 의역을 해준다. 역자에겐 일단 직역이 필요했다. 직역이 된 다음 독자들에게 가독성을 높이기 위해서 의역이 부득불 필요한 부분만 하려고 노력하였다. 그것이 저자들의 의도를 왜곡하지 않는 최소한이라고 생각했기 때문이다. 그러다보니 여전히 문장이 딱딱하고 유연하지 못하다. 역자에게도 이러한데, 독자들에게는 처음부터 끝까지 그런 느낌일지도 모르겠다. 내용을 이해하면 투박한 번역의 글들이 오히려 순수하게 읽혀질지도 모른다는 희망으로 실패학 여정의 첫 출발을 자축하고자 한다. 실패학 연구에 대한 앞으로의 여정은 두 권의 책을 마저 번역하고 싶다. 그리고 실패학에 대한 저술로 여정을 마치고 싶은 마음이다. 이 여정에 같이 하기를 원하는 실패학 동학을 기다린다. 멀리 가려면 함께 가라고 했으니 여행 동무들을 기다리고 있겠다.

끝으로 본서가 출판되기까지 도움을 주신 박영사 안종만 회장님과 안상준 대표님, 적지 않은 분량에도 불구하고 꼼꼼하게 교정의 수고를 해주신 편집부 전채린 차장님에게 감사의 인사를 드린다.

2021년 10월
박상규

차례

그림 차례

서론

실제 이야기로 시작한다. 한 젊은 대학 강사는 자신이 가장 흥미 있어하는 수업을 마치고 막 연구실로 돌아왔다. 이 수업에서 그는 기업가적인 활동과 그것의 높은 위험성에 대해 토론했다. 실패는 현실적으로 매우 가능성이 높다. 그러나 중요한 사실은, 교과서적으로 표현하자면, "기업은 실패하지만, 기업가는 실패하지 않는다. 실패란 기업가의 내공과 지식을 담금질해 주는 불이다"(Timmons, 1999). 말하고자 하는 요점은, 기업가와 기업은 별개의 실체라는 것이다. 왜냐하면 기업은 실패할 수 있지만, 기업가는 후속 비즈니스를 계속 할 수 있기 때문이다. 실패 경험은 기업가에게 정보를 제공하여, 후속의 기업가적인 활동을 할 수 있는 동기를 부여하게 한다.

가계 사업이 잘 안 되고 있다는 부친의 전화 한 통으로 강사는 수업에서 나눈 토론 내용에 대한 여러 생각들이 중단되었다. 강사는 부친 사업의 재정 상태에 대해 더 자세히 들은 후에 부친에게 폐업하라고 충고했다. 사업은 그 후 문을 닫았고, 그의 부친은 폐업에 따른 부정적인 감정들을 경험하게 되었다. 부친은 자신을 실망시킨 다른 사람들에게 화가 났다. 부친은 사업에 대한 자신의 꿈이 실현되지 않았기 때문에 실망이 매우 컸다. 사업가로서 실패했을 뿐만 아니라, 자녀에게 사업을 물려줄 수 없다는 생각으로 아버지로서도 실패했다는 생각이 들었다고 한다. 부친은 크게 우울해 했다. 이것은 그의 가족에게 큰 걱정거리가 되었다.

강사는 기업가적 실패(entrepreneurial failure)에 대한 다음 수업시간에 강의하는 동안, 기업가들이 실패로부터 자동적으로 그리고 즉각적으로 학습한다는 교과서의 낙관적인 이야기에 대해 매우 회의적이었다. 자신의 아버지의 경험을 돌이켜 보면, 교과서는 더 이상 사실이 아닌 것이라는 것을 깨닫게 된 것이다.

위에서 언급된 젊은 강사는 이 책의 첫 저자(Dean Shepherd)이며, 과거 20여 년 전 박사과정 학생이었다. 기업가정신에 관한 교과서에서 설명하는 실패와 부친이 실패한 경험 사이의 다름 때문에 그가 학문적으로 실패학을 탐구하는 동기가 되었다. 놀랍게도, 기업가정신과 경영학은 실패를 경험하는 사람들에 대한 인간적 측면을 거의 다루고 있지 않다. 실패가 어떻게, 왜 개인에게 영향을 미치는지에 대한 이해가 거의 없었고, 그 결과 개인이 이러한 상황에 대처할 수 있는 처방도 거의 없었다. 이러한 문제들은 몇 가지 근본적인 문제를 제기하였고, 때문에 저자들은 이 문제들에 대하여 지난 10년 이상 연구하였으며, 그 대답은 이 책에 담겨 있다.

첫째, Dean은 부친의 사업 실패에 대한 심각한 부정적인 감정 반응에 대해 개인적으로 경험을 하면서, 의문이 드는 근본적인 문제는 왜 사람은 실패에 대해 상당한 정도의 부정적인 감정 반응을 가지게 되는가이다. 조직 내에서도 기업가적 프로젝트의 실패에 대해 조직구성원들은 유사한 부정적인 감정 반응을 갖는가? 어떤 사람들은 기업가적 노력의 실패에서 부정적인 감정을 경험하는 반면에 다른 사람들은 그렇지 않은가? 또는 왜 그들은 덜 부정적인 감정 반응으로 경험하는가? 아마도 그것은 개인의 속성일 뿐만 아니라, 실패로 인하여 상실한 것과 실패가 발생한 맥락과 관련된 속성의 문제일 것이다. 다시 말해서, 개인은 실패 경험에 대해 더 심각한 (혹은 덜 심각한) 부정적인 감정 반응을 언제 경험하게 되는가? 이러한 문제에 대하여 우리는 제2장에서 사업 실패가 개인의 기본적인 심리적 욕구의 충족을 어떻게 좌절시키는가를 살펴봄으로써, 실패경험에 대한 사람들의 부정적인 감정 반응의 차이를 설명하고, 이러한 설명은 자기결정이론(self-determination theory)을 토대로 한다.

둘째로, Dean의 부친은 실패를 경험했지만, 그 경험으로부터 학습이 가능한 상태에 있는 것 같지는 않았다. 실패에 대한 부정적인 감정 반응은 경험으로부터 학습하는 개인의 능력에 어떤 영향을 미치는가? 실패에 대한 동일한 부정적인 감정 반응을 고려할 때, 왜 어떤 사람들은 그들의 부정적인 감정을 더 빨리 줄이고 실패 경험으로부터 학습할 수 있는가? 실패를 경험하는 모든 사람들이 자신의 자존감이 위협받고 있다고 느끼고 이에 따라 자아보호(ego-protective) 전략을 활성화하는가, 아니면 이러한 실패 사건에서 자존감을 분리시킬 수 있는가? 왜 사람들은 실패를 경험하는 다른 사람들에게는 연민의 감정을 가지면서, 유독 자신에게는 지나칠 만큼 가혹한가? 사람들이 실패 사건을 겪은 후 자신에게 연민적일 때 어떤 일이 일어날까? 제3장에서는 자존감에 대한 위협과 부정적인 감정 생성을 감소시키며, 부정적인 감정을 균형 있게 유지하여 경험으로부터 학습을 향상시킬 수 있는 자기 연민(self-compassion)의 개념을 토대로 이러한 질문에 접근한다.

셋째, 사업 종료 결정은 부친이 Dean과 상의한 후에야 이루어졌다. 그러나 그의 부친은 사업이 실패할 것이라는 것을 이미 오래전에 알고 있었는가, 아니면 불가피한 결과에 대해 애써 부인하고 있었는가? 실제로 Dean의 아버지는 실적이 좋지 않았음에도 불구하고 그 회사에 자원을 계속 투자하였고, 결과적으로 사업이 결국 실패하면서 가족들은 모든 재정적 부를 잃게 되었다. 사람들은 그들의 노력이 실패하고 있다는 것을 알 때, 왜 어떤 사람들은 지속(persist)하는 것을 선택하고 다른 사람들은 종료(terminate)하는 것을 선택하는가? 즉, 어떤 사람들은 왜 결국 실패가 발생하는 그러한 사업에, 재정비용이 필요 이상으로 커지도록 "밑 빠진 독에 계속 물을 붓는 것"을 선택하는가? 그러한 지연은 (의사결정)연기, 매몰 비용, 또는 편향적인 의사 결정의 다른 형태에 의해 야기되는 것인가, 아니면 재정적인 비용에도 불구하고 지연에 따른 어떤 이득이 있는가? 즉, 일부 사람들은 지연된 종료로 인해 어떤 혜택을 가질 수 있는가? 만약 그렇다면, 왜 다른 사람들은 그렇지 않은 반면, 어떤 사람들은 지연된 종료로 이득을 볼 수 있는가? 제4장에서, 우리는 종료를 지연시키고, 실패를 필요 이상의 비용을 들게 하는 연기

(procrastination), 즉 실패를 둘러싼 연기의 이유와 편익을 탐구함으로써 이러한 문제를 해결한다. 우리는 또한 종료를 어느 정도 지연시키는 것이 결국 실패에서 회복하는 것을 얼마나 촉진할 수 있는지에 대한 더 깊은 이해를 얻기 위해 예기애도(anticipated grief)의 개념을 기반으로 한다.

넷째, Dean의 부친은 실패 후 경험에서 학습할 수 있는 감정적 상태도 아니었고, 실패 직전의 기간에도 학습할 수 없었다. 하지만, 아마도 그가 새로운 사업을 빨리 시작했더라면 (실패의 금전적 비용을 고려했을 때 현실적으로 어렵지만), 사업 실패에 대한 그의 부정적인 감정 반응은 그렇게 크지 않았을지도 모른다. 새로운 기업가적 노력에 신속한 재기는 실패 사건의 부정적인 감정을 감소시키는가? 그렇다면, 그러한 부정적인 감정의 감소는 실패 경험으로부터의 학습 증가와 관련이 있는가, 아니면 높은 부정적인 감정이 우수한 학습 결과와 관련이 있기 위해서는 어떤 조건들이 충족되어야 하는가? 실패 사건은 항상 부정적인 감정을 야기하는가, 아니면 실패의 지연(즉, 종료의 지연)이 부정적인 감정 반응을 일으키는 특정 조건이 있는가? 실패 경험으로부터 학습은 실패 사건 후에만 이루어지는가, 아니면 어떤 사람들은 실패 사건이 일어나기 전에 그들의 경험으로부터 배울 수 있는가? 제5장에서는 사업 종료를 지연시키는 것이 부정적인 감정의 생성뿐만 아니라 실패한 경험으로부터 학습의 향상으로 이어질 수 있는 방법에 대하여 설명하기 위하여 "서서히 다가오는 죽음"(creeping death)이라는 개념과 인적 자원의 신속한 재배치를 바탕으로 이 문제에 접근한다.

다섯째, 사업 실패를 직접적으로 경험한 사람은 Dean의 부친이지만, 그는 가정과 더 넓은 사회적 관계를 가지고 있었다. Dean의 가족은 가장인 부친이 실패 감정으로부터 회복하는 것을 도와주려고 노력했지만, 기본적으로 단기적이며 한계가 있는 도움을 줄 수 있는 정도에 불과했다. "다른 사람들"은 실패에 의해 야기되는 개인의 부정적인 감정을 줄이는 데 어떻게 도움을 줄 수 있는가? 어떤 사람들은 부정적인 감정을 더 빨리 줄이기 위해 그들의 감정을 더 효과적으로 관리하고, 또는 다른 사람들의 부정적인 감정을 더 빨리 감소시킬 수 있는가? 어떤 사람들이 고통 받는 사람에게 더 도움이 되는가? 그리고 만약 그렇다면, 어떤 이유에서 그럴 수 있는가? 실패로 생성된 부정적 감정을 감소하거나 또는 실패 경험으로부터 학습을 효과적으로 도움을 줄 수 있는 방법이 조직 수준(system level)에서도 조직화될 수 있는가? 예를 들면, 어떤 가정은 가족이 실패경험으로부터 회복하고 실패경험으로부터 학습하도록 돕는데 능력을 발휘하고, 어떤 조직이 프로젝트를 실패한 직원이 회복하고 실패경험으로부터 학습하는 데 도움을 주는 것을 능숙하게 잘 하는 것일까? 이러한 문제에 대하여 제6장에서 살펴본다. 우리는 개인적 수준에서는 감성지능(emotional intelligence)의 개념을, 조직적 수준에서는 감성능력(emotional capability)의 개념을 토대로 실패경험으로부터 개인들의 회복을 촉진시킴으로써 개인과 조직이 실패경험으로부터 학습능력을 향상하는 요인에 대한 깊은 이해를 도모할 것이다.

여섯째, Dean의 부친은 주변인들이 자신의 사업 실패에 대해 가혹하게 비난했기 때문에 더 큰 불안을 느꼈다. 그 결과, 그는 자신의 사업 실패를 알고 있는 사람들과의 사회적 교류를 단절하였고, 그 실패를 다른 모든 사람들로부터 감추었다. 실제로, 주변 사람들은 실패에 관련된 사람들을 낙인찍는다. 낙인(stigmatization)은 기업가적 실패에 대해 개인이 느끼는 부정적인 감정 수준에 어떤 영향을 미치는가? 실패를 한 사람들 중에서 특히 어떤 사람들은 다른 사람들보다 더 많은 오명을 쓰는가? 주변사람들 중 누구는 다른 사람들에 비해 실패한 사람들에 대한 오명을 씌우는 것을 덜 하는가? 어떤 지역은 다른 지역보다 "덜 기업가적"(즉, 실패에 더 많은 오명을 씌우는 것)인가? 제7장에서는 실패에서 오는 슬픔의 심리적 기초에 대한 이해(2장)와 기업가적 노력이 실패한 개인을 평가함에 있어 편견을 탐구하기 위한 낙인찍기(stigmatization) 개념, 개인의 심리적 행복을 향상시키기 위한 행동을 탐구하기 위한 인상 관리(impression management)의 개념, 그리고, 기업가적 실패한 사람들에 대한 주변사람들의 비난의 가혹함이 어떻게 다른지를 이해하기 위한 조망수용(perspective taking)의 개념들을 모두 결합하여 이러한 질문을 다룬다.

일곱째, Dean의 부친은 사업 실패에 대해 다른 사람들에게 결코 말하지 않았고 자신도 그것을 생각하지 않으려고 노력하였다. 그러나 Dean의 연구 과정에서 점점 더 (실패 혹은 실패원인과 관련한) 그럴듯한 이야기를 말해주었고, 따라서 Dean은 실패에 대한 내러티브(narrative)를 개발할 수 있었다. 내러티브는 실패에 관련된 사람들이 그들의 경험을 이해 혹은 의미부여(sensemaking)하는 데 어떤 역할을 하는가? 실패 내러티브에는 얼마나 많은 감정적 내용이 포함되는가? 기업가 및 기업가적인 기업에서 실패는 빈번하게 발생한다는 점을 감안할 때, 내러티브는 어느 정도까지 기업가적 지향성(entrepreneurial orientation)을 반영하고 있는가? 내러티브 내용은 이후의 성과에 어떤 영향을 미치는가? 제8장에서는 내러티브에 반영되는 인지적 접근이 실패에 의해 어떻게 그리고 왜 영향을 받는지, 그리고 이것이 성과에는 어떻게 영향을 미치는지를 탐구하기 위해 의미부여와 기업가적 지향성(EO) 연구를 토대로 이러한 질문을 해결한다.

마지막으로, 실패로부터의 학습에 대한 이해를 높이기 위한 이 연구 여정을 수행하는 주요 동기 중 하나는 기업가적 실패를 경험하는 사람들에게 실질적인 함의를 제공하는 것이었다. 마지막 장(9장)에서는 실질적인 시사점에 초점을 맞춰서 내용을 요약 정리한다.

전반적으로, 이 책은 지난 10여 년 동안 실패로부터 학습이라는 주제에 대한 우리의 연구를 기반으로 하여 조금 더 확장한 것이다. 이 주제에 대한 우리의 연구는 Shepherd(2003)에서 시작하여 오늘날까지 계속된다(즉, 2014년과 2015년 논문). 이 책에서는 (1) 프로젝트, 비즈니스, 가업(family businesses) 및 심지어 대학 풋볼 경기에서의 실패에 대해 다룬다. (2) 다양한 분야−지식 집약적인 연구 개발(R&D)에서부터 의약품 개발, 창업 팀, 대학 풋볼 팀에 이르기까지−의 풍부한 데이터를 가지고, (3) 미국, 독일, 영국, 아일랜드, 호주 등 다양한 국가에 걸쳐 있다. (4) 그리고 개인 기업가, 팀, 비즈니스 및 지역적 위치까지를 포함한 다양한 수준의 분석을 커버한다. 기존 연구의 지식에 새로운 소재와 풍부한 사례(질적 데이터 포함)를 재결합함으로써, 우리는 이 주제에 대해 그동안 발표된 연구의 축적 위에 많은 새로운 통찰력을 생성하는 실패로부터의 학습에 대한 이야기를 제시하였다.

REFERENCES

Timmons, J. A. 1999. *New Venture Creation: Entrepreneurship for the 21st Century*. Boston, MA: Irwin McGraw−Hill.

Learning from Entrepreneurial Failure

실패와 비탄

제1장에서 사업의 실패로 우리 공동저자들은 실패에 대한 연구 여정을 시작했노라고 설명하였지만, 기업가적인 노력(entrepreneurial endeavors)은 조직 내 프로젝트에서도 존재하며, 이러한 기업가적인 프로젝트는 언제든 실패할 수 있다. 프로젝트 실패는 "프로젝트의 활동이 불만족스럽거나 불충분한 진행으로 중단"될 때 발생한다(Shepherd, Covin, Kuratko, 2009: 589). 예를 들어, "1998년과 2002년 사이 Nokia의 새로운 벤처사업들의 70%는 중단되거나 완전히 해체되었다. 또 다른 21%는 기존 사업부로 흡수되어 독립 벤처사업으로 남아있지 않게 되었다"(McGrath, Keil, and Tukiainen, 2012: 51). 또한, 모든 신제품의 35~45%는 실패한 것으로 평가받는다(Boulding, Morgan, and Staelin, 1997). 즉, 모든 정보 시스템 프로젝트의 절반은 실패한 것으로 보고된 바 있다(Keil and Robey, 1999). 또한, 벤처 단위에 대한 광범위한 연구에서도 성공 사례는 보고된 바 없다(Campbell, Birkinshaw, Morrison, and van Basten Bastenburg, 2003). 그러나 기업 실패(business or firm failure)에 대한 슬픔이 프로젝트 실패(project failure)에 대한 슬픔과 같을까? 프로젝트 실패에 대해 모든 사람들이 같은 수준의 슬픔을 경험하는가? 이러한 질문에 대한 답이 '아

니오'의 가능성이 높다면, 이러한 차이를 어떻게 설명할 수 있을까? 이 장에서는 실패의 정서적 및 동기적 결과를 설명하기 위해 기업가적인 프로젝트 (entrepreneurial projects)와 기업가적인 기업(entrepreneurial business) 배경의 차이를 설명한다.

• 2.1 프로젝트 실패에 대한 부정적인 감정 반응

우리는 심리학 문헌에 의존하여 이러한 질문에 대한 가능한 답을 이론화하려 한다. 구체적으로, 자기결정이론(self-determination theory)을 바탕으로 (Deci and Ryan, 2000; Shepherd and Cardon, 2009) 프로젝트 실패에 대한 슬픔의 생성에 대한 새로운 통찰력을 얻는다. 자기결정이론은 개인의 심리적 안녕 (well-being)을 설명하는 것과 관련이 있는데, 개인은 세 가지 근본적인 심리적 욕구(즉, 영양소)를 가지고 있으며, 이것들은 어떤 프로젝트가 다른 프로젝트보다 왜 더 중요한지, 또 어떤 사람들은 한 프로젝트를 다른 프로젝트보다 더 중요하게 왜 생각하는지를 이해하는 데 중요한 근거를 제공해준다. 슬픔이 잃어버린 무언가에 대한 부정적인 정서적 반응이라는 점을 고려할 때, 우리는 프로젝트의 중요성을 이해함으로써 실패를 통한 상실로 인해 발생하는 슬픔의 수준에 대한 통찰력을 얻는다. 세 가지 기본적인 심리적 욕구는 유능감(competence), 관계성(relatedness), 자율성(autonomy)이다. <그림 2-1>에서

그림 2-1 실패에 따른 비탄과 자기결정이론

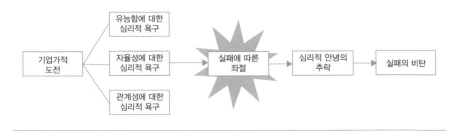

보듯이, 기업가적 벤처는 유능감, 관계성 및 자율성에 대한 개인의 욕구를 충족시킬수록 개인의 심리적 행복에 더 많이 기여하지만, 이러한 욕구가 실패로 좌절될 때 더 많은 비탄을 경험한다는 것이다.

2.1.1 프로젝트 실패와 유능감 욕구의 좌절

프로젝트가 유능감에 대한 개인의 욕구를 충족시키는 정도가 클수록, 반면에 프로젝트를 실패하는 경우에는 더 많은 슬픔을 느끼게 된다. 피드백을 통하여 개인이 특정 작업을 잘 수행하고 있다는 정보가 제공될 때 유능감에 대한 욕구는 충족된다(Deci and Ryan, 2000). 프로젝트는 새로운 기술을 배울 수 있는 기회를 제공함으로써(Dweck, 1986), 프로젝트의 과제 수행에 필요한 능력을 입증하는 것이기 때문에(Butler, 1992), 다른 그룹과의 경쟁에서 성공함으로써(Tjosvold, Johnson, Johnson, and Sun, 2003), 그래서 유능한 팀의 일원이 됨으로써 유능감의 욕구는 충족되는 것이다(Lindsley, Brass, and Thomas, 1995).

혁신과 신제품 개발 프로젝트에 참여한 다양한 관리자들과 직원들을 인터뷰한 결과, 그들은 프로젝트 작업이 유능감에 대한 욕구를 충족시켜준다고 강조한다. 예를 들어, 우리는 다른 학문 분야에서 매우 불확실성이 높은 프로젝트에 참여하고 있는 257명의 연구자들을 연구하였다(Shepherd and Patzelt, 2011). 프로젝트 실패에 대한 감정과 학습 성과를 탐구하기 위해 설문지를 사용하기 전에, 우리는 화학·생화학·기계공학·행동경제학·이론물리학·항공우주공학·생물학 분야의 7명의 과학자들을 인터뷰했다. 이 과학자들은 과거의 프로젝트 실패를 포함하여 상당한 프로젝트 경험을 가지고 있었다. 인터뷰의 목적은 과학자들과 엔지니어들이 그들의 프로젝트를 어떻게 인식하고 그들이 프로젝트 실패에 대해 감정적으로 어떻게 반응하는지 더 깊이 이해하는 것이었다. 인터뷰 중 여러 차례에 걸쳐 이들 과학자들은 유능한 과학자로서의 자아상을 위해 프로젝트의 중요성과 실패가 어떻게 이러한 자아상을 위협할 수 있는지를 강조했다. 예를 들어, 한 항공우주 엔지니어는 다음과 같은 말을 하였다. "우리를 바라보는 다른 사람들의 시각은 우리들이 깨끗한 작업을 하고 문서화가 잘되어 있으며 비용과 시간이 요구되는 일을 한다는 것입니다. … 따라서 성과물이 산출되어야 합니다. 저는 개인적으로 그것을 상당한 압력으로 경험하고 있습니다. 그것은 제가 스스로 만들었지만 제게 중요한 것이고, 제 자신을 정의하는 데 중요한 부분입니다."

비슷하게, 한 생물학자는 그녀에게 있어서 일을 성공적으로 수행하는 것이 "매우 중요하고, 이에 대한 의심의 여지는 없습니다. … 일이 없다는 것은, 그것은 저를 정의하는 것이라고 생각합니다. [내 자신을 증명할 수 있을 때] 행복합니다. 이것은 저에게 매우 중요합니다."

그러나 프로젝트에 실패하고, 후속 프로젝트가 동일한 정도의 유능감 욕구를 충족하지 못할 경우, 둘 사이의 차이가 프로젝트 실패로 인한 심리적 고통을 유발하는 것이다. 차이가 클수록 부정적 감정의 생성도 커진다. 엔지니어 및 과학자(Shepherd, Patzelt, and Wolfe, 2011)와의 인터뷰에서 항공우주 엔지니어링 프로젝트의 리더는 실패에 대한 자신의 반응을 다음과 같이 설명하였다.

한 가지 사례가 있는데, 개인적으로 저는 큰 좌절을 경험하였습니다. 우리는 매우 신나고 아주 흥미로운 프로젝트를 진행했습니다. 작년 10월까지 업계 표준(benchmark)이 되는 사례를 마치려고 했지만, 현재로서는 금년 10월까지 끝내기를 희망하는 수준입니다. 1년의 지체 때문에 정말 답답합니다. 한편으로는, 우리는 아직 가시적인 결과는 없지만 매우 새로운 일을 한다고 주장할 수 있습니다. 그러나 여전히 이것은 종료 시간을 미리 알 수 없다는 것을 암시하는 것입니다. 하지만 다른 한편으로, 우리 엔지니어에게는 아직 완료되지 않은 프로젝트의 일정을 결정하는 것이 분명한 목표라고 분명히 말해야 합니다. 그래서 이것은 정말로 매우 고통스러운 것입니다.

분명, 이 프로젝트 리더는 원하는 결과를 제때에 내놓지 못했다는 사실이 유능한 엔지니어로서의 자신의 이미지를 훼손시켰다는 것이다. 마찬가지로, 같은 연구에서 한 기계공학 프로젝트의 리더는 이 프로젝트의 실패가 "기술자로서 저는 자존심이 상했습니다. 왜냐하면, 우리의 공학적인 도전이 실패한 경우이기 때문입니다." 이 프로젝트는 약 200여 명의 엔지니어가 참여한 것으로 조직 안 밖에서 관심을 받고 있는 것이었다.

우리는 독일의 한 대형 기술 회사의 프로젝트 종료에 대한 또 다른 연구(Shepherd, Patzelt, Williams, and Warnecke, 2014)에서도 유사한 결과를 발견했다. 이 회사의 에너지와 전기 분야의 4개 자회사에서 8개의 공학적 프로젝트를 조사했다. 이 프로젝트들은 범위에 따라 상당한 차이가 있었으며, 예산은 75만 달러에서 1억 4천만 달러 사이였으며, 3명에서 200명의 직원이 이 프로젝트에 참여하고 있었다. 모두 합쳐서, 우리는 실패한 프로젝트에 대해 최고 경영자, 프로젝트 리더, 프로젝트 팀원과 28번의 인터뷰를 진행했다. 구체적으로, 인터뷰 내용은 프로젝트 종료 과정, 이러한 종료에 대한 정서적 반응, 경험으로부터의 학습과 같은 주제를 다루었다. 그 인터뷰는 프로젝트 실패가 관련자들의 유능감에 대한 욕구 좌절을 어떻게 막을 수 있는지에 대한 증거를 제공했다. 예를 들어, 프로젝트 팀원은 프로젝트의 최고 기술 개발자의 반응을 다음과 같이 묘사했다. "그는 공기역학적으로 자신이 설계한 것이 최고라고 생각했기 때문에 결과적으로 더 좌절하게 되었습니다. 그는 엔진에 대해 다른 팀원들과 진지한 논의를 할 예정이었는데, 그는 기술자들이 엔진을 잘못 만든 게 틀림없다고 생각했기 때문이었습니다. 그는 계속해서 물었습니다. "이거 확인하셨나요?, 확인하셨겠지요?"

실패한 프로젝트의 다른 한 관리자는 다음과 같이 프로젝트 실패에 대한 자신의 감정적 반응을 설명하였다.

다른 사업체들이 비교적 작은 회사였기 때문에 프로젝트 실패에 대해서 갑자기 당황스런 느낌이 들었습니다. 만약 당신이 실패했다는 것을 다른 사람들이 알고 있다면 (당신이) 그들을 볼 때 어떤 심정일 것 같으세요? 저는 무척 당황스러웠습니다. 다른 사람들도 다 그렇겠지요. 부서가 있는 같은 층에 있는 사람들, 실험 부서 사람들 등. 그들은 했어야 할 일을 하지 못한 것으로 알고 있을 겁니다. 꽤 힘들었습니다. 또한 다른 집단의 사람들이 우리가 실패한 걸 알고 있어서 당황스러웠어요. 무엇이 잘못되었든 간에, 공동체적인 팀으로서 우리는 성공적으로 임무를 완수하지 못했습니다. 그러나 아마도 가장 최악의 때는 제조나 생산 분야의 사람들과 이야기를 나누고 있었을 때였을 것입니다. 왜냐하면 그들은 분명히 우리의 프로젝트 실패에 대해 듣지 못했을 것이기 때문입니다. 결국 그들에게 실패를 설명해야만 합니다. 이미 눈치를 채셨겠지만, 그들의 반응입니다. "아! 결국 실패하셨군요." 정말 불편했습니다. (그들이 생각하기에) 우리 그룹은 아마도 회사에서 가장 많은 교육을 받은 사람들 중 하나일 것입니다. 대부분의 사람들은 박사학위를 가지고 있고 능력을 갖춘 사람들입니다. 그런데 아시다시피. … 우리 팀의 나머지 팀원들은 자기들이 뭘 하고 있는지 모릅니다. 상당히 불편한 사실입니다.

분명, 이 매니저는 다른 사람들이 자신과 팀원들을 더 이상 유능한 매니저와 엔지니어로 보지 않을 것이라고 인식하여 당혹감과 수치심을 느끼게 된 것이다.

유능함에 대한 욕구는 개인의 심리적 행복에 기여하기 때문에 중요하다. 프로젝트 실패는 유능함에 대한 부정적인 피드백을 제공하는 것이고, 자신의 역량에 대해 다른 중요한 사람들에게 신호를 보내는 것이며, 또는 유능함에 대한 긍정적인 피드백을 제공하지 않거나, 기술과 노하우를 개발할 수 있는 동일한 기회를 제공하지 않는 후속 프로젝트에 배치되는 결과를 초래함으로써 이러한 심리적 욕구가 좌절될 수 있는 것이다. 따라서 프로젝트 실패가 유능함에 대한 심리적 욕구를 약화시키기 때문에 개인은 그 프로젝트의 실패에 대해 부정적인 감정적 반응을 갖는 것은 당연하다.

2.1.2 프로젝트 실패와 자율성 욕구의 좌절

개인의 자율성에 대한 심리적 욕구에 대해서도 유사한 효과가 발생할 가능성이 있다(Shepherd and Cardon, 2009). 업무와 관련된 맥락에서 자율성이란 "의지이며, 선택의 결정이며, 가장 높은 수준의 성찰에서 자신의 행동에 책임을 지는 것"(Deci & Ryan, 2008)으로 정의된다. 프로젝트는 권한을 부여하고(Logan and Ganster, 2007), 참여적 의사결정을 촉진하고(Liden & Tewksbury, 1995), 의사결정 권한을 팀에 위임(Blanchard, Carlos, and Randolph, 1995)하는 구조와 프로세스(Bennis and Nanus, 1985)를 통해 자율성의 욕구를 충족시킬 수 있다.

우리의 인터뷰에서, 몇몇 참가자들은 자율성의 욕구를 중요한 동기부여 요인으로 지적했다. 예를 들어, Behrens와 동료연구자들(2014)은 대기업이 급진적인 혁신제품을 개발하고 신속하게 시장에 출시할 때 어떻게 조직을 구성하는지 살펴보았다. 이 연구에서는 혁신주도 산업에 종사하는 독일 중·대기업의 16개 혁신 부서 리더 및 팀 구성원을 대상으로 55건의 인터뷰를 실시했다. 이러한 산업에는 예를 들어 자동차, 통신, 소비재, 산업재, 의료기술 등이 포함되었으며, 기업의 규모는 600명~40만 명의 직원 고용으로 다양하였다. 연구 프로젝트의 주요 목표는 기업이 인센티브, 자원 제공 및 조직 구조 측면에서 혁신 부서를 구성하는 방법을 조사하는 것이었지만, 인터뷰를 통해서 프로젝트 리더와 팀 구성원들이 인식하는 동기부여의 중요한 동인으로 여기는 것에 대한 통찰도 제공했다. 예를 들어, 우리는 대기업의 전략을 책임지고 있는 최고 경영자를 인터뷰했다. 이 최고관리자는 기업에서 성공적이었던 프로젝트에 대해 말해 주었고, 그가 보기에 자율성은 팀 리더와 구성원의 주요 동기 요인 중 하나였다고 제시한다.

프로젝트의 성공을 위해 이 프로젝트의 리더가 자원을 할당하는 데 충분한 자유를 갖는 것이 중요했습니다. 이것은 정말 중요한 것입니다. 그가 자유를 가졌다는 것 말입니다. 초기에는, 프로젝트에 단 세 명의 인원이 있었는데, 오늘날에는 60~70명의 팀원이 되었습니다. [프로젝트 초기에는] 리더가 다른 사람들을 설득하거나 저항을 극복할 필요가 거의 없었습니다.

같은 연구에서 포착한 또 다른 기업의 연구개발부 직원은 새로운 아이디어를 자율적으로 개발하는 것의 중요성을 다음과 같이 설명하였다.

[신제품의] 개발 및 특히 시제품 개발(pre-development) 과정에서 모든 직원이 자신의 아이디어에 따라 무언가를 시작할 수 있습니다. 새로운 것을 시작하고 싶은 직원들 입장에서 아이디어가 소실되거나 실천해 볼 기회가 없다면 매우 실망스러운 일이 될 것입니다. 저희 회사에서는 새로운 아이디어

를 시작하고 실행에 옮길 수 있습니다. 자신의 주도적인 계획(initiative)을 가지고 새로운 프로젝트를 시작할 수 있습니다. 저로서는 [직원] 한 명이 마음에 드는 프로젝트를 진행하는 것이 매우 중요합니다. 재미있을 겁니다. 제 입장에서는, 특정 프로젝트에 대해 자유롭게 결정을 내릴 수 있는 것도 포함되어 있습니다. 자신의 생각이 어떻게든 '말라버리는'(dried up) 느낌이 들지 않거나 혹은 아무런 결과를 만들어 내지 못한다는 느낌을 들지 않도록 하는 것이 중요하다고 생각합니다. 개인적으로 프로젝트를 구상하는 것은 저에게 중요합니다.

다시 말해, 프로젝트의 종료로 인하여 인지하는 자율성(perceived autonomy)의 상실을 초래하는 한, 개인은 프로젝트 실패로 인하여 고통을 겪게 될 것이다. 예를 들어, 독일의 한 대형 기술 기업에서 실패한 8개의 프로젝트에 대한 연구(Shepherd et al., 2014)에서, 한 관리자는 자신의 엔지니어링 프로젝트를 조기에 종료하기로 한 최고경영진의 결정을 개인적인 측면에서는 의사결정의 자율성 부족으로 인식하였다.

그리고 난 후 저는 개인적으로 생각했죠, 음, 여러분이 얼마나 많은 노력과 시간을 투자하든 간에, 여러분은 전체 과정에서 단지 작은 톱니바퀴에 불과하다고요. 실제 결정과 전략은 다른 차원에서 결정되어 버린다는 것이죠. 이것의 성공에 대한 나의 영향은 정말 미미하구나, 이것이 저의 첫 반응이었습니다. 왜냐하면 그때 저는, 여러분이 무엇을 하든, 미친 듯이 행동하든, 아니면 진정하든, 다르지 않을 것이라고 생각했기 때문입니다. 이것이 저의 첫 감정적 반응이었습니다. 실망스러웠습니다. 왜냐하면 저는 프로젝트를 더 좋게 만들기 위해 조직 내부에서 영향력을 행사하려고 노력했지만, 그 [조직 과정]이 설정된 방식 때문에, 그 [프로젝트]가 제대로 작동하지 않았기 때문입니다.

자율성이 개인의 심리적 행복에 기여하는 만큼 자율성의 욕구는 중요하다. 프로젝트 실패는 심리적 욕구를 좌절시킬 수 있다. 즉 프로젝트를 성공시키기 위해 필요한 결정에 대한 자율성의 결여, 또는 프로젝트를 종료할지 혹은 계속할지 여부에 대한 결정에 있어서 자율성의 결여를 느끼기 때문이다. 프로젝트 실패 후, 개인은 프로젝트의 종료 방법에 대한 자율성이 보장되지 않는 또 다른 프로젝트에 재배치될 수 있다. 프로젝트 실패가 자율성에 대한 심리적 욕구를 약화시키는 한, 개인은 그 프로젝트의 손실에 대해 부정적인 감정적 반응을 보일 것이다.

2.1.3 프로젝트 실패와 관계성 욕구의 좌절

마지막 심리적 영양소는 관계성이다. 관계성은 "다른 사람들과 연결되어 있고, 다른 사람들에 의해 보살핌을 받고, 다른 사람들과 자신의 공동체 모두에 소속감을 갖는 것"을 말한다(Deci & Ryan, 2002: 7). 프로젝트는 지지적인 감독이나 동료(Thompson and Prottas, 2006), 일체감을 갖는 집단(Richter, West, Van Dick, and Dawson, 2006) 그리고 상호교류와 우정의 토대를 제공함으로써 이러한 관계성에 대한 욕구를 충족시킬 수 있는 것이다. 예를 들어, 독일의 한 대기업 엔지니어와의 인터뷰(Shepherd et al., 2014)에서 그는 과거의 프로젝트 팀 경험에 대해 다음과 같이 인터뷰하였다.

그 팀에서 저는 동료들과 매우 잘 함께 일했고, 우리는 인간적인 관계를 형성했습니다. 그리고 어느 날 갑자기 깨달았습니다. "와, 우리는 정말 훌륭한 팀입니다. 훌륭한 팀이 있습니다. 이는 프로젝트에 중요합니다. 우리가 훌륭한 팀이라고 생각했고, 언제든 다시 형성할 수 있지만, 프로젝트 종료 후에 헤어져야만 하는 것이 안타까웠습니다."

이와 비슷하게, 독일 대기업 16개의 혁신 부서 직원 55명을 대상으로 한 우리의 연구(Shepherd et al., 2014)에서 또 다른 프로젝트 팀원은 "팀 내에서의 일상적인 상호작용은 정말 중요하다"고 보고했다. "우리는 팀 내에서 우정의 끈을 가지고 있고, 서로를 신뢰하며, 때때로 퇴근 후에 함께 술을 마시기도 합니다."

관리자와 직원들의 관계성 욕구를 만족시키는 프로젝트가 무산될 경우이는 고통의 경험으로 이어질 수 있다. 예를 들어, 한 연구(Shepherd et al., 2014)에서 프로젝트 실패 후, 팀 구성원이 동료와 외부 이해관계자와의 중요한 관계 상실을 우려한다고 보고한 사실을 발견했다.

여러분은 많은 노력과 돈이 낭비되었을 것이기 때문에 화가 나기 시작하면서 "이건 아닌데!"라는 생각을 하게 됩니다. 이럴 바에야 왜 지난 3년 동안 그렇게 스트레스를 많이 받는 일을 했는지 후회스럽기까지 합니다. 외부 공급업체를 포함한 사람들에게 프로젝트 종료에 대하여 명확한 설명을 할 수 없기 때문에 어떠한 전망도 설명할 수 없었습니다. 따라서 동기 부여가 상실될 뿐만 아니라, 완전히 교체된다는 느낌이 든다면 그것은 매우 마음이 곤란합니다. 지금까지의 노력이 갑작스럽게 더 이상 그 프로젝트에 중요하지 않다는 것은 심리적으로 고통스러운 일입니다.

이와 비슷하게, 같은 프로젝트에 참여한 그의 동료는 그가 과학 공동체에 참여나 연결이 되지 못하게 될까봐 두려워하였다. "제 말씀은, 분명히 합시다. 1년 전, 우리는 개척자였고, 전 세계의 모든 사람들이 그것을 알고 있었습니다. 그러나 우리가 그렇게 멀리까지 도달하지 못했다는 것은 사실입니다. 그것은 저에게 개인적으로 상처를 주었습니다."

같은 회사에서 또 다른 실패한 프로젝트를 이끄는 엔지니어는 실패가 명백해졌을 때 팀의 사회적 관계가 침식되는 것을 다음과 같이 설명했습니다.

저희들은 저희가 이렇든 저렇든 마감을 지킬 수 있다고 확신했기 때문에, 프로젝트의 실패에 이른 시점에서는 많은 갈등들을 직면하게 되었습니다. … 저희들 사이에서 상호 양보도 시작되기는 하였지만, 어떤 것은 좀 쉽게, 어떤 것은 더 어렵게 되기도 합니다. 싸움이 많았습니다. … 부분적으로 건설적이긴 했지만, 그럼에도 불구하고 그런 문제에 대처하는 데는 많은 에너지가 듭니다. 제 생각에는 이번 프로젝트 실패가 팀 전체를 크게 낙담시킨 것은 분명합니다.

또한 인터뷰 대상자 중 한 명(Shepherd et al., 2011)은 기계 공학 프로젝트의 리더였다. 그 프로젝트는 수년간 운영되어 왔으며 수백만 유로의 비용이 들었으며 높은 수준의 대중적 관심을 받았다. 그는 자신의 프로젝트가 실패한 직후 팀 구성원들 사이에 "상당한 긴장감"이 있었다고 보고했다. 1년 후, 거의 모든 팀원들이 "단지 좌절감 때문에" 회사를 떠났고, "팀에서 한 명은 은퇴했고, 저만 남았습니다."라고 인터뷰하였다. 프로젝트가 실패하고 팀원들이 조직 내에서 재배치되거나 조직에서 탈퇴하는 경우, 대체 프로젝트가 실패한 프로젝트와 동일한 수준으로 인지되는 관계성 욕구를 제공하지 못할 수 있다. 이 경우 사업 실패로 인한 상실에 대해 개인이 슬픔을 겪을 가능성이 높은 것이다(Shepherd and Cardon, 2009).

요약하면, 기업가적인 프로젝트의 리더와 구성원들과의 인터뷰는 이러한 프로젝트가 유능감, 자율성 및 관계성에 대한 개인의 욕구를 충족하는 데 얼마나 도움이 될 수 있는지, 그리고 프로젝트 실패가 이러한 욕구의 충족을 어떻게 저해하고 부정적인 감정, 즉, 귀중하게 여기던 프로젝트의 상실에 대한 고통으로 유도되는지를 파악하였다.

• 2.2 프로젝트 실패에 대한 부정적 감정반응이 동기에 미치는 결과

실패한 프로젝트에 대한 비탄의 발생은 조직에 문제를 일으킨다. 조직은 성공하기 위해 기업가적이어야 하는 경우가 많다(추가적 내용에 대해서는 다음을 참고. Rauch, Wiklund, Lumpkin, and Frese, 2009; Wiklund and Shepherd, 2005). 이는 기회를 찾기 위한 실험으로 프로젝트를 사용하는 것을 의미한다(Brown and Eisenhardt, 1997; McGrath, 1999). 그리고 이러한 프로젝트의 대부분은 실패할 것이다(Boulding et al., 1997; Campbell et al., 2003). 앞 절에서 보았듯이, 프로젝트 실패가 개인의 심리적 욕구를 좌절시킬 때, 그것은 슬픔을 유발하고, 이러한 부정적인 감정은 다음 프로젝트에 에너지와 노력을 투자하려는 개인의 동기를 감소시킨다(Shepherd and Cardon, 2009). 즉, 상실된 프로젝트와 동일하거나 더 큰 심리적 가치를 지닌 대체 프로젝트를 조직이 지속적으로 제공하지 못한다면 말이다. 따라서 조직은 프로젝트 실패 후에도 직원들의 동기를 유지하기 위해 이러한 감정적 저하를 어떻게든 극복해야 하는 어려움에 직면한다.

실제로 프로젝트 실패에 대한 부정적인 감정 반응이 프로젝트 팀원들의 의욕에 영향을 미친다는 증거가 있다. 예를 들어, Fitzgerald(2010)는 자신의 논문 "When IT Projects Flounder, Emotions Run High"에서 Dana B. Harris의 사례를 묘사했다. Harris는 1980년대에 알레이 버크 유도 미사일 구축함(Arleigh Burke guided missile)에서 음파 탐지 소프트웨어(sonar acoustics software)를 연구했다. 이 고도로 정교한 소프트웨어를 개발할 때, Harris는 "정말 그것에 빠져들었고, 그것에 대해 매우 흥분되었다." 그러나 1990년 냉전이 끝난 후 Harris와 그의 팀은 예산 삭감으로 인해 프로젝트를 중단하여야 했다. 그리고 Harris와 그의 팀은 실질적으로 감정적 문제를 경험하였으며, Harris는 20년 전을 다음과 같이 회상했다. "그런 종류의 소프트웨어를 개발하는 것에 대한 흥분과 설렘이 없다는 것은, 마치 제가 엄청나게 중요한 뭔가를 잃어버린 것 같았습니다. 저는 그 느낌을 매우 분명하게 기억합니다." 분명히 Harris와 그의 팀은 그들에게 매우 중요한 것을 잃었고, 그것은 슬픔을 야기했다. 그 결과 Harris는 후속 프로젝트에 대한 동기부여가 어렵다는 것을 알고 방위산업을 떠나기로 결심했다.

마찬가지로, 독일의 연구 과학자들을 인터뷰하면서, 우리는 프로젝트 실패에 대한 슬픔이 동기부여에 어떤 영향을 미치는지에 대한 강력한 증거를 발견했다(Shepherd et al., 2011). 예를 들어, 한 행동 경제학자는 두 명의 공동저자와 함께 1년 반 이상 투자한 프로젝트에 대해 인터뷰했다. 연구팀은 경제적 의사결정에 대한 이론을 개발했으며, 가설을 시험하기 위한 데이터를 수집하기 위해서 실험 과제에 참가자들을 등록시켰다. 얻어진 결과를 바탕으로 추후 발간을 위한 논문 초안까지 작성했지만, 향후 원고의 진행과정에서 팀 내 의견 불일치로 각 팀 구성원들이 프로젝트에 추가 자원을 투자하려는 의욕이 꺾였고, 결국 결과가 발표되기 전에 종료되었다. 그 과학자는 다음과 같이 인터뷰했다. "프로젝트 실패는 정말 불쾌한 상황이었습니다. 물론 어떤 의미에서는 프로젝트를 시작하고 발표가 가능한 결과를 얻고 싶었지만, 좋은 결과로 이끌어 갈 수가 없었습니다. 팀 프로젝트를 성공적으로 완수하지 못한 것을 보는 것은 완전히 실망스러운 일이었습니다."

또 다른 예로, 프로젝트 리더로서, 한 항공 우주 엔지니어가 다른 여러 연구 그룹과의 경쟁에서 승리함으로써 유명한 비행기 제조업체로부터 프로젝트를 수주하였다. 이 프로젝트의 목표는 특정 시간 내에 정의된 수의 지정 지점을 통과하는 자율 항법 장치(autonomous navigation)가 장착된 비행기를 개발하는 것이었다. 그러나 제안된 이정표에서 필요한 기술적 해결책을 제시하지 못해 프로젝트가 여러 차례 중단되고 지연되었다. 프로젝트 책임자는 프로젝트 실패에 따르는 심리 상태를 다음과 같이 인터뷰하였다. "좌절감이 들었습니다. 누구는 자신이 모든 것을 할 수 있다고 말하고, 다른 사람들은 할 수 없다고 말하고…, 우리가 결국 만들어내지 못한다면, 개인적으로 실망과 실패를 경험하게 되고, 이것은 마음을 우울하게 만드는 것 같습니다." 이 프로젝트 리더는 또한 신뢰할 수 있는 산업 파트너로서의 명성을 잃을 것을 두려워하였으며, 자신의 그룹과 전체 연구소에 대한 향후 자금 조달 기회의 상실에 대해 크게 우려하였다.

마찬가지로, 이론물리학의 한 연구 과학자는 그와 다른 사람들이 결정 탄성체(crystalline elastomers)에서 몇 가지 이론적 계산을 수행하려고 시도한 프로젝트에 대해 인터뷰하였다. 그러나 실험 데이터가 팀의 이론적 계산과 맞지 않아 프로젝트 진행을 방해했기 때문에 이 프로젝트는 문제에 직면했다. 실패를 돌이켜보면서, 그 과학자는 "이전처럼 많이 일했지만, 동기부여가 높지 않았습니다. … 우리 팀은 전반적으로 동력이 없었습니다. 근무시간만 놓고 보면 확실히 다르지 않았는데 정말 답답했습니다. 정말 화가 났습니다." 그는 이어서 실패 경험 이후의 심리 상태에 대하여 언급하였다. "정말로 저 자신이 하고 있는 일이 이치에 맞는 것인지 두 번 생각하게 되더라는 것입니다. … 그리고 더 많은 두려움을 가지게 됩니다." 이 감정적인 반응은 특히 주목할 만하다. 왜냐하면 그의 작업 환경을 묘사하면서, 그 과학자는 또한 "어떤 일이 잘 풀리지 않는 것은 매우 정상적"이라는 것을 발견했기 때문이다. 그러나 프로젝트 실패의 정상성(normality of project failure)에 대한 인식은 실패에 대한 그의 부정적인 감정 반응이나 그러한 부정적인 감정의 동기적인 영향을 제거하지는 못했다.

마찬가지로, 생물학의 한 연구 과학자는 그가 연구한 어떤 프로젝트가 잘 되지 않는 것에 대하여 "놀랄 만한 것이 아니다"라는 것을 발견하기도 했지만, 또한 그것이 일어났을 때 상당한 부정적인 감정 반응을 언급하기도 했다. 그는 곤충과 식물의 상호작용에 관한 프로젝트를 설명하면서, "이 프로젝트는 특정 유전자가 이 상호작용에 어떤 영향을 미치는지, 식물을 죽이는 근류병(cankers)이 어떻게 영향을 받는지, 그리고 식물의 방어 메커니즘이 어떻게 새롭게 조절될 수 있는지를 발견하려는 것"이었지만, 그는 이 프로젝트에서 일련의 실패와 차질을 경험했다.

우리는 잘 풀리지 않는 가설을 가지고 있었습니다. 우리는 몇 주나 몇 달뿐만 아니라 거의 2년 전으로 돌아가야만 했습니다. 우리는 그 가설을 완전히 배격하고 새롭게 출발했습니다. 이것은 쉽지 않았습니다. 1년 반 동안 일하고, 모든 실험을 하고, 모든 그래프가 같아 보인다고 상상해보세요. 동기부여가 어렵죠. 가설이 맞지 않아 결과가 답답하면 에너지가 없는 자신을 발견하게 됩니다. [그는 자신의 작품을 좀 더 일반적인 방법으로 묘사했다.] 항상 이런 식입니다. 만약 어떤 것이 잘 작동하고 흥미로운 것을 발견한다면, 즉시 모든 것이 불타고 여러분은 많은 일을 하고 회전하기 시작합니다. 하지만, 만약 결과가 실망스럽다면, 단지 그 가설이 다시 한 번 틀렸기 때문에, 그래서 어떤 의미에서는 에너지가 고갈된 것입니다. 네, 이렇게 말할 수 있어요.

대형 기술 회사의 프로젝트 실패에 대한 우리의 연구에서는 프로젝트 실패가 동기부여에 끼치는 영향에 대한 내용을 발견했다. 예를 들어, 한 프로젝트 매니저는 다음과 같이 인터뷰하였다. "저는 개인적으로 정말 수렁에 빠졌습니다. 이 프로젝트, 2년 반 동안… 그동안 저는 이 기간만큼 회사를 위해 열심히 일한 적이 없었습니다. 프로젝트에 기울였던 노력에 대해서도, 책임성을 물어도, 비용 책임성과 자원에 대한 책임성에 대해(추궁한다 해도 저 자신 떳떳합니다) 제게는 지금까지 해왔던 것 중 가장 큰 프로젝트였습니다. 저는 정말 진정으로 구렁텅이에 빠졌습니다."

실제로, 이 매니저는 프로젝트가 끝날 무렵의 육체적인 변화에 대해 이야기하면서 감정적인 반응이 극심했다.

　보통 저는 운동, 달리기, 자전거 타는 것을 좋아합니다. 그런데 프로젝트가 끝나가자 개인 건강 문제가 생겼습니다. 디스크 슬립이 있었습니다. … 아무에게도 특별히 책임을 지게 하지 않을 것입니다. 결국, 그 책임은 항상 제 몫입니다. 하지만 저는 그것이 이 모든 긴장감 때문이라고 정말로 생각합니다. 몇 주 동안, 저는 등과 어깨 근육에 경화가 오고 있다는 것을 느꼈는데, 그것은 더 이상 사라지지 않았습니다. 운동이나 달리기, 수영, 자전거 타기를 할 때 근육의 긴장감이 사라진다는 것을 알고 있습니다. 더 이상 그것을 할 수 없었습니다. 제가 의사에게 갔을 때, 몇 주 동안이나 계속되었습니다. 이 후 제 목 뒤에 디스크 슬립이 있다는 것을 알게 되었습니다. 저는 개인적으로 어떤 역치를 넘었고, 그래서 제가 괜찮지 않다는 것을 깨달았습니다.

　요약하면, 기존 연구와 함께 한 우리의 인터뷰는 팀장들과 구성원들이 프로젝트 실패에 대한 부정적인 감정적 반응을 보여주는 상당한 증거를 제공했다. 자기결정이론과 맞물려 이들 개인은 프로젝트를 자신의 기본적인 심리적 욕구, 특히 유능감, 자율성, 관계성에 대한 욕구를 충족시킬 때 중요하게 인식하고 있다. 프로젝트 실패의 경우 이러한 욕구가 좌절되어 부정적인 감정 경험으로 이어진다. 이러한 부정적인 감정의 한 가지 중요한 결과는 실패한 프로젝트 팀의 리더와 구성원들이 상당한 정도로 그들의 업무 동기를 잃게 되고, 따라서 그들의 가장 중요한 자원 중 하나인 동기부여된 노동 인력을 조직은 고갈한다는 점이다.

● 2.3 기업 실패와 부정적인 감정 반응

　지금까지 제시한 사례는 기업가적인 프로젝트의 실패가 리더와 구성원의 유능감, 자율성, 관계성에 대한 기본적인 심리적 욕구를 어떻게 좌절시키고, 또한 부정적인 감정을 유발한다는 것을 이해하는데 사회적 판단이론 (social judgment theory)이 유용한 프레임워크이다. 다른 한편, 기업 실패(firm failure) 또한 독자적인 기업가(independent entrepreneurs)에게 유사한 결과를 가져온다는 상당한 증거가 있다.

2.3.1 기업가적인 기업 실패와 유능감의 욕구 좌절

몇몇 연구들은 기업가들을 위한 학습의 중요한 역할(Cope, 2003; Politis, 2005)을 강의실(Honig, 2004; Kuratko, 2005)과 실무에서(Corbett, 2007; Harrison and Leitch, 2005) 강조해왔다. 이러한 학습 경험은 전문가(mastery)의 느낌으로 이어질 수 있으며(Butler, 1992), 이것은 역량을 향상하였다는 기업가에 대한 표시이기도 하다(Rawsthorne and Elliott, 1999). 실제로, 학습에 대한 열망이 새로운 사업을 세우고 성장시키는 중요한 동기가 될 수 있다. 예를 들어, 학습 목표 지향(learning goal orientation)은 개인이 기술, 지식 및 역량의 개발에 집중하는 것을 말하며, 이는 보다 직무 중심적이고 적응적이며 숙달 지향적인 행동과 관련이 있다(Bunderson and Sutcliffe, 2003). 158명의 대학생을 대상으로 한 연구는 학습 목표 지향성이 기업가정신의 경력 동기유발(entrepreneurial career motivations)과 관련이 있다는 것을 발견했다(Culbertson, Smith, and Leiva, 2010). 또한, 우리는 64개 벤처기업의 154명의 설립자들을 대상으로 한 대규모 연구에서 그들이 벤처사업을 시작하고 운영하려는 동기에 대해 인터뷰했다(Breugst, Patzelt and Rathgeber, 2015). 이 연구를 위해, 우리는 뮌헨 지역의 인큐베이터 벤처 기업가를 표본으로 추출했고, 벤처와 창업자들을 약 8개월 동안 추적했다. 누적 면접 자료는 278회 면접으로 3,000페이지가 넘는 단문 간 대화록과 224회 이상의 오디오 자료가 만들어졌다. 이 자료에는 설립자들 사이에 강한 학습 동기가 있다는 상당한 증거가 있었다. 예를 들어, 한 사람은 "다양합니다. … 물론 우리가 중점을 두는 주제들이 있지만 그것들은 너무 광범위해서 일반적으로 폭이 넓습니다. … 다양한 분야들이 있고, 한 분야는 아주 많은 흥미로운 사람들이 참여합니다." 또 다른 창업자는 다음과 같이 인터뷰하였다. "저는 특히 제 직업에 대해 다양한 주제를 다루는 것을 좋아합니다. 저는 개발뿐만 아니라 직원들을 위한 일종의 트레이너이기도 합니다. 확실히 흥미로운 역할이죠. 또한 고객과 접촉하고 있으며, 현재 진행 중인 작업에 대한 고객의 피드백을 즉시 받을 수 있습니다."

마지막으로, 세 번째 기업가는 자신의 학습 동기를 다음과 같이 설명했다. "저는 도전을 직면하고 이러한 도전을 마스터하는 것을 좋아합니다. 그 과제가 동기부여를 하는 것은 저에게 매우 중요합니다."

만약 그들의 기업이 실패한다면, 기업가들은 자신들의 유능감에 대한 욕구를 충분히 충족시키지 못할 수도 있고, 실제로 그 실패는 그들이 창업하고 사업을 운영하는 데 있어 무능하다는 신호가 될 수 있는 것이다. 예를 들어, 우리가 인터뷰한 창업자 중 한 명은 의료기술 벤처기업의 CEO였지만, 실적이 좋지 않아 그는 공동 창업자와 투자자에 의해 회사를 떠날 수밖에 없었다. 퇴장이 가까워진 시간을 되새기며 그는 다음과 같이 언급했다.

[투자자]는 "우리는 새로운 CEO가 필요합니다. 나는 이런 식으로 일하지 않습니다!"라고 말했습니다. 물론 저는 처음에 반대했습니다. 만약 투자자가 마케팅을 하고 새로운 CEO가 들어선다면 그때는 저에게 어떤 역할이 남아있을까 생각했기 때문입니다. 그리고 다음에는 또 누가 필요한가요? 그때 그들은 제가 더 이상 필요 없다고 판단할지도 모릅니다. 그들은 저를 무능하다고 생각할 수 있겠지요. … 저는 많이 의기소침해졌습니다. … 저는 그들이 저를 대체할 수 있다고 생각하지 않았을 것으로 기대는 하였습니다. 하지만 그들은 저를 교체할 수 있고, 교체하면 상황은 좋아질 것으로 말합니다. 이런 식으로 봐야 합니다. 제가 없었다면, 회사는 존재하지 않았을 것이고, 아이디어는 존재하지 않았을 것이고, 우리는 애초에 투자자를 설득하지 못했을 것입니다.

흥미롭게도, 공동 창업자의 이전 파트너에 대한 설명은 유능감의 욕구에 대한 그의 반응과 강하게 연관되어 있다.

"저는 그가 말하는 것이 타당하고 회사를 도울 수 있다고 확신하고 있다고 생각합니다. 지금 누군가가 아무 말도 하지 않는 게 최선이라고 말하면 자존심이 상합니다."

기업가들에게 그들의 사업은 유능감에 대한 욕구를 충족시키는 한 방법이다. 그들은 그들의 기술과 지식을 보여줄 수 있고, 도전적인 과제는 그들에게 그들의 역량을 더욱 발전시킬 기회를 준다. 그러나 비즈니스 실패(또는 비즈니스에서 쫓겨나는 사태가 초래되는 기업가로서의 실패)는 자신의 유능감에 대한 부정적인 피드백을 나타내며, 대체 역할(실업 포함 및 자신의 후임자 선임)은 사업을 운영하는 것과 동일한 수준으로 유능감에 대한 욕구를 충족시키지 못할 수 있다. 기업가적인 실패는 기업가의 유능감에 대한 심리적 욕구를 약화시키기 때문에, 사업을 실패하면 부정적인 감정 반응을 일으킬 것이다.

2.3.2 기업가적 기업 실패와 자율성의 욕구 좌절

자율성에 대한 욕구는 사업을 시작하려는 동기부여의 주요 원천이다. 예를 들어, 호주 대학 동문 300명을 대상으로 한 연구에서, Douglas and Shepherd(2002)는 가상의 직업 시나리오에 대한 4,800개의 평가를 분석한 결과, 개인이 독립에 대한 욕구가 다양하며, 독립성을 더 중시하는 사람들은 기업가적인 직업을 추구하려는 더 강한 의도를 가진 것을 발견했다. 154개 기업 설립자들과의 인터뷰는 그들의 벤처 사업을 운영하는 것이 자율성에 대한 심리적 욕구를 충족시키는 데 크게 기여할 수 있다는 것을 확인했다. 예를 들어, 그녀가 기업가로서 무엇을 가장 좋아하는지에 대해 묻자, 한 설립자는 "저는 저 자신이 많은 의사결정－기본적으로 모든 결정을 내리지만－을 하기를 원합니다." 다른 한 명의 기업가는 다음과 같이 인터뷰했다. "어쨌든, 저는 제가 결정권을 가지고 팀에서 일하고 싶습니다! 영향력 면에서 확실한 우위를 점하고 싶습니다."

창업 동기를 위한 자율성의 중요성을 뒷받침하는 이러한 연구 및 인터뷰 인용에도 불구하고, 기업의 실패가 개인의 자율성에 대한 욕구를 어떻게 (그리고 어떤 영향으로) 좌절시키는지에 대한 증거는 적다. 예를 들어, 실패한 기업의 기업가들과 진행된 인터뷰에서, 우리 연구진은 자율성 상실의 경험을 뒷받침하는 증거를 거의 찾지 못했다. 마찬가지로, Jenkins, Wiklund, and Brundin(2014)의 최근 연구에서는 독립성(즉, 자율성)의 상실이 실패한 기업가들에게 슬픔을 야기한다는 가설을 세웠지만, 그들의 경험적 결과는 그러한 가설을 입증하지 못했다. 구체적으로, 이 저자들은 스웨덴의 120명의 기업가들, 즉 그들은 한때 적극적으로 경영해 온 벤처기업과 그들이 소유지분을 가지고 있었지만 벤처 파산을 맞이한 기업가들을 대상으로 설문조사를 수행한 것이다. 이 가설과 달리 회귀 모형은 독립성 상실과 슬픔 사이에 통계적으로 유의미한 연관성을 보이지 않았으며, 또한 실패를 경험한 기업가들과 그렇지 않은 기업가들 사이에도 유의미한 통계적인 차이가 없었다. 자율성의 욕구는 벤처 창업을 위한 동인이지만, 일단 벤처가 실패하게 되면, (1) 이 욕구의 충족이 덜 중요해지거나 (2) 실패한 기업가가 다른 사업을 시작하는 것과 같은 다른 방법으로 이 욕구를 충족하는 것으로 보인다. 실제로 Jenkins 외 연구진(2014)은 포트폴리오 기업가(portfolio entrepreneurs : 즉, 한 번에 여러 사업을 운영하는 사람)와 어느 정도 하이브리드 기업가(hybrid entrepreneurs : 즉, 자신의 사업을 운영하는 것 외에 급여를 받는 고용 상태에 있는 사람)는 다른 사람들과 비교하여 사업 실패로부터 독립성을 잃는 것을 덜 경험한다는 것을 발견했다(그러나 고통은 비슷한 수준이다).

따라서 실패한 비즈니스와는 다른 벤처를 운영하는 것(포트폴리오 기업가들) 혹은 봉급 받는 직장(하이브리드 기업가들)에서 자율싱을 누리는 것은 자율성에 대한 기업가들의 심리적 욕구를 충족하기에 충분할 수 있다. 향후 연구는 사업 실패가 기업가의 자율성 욕구에 어떻게 그리고 언제 영향을 미치는지 더 자세히 조사함으로써 중요한 기여를 할 수 있을 것이다.

2.3.3 기업가적인 기업 실패와 소속감 욕구의 좌절

기업가정신은 사회적 노력이 요구되며, 창업자는 팀 구성원, 직원, 투자자, 고객 및 기타 이해 관계자들과 여러 가지 관계를 유지해야 한다(Aldrich and Zimmer, 1986; Birley, 1986). 벤처 내부에서 아마도 가장 중요하고 심오한 사회적 관계는 기업가적인 팀 내부의 다른 구성원들과 맺어진 관계일 것이다. 예를 들어, 우리가 인터뷰한 한 창업자는 이렇게 말했다. "우리는 3년 동안 매일 12시간에서 13시간을 함께 보냈습니다. 서로에 대해 알게 되는 것은 당연합니다." 또 다른 창업자는 성공적인 벤처 운영을 위한 가장 중요한 요소를 묻는 질문에 "제 관점에서 가장 중요한 문제는 팀에 대한 신뢰와 팀에 대한 믿음이며 시간이 흐르면서 이러한 것들이 유지된다는 것입니다. 이런 것들이 깨지는 순간, 벤처기업에게 매우 위험한 순간이라는 확신이 듭니다." 과거 그녀의 경험을 되새기면서, 한 전자상거래 스타트업의 설립자는, "2011년은 우리의 최고의 해였습니다. 그리고 우리는 자신감을 가졌습니다. 모두 10명의 직원이 있었습니다. 정말 좋은 팀이었고, 정말 재미있었습니다."

이러한 인용문은 기업가적인 팀의 일부가 관계성에 대한 욕구를 충족시키는 데 기여할 수 있다는 개념에 대한 증거를 제공하지만, 우리의 인터뷰는 기업의 실패나 기업가적인 팀의 해체(즉, 한 팀 구성원의 퇴출)가 이러한 욕구의 충족을 방해할 수 있다는 것을 보여주었다. 예를 들어, 의료 기술 벤처기업의 나머지 팀원은 공동 창업자가 회사를 떠난 후 느낀 감정을 다음과 같이 기술했다.

물론 저는 샘이 회사를 떠난 후 외로움을 느꼈습니다. 그는 저와 똑같은 상황에 있는 유일한 사람이었습니다. 그는 같은 처지에 있었습니다. 같은 관심사를 가진 사람으로서 특정 사안에 대하여 저를 대변하거나 업무 부담을 일부 떠안고 소통할 수 있는 그가 그리웠습니다. 저는 홀로 남겨졌습니다.

한 인터넷 기업의 창업자는 회사가 실패한 후 이 공동 창업자와의 관계가 어떻게 발전했느냐는 질문에 "(실패) 이전에는 매우 심오하게 깊고 일상적인 관계를 유지했습니다. (실패 이후) 우리는 가장 미미한 문제에 대해서도 이야기하는데 어려움을 겪었습니다"라고 설명했다.

물론 모든 기업가가 일을 통해 소속감에 대한 욕구를 충족시켜야 하는 것은 아니다. 한 의료 기술 벤처 창업자는 회사를 나온 후 벤처 외부의 사람 관계를 통하여 사회적 관계성에 대한 심리적 욕구를 충족시킬 수 있었다고 보고했다.

어떤 경우에도 그때는 어려운 시기였다고 말해야겠습니다. 만약 여러분이 그렇게 어려운 시기를 맞닥뜨린다면, 여러분은 여러분을 지지하는 누군가가 있다면 다행입니다. 제 여자 친구가 저를 꽤 많이 도와줬어요. 이 문제에 대해 (함께) 토론할 사람과 외부 견해를 가진 사람이 있는 것이 정말 중요했습니다. 저는 또한 그것에 대해 많은 친구들과 이야기를 나누었고, 공공연하게 물었습니다: "제가 지금 화가 난 상태인가요, 아니면 무슨 문제가 있어 보이나요?"

비록 일부 기업가들은 업무와 관련이 없는 관계에 기대어 소속감을 충족시킬 수 있지만, 다른 기업가들은 사업에 실패했을 때(또는 그들이 강제로 퇴사했을 때) 소속감을 상실한다. 소속감에 대한 심리적 욕구가 실패로 좌절되는 한, 그들은 부정적인 정서적 반응을 보일 것이다. 우리는 이제 그러한 부정적인 감정적 반응이 동기부여에 미치는 영향을 분석할 것이다.

2.4 기업실패에 대한 부정적인 정서 반응의 동기에 미치는 영향

기업가적인 프로젝트의 맥락에서 실패에 따른 슬픔이 동기에 미치는 영향과 유사하게, 기업 실패로 인한 부정적 감정의 경험은 독립적인 기업가의 동기부여에 깊은 영향을 미칠 수 있다(Shepherd, 2003). 예를 들어, 실패한 벤처기업의 인터뷰 대상자 중 한 명은 다음을 보고했다.

지금 이 시간, 이제까지 경험하지 못했던 깊은 패배의 순간입니다. 예, 지금은 포기합니다. 비록 제가 보통 그렇게 하는 사람은 아니지만요. [인터뷰어 : 그런 경험을 왜 패배로 여기는 거지요?] 왜냐하면 저는 제가 2년 동안 아주 강하게 확신해 왔던 것을 멈췄기 때문입니다. 이런 일을 하지 못하는 것은 제 입장에서는 패배입니다.

그 사업에 실패한 지 몇 달 후에 그 사람을 인터뷰했을 때, 그는 여전히 다른 직장으로 옮기지 않았다. 마찬가지로, 다른 기업가적인 벤처의 실패에 대해 들었을 때, 우리는 후속 인터뷰를 위해 설립자 중 한 명에게 연락하려고 했다. 하지만, 우리는 그 사람과 접촉할 수 없었다. 그는 그의 휴대폰과 집 전화번호를 없애고 페이스북과 다른 소셜 네트워크에 있는 모든 이메일 주소와 프로필을 삭제하는 등 모든 사회적 관계를 끊었다. 그의 공동 설립자로부터 들은 바는, 이 사람은 도시를 떠나 모든 연락을 차단했다는 것이다. 6개월 후, 우리는 그가 마을로 돌아왔다는 것을 알게 되었고 그는 우리와 기꺼이 인터뷰를 해주었다. 그는 실패의 슬픔이 너무 강해서 더 이상 같은 장소와 같은 사회적 환경에 머물 수 없었지만, 자신을 회복하고 정리하기 위해 세계의 다른 지역으로 여행을 가야만 했다고 인정했다. 그는 자신의 삶을 앞으로 전진하고 다시 일을 찾을 수 있는 동기가 생겼다고 느낀 때가 되어서야 돌아왔다.

이러한 예는 벤처 실패로 인한 부정적 감정이 프로젝트 팀의 구성원 및 리더 등 기업가들에게 끼치는 강력한 동기적 영향에 대한 증거를 제공하는 몇 가지 사례일 뿐이다. 그러나 중요한 것은 실패 후 생성된 부정적인 감정의 개인 간 강도와 이러한 부정적인 감정이 동기부여에 영향을 미치는 방법은 개인 간 차이가 있다는 것이다.

• 2.5 **논의**

이 장에서는 실패를 경험한 프로젝트 팀 구성원과 독립적인 기업가의 정서적 및 동기적 결과를 탐구하였다. 자기 결정 이론을 이론적 프레임워크로 원용하고, 사업에 실패한 독립 기업가들과 프로젝트를 실패한 프로젝트 팀 구성원들로부터의 인터뷰 자료를 사용하여, 우리가 발견한 사실은 실패의 결과는 상당하다는 것이다. 왜냐하면, 프로젝트나 혹은 기업의 상실은 유능감, 관계성 및 자율성에 대한 개인의 욕구를 좌절시키기 때문이다. 이러한 발견은 학자들에게 여러 가지 시사점을 주고 향후 연구를 위한 흥미로운 방법을 열어준다.

첫째, 우리의 인터뷰 데이터는 자기 결정 이론이 기업가와 기업가적인 프로젝트 팀 구성원의 실패에 따른 정서적 및 동기적 결과를 연구하는 데 유용한 이론적 분석틀임을 보여준다. 일반적으로, 자기 결정 이론은 업무 환경에서 내재적 동기부여의 원천과 그러한 환경이 종업원의 동기부여를 유발하도록 어떻게 설계되어야 하는지를 연구하는 데 사용되어 왔다(Deci & Ryan, 2000). 또한, 자기 결정 이론은 개인의 심리적 안녕을 설명하는 데 사용되어 왔으며, 기본적인 욕구충족을 저해하는 것은 안녕을 감소시키고 부정적인 감정을 발생시킨다고 주장한다(La Guardia, Ryan, Couchman, and Deci, 2000). 그러나 자기 결정 이론은 프로젝트 실패 연구에는 거의 적용되지 않았으며(예외는 Shepherd and Cardon, 2009), 따라서 기업가적 감정과 동기를 설명하기 위해 이를 사용한 연구는 거의 없었다(Schröder and Schmitt-Rodermund, 2013; Shepherd and Cardon, 2009). 이전의 연구와 자기 결정 이론이 인터뷰 데이터와 일치한다는 사실에 기초하여, 우리는 실패 당사자(그리고 그들의 환경에 있는 다른 사람들)의 실패에 따른 감정적이고 동기부여적인 영향에 대한 이해를 더욱 발전시키기 위해 이 이론적 토대를 학자들이 이용하는 것을 제안한다.

둘째, 주목할 만한 발견은 세 가지 기본 욕구를 좌절시키는 것과 관련하여 기업가적인 프로젝트 실패와 기업가적인 기업 실패 간의 차이가 있다는 것이다. 특히, 우리의 인터뷰 데이터는 두 가지 유형(프로젝트 실패와 기업 실패)의 실패가 유능감과 관계성에 대한 개인의 욕구를 좌절시킬 수 있음을 보여준다. 그러나 흥미롭게도, 우리는 프로젝트 실패가 개인의 자율성 욕구를 방해한다는 증거를 제시하였지만, 기업 실패의 자율성 욕구 좌절에 대한 강력한 증거는 발견하지 못했다는 것이다. 이것은 독립적인 기업가가 되는 것이 개인의 자율성 욕구를 충족시키는 데 이상적인 것처럼 보인다는 점에서 다소 놀랍다(Shane, Locke, and Collins, 2003). 이러한 발견에 대한 가능한 설명은 기업 환경에서 프로젝트 실패는 대개 개인이 조직 내의 다른 활동에 참여하도록 유도할 수 있으며, 경영진이 실패한 사람들에게는 이전보다 더 적은 자율성을 부여할 수 있는 활동(아마 실패의 결과 혹은 실패에 대한 처벌의 결과로)으로 유도할 수 있다는 것이다. 이와는 대조적으로 실패를 경험한 독립적 기업가들은 종종 봉급생활로 들어가지 않고 오히려 (일부 회복기를 극복한 후) 새롭게 시작하려고 노력하거나 혹은 실업시기에 직면한다. 즉, 실패의 경우에도 독립적인 기업가에게 부과되는 관례와 구조를 강요하는 기업 환경이 존재하지 않는다는 것이다. 향후 연구는 이러한 가설을 검증하고, 실패(프로젝트 또는 기업)가 개인의 자율성 욕구를 좌절에 대하여 더 자세히 분석할 필요가 있다.

셋째, 우리의 인터뷰 데이터는 세 가지 기본 욕구가 기업가적 실패에 대한 정서적 반응을 설명하는 데 실제로 역할을 한다는 것을 시사하지만, 모든 개인이 프로젝트 또는 기업의 실패를 동일한 방식으로 경험하지는 않는다는 점도 주목할 만하다. 즉, 일부 인터뷰 대상자는 유능감, 관계성 및/또는 자율성에 대한 욕구가 좌절되었다고 지적했지만, 개인 간에도 상당한 차이가 있었다. 실제로, 자기 결정 이론은 모든 개인이 세 가지 기본적 욕구를 가지고 있다고 주장하지만, "사회 환경 내에서 개인이 욕구를 충족시킬 수 있는 정도의 차이"는 개인차가 있다는 것이다(Gagné & Deci, 2005: 337). 즉, 일부 사회 환경(기업 내부 또는 외부)은 개인이 부정적인 감정과 고통을 경험하는 경우, 실패의 부정적인 결과를 완충할 가능성이 있다. 이어지는 장에서, 우리는 개인과 그들의 환경 사이의 차이가 실패에서 오는 부정적인 감정에 어떻게 영향을 미치는지 보여주는 연구를 소개한다. 우리는 또한 개인의 사회적 환경의 특성을 계속 탐구함으로써 여전히 중요한 기여를 할 수 있다고 믿는다. 프로젝트와 기업 실패로부터 겪게 되는 유능감, 관계성, 자율성 욕구의 좌절 정도에 영향(완화 혹은 악화)을 줄 수 있는 개인의 사회적 환경은 후속하는 기업가적 활동에(실패에 따른) 부정적 감정이 이어지는 것에도 영향을 미치기 때문이다.

마지막으로, 개인의 정서적 행복에 대한 부정적인 영향 외에도, 우리의 토론과 인터뷰 데이터는 프로젝트와 기업 실패가 관련된 사람들의 동기부여에 해로운 영향을 준다는 것을 입증하였다. 자기 결정 이론의 핵심적인 내용 중 하나는 개인이 자신의 세 가지 기본적 욕구가 좌절되었다고 인식하는 환경에서 내재적 동기가 감소한다는 것이다. 그러나 우리의 인터뷰 데이터는 실패가 기업가들의 동기부여에 어떻게 영향을 미치는 것에 대하여 개인과 상황에 따라 다르다는 것을 명확하게 보여주고 있다. 실제로 Deci and Ryan(2000)은 세 가지 기본 욕구가 각각 동기를 유발하는 데 얼마나 핵심적으로 영향을 미치는 가는 상황 차이가 있다고 주장했다. 개인 욕구의 중심성과 관련하여 기업 환경의 상황과 독립적인 기업가가 일반적으로 경험하는 상황 간에는 차이가 있는 것으로 보인다. 이러한 차이를 설명하는 연구는 아직은 없지만 중요한 연구 질문이다. 이 질문에 대한 답변은 기업가적 환경(예: 기업가적 프로젝트의 맥락, 독립적 기업가의 네트워크의 맥락)이 프로젝트와 기업 실패의 가능성을 수용하도록 설계되어야 한다는 정도는 논의될 수 있겠다. 그것은 실패한 사람들의 동기에 부정적인 영향을 최소화할 수 있으며, 그러한 실패경험으로부터 계기가 될 수 있는 학습기회를 극대화할 수 있기 때문이다.

2.5.1 기업가와 관리자를 위한 시사점

기업가적인 프로젝트와 기업 실패의 부정적인 정서적 그리고 동기적 영향에 대한 우리의 실제 사례분석은 실무 관리자와 기업가들에게 많은 시사점을 제시한다.

첫째, 관리자들이 프로젝트 실패의 정서적 결과를 인식하는 것은 중요해 보인다. 기업 환경에서 상위 수준의 관리자는 실패한 프로젝트에 적극적으로 참여하지 않았을 수 있으며, 한 번에 여러 프로젝트를 감독하고 그들 중 유일하게 하나가 실패했을 수 있다. 이러한 낮은 수준의 관여는 고위 관리자들의 가벼운 감정적 반응을 일으킬 수 있지만, 프로젝트 팀 구성원들 대부분에게는 상황이 상당히 다르다. 프로젝트 실패에 대한 팀원들의 부정적인 감정적 반응으로 인해, 팀원들은 다음 프로젝트에 완전히 그리고 즉시 참여할 수 없을 수도 있다. 대신에, 새 프로젝트를 시작하기 전이나 도중에라도 실패로부터 가지는 부정적인 감정을 관리하는 데 조직의 적극적인 도움은 팀 구성원들이 효과적이고 신속하게 복구하는 데 필요할 수 있다. 프로젝트 실패에 따른 부정적인 감정을 관리할 수 있는 가능성을 다음 장에서 강조할 것이다. 그러나 그러한 감정이 존재하고 프로젝트 팀 구성원에게 상당한 영향을 미칠 수 있다는 것을 인식하는 것은 기업가적인 기업을 이끄는 경영자들에게 중요한 첫 단계이다.

둘째, 독립적인 기업가들은 그들 자신의 부정적인 감정의 존재를 인정할 때 사업 실패에서 회복하는 중요한 첫 단계를 만들 수 있다. 이러한 감정들은 예외적인 것이 아니다. 즉, 기업가들은 실패한 사업이 그들에게 중요한 것이었다고 인정하는 태도는 오히려 지극히 정상적인 것처럼 보인다. 독립적인 기업가가 실패 후 부정적인 감정을 인정할 때, 그들은 (다음 장에서 설명함) 적극적으로 그리고 체계적으로 회복 과정을 비로소 시작할 수 있는 것이다. 실제로, 이러한 감정을 갖는 것은 정상적인 것이고 실패 경험이 유사한 상황에서 많은 다른 기업가들과 공유된다는 것을 아는 것은 회복을 향한 중요한 첫 걸음을 의미한다. 예를 들어, 그들이 현재의 감정적 상황을 인지하고, 후속 사업에서 성공한 (아마도 두드러진) 다른 기업가들과 함께함으로써 비즈니스 실패가 기업가의 유능감에 대한 욕구를 좌절시키는 정도를 완화할 수 있다. 즉, 다른 사람들이 실패했고, 정서적으로 회복되었고, 그 후에 성공했다는 것을 아는 것은 실패가 성공적인 기업가가 되기 위한 역량을 쌓는 데 필요한 학습 과정의 정상적인 부분일 뿐이라는 것을 보여준다.

셋째, 기업가적인 프로젝트 실패로 인한 팀 구성원의 부정적인 감정에 대해 아는 것과 유사하게, 관리자는 그러한 실패의 동기적 영향에 대해 알아야 한다. 이러한 인식은 관리자가 실패 직후 팀 구성원의 성과에 대한 현실적인 기대를 개발하는 데 도움이 될 수 있다. 프로젝트 실패로 인해 동기부여가 심하게 약화된 일부 팀원들은 특별히 도전적인 과제를 맡지 못할 수 있다. 이러한 팀 구성원의 경우, 관리자는 일정 시간 동안 덜 어려운 작업을 할당할 수 있으며, 실패에 대처하고 동기를 회복하기 위해 휴가나 단축된 근무 시간 제공 등 유연성을 고려할 수 있다. 한편, 다른 사람들은 똑같이 (또는 훨씬 더) 도전적인 임무에 다시 배치되어 그들의 경력이 정체되거나 더 나빠지지 않았다고 느끼면서 프로젝트 실패에 대한 슬픔에 더 잘 대처할 수 있을 것이다. 실패와 관련된 사람마다 동기부여 결과가 다르기 때문에 관리자는 각 팀원의 구체적인 반응을 인정하고 실패 후 프로젝트 팀 전체의 동기부여를 회복할 수 있도록 개별화된 치료를 하는 것이 가장 좋을 것으로 보인다.

　마지막으로 사업 실패를 경험 후에는 기업인들이 의욕 저하를 경험하고 새로운 출발에 감정적 투자를 경계하는 것은 정상인 것으로 보인다. 다시 말해서, 그들은 이러한 경험을 다른 사람들과 함께하고 있고, 그러한 경험들 중 많은 사람들이 기업가적인 도전에 재진입하고 결국 성공하려는 동기를 발견했다는 것을 아는 것은 실패한 사업의 기업가들이 "동기 하락"에서 벗어나는 데 도움이 될 수 있다. 실제로, 이러한 지식은 그들이 반성의 악순환에서 벗어나는 데 도움이 될 수 있다. 즉, 동기부여의 저조, 즉 낙담은 부정적인 감정(예: 동기부여 되지 않은 죄책감 및 수치심)을 증가시키는 경우이다. 이는 결과적으로 동기부여를 감소시킨다. 또한, 실패 후 새로운 사업을 시작하려는 의욕의 저하는 오히려 정상적이라는 것을 인정하면, 그것은 실패한 사람들의 동기를 부여하여 그들이 여타의 다른 활동으로 전진하는 것에 유용하게 도움이 될 것이다. 이것은 실패감정으로부터 빠져나와서 회복 속도를 높이고 따라서 기업가가 기업가정신을 발휘하기 위한 동기를 회복할 수 있게 하는 것이다(Shepherd, 2003).

REFERENCES

Aldrich, H. E and Zimmer, C. 1986. Entrepreneurship through social networks. In H. E Aldrich (ed.), *Population Perspectives on Organizations*: 13−28. Uppsala: Acta Universitatis Upsaliensis.

Behrens, J, Ernst, H., and Shepherd, D. A. 2014. The decision to exploit an R&D project: Divergent thinking across middle and senior managers. *Journal of Product Innovation Management*, 31(1): 144−158.

Bennis, W. and Nanus, B. 1985. *Leadership: The strategies for taking charge.* New York: Harper and Row.

Birley, S. 1986 The role of networks in the entrepreneurial process. *Journal of Business Venturing*, 1(1): 107−117.

Blanchard, K., Carlos, J., and Randolph, W. 1995. *The empowerment barometer and action plan.* Escondido, CA: Blanchard Training and Development.

Boulding, W., Morgan, R., and Staelin, R. 1997. Pulling the plug to stop the new product drain. *Journal of Marketing Research (JMR)*, 34(1): 164−176.

Breugst, N, Patzelt, H., and Rathgeber, P. 2015. How should we divide the pie? Equity distribution and its impact on entrepreneurial teams. *Journal of Business Venturing*, 30(1): 66−94.

Brown, S. L. and Eisenhardt, K. M. 1997. The art of continuous change: Linking complexity theory and time−paced evolution in relentlessly shifting organizations. *Administrative Science Quarterly*, 42(1): 1−34.

Bunderson, J. S. and Sutcliffe, K. M. 2003. Management team learning orientation and business unit performance. *Journal of Applied Psychology*, 88(3): 552.

Butler, R. 1992. What young people want to know when: Effects of mastery and ability goals on interest in different kinds of social comparisons. *Journal of Personality and Social Psychology*, 62(6): 934−943.

Campbell, A., Birkinshaw, J., Morrison, A. and van Basten Batenburg, R. 2003. The future of corporate venturing. *MIT Sloan Management Review*, 45(1): 30−37.

Cope, J. 2003. Entrepreneurial learning and critical reflection discontinuous events as triggers for 'higher−level' learning. *Management Learning*, 34(4): 429−450.

Corbett, A. C. 2007. Learning asymmetries and the discovery of entrepreneurial opportunities. *Journal of Business Venturing*, 22(1): 97−118.

Culbertson, S. S, Smith, M. R., and Leiva, P. L. 2010. Enhancing entrepreneurship: The role of goal orientation and self−efficacy. *Journal of Career Assessment*: 19(2): 115−129.

Deci, E. L and Ryan, R. M. 2000. The "what" and "why" of goal pursuits: Human needs and the self−determination of behavior. *Psychological Inquiry*, 11(4): 227−268.

Deci, E. L and Ryan, R. M. 2002. *Handbook of Self−Determination Research*. New York: University Rochester Press.

Deci, E. L and Ryan, R. M. 2008. Hedonia, eudaimonia, and well−being: An introduction. *Journal of Happiness Studies*, 9(1): 1−11.

Douglas, E. J. and Shepherd, D. A. 2002. Self−employment as a career choice:

Attitudes, entrepreneurial intentions, and utility maximization. *Entrepreneurship Theory and Practice*, 26(3): 81−90.

Dweck, C. S. 1986. Motivational processes affecting learning. *American Psychologist*. 41(10): 1040−1048.

Fitzgerald, M. 2010. When good projects go bad. Computerworld. www. computerworld com/article/2550660/it−management/when good−projects go bad html.

Gagné, M. and Deci, E. L 2005, Self−determination theory and work motivation, *Journal of Organizational Behavior*, 26(4): 331−362.

Harrison, R. T. and Leitch, C. M. 2005. Entrepreneurial learning Researching the interface between learning and the entrepreneurial context. *Entrepreneurship Theory and Practice*, 29(4): 351−371.

Honig, B. 2004, Entrepreneurship education: Toward a model of contingency based business planning. *Academy of Management Learning and Education*, 33): 258−273.

Jenkins, A. S, Wiklund, J, and Brundin, E. 2014. Individual responses to firm failure: Appraisals, grief, and the influence of prior failure experience. *Journal of Business Venturing*, 29(1): 17−33.

Keil, M. and Robey, D. 1999, Turning around troubled software projects: An exploratory study of the deescalation of commitment to failing courses of action. *Journal of Management Information Systems*, 15(4): 63−87.

Kuratko, D. E 2005. The emergence of entrepreneurship education: Development, trends, and challenges. *Entrepreneurship Theory and Practice*, 29(5): 577−398.

La Guardia, J. G, Ryan, R. M, Couchman, C. E., and Deci, E. L. 2000. Within person variation in security of attachment: A self−determination theory perspective on attachment, need fulfillment, and well−being. *Journal of Personality and Social Psychology*, 79(3): 367.

Liden, R. C. and Tewksbury, T. W. 1995. Empowerment and work teams. In G. R. Ferris and S. D. Rosen and D. T. Barnum (eds.), *Handbook of Human Resources Management*: 386−403. Oxford, England: Blackwell.

Lindsley, D. H., Brass, D. J, and Thomas, J. B. 1995. Efficacy−performance spirals: A multilevel perspective. *Academy of Management Review*, 20(3):

645 − 678.

Logan, M. S. and Ganster, D. C. 2007. The effects of empowerment on attitudes and performance: The role of social support and empowerment beliefs. *Journal of Management Studies*, 44(8): 1523 − 1550.

MeGrath, R. 1999, Falling forward: Real options reasoning and entrepreneurial failure. *Academy of Management Review*, 24: 13 − 30.

McGrath, R. G., Keil, T., and Tukiainen, T. 2012. Extracting value from corporate venturing. *MIT Sloan Management Review*, 48(1): 50 − 56.

Politis, D. 2005. The process of entrepreneurial learning: A conceptual framework. *Entrepreneurship Theory and Practice*, 29(4): 399 − 424.

Rauch, A, Wiklund, J., Lumpkin, G. T., and Frese, M. 2009. Entrepreneurial orientation and business performance: An assessment of past research and suggestions for the future. *Entrepreneurship Theory and Practice*, 33(3): 761 − 787.

Rawsthorne, L. J. and Elliot, A. J. 1999. Achievement goals and intrinsic motivation: A meta − analytic review. *Personality and Social Psychology Review*, 3(4): 326 − 344.

Richter, A W., West, M. A., Van Dick, R, and Dawson, J. F. 2006. Boundary spanners' identification, intergroup contact, and effective intergroup relations. *Academy of Management Journal*, 49(6): 1252 − 1269.

Schröder, E. and Schmitt − Rodermund, E. 2013. Antecedents and consequences of adolescents' motivations to join the family business. *Journal of Vocational Behavior*, 83(3): 476 − 485.

Shane, S., Locke, E. A., and Collins, C. J. 2003. Entrepreneurial motivation. *Human Resource Management Review*, 13(2): 257 − 279.

Shepherd, D. A 2003. Learning from business failure: Propositions of grief recovery for the self − employed. *Academy of Management Review*, 28(2): 318 − 328.

Shepherd, D. A and Cardon, M. S. 2009. Negative emotional reactions to project failure and the self − compassion to learn from the experience. *Journal of Management Studies*, 46(6): 923 − 949.

Shepherd, D. A., Covin, J. G., and Kuratko, D. F. 2009. Project failure from corporate entrepreneurship: Managing the grief process. *Journal of Business Venturing*, 24(6): 588−600.

Shepherd, D. A. and Patzelt, H. 2011. The new field of sustainable entrepreneurship: Studying entrepreneurial action linking "what is to be sustained" with "what is to be developed." *Entrepreneurship Theory and Practice*, 35(1): 137−163.

Shepherd, D. A, Patzelt, H, and Wolfe, M. 2011. Moving forward from project failure: Negative emotions, affective commitment, and learning from the experience. *Academy of Management Journal*, 54(6): 1229−1259.

Shepherd, D. A, Patzelt, H, Williams, T. A, and Warnecke, D. 2014. How does project termination impact project team members? Rapid termination, 'creeping death', and learning from failure. *Journal of Management Studies*, 51(4): 513−546.

Thompson, C. A and Prottas, D. J. 2006. Relationships among organizational family support, job autonomy, perceived control, and employee well−being. *Journal of Occupational Health Psychology*, 11(1): 100−118.

Tjosvold, D., Johnson, D. W., Johnson, R. T., and Sun, H. 2003. Can interpersonal competition be constructive within organizations? *The Journal of Psychology*. 137(1): 63−84.

Wiklund, J. and Shepherd, D. A 2005. Entrepreneurial orientation and small business performance: a configurational approach. *Journal of Business Venturing*. 20(1): 71−91.

Learning from Entrepreneurial Failure

자기연민과 실패로부터의 학습*

제2장에서, 우리는 기업가적인 프로젝트가 개인의 심리적 행복을 어떻게 증진시킬 수 있는지를 강조했다. 즉, 프로젝트가 유능감, 자율성, 소속감에 대한 개인의 심리적 욕구를 충족시킬수록 그 프로젝트는 자신에게 더 중요하다. 프로젝트의 중요성은 성공에 대한 동기를 강화하지만, 프로젝트가 실패할 경우 개인은 더 부정적인 정서적 반응(즉, 기업가적인 프로젝트의 손실에 대한 슬픔: [제2장 참조])을 갖게 된다는 것을 의미하기도 한다. (행복에 대한) 헤도닉 관점(hedonic perspective)(Kahneman, Diener, and Schwarz, 1999)은 개인의 주관적인 복지는 부정적인 영향이 없는 경우에 더욱 강화된다는 것을 강조한다(Diener and Lucas, 1999). 그러므로 사람들은 종종 높은 수준의 주관적인 안녕상태로 돌아가기 위해 부정적인 감정을 피하거나 빠르게 제거하려는 시도를 한다.

그러나 프로젝트 실패에 대한 반응은 행복에 대한 또 다른 관점에 따라 다르게 나타날 수도 있다. 에우다이모닉 접근(eudaimonic approach)은 행복에 초점(부정적인 영향의 부재와 자존감의 유지 포함)을 맞추기보다는, "의미와 자아실현"에 초점을 맞추는 것이다(Ryan and Deci, 2001: 141). 이 접근법은 부정적

---

* 제3장의 아이디어 개발에 도움을 준 Kathie Sutcliffe에게 감사를 드린다.

인 감정을 감소시키는 모든 행동과 반응이 개인적인 성장을 촉진하는 것은 아니라는 것을 시사한다(McGregor and Little, 1998; Ryan and Deci, 2001). 예를 들면, 자존감에 위협이 되는 것(예: 프로젝트 실패)으로부터 보호되는 것은 부정적인 감정을 감소시키거나 제거할 수 있지만, 동시에 부적응적일 수도 있다는 것이다(Blaine and Croker, 1993; Crocker and Park, 2004 참조). 다음의 경우가 해당한다. "높은 자존감을 유지하기를 원하는 사람들은 … 부정적인 피드백을 신뢰할 수 없거나 편향된 것으로 무시하거나, 실패를 대수롭지 않게 여기거나 외부 원인에 귀인하는 경우가 그렇다. 결과적으로, 그들은 (자존감에) 해가 되는 행동에 대해서 개인적 책임을 덜 지려하거나, 잘못된 자아 개념(self-concept)을 개발하여 성장과 변화를 방해할 수 있다"(Neff and Vonk, 2009: 24).

그러므로 실패에 직면했을 때 자존감을 보호하기 위한 인식과 행동은 주관적인 행복을 증진시킬 수 있지만, 다른 한편 이러한 인식과 행동은 경직되고 폐쇄적인 사고방식을 초래할 수도 있어서, 결국 프로젝트가 실패한 이유에 대한 다른 설명을 축소하고 거부하게 되는 것이다(Jost, Glaser, Kruglanski, and Sulloway, 2003; Taris, 2000). 그렇게 함으로써, 주관적 웰빙의 추구는 학습을 방해하는 사각지대(Sutcliffe and Weick, 2003)를 포함한 장애물을 만들 수 있다. 제3장에서는 이러한 사각지대를 극복하는 방법을 살펴본다. 구체적으로, 우리는 자기 연민(self-compassion)이 무엇인지, 그것이 웰빙에 대한 에우다이모닉 개념화에 어떻게 적용되는지, 그리고 자기연민이 개인·그룹·조직 수준에서 어떻게 달성되는지에 대해 논의한다. 먼저, 우리는 제3장의 중요한 모델에 대해 논의한다. 둘째, 우리는 자기 연민과 실패로부터의 학습 사이의 관계를 포함하여 모델의 특성에 대해 논의한다. 마지막으로, 우리는 일반적인 시사점에 대해 논의하고 향후 연구에 대한 제안을 제시한다.

3.1 실패로부터 학습에 대한 자기연민의 모델

3.1.1 모델의 개관

우리는 실패로부터의 학습에 대한 접근법으로서 자기 연민의 다수준 모델(multilevel model)을 제시하는데, 이는 <그림 3-1>에 설명되어 있다. <그림 3-1>에서 설명하는 것처럼, 우리의 모델은 한 수준 내에서 그리고 수준 간에 자기 연민 및 학습 결과의 영향을 구별한다. 개인 수준에서의 자기 연민은 긍정적인 감정에 의해 매개되어 실패로부터의 학습에 긍정적인 영향을 미친다. 조직 수준에서 자기 연민은 집단적인 긍정 감정에 의해 매개되어 실패로부터의 조직 학습에 긍정적인 영향을 미친다. (1) 자기 연민(즉, 자기 용서, 인간 보편성, 마음 챙김), (2) 긍정적인 감정, (3) 학습(즉, 주의의 폭과 자원의 배열)의 세 가지 구조가 개인과 조직 수준을 연결한다. 이러한 구조는

그림 3-1   실패로부터의 학습을 위한 자기연민 모형

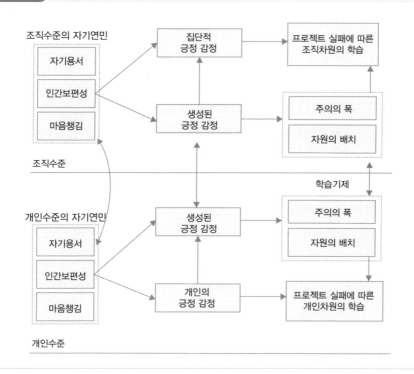

개인 및 조직 수준에서 모두 적용 가능하며, 따라서 동일한 것으로 이해한다 (House, Rousseau, and Thomashunt, 1995; Huy, 1999).

모델을 개발하면서, 우리는 모델에 대한 중요한 경계 조건을 설정하는 여러 가지 가정을 하였다. 연민에 대한 연구를 포함한 다른 조직 이론과 일관되게, 우리는 조직을 하나의 실체로 인정한다. Kanov 외 연구진(2004: 816)이 주장한 바와 같이, "우리는 조직이 개인처럼 문자 그대로 고통을 인지하고 느끼고, 이에 대응하는 실체라는 것을 암시하는 것이 아니며, 또한 우리는 조직적 연민이 개인들 사이의 단순한 연민의 집합이라는 것을 의미하는 것도 아니다. 오히려 조직적 연민은 고통을 인지하고 느끼고, 고통에 반응하는 일련의 사회적 과정으로 조직 구성원들 간에 공유되는 것으로 이해한다." 우리도 조직적 자기 연민에 대해서도 비슷한 가정을 한다.[1] 또한, 우리는 자기 연민에 대하여 실체(즉, 개인과 조직)는 이질적인 것으로 가정하고, 우리는 연구하고자 하는 것은 그 이질성의 결과이지, 그 선행 요인을 탐구하지는 않는다. 이와 같이, 자기 연민이 정당화되고, 전파되고, 조정되는 과정은 본 논문의 범위를 벗어나지만, 향후 연구의 가치가 있다.

3.1.2 자기 연민

개인 수준에서의 자기 연민의 개념은 불교 철학에서 나왔으며 (Bennett-Goleman, 2002; Rosenberg, 1999; Salzberg, 2004), 고통과 심리적 행복을 이해하기 위한 많은 노력 중 하나로 불교적 개념에 토대한 서구의 이해이다 (Wallace and Shapiro, 2006). 실패의 맥락에서 자기 연민이란 실패에 대한 부정적인 감정 반응(emotional reaction)에 대한 자신의 정서적 대응(emotional response)을 의미하는 것으로, 자신에 대하여 보살핌(care)과 자기용서(kindniess)의 느낌을 가지며, 자신의 경험이 인간의 공통된 경험의 일부로 인식하며, 자신의 부족과 결점을 비판단적(non-judgmental) 방법으로 이해하는 것을 말한다

---

1 이러한 관점은 조직수준에서의 감정을 설명하는 제6장에서도 동일하다(보다 자세한 내용은, Huy, 1999).

(Neff, 2003a).[2] 개인 수준의 자기 연민은 자기 용서(self-kindness), 인간 보편성(common humanity), 그리고 마음 챙김(mindfulness)의 차원을 포함하며(Neff, 2003a; Neff, 2003k), 개인 성장(personal growth)과 긍정적인 관련성이 있는 것으로 밝혀졌다. 예를 들어, 자기 연민은 행복, 낙관주의, 호기심, 타인과의 연결성(connectedness)과 긍정적으로 연관되어 있다(Neff and Vonk, 2009). 따라서 자기 연민의 감정은 차질이나 부정적인 사건의 발생에도 불구하고 성장을 가능하게 하는 메커니즘으로 기능하는 것이다.

　　Leary 외 연구진(2007)은 자기 연민이 부정적인 사건의 영향으로부터 사람들을 완충시켜 준다는 것을 일련의 실험에서 발견하였다. 즉, 자기 연민이 적은 사람들에 비하여, 더 많은 자기 연민을 가진 사람들은 더 정확하게 자기평가를 하였으며, 따라서 자기비판(self-criticism)과 방어적인 자기 고양(defensive self-enhancement)[3]에 의해 자기위협(self-threat)이나 자기개념(self-concept)이 덜 손상된다는 것이다. 부정적인 사건 이후, 개인은 자신을 지나치게 비판하거나 우울증과 같은 부정적인 결과를 초래하거나, 또는 방어적으로 자존감을 높이는 데 초점을 맞추기 때문에 부정적인 사건 발생 이전의 주요 신호를 회피할 위험이 더 높다(Neff, 2003k). Leary 외 연구진(2007: 887)은 자기 연민을 유도한 실험에서, (자기연민의 감정을 가진) 사람들은 가혹하게 자기를 비판하는 사람들과는 달리, "부정적인 감정에 압도당하지 않고 부정적인 사건에서도 자신의 해야 할 역할을 인지할 수 있었다"는 것을 발견했다. 게다가, 압도당한 느낌을 갖지 않는 것은 단지 높은 자존감이나

---

2 역자 주: 자신의 부족과 결점을 비판단적인 방식으로 이해한다는 의미는 자신의 실패를 전인적 차원에서 자신의 부족함, 무능력, 결함 있는 존재로 체념하는 것이 아니라, 새로운 도전이나 시도에 있어서 시험적인 시도(entrepreneurial endeavour)가 적절치 않은 가설의 설정으로 인한 가설 실패 등으로 인식하는 태도를 말한다.

3 역자 주: 일반적으로 자기위협(self-threat)이 큰 경우 사람은 자기 위주 편향(self-serving bias)을 갖는데, 실패경험은 자기 위협이 크고 자기 개념에도 부정적인 영향을 갖기 때문에 실패에 대한 사람들의 보편적인 반응은 자기 위주 편향을 나타낸다. 특히 동기적인 부분에서 두 가지의 동기, 즉 자기고양(self-enhancement)과 자기제시(self-presentation)는 자기 위주 편향에 영향을 끼친다. 자기고양은 사람들이 자신의 가치를 유지하려는 욕구, 자기제시는 타인에게 자신의 인상을 관리하려는 욕구(인상관리는 이 책의 제7장에서 자세하게 다룬다)로 이해하면 된다.

실패의 주요 신호들을 외면(혹은 회피)하였기 때문이 아니라, 부정적인 사건과 원인에 대하여 당당하게 마주보았기 때문이라는 것이다. 중요한 것은, 개인의 자기 연민은 자존감(self－esteem)과 구별된다는 것이다. Neff and Vonk(2009)는 자존감과 비교하여, 자기 연민은 안정적 자아 존중감(self－worth)과는 정적으로(positively) 더 많이 연관되어 있다는 것을, 반면에 사회적 비교(social comparison), 공적 자의식4(public self－consciousness), 자기파멸(self－ruination), 분노, 인지적 종결 욕구5(need for cognitive closure)와는 부정적으로(negatively) 더 많이 연관되어 있다는 것을 발견했다. 비슷하게, Neff(2003k)는 자기연민의 감정과는 다르게, 자존감(즉, 자신에 대한 긍정적인 감정과 다른 사람들에게 자신이 가치 있다고 믿는 것:[Leary & MacDonald, 2003]))은 자아도취(narcissism), 자만심(hubris), 자기 고양 편향(self－enhancing illusions) 같은 특징과 상관관계가 있다는 것을 발견했다. 이러한 발견은 자기 연민은 불쾌한 사건으로부터 건강한 회복(학습 포함)을 촉진할 가능성이 있음을 시사한다.

연민은 조직 수준(예: Dutton, Worline, Frost, and Lilius, 2006)에도 존재하며, 개인들은 자아에 대한 연민을 갖는다는 인식에 기초하여, 우리는 조직적 자

---

4 역자 주: 인간은 자기성찰과 자기반성(introspection and self－reflection)과 같은 독특한 인간능력으로 심오하고 결기저인 형태의 자아인식(self－awareness)을 할 수 있다. 이처럼 지속적으로 자아에 대한 주의를 기울이는 경향성을 자의식(self－consciousness)이라 하고 사전적 의미에서 타인과 구별되는 자아로서의 자기에 대한 의식을 자의식이라고 한다. 이때, 인간은 자기 자신에게 주의를 집중하는 포인트가 두 개로 나누어진다. 다시 말하면 자기성찰과 자기반성이 이루어지는 출발점이 두 개로 나누어지는 경향성에 따라서 사적 자의식(private self－consciousness)과 공적 자의식(public self－consciousness)으로 구분된다. 사적 자의식은 개인적인 관점에서 자신에게 초점을 맞추고 자신의 생각과 감정과 같이 타인에게 쉽게 드러나지 않는 자신의 측면에 집중하는 경향성을 말한다. 공적 자의식은 실제 또는 상상된 타인의 지각된 자신에게 집중하고 자신의 외모와 행동의 측면과 같이 타인이 관찰할 수 있는 자신의 측면에 주의를 기울이는 경향성을 말한다(출처: https://www.encyclopedia.com/social－sciences/applied－and－social－sciences－magazines/self－consciousness－private－vs－public.)

5 인지적 종결 욕구(NFCC): 미국의 사회심리학자 아리에 크루글란스키(Arie Kruglanski)가 제안한 개념으로, 어떤 정보를 접했을 때 반증될 여지없는 확고 불변의 최종 결론을 얻고자 하는 욕구를 뜻한다. 대량의 정보 속에서 일종의 인지적 과부하(cognitive over－load)가 발생되고, 이러한 과부하를 해소하기 위해서 방향과 맥락을 잡아 주는 길잡이를 원하게 된다는 것이다. 인지적 종결 욕구를 충족하려는 사람들은 최대한 빠른 시간 내에 어떤 주제나 쟁점 또는 사안에 확고하고 의심 없는 결론을 받아들이는 것을 선호한다(출처: https://namu.wiki.).

기 연민의 구성을 제시한다. 우리는 실패 사건의 맥락에서 조직적 자기 연민의 개념을 조직 실패에 대한 부정적인 감정적 반응에 대한 조직 구성원들의 집단적인 정서적 대응으로서, 여기에는 조직과 그 구성원에 대해 집단적으로 보살핌과 동정심을 느끼는 것과, 이러한 부정적 감정은 조직 경험의 일부분이라는 것을 인식하며, 그리고 조직과 조직 구성원의 부적절성과 결함에 대하여 비판단적인 방식으로의 이해를 하는 것으로 정의한다. <그림 3-1>에서 지적한 바와 같이, 조직 수준 및 개인 수준에서의 자기 연민은 (1) 자기 용서, (2) 인간 보편성 및 (3) 마음 챙김의 세 가지 요소로 구성된다.

3.1.3 자기 용서

자기 용서(self-kindness)는 자기 연민의 첫 번째 요소이다. 개인적 차원에서는, 자기 용서는 실패 사건에 직면하여 "(자신에 대한) 가혹한 판단과 자기 비판보다는 자기 자신에 대한 동정심과 이해를 확장시키는 것"을 포함한다(Neff, 2003a: 89). 실패에 직면했을 때, 자기 용서가 높은 개인은 자신이 좋아하지 않는 자신의 어떤 성격적 측면에 대해 이해와 인내심을 가지려고 노력하고, 매우 힘든 시기를 버텨내는 데 필요한 자상함과 부드러움을 주고, 자신의 결점과 부족함에 대해 관대하고, 감정적으로 고통을 느낄 때 자신을 사랑하려고 노력한다(Neff, 2003k: 231). 자기 친절이 자신의 결함에 대하여 만족한다는 것을 의미하는 것도 아니며, 미래의 실패를 제거하거나 실패의 영향을 최소화하는 데 요구되는 학습에 수동적이라는 것을 의미하는 것은 아니다. 자기 용서는 행동을 고무하지만, 관대함과 인내심을 가지고 그렇게 한다는 것이다(Neff, 2003a). 이러한 관대함과 인내는 실패 때문에 강요되다시피 하는 직접적인 변화들을 직면하는 과정에서 중요하다. 자기 용서가 덜한 개인들은 더 자기 판단적(self-judgmental)이며, 자신의 결점에 참을 수 없으며, 프로젝트 실패를 경험할 때처럼 어려움에 직면한 자신을 가혹하게 대한다(Neff, 2003k). 자기 용서가 없다면, 실패에 대한 대응은 이상적인 기준을 충족하지 못한 것에 대한 혹독한 자기비판이며, 이는 결국 개인의 성장(예를 들어, 경험에서 배우는 것)을 저해한다. 예를 들어, 가혹한 자기 비난은 일이 잘못되었을 때 개인이 느끼는 실패에 따른 고통과 마음을 더욱 악화시킨다(Blatt, Quinlan, Chevron, McDonald, and Zuroff, 1982). 즉, 이미 벌어진 감정적인 사건에 불안감을 추가하는 것이다. 혹독한 자기비판은 부정적인 감정을 고조시키고, 프로젝트 손실에 대한 슬픔을 증가시키는 자기반성(ruminations)만을 초래할 수 있다.

개인과 마찬가지로 조직 또한 내부 및 외부 사람들에게 직접적인 동정심을 베풀 수 있다. 다른 사람들에게 친절하다는 측면에서, 기업의 사회적 책임, 기업의 박애주의 실천, 또는 기업의 기부금이 기업 성과를 높이기 위한 전략이라는 논란이 있지만(Godfrey, 2005), 적어도 일부 조직은 기대 이상의 선행을 하는 것으로 보인다(Logsdon and Wood, 2002). 즉, 일부 조직은 직원(Loyd, 1990; Milliman, Czaplewski, and Ferguson, 2001; Schulman, 1999), 사회 구성원(Cowton, 1987; Edmondson and Carroll, 1999; Shaw and Post, 1993)에게 관대하고 동정적이다. 그러므로 우리는 실패 사건의 맥락에서 조직 차원의 자기 용서 개념을 개발하였는데, 이것은 조직 구성원들이 조직 실패에 대한 부정적인 정서 반응에 대해 조직 구성원들의 집단적인 정서적 대응이며, 따라서 (실패한) 조직과 그 구성원들에게 보살핌과 용서의 느낌을 갖는 것을 말한다.

• 3.2 인간 보편성

인간 보편성6은 자기연민의 두 번째 요소이다. 인간 보편성이란 "자신

---

6 역주 주: 본문에서 인간 보편성은 공학 분야의 4가지 사고(accident) 이론 중에서 실패 (failure)이론으로 확장된 정상사고이론(Normal Accident Theory: NAT)으로 이해하면 된다. 미국에서는 실패분석이 인문사회과학적 분야보다는 공학 분야에서 발전되었고, 전문 학술지를 통하여 많은 연구가 발표되고 있다. 공학 분야에서 4가지 사고이론은 정상사고 이론(NAT), 고 신뢰성이론(High‒Reliability Theory), 경고 및 부실관리이론(Warning plus Sloppy Management Theory), 중복실패이론 혹은 스위스 치즈모델(The Swiss Cheese Model)이다. 이 중에서 정상사고이론은 긴밀하게 연결되어 있고(tightly coupled), 복잡한 (complex) 시스템에는 사고가 불가피하게 내재되어 있다는 것이다(출처: Ashraf Labib. Learning from Failures: Decision Analysis of Major Disasters. Elsevier Inc. 2014.; https://blog.naver.com/firerisk/222187744656).

의 경험을 대부분의 인간 경험과 분리되고 소외된 것으로 보기보다는 인간의 광범위한 경험의 일부로 인식하는 것"으로 정의한다(Neff, 2003a: 85). 인간 보편성의 관점에서 실패를 경험한다는 것은 어떤 면에서 부족한 것(inadequate)이라는 생각은, 대부분의 사람들도 그렇게 자신의 부족함을 느끼고 생각한다는 것을 자신에게 상기하는 것이고, 그러한 느낌이나 생각은 인간 삶의 조건 중 일 부분이며, 세상에는 그렇게 느끼는 사람들이 많다는 것이며, 이러한 곤경도 모든 사람들이 겪는 삶의 일부라는 것이다(Neff, 2003k: 231). 그러한 관점이 없다면, 사람들은 부정적인 사건 후에 자신에게만 그러한 일들이 발생하였다는 생각에 사로잡히고, 따라서 다른 사람들과의 상호 연관성을 외면한다는 것이다(Neff, 2003k). 소외된다는 감정은 추가적인 불안감을 유발하고, 또한 이미 실패 사건으로 인해 야기된 부정적인 감정을 더욱 악화시킨다.

개인들의 경우와 마찬가지로, 조직도 다른 사람들의 부정적인 감정과 자신의 실패에 반응하는 것은 인간 보편성의 일부라는 것을 인식할 수 있다. 이에 대해서는 후술한다. 실제로, 기업의 시민성이라는 관념은 조직의 지역 공동체에 대한 소속감을 인식하는 것이다(Logsdon and Wood, 2002; Matten, Crane, and Chapple, 2003). 인간 보편성에 대한 인식은 조직이 다른 사람을 도와야 한다는 사회적 책무성과 윤리적 의무감, 또는 조직의 지속적 존재여부는 사회에 의존한다는 인식으로 이어질 수 있다(Garriga and Melé, 2004). 인간 보편성은 조직이 이해 관계자들(Emshoff and Freeman, 1978)과 더 큰 공동체의 구성원들(Donaldson and Dunfee, 2000; Logsdon and Wood, 2002)을 돌봐야 한다는 감정을 자아내는 것이다. 조직이 실패에 대한 그들 자신의 (집단적) 부정적 반응과 관련하여 인간의 보편성을 인식한다는 것은 조직 차원에서 인간의 보편성을 입증하는 것이다. 따라서, 우리는 실패 사건의 맥락에서 조직차원의 인간 보편성의 개념을 개발하는데, 이것은 조직 구성원들이 조직 실패에 대한 부정적인 정서 반응(reactions)에 대한 조직구성원들의 집단적인 정서적 대응(response)을 의미하는 것으로, 이러한 부정적인 감정이 조직 경험의 일부라는 것을 집단적으로 인식하는 것을 포함하는 것이다. 예를 들어, 중대한 프로젝트의 실패에 직면하여, 인간 보편성 관념을 가진 조직은 대부분의 조직이 일생 중 어떤 시기에 그러한 조건에 직면하게 되고, 이런 일이 일어날 때, 대부분의 조직은 집단적으로 부정적으로 감정 반응을 보인다는 것을 강조할 수 있는 것이다. 즉, 조직이 현재의 위치와 슬픔을 정상적인 '조직의 삶'의 일부로 인식할 수 있을 때, 실패 사건에도 불구하고 다른 조직과 연결된(connected) 상태를 유지할 수 있는 것이다. 또 다른 예로서, 조직은 과거의 유사한 실패를 어떻게 극복하고 회복했는지를, 그리고 더 광범위한 성공이나 성취를 추구하는 과정에서 일시적인 실패를 어떻게 견딜 수 있는지를 강조할 수 있을 것이다.

3.2.1 마음 챙김

개인 차원의 자기 연민이라는 맥락에서 마음 챙김이란, "고통스러운 생각과 감정에 지나치게 사로잡혀 있기보다는 균형 잡힌 인식을 가지고 버텨내는 것"을 의미한다(Neff, 2003a: 85). 흔히 마음 챙김은 "열린 사고(open-minded) 혹은 비판단적(non-judgmental) 방식으로 현재 상태에 주의를 집중하는 것"으로 여겨지지만, 자기 연민의 차원에서 이해하는 마음 챙김이란, 열린 마음(open-hearted)으로 주의를 집중하게 하는 것을 말한다(Fredrickson, Cohn, Coffey, Pek, and Finkel, 2008: 1096). 열린 마음 챙김(Open-hearted mindfulness)이란 자신과 타인에 대한 배려, 따뜻함, 그리고 긍정의 감정을 증가시키는 것에 초점을 두고 현재 감정에 초점을 맞추는 것이다(Fredrickson et al., 2008; Salzberg, 1997). 마음을 잘 챙기는 사람은 부정적인 사건에 직면했을 때 감정을 균형 있게 유지하려고 노력하고, 호기심과 개방성으로 감정에 접근하며, 고통스러운 일이 일어나는 부정적인 상황에 대해서도 균형 잡힌 시각을 유지하려고 노력한다(Neff, 2003k: 232). 이와는 대조적으로 마음 챙김이 서투른 사람은 '잘못된 것에 집착하고 매몰되는 경향' '어떤 한 사태를 과도하게 만들어버리는 경향' '부정적인 사건으로 발생하는 감정 때문에 사로잡히는 경향' 그리고 '부적절한 감정에 사로잡히는 경향'을 보인다(Neff, 2003k: 232). 마음 챙김은 자기 평가(self-evaluation)에 휘말리지 않으며 자존감을 염두에 두지 않는다. 실제로, 마음 챙김이 이루어지면, 자아에 대한 인식은 "연화되거나 사라진다"(Martin, 1997: 292). 이것은 자기 존중감과 역경 사이에 일종의 심리적 거리를 제공함으로써 현재의 경험에 대하여 비판단적인 수용을 가능하게 한다(Bishop et al., 2004). 그렇다고 마음 챙김이 프로젝트 실패에 대한 부정적인 감정 생성을 부정하거나 제거한다는 말은 아니다. 반대로 프로젝트 실패에 의해 야기되는 고통스러운 생각과 감정들이 열린 마음으로 자각의 일부로써 호기심으로 받아들여지고 접근되는 것이다.

조직 차원의 마음 챙김은 조직학 문헌에서 많이 연구되는바, 특히 신뢰도가 높은 조직과 관련이 있다(Weick, Sutcliffe, and Obstfeld, 1999; Weick and Sutcliffe, 2011). 조직 문헌에서 표현되는 마음 챙김 개념은 인지적 측면에 초점을 맞추고 있기는 하지만(예: Fiol and O'Connor, 2003; Krieger, 2005; Langer, 1989), 조직적 마음 챙김의 관념 속에는 정서적 측면의 잠재적 역할에 대해서도 주목하고 있다. 본 연구는 실패 사건의 맥락에서 자기 연민과 관련되기 때문에, 우리는 조직적(정서적) 마음 챙김에 대하여 다음과 같은 정의를 제시한다. 즉, 조직적 마음 챙김이란 조직적 실패에 대한 부정적인 정서적 반응에 대한 조직구성원들의 집단적인 정서적 대응을 의미하는 것으로서 조직과 조직구성원의 부족(inadequacies)과 잘못된 조치(mis-steps)에 대하여 비판단적인 방식으로 집단차원의 이해를 포괄한다. 우리는 실패 사건 이후 개인의 마음 챙김(사고방식)이 긍정적인 감정의 생성을 초래할 수 있듯이, 조직 또한 열린 마음 챙김의 환경을 체계적으로 고양함으로써 조직 내 긍정적인 감정을 강화할 수 있으며, 그렇게 함으로써 실패나 차질에 대한 대응(즉, 학습)에 영향을 미칠 가능성이 더 높을 것으로 예상한다. 이러한 추론은 긍정적인 감정의 확장과 수립이론(broaden-and-build theory)(Fredrickson, 2001)과 최근의 경험적 연구(Arimitsu and Hofmann, 2015; Fredrickson et al., 2008)와 일치한다.

• 3.3 자기 연민과 실패로부터의 학습

자기 연민(즉, 자기 용서, 인간 보편성, 그리고 마음 챙김)은 실패 경험으로부터의 학습에 기여한다. 비록 많은 학습 메커니즘이 있지만, 우리는 특히 두 가지에 초점을 맞춘다. 왜냐하면 그것들은 심리학과 조직학 문헌 모두에서 많은 공통적인 측면으로 포착되고 있기 때문이다. 정확하게 표현하면, 학습은 광범위한 지각과 광범위한 자원의 배열에 의해 강화될 수 있다. 다음 절에서는 먼저 개인 및 조직 수준에서 이러한 학습 메커니즘을 입증한 다음, 이러한 학습 메커니즘이 자기 연민의 영향을 어떻게 받는지 자세히 설명한다.

3.3.1 자기연민과 광범위한 지각을 통한 실패로부터의 학습

3.3.1.1 인간에 대한 폭넓은 이해

폭넓은 인식(broad perception)이란 더 높은 수준의 연결을 만들고, 인식 또는 아이디어의 범위를 넓히고, 사건이나 문제에 대한 관점을 향상시키는 주의(attention) 및 생각(thinking)을 확장할 수 있는 개인의 능력을 말한다 (Fredrickson, 1998; Fredrickson et al., 2008). 실패를 둘러싼 배경과 실패 자체에 대한 지각이 확대되면 실패경험으로부터의 학습이 향상된다. 이용 가능한 신호와 정보에 눈을 멀게 하는 제한된 인식(bounded awareness)(Chugh and Bazerman, 2007)보다는 더 넓은 인식을 가진 개인들은 더 포괄적인 상황 인식 (Dane, 2010; Weick et al., 1999)을 가지게 되고, 그것은 상황에 대한 더 깊은 이해를 가능하게 하며, 또한 미래 상황에 대하여 더 많은 정보와 예측을 가능하게 한다(Endsley, 1995). 즉, 그들은 학습하는데, 그리고 학습한 것을 후속 프로젝트에서 적용하는 데 더 나은 위치에 있는 것이다.

첫째, 자기용서의 태도를 지니고 있는 개인은 실패 정황에 대한 지각을 넓힐 수 있다. 연구자들은 자기이해(self-knowledge)가 높은 사람들이 "자신과 관련된 확실하지 않은 정보"(Aspinwall, 1998)에 더 많은 관심을 기울인다는 것을 발견했으며, 그것은 상황에 대한 더 정확한 그림을 그리는 데 도움이 되는 것이다(Leary et al., 2007; Sedikides, 1993). 자기 용서는 실패 사건으로부터 자부심(self-worth)을 분리하도록 도와주기 때문에 자신의 부족한 점을 숨길 필요가 없게 만든다. 따라서 이러한 단점들에 대한 지각은 불안을 덜 생성시킨다(Leary et al., 2007). 개인이 혹독한 자기비판을 하지 않으면, 자아에 대한 보호 기능(protective functions of the ego)은 실패에 의해 촉발되지 않는다. 이러한 자아를 보호하는 기능(ego-protective functions)은 높은 자존감을 유지하기 위해 신호-예를 들면, 근본적인 실패 원인과 같은 신호-를 걸러낼 수 있기 때문에 매우 중요하다(Horney, 1950; Reich, 1949). 하지만, (자아보호 기능은) 자존감에 상처를 남기지 않을 수는 있다하더라도, 이러한 자아 기능에 의해 야기되는 제한적인 자각은 (자신의 실패 원인이 되는) 약점과 실수를 지각하지 않은 상태로 남겨두는 것이 되는 것이다(Neff, 2003a). 또한, 자기 용서가 부족한 개인들은 혹독한 자기비판을 하고, 종종 실패 사건에 대한 부정적인 감정 반응으로 휘몰아치게 된다. 이 모든 과정은 결국 개인을 자꾸 반추(rumination)하게 만들고, 관심이나 지각의 폭을 좁아지게 만드는 것이다(Nolen-Hoeksema, 1991). 결과적으로, 낮은 수준의 자기 용서를 가진 사람들은 일반적으로 그들의 현재 상황에 대한 지나치게 좁은 인식을 가지게 하며(Leary et al., 2007; Sedikides, 1993), 따라서 자신의 실패 경험으로부터 덜 학습하게 되는 것이다.

둘째, 개인차원의 인간 보편성은 광범위한 인간적인 맥락에서 자신의 경험을 이해함으로써 실패에 대한 인식을 넓히는 것이다(Goldstein and Michaels, 1985; Scheff, 1981). 이러한 광범위한 맥락에서 실패를 인식함으로써, 개인은 자기 보호 메커니즘(Baumeister, Smart, and Boden, 1996; Twenge and Campbell, 2003)에 덜 의존하게 되는 것이다. 자기보호메커니즘은 대안적 관점을 허용하지 않는 경직되고 폐쇄적인 사고방식을 고집하게 만들기 때문이다(Jost et al., 2003; Taris, 2000). 개인이 더 큰 인간의 보편성 맥락을 가지게 되면, 더욱더 개방적 사고방식을 가지게 되고, 이는 실패에 이르게 된 사건을 폭넓게 지각함으로써 실패경험으로부터 학습을 촉진하게 하는 것이다.

마지막으로, 정서적으로 마음 챙김을 잘 하는 개인은 부정적인 상황에 대한 더 넓은 지각을 형성할 수 있다(Slagter et al., 2007). 왜냐하면 그들의 자아에 대한 인식이 유연해지고(Martin, 1997), 그들의 관심은 자신을 보호하는 이야기를 만드는 데 필요한 정교한 인지적 정보 처리과정에서 멀어지도록 하여 대신에 현재의 경험에 대하여 비판단적으로 받아들이는 지향성을 가지도록 하기 때문이다(Bishop et al., 2004; Neff and Vonk, 2009). 즉, 마음 챙김은 반추에 매달리게 하지 않거나(Nolen-Hoeksema, 1991), 혹은 반추를 거부(Leary and Tate, 2007)하지 않으면서 실패를 경험하도록 하는 것이다. 따라서 보다 마음 챙김이 있는 개인은 내부 및 외부 신호에 대한 주의 민감도를 유지할 수 있으며(Baumeister, Heatherton, and Tice, 1993; Carver and Scheier, 1999; Dane, 2010), 이것은 "현재 상태의 경험과 역할에 대하여 명료하고 생생하게 높은 자각 수준을 제공해준다"(Brown and Ryan, 2003: 825). 이와 같은 새로운 자각은 그렇지 않으면 보이지 않게 될 실패에 대한 정보를 드러낼 수 있는 것이다(Brown, Ryan, and Creswell, 2007; Hayes, Wilson, Gifford, Follette, and Strosahl, 1996; Slagter et al., 2007).

3.3.1.2 조직 수준에서의 광의적 지각

조직 또한 실패에 이르게 된 상황(Ocasio, 1997; Weick et al., 1999)이나 배경을 이해하는 능력을 증가시키는 광범위한 인식을 가질 수 있다. 이러한 지각은 조직 활동에 정보를 제공하기 때문에 조직의 기능을 유지하거나 향상시키는 것이다. 예를 들어, 개념적 느슨함(conceptual slack)은 조직 프로세스에 대한 조직 구성원들의 관점이 다양할 수 있는 것을 의미하며(Schulman, 1993; Weick, 1993), 그것은 해결 필요성이 있는 문제를 식별하는 조직의 능력을 증가시킨다(Sutcliffe and Vogus, 2003). 개념적 느슨함은 새로운 관점을 중시하고, 정보를 공유하며, 기존의 규범·절차·관례에 대한 질문을 장려하는 조직에서 더 자주 촉진된다(Bogner and Barr, 2000; Cho and Hambrick, 2006). 이러한 조직의 장점은 구성원들이 실패와 실패에 가까운(near misses) 것을 보고하도록 고무할 수 있다는 점이다(Edmondson, 1996; Rochlin, 1989). 그러한 피드백은 학습을 위한 더 많은 데이터를 제공하는 것이고, 후속 활동에 정보를 제공하는 것이기 때문이다(Weick et al., 1999; Weick and Sutcliffe, 2006). 따라서 조직 인식 혹은 지각(organization's perception)은 자기 용서, 인간 보편성, 그리고 마음 챙김이라는 세 가지 뚜렷한 메커니즘을 가진 자기 연민에 의해 확대되는 것이다.

첫째, 조직차원의 자기 용서는 보고를 하는 사람들을 보호하고 그에 따라 실패의 근본 원인에 대한 이해를 증가시킴으로써 구성원들이 실패와 거의 실패(near misses)에 가까운 사안에 대한 보고를 하도록 장려하는 문화에 기여할 수 있다. 내부적으로 지시된 보고서들을 통해서 조직 시스템 내의 실패, 부족, 그리고 결함을 규명할 수 있지만, 그렇게 할 수 있는 잠재력은 배려와 부드러움 때문에 가능한 것이다. 이러한 보고서는 복잡하고 동적인 상황 요인에 대한 연민적 이해를 유지하면서 행동의 긍정적 및 부정적 측면을 명확하게 평가함으로써 특별한 지혜를 드러나게 하는 것이다. 따라서 특정 결과는 자존감평가의 지표로 받아들여지지 않을 수 있는 것이다(Neff, Hsieh and Dejitterat, 2005: 264). 조직이나 구성원의 가치가 위협받지 않으면 조직 구성원은 실패 보고에 더 개방적일 수 있으며, 이러한 보고서는 더 신뢰할 수 있게 된다.

조직차원의 자기 용서는 또한 용인할 수 있는 행동과 용납할 수 없는 행동을 인정하며, 조직구성원은 조직의 시스템 혹은 관례에 대한 관리자의 실패 책임 귀인에 대해 조직의 전체 가치를 훼손하지 않고 신뢰한다.7 이와는 대조적으로, 실패한 프로젝트에 대한 혹독한 자기비판은 조직의 가치를 보호하기 위한 메커니즘을 촉발할 가능성이 높으며, 이를 위한 한 가지 방법은 조직의 내부 루틴과 시스템을 탓하기보다는 조직 외부의 행위자를 탓하는 것이다. 책임의 외부 귀인은 부적절한 책임추궁이며, 합리적 조직문화를 약화시키는 것이다. 자기 연민이 높은 조직에서는, 가혹한 자기 평가를 피하기 위해 실패와 결함을 숨길 필요가 없다; 오히려, 조직 수준에서의 자기 용서는 구성원들이 실패 사건에 대한 더 객관적인 관점을 취할 수 있도록 하

---

7 역자 주: 조직 차원에서 자기용서 문화가 지배적이라면, 실패의 원인이 조직시스템이나 규정 등에 의한 것이라 하더라도 조직구성원들은 리더십의 교체 요구 등과 같은 극단적인 대응 논리를 가지지 않는다는 것이다. 그렇기 때문에 조직의 관리자들도 조직차원의 문제에 대하여 솔직하게 문제점(실패 원인)을 드러내 놓을 수 있고, 따라서 개선할 수 있는 조직역량을 함양할 수 있는 것이다.

는 것이고, 이것은 자신들의 실패 경험으로부터 학습하는 능력을 향상시켜 주는 것이다.

둘째, 모든 조직은 실패를 할 수 있고 결함을 가질 수 있다는 것을 인식 하면(즉, 인간 보편성), 실패의 원인이 된 실수 혹은 결함을 보고할 때 개인에 게 심리적 안정감(feeling of security)[8]을 주는 데 도움이 된다. 또한 이러한 인 식은 조직으로 하여금 조직의 현재 상황에 대한 중요한 정보 출처일 수 있 는 외부 행위자와의 관계(connections)를 유지할 수 있도록 지원한다. 예를 들 어, 의사들에 대한 환자 불만은 적절한 의료 서비스를 제공하지 못할 때 발 생하는 실수, 결함 또는 기타 부적절함에 대한 중요한 정보 출처일 수 있지 만, 병원은 종종 그러한 정보에 위협을 느끼고 이에 대해 덜 개방적일 수 있 다(Allsop and Mulcahy, 1998; Lupton, 2012). 나아가, 실패가 일반적으로 '조직의 일상적 삶'이라는 관점에 토대할 때, 프로젝트 실패에 대한 개인의 정서적 반응은 덜 부정적일 가능성이 높다. 이렇게 하면 조직의 인지 능력이 자유로 워져 프로젝트 실패의 근본적인 원인에 대한 약한 신호에 대해서도 지각과 정보처리가 용이해진다. 오류와 결함이 모든 조직이 때때로 직면하는 것임 을 분명히 함으로써 프로젝트 실패가 조직의 전반적인 가치에 위협이 될 가 능성은 적어지는 것이다. 따라서 (실패를 경험한) 조직 구성원들은 자신과 타 인에게 자신의 가치를 방어할 필요가 없기 때문에 부당하게 책임을 떠넘길 필요를 덜 느끼게 되는 것이다. 마찬가지로, 조직은 외부자들과의 관계를 (인 간의 보편성의 결과로) 유지할 수 있기 때문에, 실패에 대해 외부자들에게 부 당하게 책임을 떠넘길 가능성이 적어지는 것이다.[9] 대조적으로, 인간 보편성 에 대하여 덜 인지하는 조직은 이미 다른 사람들과 격리되고 그 조직원들은

---

8 역자 주: Amy C. Edmondson은 심리적 안정감(psychological safety)이라고 표현한다. 출 처: Amy C. Edmondson. The Fearless Organization: Creating Psychological Safety in the Workplace for Learning, Innovation, and Growth. John Wiley & Sons, Inc. 2019.

9 실패에 개방된 환경을 제공하는 것이 중요하지만, 이것 자체만으로는 확장된 인식을 포 함한 긍정적인 결과를 저절로 보장하지는 않는다. 제6장에서 논의한 바와 같이, 조직은 학습의 기회로 실패를 용인하는 것과 실패를 정상사고화하는 경향의 균형을 유지해야 한 다. 실패를 정상적인 것으로 용인하지 않으면, 실질적인 변화를 일으키는 데 필요한 적절 한 주의(attention)와 정서적 반응을 생성하지 않는다.

더 이상 연결되어 있지 않은 사람들에게 부당하게 책임을 돌리기 쉽다. 더욱이, 부정적인 감정이 고립에 의해 악화됨에 따라(Wood, Saltzberg, Neale, Stone, and Rachmiel, 1990), 조직은 책임을 부당하게 전가함으로써 프로젝트 실패에 의해 야기되는 부정적인 감정을 줄이려는 동기를 점점 더 갖게 된다. 그러므로, 소외 자체가 조직을 다른 사람들로부터 단절시키는 것이며, 이것은 실패 경험으로부터 학습을 위한 잠재적으로 중요한 정보 출처를 제거하는 것이다.

마지막으로, 조직의 정서적 사고방식(마음 챙김)은 프로젝트 실패 분석에 요구되는 신호를 감지하는 데 중요한 정보의 보고를 촉진시킨다. 조직 전체 구성원들이 균형 잡힌 인식 속에서 고통스러운 사고를 직면할 때, 그들의 집중은 "안정적이고 생생하게" 유지될 수 있으므로, 상황을 더 명확하게 볼 수 있다(Weick and Sutcliffe, 2006: 521). 이는 보고의 기초를 형성하는 것이다. 이런 식의 비판단적(non-judgmental) 평가의 성격을 감안하면, 조직의 가치는 훼손받지 않으며, 실패와 거의 실패(near misses), 결함에 대하여 사실에 근거한 보고서는 조직 구성원들의 더 많은 신뢰를 받을 가능성이 높다. 이러한 신뢰 환경은 개인이 부정적인 감정을 표현할 수 있을 뿐만 아니라 사건에 대한 관점을 넓힐 수 있게 해주며, 이는 그들의 시야를 넓히고 더 긍정적인 감정으로 가는 길을 열어주게 되는 것이다.

조직의 실패에 대한 보고가 조직 구성원의 부정적인 감정에 의해 왜곡되는 것은 아니지만, 이것이 부정적인 감정을 무시하는 것을 의미하는 것은 아니다. 오히려 조직 차원의 마음 챙김은 구성원들이 그들의 감정을 감지하고, 이해하고, 보고하도록 도와서 그들의 회복력을 촉진하도록 조정될 수 있도록 도와준다. 또한 부정적인 사건(그리고 그에 대한 정서적 반응)에 대한 평가를 자존감의 유지와 분리함으로써, 조직의 마음 챙김은 구성원이 부당하게 책임을 전가하는 것(Lazarus, 1991; Miller, 1976)과 같은 자기 방어 전략(Leary et al., 2007; Neff, Kirkpatrick, and Rude, 2007)을 사용할 가능성을 줄인다. 실제로, 마음 챙김을 보다 잘 하는 조직은 비판단적인 호기심으로 조직의 실패와 단점 그리고 그것에서 비롯되는 부정적인 감정을 탐구하여 원인을 정당하게 평가하고 가능한 대안 행동 과정을 탐색함으로써 프로젝트 실패로부터 학습하는 데 필요한 신뢰 분위기를 조성하는 것이다.

3.3.2 자기연민과 폭넓은 자원의 배열을 통한 실패로부터의 학습

실패로부터의 학습은 프로젝트 실패의 원인 분석을 토대로 조치를 취함으로써 강화되며, 그 자체가 후속 학습과 행동을 위한 피드백을 제공하는 것이다. 따라서 실패로부터의 학습은 후속 조치를 촉진하는 더 넓은 범위의 자원들에 의해 강화될 가능성이 있다. 이 섹션에서는 실패로부터 학습하기 위한 개인 및 조직 자원이 개인 및 조직적 자기 연민이 있는 상황에서 어떻게 확장 또는 확대될 수 있는지에 대해 논의한다. 먼저 개인적인 자원부터 시작한다.

3.3.2.1 개인 차원에서 자원의 배열

개인의 경우, "새로운 상황에서 활성화, 조합, 재조합할 수 있는 잠재 자원의 존재"(Sutcliffe and Vogus, 2003: 97)는 프로젝트 실패를 더욱 이해하기 위해 추가적인 조치를 취하는 능력을 향상시킨다. 이러한 자원은 역량·대응 기술·자기 효능감(Fergus and Zimmerman, 2005)과 같은 내부적 자원일 수도 있고, 사회적 지원·역할 모델·멘토링(Brook, Whiteman, Gordon, and Cohen, 1989; Zimmerman, Bingenheimer, and Notaro, 2002)과 같은 개인의 외부적 자원일 수도 있다. 실패로부터 학습하고 앞으로 나아가기 위한 개인의 자원 배열은 세 가지 주요 방법으로 자기 연민에 의해 넓어질 수 있다.

첫째, 자기 용서는 실패를 다루기 위하여 자원의 폭을 증진시킬 수 있으며, 또한 새로운 프로젝트나 기존 프로젝트에 자원을 효과적으로 재배치할 수 있는 유연성을 증가시킬 수 있다. 자기 용서는 개인에게 "시간이 지남에 따라 자존감"을 더욱 안정적으로 만들게 하며(Neff and Vonk, 2009), 그리고 수행-성과 목표(performance-outcome goals)보다 성숙 목표(mastery goals)에 더 초점을 두게 한다(Neff et al., 2005). 즉, 자존감의 감정을 실패와 분리함으로써 실패 경험으로부터 잡아 끌어내어 실패 상황을 (회피하기 보다는) 학습 경험으로 받아들임으로써 일관된 자존감을 유지할 수 있다. 자기 용서는 자신에게 "자유 통행권"을 주는 것을 의미하지는 않는다. 오히려, 개인은 자신에게 보살핌과 동정심을 배품으로써, 실패를 바로잡고, 미래에 유사한 실수를 반복하지 않도록 개선하려는 동기를 얻는다. 실제로, 자기 용서는 실패에 대하여 문제 중심의 대처(Neff et al., 2005)와 적응적 대응(Leary et al., 2007)과 관련이 있는 것으로 밝혀졌다. 자기 용서는 혹독한 자기비판을 없애기 때문에, 개인은 자기의 계획을 가지고, 비생산적인 행동을 수정하고, 새로운 도전을 취할 수 있는 "자유인"이 되는 것이다(Neff and Vonk, 2009).

둘째, 더 넓은 보편성이라는 인간적 측면에 토대하는 개인은 더욱 개방적인 사고방식을 유지할 수 있고, 실패 사건에 대한 이해를 제고할 수 있는 정보의 원천으로서 다른 사람들과 연결을 지속할 수 있는 힘을 제공한다. 또한, 더 큰 인간 보편성에 토대하면, 프로젝트 실패를 경험한 후 다른 사람들과의 분리감정(feelings of separation)을 과장할 가능성이 더 적어진다(Goldstein and Kornfield, 1987; Neff, 2003a). 이를 통해 그들은 타인들과 더욱 연결되어 있고 안전하다고 느낄 수 있으며(Gilbert and Irons, 2005), 따라서 관계를 유지하고 만들어 나갈 수도 있는 것이다(Campbell and Baumeister, 2001). 이러한 관계는 실패 경험에서 학습할 수 있는 유용한 자산(Huy, 1999; Shepherd, 2009)에 대한 접근을 제공하고 후속 프로젝트와 함께 능동적인 적응 조치를 취하는 데 필요한 정서적 지원을 제공하는 것이다.

마지막으로, 마음 챙김은 실패로부터 학습하고 후속 프로젝트에 다가가기 위한 개인의 자원에 기여할 수 있다. 사실, 마음 챙김은 "개념적으로 구성된 세상의 대상이 아니라 현상으로서 내부 및 외부 사건 및 발생을 인식할 수 있는 능력"(Brown et al., 2007: 212; Olendzki, 2005: 253), 그리고 프로젝트 실패와 같은 부정적인 사건에 직면하여서도 계속 관여(engaged)하고 있는 상태를 유지하는 능력(Eifert and Heffner, 2003; Levitt, Brown, Orsillo, and Barlow, 2004)으로 묘사되고 있다. 마음 챙김이 불운한 사건에 대한 정서적 반응 감소(Hayes, Strosahl, and Wilson, 1999; Leary et al., 2007)와 예측 능력(Dunn, Bracket, Ashton-James, Schneidman, Salovey, 2007)과 감정적 사건에 대한 통제 능력(Leary and Tate, 2007)을 이끌기 때문에 개인은 마음 챙김 능력을 개발하여야 한다. 이와 같은 마음 챙김의 특성은 인지 및 정서 장애(Brown and Ryan, 2003)를 덜 느낄 수 있고, 프로젝트 실패 후 사회적 연관성(Brown and Ryan, 2003, 2004; Brown and Kasser, 2005)을 더 크게 만들어 갈 수 있게 해주며, 이는 경험과 학습에 필요한 추가 자원의 생성과 접근 그리고 새로운 프로젝트를 추진하는 데 유용한 것이다.

3.3.2.2 조직 차원에서 자원의 배열

조직 또한 위협을 해결하는 데 유용한 자원을 보유하고 있으며, 새로운 방식으로 자원을 재조합하고 재배치하는 프로세스를 가지고 있다(Eisenhardt and Martin, 2000). 조직 자원을 재배치하는 이 프로세스는 가능한 행동 대안들의 배열을 증가시키는 것이며(Weick et al., 1999), 이것은 곧 실패 경험으로부터 학습한 것을 실행해 보는 것으로서, 조직이 추가적인 피드백과 학습의 기회를 갖게 하는 것이다. 사회적 자본과 관계성은 실패 경험으로부터 조직의 의미 형성(Weick, Sutcliffe, and Obstfeld, 2005)을 촉진하는 자원, 통찰력, 지지의 원천이 된다(Leana and Van Buren, 1999). 개인과 마찬가지로, 프로젝트 실패를 이해하고 그에 따라 행동하는 조직의 능력은 세 가지 주요 방법으로 자기 연민에 의해 확장될 수 있다.

첫째, 자기 용서가 높은 조직에서는, 가혹한 자기 판단을 피하기 위해 오류와 결함을 숨길 필요가 없다. 오히려, 조직의 자기 용서는 구성원들이 실패 사건에 대해 좀 더 객관적인 관점을 채택하도록 돕는다. 조직이 실패 사건에 대해 개인이 느끼는 부정적인 정서 반응(예를 들어, 실수나 결함에 대한 조직의 부정적인 평가로 인한 추가적인 불안감)을 감소시켜주면, 그러한 실수나 결함에 대해 주의를 기울이거나 생각하는 것을 회피하려고 하는 욕구를 감소시켜준다. 실수 및 결함에 주의를 기울이는 것은 실패로부터 학습하는 기초를 제공하기 때문이다. 또한, 조직적인 자기 용서는 구성원들이 손실 때문에 부정적인 감정에 휩쓸리는 것을 방지하도록 도와주며, 따라서 슬픔을 증폭시킬 수 있는 자책하는 반추를 감소시켜 준다(Nolen-Hoeksema, 1991). 그러한 감정과 불안은 인간의 정보 처리 능력을 소모케 함으로써 개인의 학습 과정을 방해하는 것으로 밝혀졌다(Weick, 1990).

둘째, 조직 차원의 인간 보편성 인식은 또한 학습 문화에 기여할 수 있다. 그것은 조직이 자신들만이 고통 받고 있다는 집단적 느낌을 구성원들이 갖는 것을 피하도록 도와주며, 조직구성원들이 자신들의 감정에 사로잡혀 있는 것을 피할 수 있도록 돕는다. 이와 같이 부정적인 감정과 불안의 증가를 줄이면, 학습과 적응의 저해요인을 감소시키는 것이다(Huy, 1999; Shepherd, 2009; Weick, 1990). 위에서 논의한 바와 같이, 조직의 인간 보편성 인식은 조직이 다른 사람들과의 연결을 유지하도록 도와주기 때문에, 또한 학습에 중요한 정보 소스를 유지할 수 있게 해준다. 또한, (모든 조직에서 그렇듯이) 미래에 실패가 발생할 수 있다는 것을 받아들이면, 인간 보편성에 대한 높은 인식을 가지고 있는 조직은 실패의 가능성에도 불구하고 행동하려는 의지가 더 강할 뿐만 아니라 이러한 행동(및 가능한 실패)의 피드백을 학습에 사용한다. 또한 조직 구성원들은 실패한 프로젝트에 대해 두려움 대신 호기심을 가지고 접근할 수 있다.

마지막으로, 조직적인 마음 챙김은 또한 학습 문화에 기여하는 자원을 증폭시킬 수 있다. 마음 챙김은 학습에 저해 요인인 자기 보호 기저를 작동시키지 않고 실패와 실패 사건 자체에 대한 집단적인 정서 반응을 호기심으로 탐구할 수 있는 문화를 가능하게 만든다. 마음 챙김은 또한 부정적인 감정 생성과 관련된 불안감을 줄이는 데 도움이 될 수 있으며, 이는 학습에 대한 저해요인들을 감소시켜 준다(Huy, 1999; Weick, 1990). 즉, 프로젝트 실패에 대한 집단적 정서 반응에 대한 균형 잡힌 인식을 유지함으로써, 조직은 관련된 비용의 유발 없이(예: 제한된 정보 처리: Gladstein & Reilly, 1985; Sutton & D'Aunno, 1989), 부정적인 감정의 이점(예: 정보로서의 영향, Forgas, 1995; Gasper & Clore, 2002., 또는 상황적 단서의 중요성을 알리는 신호-Clore, 1992; Schwarz & Clore, 1988)을 활용할 가능성이 더 높다. 이것은 프로젝트가 실패한 이유에 대해 더 많이 학습하고 후속 프로젝트에서 학습한 것을 실행하는 데 유용하다. 따라서 정서적 마음 챙김을 통하여 조직은 실패 사건에 대해 그리고 실패사건으로부터 학습하기 위해 더 중요한 정보를 수집하고 처리할 수 있게 되는 것이다.

3.3.3 자기연민, 긍정 감정 그리고 실패로부터의 학습

위에서, 우리는 자기 연민과 실패로부터의 학습 사이의 직접적인 관계를 주장했다. 이하의 절에서는, 우리는 자기 연민이 또한 실패로부터 긍정적인 감정의 생성을 통해 학습하는 간접적인 경로를 가지고 있다는 것을 제안하기 위해 감정의 확장과 수립이론(broaden-and-build theory of emotions)을 제시한다. 다음 섹션에서는 개인과 조직 수준에서 자기 연민과 긍정적인 감정의 구성요소 사이의 연결을 설정한다. 그리고 우리는 이러한 생성된 긍정적인 감정을 실패로부터의 학습과 연결시킨다.

• 3.4 자기 연민과 긍정 감정

자기 연민은 사랑·만족·관심과 같은 긍정적인 감정을 생성할 수 있으며, 이는 여러 가지 중요한 메커니즘을 통해 프로젝트 실패에 대한 슬픔을 줄이는 데 도움이 될 수 있다. 첫째, 자기 용서는 자신의 실수, 결점, 부족함에 대해 이해하고 관대해지는 것과 자신에 대해 동정하고, 자상하고, 상냥하고, 사랑하는 것을 의미한다(Neff, 2003k). 이러한 따뜻함과 보살핌의 느낌은 긍정적인 감정을 만들어 낼 수 있다(Fredrickson, 1998; Salzberg, 2002). 실제로, 유도된 친절 실험은 긍정적인 감정을 증가시키는 결과를 가져온 것으로 밝혔다(Otake, Shimai, Tanaka-Matsumi, Otsui, and Fredrickson, 2006; Seligman, Steen, Park, and Peterson, 2005). 예를 들어, 한 연구(Lyubomirsky, King, and Diener, 2005)는 하루에 다섯 가지 친절을 베풀도록 요구받은 참가자들이 7일 동안 다섯 가지 친절을 베풀도록 요구받은 사람들과 어떤 친절을 베풀도록 요구받지 않은 사람들보다 더 행복하다는 것을 발견했다. 조직차원의 용서는 또한 집단적인 긍정적인 감정을 발생시킬 수 있다. 예를 들어, 조직차원의 용서는 자비심을 통해 직원과 이해관계자들에게 행복과 다른 긍정적인 감정을 촉진한다는 것을 입증하고 있다(Jurkiewicz and Giacalone, 2004; Milliman et al., 2001).

둘째, 보편적 인간성 인식은 긍정적인 감정을 만들어 낼 수 있다. 자기 연민의 인간 보편성 차원에는 대부분의 사람들이 유사한 어려움에 직면하고 실수를 하며 또한 무능하다는 감정을 가지고 있다는 것을 인정함으로써 자신의 실패, 결함, 그리고 부족함을 그러한 보편적 관점으로 보는 것이다(Neff, 2003k). 이런 방식으로, 더 큰 자기 연민은 사람들을 다른 사람들과 연결되어 있다는 느낌을 가질 수 있게 하는 것이다. 예를 들어, Neff(2003k)는 자기 연민이 사회적 연결과 긍정적으로 연관되어 있다는 것을 발견했다. 이러한 사회적 연결과 소속감정은 기본적인 심리적 욕구(Baumister and Leary, 1995; Ryan, 1991)이며, 이것은 긍정적인 감정을 발생시킬 수 있는 것이다(Argyle, 1987; McAdams, 1985; McAdams and Bryant, 1987). 예를 들어, 다른 사람들에게 받아들여진다는 느낌은 만족의 긍정적인 감정으로 이어질 수 있다(De Rivera, Possell, Verette, and Weiner, 1989; Izard, 1997; Markus and Kitayama, 1991). 실제로, 이러한 자기 연민의 형태는 조직 구성원들 사이의 "연결된 느낌"(felt connection)에 변화를 줄 수 있으며(Frost, Dutton, Worline, and Wilson, 2000), 이것은 광범위하게 긍정적 감정을 발생시킬 수 있다(Dutton, Frost, Worline, Lilius, and Kanov, 2002; Lilius et al., 2003). 예를 들어, 다른 사람들과 연결된다는 느낌을 촉진하는 조직적 가치는 집단차원에서의 완전함(completeness)과 기쁨의 느낌을 가지게 한다(Giacalone and Jurkiewicz, 2003).

　　마지막으로, 마음 챙김은 긍정적인 감정을 발생시킬 수 있다. 자기 연민의 마음 챙김 차원은 감정을 균형 있게 유지하는 것을 포함하는데, 이는 사람을 "호기심과 개방성"으로 자신의 감정에 접근하게 한다(Neff, 2003k: 232). 부정적인 감정을 포함한 감정에 호기심과 개방성으로 접근하는 것 자체가 관심의 긍정적인 감정을 발생시킬 수 있는 것이다(Fredrickson, 2000). 실제로 호기심은 한 사람의 삶에서 "진행 중인 모든 경험에 관심을 갖는 것"이며 (Peterson and Seligman, 2003, 2004; Seligman et al., 2005: 412), "새롭고 복잡하고 도전적인" 과제에서 성장하는 것과 관련이 있다(Izard, 1997; Kashdan and Steger, 2007: 159). 호기심은 또한 신남의 감정으로 이어질 수 있으며, 탐색을 촉진한다(Izard, 1997; Tomkins, 1962). 이러한 조직적 호기심과 관심 및 흥분감은 안주하는 마음을 저지하며, 심지어 실패 경험 후에도 조직 구성원들이 모호함을 견디게 하며 실험에 계속 참여하도록 고무한다(Hedberg, 1981; Steensma, 1996; Vera and Crosan, 2004).

"복원"원리[10]("undo" principle)(Fredrickson, 1998, 2001)를 토대로, 자기 연민에 의해 생성된 긍정적인 감정들은 역경 때문에 촉발된 부정적인 감정들을 어느 정도 복원하는 것을 도울 수 있고(Fredrickson and Levenson, 1998; Fredrickson, Mancuso, Branigan, and Tugade, 2000), 인간 행동의 "순간의 사고－행동 레퍼토리"(momentary thought－action repertoire)[11]를 넓힐 수 있다

---

10 역자 주: 복원효과(undoing effect) - 긍정적인 감정은 신속하게 사고능력과 창의력을 강화하고 스트레스와 긴장감을 이완시키는 역할을 함. 스트레스 상황에 대처하는 유연성을 크게 높여 줌. 블로그 출처 : https://yoonsb.com/2010/10/30/%EA%B9%80%EC%98%88%EC%98%81%ED%96%89%EB%B3%B5%EC%9D%98－%ED%8A%B9%EA%B6%8C－%EC%9A%94%EC%95%BD%EC%A0%95%EB%A6%AC/.

11 역자 주: 확장과 수립이론(The Broaden－and－Build Theory/Fredrickson, 1998)
이 이론에 따르면 긍정적 정서는 순간적으로 생각과 행동의 레퍼토리(thought－action repertories)를 확장시켜줄 뿐만 아니라, 그러한 자원을 보다 영속적으로 수립해준다. 이론의 주창자인 프레드릭슨(Fredrickson, 1998)은 정서연구에서 행동 성향(action tenden－cies) 개념을 사고－행동 성향(thought－action tendencies) 개념으로 확장해야 한다고 주장한다. 우선 긍정적 정서는 신체적/물리적 변화를 반드시 수반하지는 않지만, 인지 수준의 변화 혹은 인지 변화에 이어 나타나는 신체적 상태의 변화를 야기하기 때문이다. 부정적 정서의 경우 사람들을 특정한 방식으로 생각하고 행동하게 한다. 화나면 공격적으로 반응한다든지, 슬퍼지면 수동적으로 생각하고 행동하는 것이 그 예다. 즉 부정적 정서는 사고와 행동의 레퍼토리를 제한하고 좁히는 기능을 하지만(Fredrickson & Branigan, 2005), 긍정적 정서는 이와 반대로 사고와 행동의 레퍼토리를 확장시킨다는 것이 확장과 수립이론의 핵심이다(Fredrickson, 1998; Fredrickson & Branigan, 2005).
프레드릭슨 교수 이전에는 "기분 좋으면 좋으니까 좋은 거지 뭐!"에 머물렀다. "좋으면 좋은 것이다."를 전제로 동기부여, 행동변화와 같은 심리현상을 연구했던 것이다. 어느 누구도 이 전제조건에 대해 의문을 달지 않았다. 그런데, 프레드릭슨 교수는, "기분 좋은 것은 뭐가 좋은 거지!"(What good is feeling good)하며 이 너무도 뻔한 질문에 의문을 품었다. 프레드릭슨 교수는 "장기적으로 생존과 번식에 유리한 것에 보상이 주어지고, 보상이 주어지는 것에 즐거움이 따른다"는 진화심리의 관점에서 즐거움을 분석했다. 그렇다면 기분 좋은 것은 어떻게 생존과 번식에 유익한 것일까? 프레드릭슨에 따르면, 기분 좋은 것은 단지 기분 나쁜 게 아닌 상태가 아니다. 기분 나쁜 상태는 무엇인가 경계하거나, 대비하고, 긴장해서, 위기에 대응해야 하는 상태이다. 기분 나쁜 상태는 생존을 위해 아주 중요한 역할을 하지만, 몸과 마음을 지치게 한다. 기분 좋은 상태는 바로 나쁜 상황에서 지친 몸과 마음을 원상태로 되돌리고(undo) 보다 적극적으로는, 마음을 넓히고(broaden mind) 심리적 힘을 기르는(build psychological strengths) 역할을 한다.
블로그 출처 : https://m.blog.naver.com/PostView.nhn?blogId＝wind0631&logNo＝150098382788&proxyReferer＝http:%2F%2Fwww.google.co.kr%2F.

(Fredrickson, 2001: 220). 확장된 순간적 사고 행동 레퍼토리는 실패의 근본적인 원인에 대해 학습하는 개인의 주의(attention) 범주를 넓히고, 그 학습에 대한 결과로 더 폭넓은 가능한 일련의 행동범주(Fredrickson, 1998; Fredrickson and Branigan, 2001)를 제공한다. 예를 들어, 부정적인 감정은 집중된 관심을 좁히는 것으로 밝혀졌지만(개인이 나무는 보고 숲을 보지 못하는), 긍정적인 감정은 관심의 범위를 넓히는 것으로 밝혀졌다(Derryberry and Tucker, 1994; Fredrickson and Branigan, 2005; Isen and Daubman, 1984). 긍정적인 감정은 또한 더 창조적이고(George, 1991; Isen, Daubman, and Nowicki, 1987), 더 유연하게 인지 과정과 관련이 있는 것(Baumann and Kuhl, 2005; Isen and Daubman, 1984)으로 밝혀졌고, 그래서 더 다양한 행동 대안(Isen, 2001; Kahn and Isen, 1993)을 가질 수 있는 것이다. 따라서 "부정적인 경험 속에서 긍정적인 감정을 이용하는 능력"(Tugade and Fredrickson, 2004: 331)은 학습과 전진(moving forward)의 기초를 제공한다.

자기 연민이 실패 사건 동안(또는 실패 후에) 긍정적인 감정을 생성할 수 있는 정도까지, 그것은 새로운 상황이나 프로젝트에 적응할 수 있도록 개인의 순간적인 사고 행동 레퍼토리를 넓히는 데 도움이 될 수 있다. 예를 들어, 조직차원의 용서 행위는 조직 구성원이 업무와 관련된 스트레스 요인을 처리하는 데 도움이 되는 긍정적인 감정을 유발하는 것으로 밝혀졌다(Edwards and Cooper, 1988; Simmons and Nelson, 2001). 실제로, 조직의 호기심(그리고 결과적으로 긍정적인 감정의 생성)은 "조직을 만들거나 파괴하는 약한 신호"를 감지하는 행위자의 능력에 핵심이 된다고 제안되었다(Day and Schoemaker, 2006). 조직의 긍정적인 감정은 조직 구성원들이 프로젝트 실패 후, 앞으로 전진 하도록 도움을 줄 수 있는데, 왜냐하면 가능한 대응 옵션의 범위를 늘리고, 문제 해결을 위한 창의적인 관점을 유지하며, 에너지를 창출하는 데 도움이 될 수 있기 때문이며(Avey, Wernsing, Luthans, 2008; Baumeister, Gailliot, DeWall, and Oaten, 2006), 이것이 결국은 후속 프로젝트에 실패 경험에서 학습한 것을 적용하게 만들기 때문이다. 실패를 경험한 후 개인의 학습과 행보를 돕는 요소를 고려하는 것도 중요하지만, 다음 장의 중점 주제인 실패사건을 연장하는 것 자체가 대처과정에 어떻게 도움이 되는 영향력을 발휘할 수 있는지를 이해하는 것도 중요하다.

• 3.6 논의

3.6.1 실패로부터의 학습과 마음 챙김 연구에 대한 함의

개인 분석 수준에서 학습하는 인지적 측면이 조직 학습(organizational learning)에 대한 이해와 설명을 구축하는 데 사용되었지만, 학습의 정서적 측면(또는 적어도 같은 정도)에 대해서는 해당되지 않았다. 즉, 이러한 연구 분야에서 감정이 학습에 끼친 영향에 대하여 다루어 왔지만, 그것은 전형적으로 부정적인 감정이 학습을 방해하는 방법에 관한 것이었다. 부정적인 감정의 생성과 그것이 실패로부터의 학습을 저해할 수 있다는 것도 인정하면서, 우리 연구진은 감정에 대한 긍정-심리학적 관점을 제시하였다. 특히, 개인은 -혼자든 집단으로서든- 자기 연민을 개발할 수 있으며, 자기 연민은 조직의 관심을 확대하고 활동 자원의 배열을 증가시킴으로써 실패로부터 학습을 직접적으로 향상시킬 수 있는 것이다. 하지만, 자기 연민은 부정적인 감정을 (긍정상태로) 복원하고, 관심(주의)을 넓히고, 자원을 구축하게 하는 긍정적인 감정을 생성함으로써 실패로부터 간접적으로 학습하는 것을 향상시킬 수도 있다. 역경에 의해 생성된 부정적인 감정에만 집중함으로써, 학습에 대한 인지적 접근은 학습의 정서적 근원(즉, 자기 연민과 그것에서 생성된 다른 긍정적인 감정)을 놓쳤다. 따라서 실패대응에 대한 향후 연구는 조직수준에서의 자기 용서, 인간 보편성, 그리고 마음 챙김에 대한 연구를 통하여, 그리고 조직의 주의와 자원의 생성(즉, 자원에 대한 접근과 재조합) 측면에서 긍정적인 감정의 조직화를 연구하는 것이 필요할 것이다.

실패로부터의 학습에 대한 현재 연구에 대한 우리 모델의 영향은 마음 챙김을 다룸으로써 더욱 강조된다. 조직 이론 문헌은 마음 챙김의 중요성을 인정했지만, 인지적 차원에 초점을 맞추고 감정적 차원을 상대적으로 무시해 왔다. 우리는 이 감정 영역에 첫발을 내디뎠고, 그렇게 함으로써, 우리는 열린 마음으로 부정적인 사건들을 마주하는 것의 중요성을 보완했다. 우리는 마음 챙김에 대한 다른 정의가 있고 일부는 여기에서 제공되는 정서적 마음 챙김을 배제할 수 있다는 것을 알지만, 우리의 마음 챙김에 대한 개념이 불교 철학에 입각한 심리학 문헌에서 개념적(Neff, 2003a) 및 경험적(Arimitsu and Hofmann, 2015; Fredrickson et al., 2008; Neff, 2003k)으로 확립되었다는 것을 주목해야 한다. 그것들이 동일한 구조의 2차원이든 두 개의 다른 차원이든 간에, 우리는 실패 경험으로부터 학습에 대한 더 깊은 이해를 얻기 위해 열린 마음으로 실패에 대한 접근방법을 중요하다고 생각한다. 우리는 조직 학습 문헌에 대한 미래의 기여는 인지적 사고와 정서적 사고 사이의 상호 관계에 대한 세밀한 연구로부터 얻어질 것이라고 믿는다.

3.6.2 자기연민의 심리에 대한 함의

심리학 연구는 불교 철학을 바탕으로 (개인적 수준에서) 자기 연민의 개념을 도입하였다(Neff, 2003a; Neff, 2009 참조). 우리는 이 문헌을 세 가지 주요 방법으로 보완하고 확장했다. 첫째, 우리는 실패로부터의 학습은 자기 연민의 결과로 초점을 맞췄다. 개인 수준의 분석(예: 행복, 낙관, 지혜, 호기심, 개인적 진취성[Neff, et al., 2007]) 및 대인관계[Neff, 2006]에 긍정적으로 연결된 것 및 불안, 우울증, 반성([Neff, et al., 2005; Neff et al., 2007])과 부정적으로 연관된 것의 종속 변수의 긴 목록에 또 다른 종속 변수를 추가한 것은 기여까지는 아니지만, "실패로부터의 학습" 구성은 이전에 조사된 많은 결과 변수를 함축할 수 있을 정도로 충분히 광범위하다. 즉, 자기 연민과 실패로부터의 학습에 대한 이론을 통해, 우리는 광범위하고 간결한 모델, 즉 보다 일반적인 이론적 프레임워크를 가지고 수많은 연구를 통합하거나 조정할 수 있는 잠재력을 가진 모델을 제공할 수 있었다(Bacharach, 1989; Whetten, 1989).

둘째, 우리는 자기 연민과 실패로부터의 학습 사이의 관계에서 긍정적인 감정의 중재적 역할을 강조했다. 이전의 연구는 연민이 부정적인 감정의 생성을 어떻게 최소화시키는지에 초점을 맞췄다. 우리는 이러한 동일한 메커니즘을 인정하면서도 긍정적인 감정을 생성할 수 있고 프로젝트 실패로 인해 발생하는 부정적인 감정 반응을 되돌릴 수 있는 개념으로 자기 연민을 추가했다. 부정적인 감정을 긍정적인 감정으로 복구하는 데 있어 자기 연민의 역할이 과거 연구에서 거의 주목을 받지 못했기 때문에 이러한 초점은 중요하다. 더욱이, 자기 연민이 다양한 웰빙 결과에 영향을 미치는 메커니즘에 대한 연구는 지금까지 암시적인 상태로 있었다. 우리는 긍정적인 감정의 확장 및 수립 원리를 구축함으로써 자기 연민이 실패로부터 학습을 어떻게 향상시킬 수 있는지를 명확하게 제시하였다. 우리는 향후 경험적 연구가 이러한 관계의 본질을 탐구하기를 바란다.

마지막으로, 우리는 개인 수준뿐만 아니라 조직 수준에서의 자기 연민의 개념을 구축했다. 비록 연민의 개념이 조직적인 차원에서 적용된 바가 있었지만, 자기 연민의 개념은 아직은 불충분한 상태에 머물고 있었다. 우리는 자기 연민을 조직적인 수준으로 확장함으로써, 자기 연민을 조직적인 학습과 집단적인 감정으로 연결할 수 있었다. 우리는 자기 연민 연구가 실패로부터 학습에 대한 연구와 감정(긍정적이고 부정적인 모두)에 대한 조직이론 연구에서부터 보다 일반적으로 긍정 조직연구(positive organizational scholarship)에 이르는 다리를 제공하기를 기대한다. 조직 수준에서 자기 연민을 개념화하고 실패에서 조직 학습을 강화하고 긍정적인 감정을 생성하는 조직 메커니즘을 이론화하는 첫 단계를 밟았지만, 이 분야에서 향후 연구를 위한 기회는 충분하다. 여기에는 이러한 메커니즘과 조직적 자기 연민의 선행 요인에 대한 세밀한 조사가 포함된다.

3.6.3 긍정 감정에 대한 함의

우리는 자기 연민이 어떻게 간접적으로 회복력(resilience)에 영향을 미치는지에 대한 더 깊은 이해를 얻기 위해 심리학의 긍정적 감정의 확장 및 수립 원리를 기반으로 구축했다. 우리의 이론은 긍정적인 감정 연구에 몇 가지 영향을 미친다. 첫째, 조직 차원에서 확장 및 수립 이론을 적용하여 일부 조직이 다른 조직보다 실패 경험에서 더 많이 학습하는 이유를 설명하는 데 도움이 되었다. 이것은 조직의 감정에 대한 연구를 보완한다. 왜냐하면, 이전의 조직 감정에 대한 연구는 주로 학습이나 변화를 방해하는 부정적인 감정(Huy, 1999; Shepherd, Covin, and Kuratko, 2009)과 감정 노동의 일부로 긍정적인 감정 연구에 초점(Ashforth and Humphrey, 1993; Hochschild, 1979)을 두었기 때문이다. 따라서 조직 연구의 긍정적 – 심리적 관점과 일치하도록 인지과정에 부정적 감정의 역할이나 직원의 고객에 대한 감정 표시에 초점을 맞추기보다는, 우리 연구진은 실패 경험 후 주의를 확대하고 앞으로 전진을 위한 자원의 배열을 증가시키는 긍정적인 감정의 역할을 강조하였다.

둘째, 우리는 긍정적인 감정의 원천으로서 자기 연민을 제시하였다. 선행의 연구들이 긍정적인 감정의 잠재적인 이점을 인정했지만, 특히 개인이 역경에 직면했을 때, 이러한 긍정적인 감정의 선행요인들에 대한 연구는 거의 없었다. 개인 차원에서 긍정적인 감정에 대한 연구는 자질(Ekman, 1994), 진정성 있는 미소(Papa and Bonanno, 2008), 웃음(Bonanno and Keltner, 1997), 유머의 활용(Weick and Westley, 1996)에 대하여 연구가 이루어졌다. 조직 수준에서 연구는 다른 사람들에게 긍정적인 감정을 유발하는 눈에 보이는 표면적이고 깊은 행동에 초점을 맞추고 있다(Grandey, 2003). 우리는 이 목록에 자기 연민의 구성을 추가했다. 자기 연민이 더 큰 개인과 조직은 특히 실패 사건을 둘러싼 역경의 기간 동안 더 많은 긍정적인 감정을 발생시킬 수 있다. 향후 연구는 자기 연민을 촉진하는 이러한 다른 메커니즘 사이의 관계를 연구할 필요가 있다. 아마도 유머와 웃음은 자기 연민이 더 높은 개인에게서 긍정적인 감정을 발생시키는 데 더 효과적일 것이고, 유머는 자기 연민을 발생시키는 더욱 효과적인 도구가 될 수도 있다. 게다가, 아마도 자기 연민의 "깊은 행동"을 장려하는 문화를 가진 조직에서 자기 연민은 더욱 발전되어, 시간이 지나면서 더욱 진정성을 가지게 될 것이다.

마지막으로, 우리의 모델은 자기 연민이 실패로부터 학습에 간접적으로 어떻게 영향을 미치는지 설명하는 데 관심이 있었기 때문에 자기 연민이 긍정적인 감정을 생성하는 방법에 초점을 맞췄다. 그러나 향후의 연구는 자기 연민과 긍정적인 감정 사이의 관계에 대해 가능한 피드백 고리를 탐구할 필요가 있다. 즉, 우리는 자기 연민이 긍정적인 감정을 생성한다고 제안했지만, 아마도 긍정적인 감정도 자기 연민을 강화시킬 것이다. 긍정적인 감정이 순간적인 사고 행동 레퍼토리를 넓히는 데 도움을 주어 사고 패턴이 보다 유연하고 창의적이며 실패 사건에 대응하여 더 광범위한 행동 대안을 제공하므로, 이러한 사고 패턴은 더 광범위한 자기 연민 레퍼토리로 이어질 수 있다. 즉, 더 넓고, 더 유연하고, 더 창조적인 사고 과정이 조직적인 자기 용서, 인간 보편성 및/또는 감정적인 마음 챙김을 향상시킬 수 있는 것이다. 결과적으로, 이것은 선순환 학습의 한 부분으로서 훨씬 더 긍정적인 감정을 만들어 낼 수 있다.

3.6.4 관리 차원에서의 시사점

위에서 논의한 이론적 기여 외에도, 이 연구는 실무 관리자에게 영향을 미칠 수 있는 시사점을 가지고 있다. 모든 조직은 최소한 어느 정도 실패를 경험하며 여러 단계(즉, 업무에 실패한 개인, 프로젝트 팀이 목표를 달성하지 못하는 실패, 조직 전체의 실패)에서 실패를 경험한다. 우리는 실패로부터의 학습과 관련된 주요 우려를 해결하는 세 가지 주요 관리 차원에서의 시사점을 기대한다. 첫째, 관리자는 개인과 조직차원의 자기 연민을 이해함으로써 조직이 얻을 수 있는 다양한 이점을 고려해야 한다. 여기서 설명하는 원칙을 통합함으로써 관리자는 탐색적 프로젝트에서 더 많은 가치를 창출하고, 조직에 학습 문화를 구축함으로써, 실패와 관련된 부정적인 결과를 피하거나 줄일 수 있다. 마찬가지로, 관리자는 조직에서 자기 연민을 발전시켜 주요 직원 활동(예: 참여, 생산성, 만족도)에 긍정적인 영향을 미칠 가능성이 있는 긍정과 성장의 문화를 능동적으로 형성할 수 있는 기회를 탐색할 수 있다(Arimitsu and Hofmann, 2015). 그러므로 자기 연민의 문화를 창조하는 것은 단지 실패로부터 배우는 것보다 더 긍정적인 결과를 제공한다.

둘째, 관리자들은 서로 다른 수준의 자기 연민을 알아야 하며, 그리고 실패에 대한 개인 및 조직 차원의 대응을 형성하는 데 있어 그들이 어떻게 상호작용하는지 알아야 한다. 조직 구성원들은 자기 연민을 경험할 수 있는 능력을 포함하여 다양한 배경과 기술을 가지고 있다. 이러한 차이를 인식함으로써, 관리자들은 일단 개인이 고용되면 개인 수준의 자기 연민을 함양할 뿐만 아니라, 자기 연민적인 조직구성원을 식별하는 방법을 개발할 수 있다. 이러한 노력과 함께 관리자는 프로젝트, 팀 및 (바라건대) 개인 수준에서 복제할 수 있는 자기 연민의 조직 문화를 개발하여 기업의 전반적인 목표를 더욱 강화할 수 있다. 다양한 수준의 자기 연민을 이해함으로써, 관리자는 실패와 실패로부터의 학습을 관리하는 데 도움이 되는 많은 자산을 확보할 수 있는 것이다.

마지막으로, 자기 연민을 함양하는 것을 넘어, 이 연구는 긍정적인 감정의 중요성과 학습 메커니즘으로 작용하는 자원으로서의 영향도 확인했다. 위에서 제시한 바와 같이, 긍정적인 감정은 조직과 그 구성원들에게 많은 혜택을 제공한다. 관리자는 특히 프로젝트 실패와 같은 부정적인 사건에 대응하여 긍정적인 감정을 향상하는 방법을 고려해야 한다. 또한 관리자는 긍정적인 감정을 발생시키기 위한 노력과 학습을 촉진하기 위해 보유한 자원을 결부시켜야 한다. 즉, 긍정적인 감정은 단순히 오류로부터의 탈출을 제공하는 것이 아니라, 실패의 원인에 주의를 기울이고, 이러한 문제를 극복하고 앞으로 나아가도록 행동을 취하는 쪽으로 향해야 한다. 조직과 개인 모두 실패 사건을 처리할 때 즉시 활용 가능한 자원을 가지고 있다. 관리자가 취할 수 있는 가장 중요한 방법은 실패 사건으로부터 학습하는 것을 용이하도록 이러한 자원의 효과성이나 규모를 향상시키는 방법을 이해해야 한다는 것이다.

• 3.7 결론

이 장에서 우리는 실패로부터 학습의 원천으로서 자기 연민의 모델을 제시했다. 우리는 실패로부터의 학습에 대한 자기 연민의 역할과 긍정적인 감정 생성에 대한 간접적인 역할을 연구하였다. 이 모델은 개인 및 조직 분석 수준에서 모두 적용할 수 있는 이러한 관계에 대한 간결한 설명을 제공하였다. 우리는 우리의 모델이 실패 사건을 처리하는 데 있어 자기 연민의 역할에 대한 새로운 통찰력을 제공한다고 믿는다.

REFERENCES

Allsop, J. & Mulcahy, L. 1998. Maintaining Professional Identity: Doctors' Responses to Complaints. *Sociology of Health & Illness*, 20(6): 802－824.

Argyle, M. 1987. *The psychology of happiness*. London: Methuen.

Arimitsu, K. & Hofmann, S. G. 2015. Cognitions as mediators in the relationship between self－compassion and affect. *Personality and individual differences*, 74: 41－48.

Ashforth, B. E. & Humphrey, R. H. 1993. Emotional labor in service roles: The influence of identity. *Academy of Management Review*, 18(1): 88－115.

Aspinwall, L. G. 1998. Rethinking the role of positive affect in self－regulation. *Motivation and Emotion*, 22(1): 1－32.

Avey, J. B., Wernsing, T. S., & Luthans, F. 2008. Can positive employees help positive organizational change? Impact of psychological capital and emotions on relevant attitudes and behaviors. *Journal of Applied Behavioral Science*, 44(1): 48－70.

Bacharach, S. B. 1989. Organizational theories: Some criteria for evaluation. *Academy of Management Review*, 14(4): 496－515.

Baumann, N. & Kuhl, J. 2005. Positive affect and flexibility: Overcoming the precedence of global over local processing of visual information. *Motivation and Emotion, 29*(2): 123－134.

Baumeister, R. F., Heatherton, T. F., & Tice, D. M. 1993. When ego threats lead to selfregulation failure: negative consequences of high self－esteem. *Journal of Personality and Social Psychology*, 64(1): 141.

Baumeister, R. F. & Leary, M. R. 1995. The need to belong: desire for interpersonal attachments as a fundamental human motivation. *Psychological Bulletin*, 117(3): 497.

Baumeister, R. F., Smart, L., & Boden, J. M. 1996. Relation of threatened egotism to violence and aggression: the dark side of high self－esteem. *Psychological Review*, 103(1): 5.

Baumeister, R. F., Gailliot, M., DeWall, C. N., & Oaten, M. 2006. Self-Regulation and Personality: How Interventions Increase Regulatory Success, and How

Depletion Moderates the Effects of Traits on Behavior. *Journal of Personality*, 74(6): 1773−1802.

Bennett−Goleman, T. 2002. *Emotional alchemy: How the mind can heal the heart: Harmony*. New York: Three Rivers Press.

Bishop, S. R., Lau, M., Shapiro, S., Carlson, L., Anderson, N. D., Carmody, J., Segal, Z. V.,Abbey, S., Speca, M., & Velting, D. 2004. Mindfulness: A proposed operational definition. *Clinical psychology: Science and practice*, 11(3): 230−241.

Blaine, B. & Crocker, J. 1993. Self−esteem and self−serving biases in reactions to positive and negative events: An integrative review, *Self−esteem*: 55−85: Springer.

Blatt, S. J., Quinlan, D. M., Chevron, E. S., McDonald, C., & Zuroff, D. 1982. Dependency and self−criticism: psychological dimensions of depression. *Journal of Consulting and Clinical Psychology*, 50(1): 113−124.

Bogner, W. C. & Barr, P. S. 2000. Making sense in hypercompetitive environments: A cognitive explanation for the persistence of high velocity competition. *Organization Science*, 11(2): 212−226.

Bonanno, G. A. & Keltner, D. 1997. Facial expressions of emotion and the course of conjugal bereavement. *Journal of Abnormal Psychology*, 106(1): 126−137.

Brook, J. S., Whiteman, M., Gordon, A. S., & Cohen, P. 1989. Changes in drug involvement: A longitudinal study of childhood and adolescent determinants. *Psychological Reports*, 65(3): 707−726.

Brown, K. W. & Ryan, R. M. 2003. The benefits of being present: mindfulness and its role in psychological well−being. *Journal of Personality and Social Psychology*, 84(4): 822.

Brown, K. W. & Ryan, R. M. 2004. Perils and promise in defining and measuring mindfulness: Observations from experience. *Clinical Psychology: Science and Practice*, 11(3): 242−248.

Brown, K. W. & Kasser, T. 2005. Are psychological and ecological well−being compatible? The role of values, mindfulness, and lifestyle. *Social Indicators Research*, 74(2): 349−368.

Brown, K. W., Ryan, R. M., & Creswell, J. D. 2007. Mindfulness: Theoretical foundations and evidence for its salutary effects. *Psychological Inquiry*, 18(4): 211－237.

Campbell, W. K. & Baumeister, R. F. 2001. Chapter Seventeen, *Blackwell handbook of social psychology: Interpersonal processes*. 437: Wiley－Black.

Carver, C. S. & Scheier, M. F. 1999. Stress, coping, and self－regulatory processes. In L.A. Pervin and O.P. John (Eds.) (1999). *Handbook of personality: Theory and research*, 2nd ed., pp. 553－575. New York, NY, US: Guilford Press.

Cho, T. S. & Hambrick, D. C. 2006. Attention as the mediator between top management team characteristics and strategic change: The case of airline deregulation. *Organization Science*, 17(4): 453－469.

Chugh, D. & Bazerman, M. H. 2007. Bounded awareness: What you fail to see can hurt you. *Mind & Society*, 6(1): 1－18.

Clore, G. L. 1992. Cognitive phenomenology: Feelings and the construction of judgment. *The Construction of Social Judgments*, 10: 133－163.

Cowton, C. J. 1987. Corporate philanthropy in the United Kingdom. *Journal of Business Ethics*, 6(7): 553－558.

Crocker, J. & Park, L. E. 2004. The costly pursuit of self－esteem. *Psychological Bulletin*, 130(3): 392.

Dane, E. 2010. Paying attention to mindfulness and its effects on task performance in the workplace. *Journal of Management*. July 2011, 37(4): 997－1018.

Day, G. S. & Schoemaker, P. J. 2006. *Peripheral Vision: Detecting the Weak Signals That Will Make or Break Your Company*. Harvard Business School Press: Cambridge, MA.

De Rivera, J., Possell, L., Verette, J. A., & Weiner, B. 1989. Distinguishing elation, gladness, and joy. *Journal of Personality and Social Psychology*, 57(6): 1015－1023.

Derryberry, D. & Tucker, D. M. 1994. Motivating the focus of attention. In P.M. Niedenthal and S. Kitayama (Eds). *The heart's eye: Emotional influences in perception and attention*, (pp. 167－196). San Diego, CA, US: Academic Press.

Diener, E. & Lucas, R. E. 1999. Personality and subjective well－being. In D.

Kahneman & E. Diener & N. Schwarz (Eds.), *Well—being: The foundations of hedonic psychology:* 213—229. New York, NY, US: Russell Sage Foundation.

Donaldson, T. & Dunfee, T. W. 2000. Precis for ties that bind. *Business and Society Review,* 105(4): 436—443.

Dunn, E. W., Brackett, M. A., Ashton—James, C., Schneiderman, E., & Salovey, P. 2007. On emotionally intelligent time travel: Individual differences in affective forecasting ability. *Personality and Social Psychology Bulletin,* 33(1): 85—93.

Dutton, J. E., Frost, P. J., Worline, M. C., Lilius, J. M., & Kanov, J. M. 2002. Leading in times of trauma. *Harvard Business Review,* 80(1): 54—61, 125.

Dutton, J. E., Worline, M. C., Frost, P. J., & Lilius, J. 2006. Explaining compassion organizing. *Administrative Science Quarterly,* 51(1): 59—96.

Edmondson, A. C. 1996. Learning from mistakes is easier said than done: Group and organizational influences on the detection and correction of human error. *The Journal of Applied Behavioral Science,* 32(1): 5—28.

Edmondson, V. C. & Carroll, A. B. 1999. Giving back: an examination of the philanthropic motivations, orientations and activities of large black—owned businesses. *Journal of Business Ethics,* 19(2): 171—179.

Edwards, J. R. & Cooper, C. L. 1988. Research in stress, coping, and health: Theoretical and methodological issues. *Psychological Medicine,* 18(01): 15—20.

Eifert, G. H. & Heffner, M. 2003. The effects of acceptance versus control contexts on avoidance of panic—related symptoms. *Journal of Behavior Therapy and Experimental Psychiatry,* 34(3): 293—312.

Eisenhardt, K. M. & Martin, J. A. 2000. Dynamic capabilities: What are they. *Strategic Management Journal,* 21(1): 1105—1121.

Ekman, P. 1994. Strong evidence for universals in facial expressions: a reply to Russell's mistaken critique. *Psychological Bulletin,* 115(2): 268—287.

Emshoff, J. R. & Freeman, R. E. 1978. Stakeholder management. Wharton Applied Research Center Working Paper, 3—78.

Endsley, M. R. 1995. Toward a theory of situation awareness in dynamic systems. *Human Factors: The Journal of the Human Factors and Ergonomics Society,* 37(1): 32—64.

Fergus, S. & Zimmerman, M. A. 2005. Adolescent resilience: A framework for understanding healthy development in the face of risk. *Annual Review of Public Health*, 26: 399−419.

Fiol, C. M. & O'Connor, E. J. 2003. Waking up! Mindfulness in the face of bandwagons. *Academy of Management Review*, 28(1): 54−70.

Forgas, J. P. 1995. Mood and judgment: the affect infusion model (AIM). *Psychological Bulletin*, 117(1): 39.

Fredrickson, B. L. 1998. What good are positive emotions? *Review of General Psychology*, 2(3): 300.

Fredrickson, B. L. & Levenson, R. W. 1998. Positive emotions speed recovery from the cardiovascular sequelae of negative emotions. *Cognition & Emotion*, 12(2): 191−220.

Fredrickson, B. L. 2000. Cultivating positive emotions to optimize health and well−being. *Prevention & Treatment*, 31(1): 1a.

Fredrickson, B. L., Mancuso, R. A., Branigan, C., & Tugade, M. M. 2000. The undoing effect of positive emotions. *Motivation and Emotion*, 24(4): 237−258.

Fredrickson, B. L. 2001. The role of positive emotions in positive psychology: The broaden−and− build theory of positive emotions. *American Psychologist*, 56(3): 218.

Fredrickson, B. L. & Branigan, C. 2001. Positive emotions. In T. Mayne & G. A. Bonanno (Eds.), *Emotions: Current issues and future directions*: New York City:Guilford Press.

Fredrickson, B. L. & Branigan, C. 2005. Positive emotions broaden the scope of attention and thought-action repertoires. *Cognition & Emotion*, 19(3): 313−332.

Fredrickson, B. L., Cohn, M. A., Coffey, K. A., Pek, J., & Finkel, S. M. 2008. Open hearts build lives: positive emotions, induced through loving−kindness meditation, build consequential personal resources. *Journal of Personality and Social Psychology*, 95(5): 1045.

Frost, P. J., Dutton, J. E., Worline, M. C., & Wilson, A. 2000. Narratives of compassion in organizations. *Emotion in Organizations*, 2: 25−45.

Garriga, E. & Melé, D. 2004. Corporate social responsibility theories: Mapping the territory. *Journal of Business Ethics*, 53(1−2): 51−71.

Gasper, K. & Clore, G. L. 2002. Attending to the big picture: Mood and global versus local processing of visual information. *Psychological science*, 13(1): 34−40.

George, R. 1991. *A field evaluation of the cognitive interview.* Unpublished master's thesis, Polytechnic of East London.

Giacalone, R. A. & Jurkiewicz, C. L. 2003. *Handbook of workplace spirituality and organizational performance.* London, England: Me Sharpe.

Gilbert, P. & Irons, C. 2005. Focused therapies and compassionate mind training for shame and self−attacking. in P. Gilbert (ed.), *Compassion: Conceptualisations, research and use in psychotherapy*. 263−325. New York: Routledge.

Gladstein, D. L. & Reilly, N. P. 1985. Group decision making under threat: The tycoon game. *Academy of Management Journal*, 28(3): 613−627.

Godfrey, P. C. 2005. The relationship between corporate philanthropy and shareholder wealth: A risk management perspective. *Academy of Management Review*, 30(4): 777−798.

Goldstein, A. P. & Michaels, G. Y. 1985. *Empathy: Development, training, and consequences.* Hillsdale, NJ: Lawrence Erlbaum.

Goldstein, J. & Kornfield, J. 1987. *Seeking the heart of wisdom.* Boston: Shambhala Publications.

Grandey, A. A. 2003. When "the show must go on": Surface acting and deep acting as determinants of emotional exhaustion and peer−rated service delivery. *Academy of Management Journal*, 46(1): 86−96.

Hayes, S. C., Wilson, K. G., Gifford, E. V., Follette, V. M., & Strosahl, K. 1996. Experiential avoidance and behavioral disorders: A functional dimensional approach to diagnosis and treatment. *Journal of Consulting and Clinical Psychology*, 64(6): 1152−1168.

Hayes, S. C., Strosahl, K. D., & Wilson, K. G. 1999. *Acceptance and commitment therapy: An experiential approach to behavior change.* New York: Guilford Press.

Hedberg, B. 1981. How organizations learn and unlearn. In: Nystrom, PC, Starbucks, WH (Eds.), *Handbook of Organizational Design*: Oxford University Press, Oxford.

Hochschild, A. R. 1979. Emotion work, feeling rules, and social structure. *American Journal of Sociology*: 85(3): 551−575.

Horney, K. 1950. *The Collected Works of Karen Horney: Self analysis.* Neurosis and human growth: WW Norton.

House, R., Rousseau, D. M., & Thomashunt, M. 1995. The Meso Paradigm−a Framework for the Integration of Micro and Macro Organizational−Behavior. *Research in Organizational Behavior: An Annual Series of Analytical Essays and Critical Reviews*, 17: 71−114.

Huy, Q. N. 1999. Emotional capability, emotional intelligence, and radical change. *Academy of Management Review*, 24(2): 325−345.

Isen, A. M. & Daubman, K. A. 1984. The influence of affect on categorization. *Journal of Personality and Social Psychology*, 47(6): 1206−1217.

Isen, A. M., Daubman, K. A., & Nowicki, G. P. 1987. Positive affect facilitates creative problem solving. *Journal of Personality and Social Psychology*, 52(6): 1122−1131.

Isen, A. M. 2001. An influence of positive affect on decision making in complex situations: Theoretical issues with practical implications. *Journal of Consumer Psychology*, 11(2):75−85.

Izard, C. E. 1997. Emotions and facial expressions: A perspective from Differential Emotions Theory. *The Psychology of Facial Expression*: 57−77.

Jost, J. T., Glaser, J., Kruglanski, A. W., & Sulloway, F. J. 2003. Political conservatism as motivated social cognition. *Psychological Bulletin*, 129(3): 339−375.

Jurkiewicz, C. L. & Giacalone, R. A. 2004. A values framework for measuring the impact of workplace spirituality on organizational performance. *Journal of Business Ethics*, 49(2) :129−142.

Kahn, B. E. & Isen, A. M. 1993. The influence of positive affect on variety seeking among safe, enjoyable products. *Journal of Consumer Research:* 257−270.

Kahneman, D., Diener, E., & Schwarz, N. 1999. *Well−being: Foundations of Hedonic Psychology.* New York: Russell Sage Foundation.

Kanov, J. M., Maitlis, S., Worline, M. C., Dutton, J. E., Frost, P. J., & Lilius, J. M.

2004. Compassion in organizational life. *American Behavioral Scientist*, 47(6): 808−827.

Kashdan, T. B. & Steger, M. F. 2007. Curiosity and pathways to well−being and meaning in life: Traits, states, and everyday behaviors. *Motivation and Emotion*, 31(3): 159−173.

Krieger, J. L. 2005. Shared Mindfulness in Cockpit Crisis Situations An Exploratory Analysis. *Journal of Business Communication*, 42(2): 135−167.

Langer, E. J. 1989. Minding matters: The consequences of mindlessness-mindfulness. *Advances in Experimental Social Psychology*, 22: 137−173.

Lazarus, R. S. 1991. *Emotion and adaptation*: New York: Oxford University Press.

Leana, C. R. & Van Buren, H. J. 1999. *Organizational social capital and employment practices. Academy of Management Review*, 24(3): 538−555.

Leary, M. R. & MacDonald, G. 2003. Individual differences in self−esteem: A review and theoretical integration. In M. R. Leary & J. P. Tangney (Eds.), *Handbook of self and identity*: 401−418. New York: Guilford Press.

Leary, M. R. & Tate, E. B. 2007. The multi−faceted nature of mindfulness. *Psychological Inquiry*, 18(4): 251−255.

Leary, M. R., Tate, E. B., Adams, C. E., Batts Allen, A., & Hancock, J. 2007. Self−compassion and reactions to unpleasant self−relevant events: The implications of treating oneself kindly. *Journal of Personality and Social Psychology*, 92(5): 887−904.

Levitt, J. T., Brown, T. A., Orsillo, S. M., & Barlow, D. H. 2004. The effects of acceptance versus suppression of emotion on subjective and psychophysiological response to carbon dioxide challenge in patients with panic disorder. *Behavior Therapy*, 35(4): 747−766.

Lilius, J. M., Worline, M. C., Dutton, J. E., Kanov, J., Frost, P. J., & Maitlis, S. 2003. What good is compassion at work? *Ann Arbor*. 1001: 808−827.

Lloyd, T. 1990. *The 'Nice'Company: Why 'Nice'Companies Make More Profits*. Bloomsbury:London.

Logsdon, J. M. and Wood, D. J. 2002. Business Citizenship. *Business Ethics Quarterly*. 12(2): 155−187.

Lupton, D. 2012. *Medicine as culture: illness, disease and the body*. London: Sage.

Lyubomirsky, S., King, L., & Diener, E. 2005. The benefits of frequent positive affect: Does happiness lead to success? *Psychological Bulletin*, 131(6): 803−855.

Markus, H. R. & Kitayama, S. 1991. Culture and the self: Implications for cognition, emotion, and motivation. *Psychological Review*, 98(2): 224.

Martin, J. R. 1997. Mindfulness: A proposed common factor. *Journal of Psychotherapy integration*, 7(4): 291−312.

Matten, D., Crane, A., & Chapple, W. 2003. Behind the mask: Revealing the true face of corporate citizenship. *Journal of Business Ethics*, 45(1−2): 109−120.

McAdams, D. P. 1985. *Power, Intimacy, and the Life story*. Homewood, IL: Dorsey.

McAdams, D. P. & Bryant, F. B. 1987. Intimacy motivation and subjective mental health in a nationwide sample. *Journal of Personality*, 55(3): 395−413.

McGregor, I. & Little, B. R. 1998. Personal projects, happiness, and meaning: on doing well and being yourself. *Journal of Personality and Social Psychology*, 74(2): 494.

Miller, D. T. 1976. Ego involvement and attributions for success and failure. *Journal of Personality and Social Psychology*, 34(5): 901.

Milliman, J. F., Czaplewski, A. J., & Ferguson, J. M. 2001. *An exploratory empirical assessment of the relationship between spirituality and employee work attitudes*. Paper presented at the Academy of Management proceedings. Washington, D.C.

Neff, K. 2003a. Self−compassion: An alternative conceptualization of a healthy attitude toward oneself. *Self and identity*, 2(2): 85−101.

Neff, K. D. 2003k. The development and validation of a scale to measure self−compassion. *Self and identity*, 2(3): 223−250.

Neff, K. D., Hsieh, Y.P., & Dejitterat, K. 2005. Self−compassion, achievement goals, and coping with academic failure. *Self and Identity*, 4(3): 263−287.

Neff, K. D. & Suizzo, M. A. 2006. Culture, power, authenticity and psychological well−being within romantic relationships: A comparison of European American and Mexican Americans. *Cognitive Development*, 21(4): 441–457.

Neff, K. D., Kirkpatrick, K. L., & Rude, S. S. 2007. Self–compassion and adaptive psychological functioning. *Journal of Research in Personality*, 41(1): 139–154.

Neff, K. D. 2009. The role of self–compassion in development: A healthier way to relate to oneself. *Human development*, 52(4): 211.

Neff, K. D. & Vonk, R. 2009. Self-compassion versus global self-esteem: Two different ways of relating to oneself. *Journal of Personality*, 77(1): 23–50.

Nolen–Hoeksema, S. 1991. Responses to depression and their effects on the duration of depressive episodes. *Journal of Abnormal Psychology*, 100(4): 569–582.

Ocasio, W. 1997. Towards an attention–based view of the firm. Strategic *Management Journal*, 18: 187–206.

Olendzki, A. 2005. The roots of mindfulness. Mindfulness. In Germer, C. K., Siegel, R. D. & Fulton, P. R. (Eds.). *Mindfulness and psychotherapy*: 241–261. New York: Guilford.

Otake, K., Shimai, S., Tanaka–Matsumi, J., Otsui, K., & Fredrickson, B. L. 2006. Happy people become happier through kindness: A counting kindnesses intervention. *Journal of Happiness Studies*, 7(3): 361–375.

Papa, A. & Bonanno, G. A. 2008. Smiling in the face of adversity: the inter–personal and intrapersonal functions of smiling. *Emotion*, 8(1): 1.

Peterson, C. & Seligman, M. E. 2003. Character strengths before and after September 11. *Psychological Science*, 14(4): 381–384.

Peterson, C. & Seligman, M. E. 2004. *Character strengths and virtues: A hand–book and classification*: Oxford University Press.

Reich, W. 1949. *Character Analysis*. New York: Oregon Institute Press.

Rochlin, G. I. 1989. Informal organizational networking as a crisis–avoidance strategy: US naval flight operations as a case study. *Organization & Environment*, 3(2): 159–176.

Rosenberg, M. B. 1999. *Nonviolent communication: A language of compassion*: PuddleDancer Press Encinitas, CA.

Ryan, R. M. 1991. A Motivational Approach to Self: Integration in Personality Edward L., Deci and. *Perspectives on Motivation*, 38: 237.

Ryan, R. M. & Deci, E. L. 2001. On happiness and human potentials: A review of research on hedonic and eudaimonic well−being. *Annual Review of Psychology*, 52(1): 141−166.

Salzberg, S. 1997. *Lovingkindness: the revolutionary art of happiness.* Boston, Mass: Shambhala.

Salzberg, S. 2002. *Lovingkindness: the revolutionary art of happiness.* Boston, Mass: Shambhala.

Salzberg, S. 2004. *Lovingkindness: The revolutionary art of happiness.* Boston: Shambhala Publications.

Scheff, T. J. 1981. The distancing of emotion in psychotherapy. Psychotherapy: *Theory, Research & Practice*, 18(1): 46−53.

Schulman, P. 1999. Applying learned optimism to increase sales productivity. *Journal of Personal Selling & Sales Management*, 19(1): 31−37.

Schulman, P. R. 1993. The negotiated order of organizational reliability. *Administration & Society*, 25(3): 353−372.

Schwarz, N. & Clore, G. L. 1988. How do I feel about it? The informative function of affective states. In K. Fiedler, J. Forgas (eds.), *Affect, Cognition, and Social Behavior*: 44−62. Toronto: Hogrefe International.

Sedikides, C. 1993. Assessment, enhancement, and verification determinants of the self−evaluation process. *Journal of Personality and Social Psychology*, 65(2): 317.

Seligman, M. E., Steen, T. A., Park, N., & Peterson, C. 2005. Positive psychology progress: empirical validation of interventions. *American Psychologist*, 60(5): 410.

Shaw, B. & Post, F. R. 1993. A moral basis for corporate philanthropy. *Journal of Business Ethics*, 12(10): 745−751.

Shepherd, D. A. 2009. Grief recovery from the loss of a family business: A multi− and mesolevel theory. *Journal of Business Venturing*, 24(1): 81−97.

Shepherd, D. A., Covin, J. G., & Kuratko, D. F. 2009. Project failure from corporate entrepreneurship: Managing the grief process. *Journal of Business Venturing*, 24(6): 588−600.

Simmons, B. L. & Nelson, D. L. 2001. Eustress at work: The relationship between hope and health in hospital nurses. *Health Care Management Review*, 26(4): 7−18.

Slagter, H. A., Lutz, A., Greischar, L. L., Francis, A. D., Nieuwenhuis, S., Davis, J. M., & Davidson, R. J. 2007. Mental training affects distribution of limited brain resources. *PLoS biology*, 5(6): e138.

Steensma, H. K. 1996. Acquiring technological competencies through inter−or−ganizational collaboration: an organizational learning perspective. *Journal of Engineering and Technology Management*, 12(4): 267−286.

Sutcliffe, K. & Vogus, T. J. 2003. Organizing for resilience. Positive organizational scholarship: *Foundations of a new discipline*, 94: 110.

Sutcliffe, K. M. & Weick, K. E. 2003. Hospitals as cultures of entrapment: a re−analysis of the Bristol Royal Infirmary. *California Management Review*, 45(2): 73−84.

Sutton, R. I. & D'Aunno, T. 1989. Decreasing organizational size: Untangling the effects of money and people. *Academy of Management Review*, 14(2): 194−212.

Taris, T. W. 2000. *A primer in longitudinal data analysis*: California: Sage Thousand Oaks.

Tomkins, S. S. 1962. *Affect, imagery, consciousness*: Vol. I. The positive affects. Springer Publishing Co.

Tugade, M. M. & Fredrickson, B. L. 2004. Resilient individuals use positive emotions to bounce back from negative emotional experiences. *Journal of Personality and Social Psychology*, 86(2): 320−333.

Twenge, J. M. & Campbell, W. K. 2003. "Isn't it fun to get the respect that we're going to deserve?" Narcissism, social rejection, and aggression. *Personality and Social Psychology Bulletin*, 29(2): 261−272.

Vera, D. & Crossan, M. 2004. Strategic leadership and organizational learning. *Academy of Management Review*, 29(2): 222−240.

Wallace, B. A. & Shapiro, S. L. 2006. Mental balance and well−being: building bridges between Buddhism and Western psychology. *American Psychologist*, 61(7): 690.

Weick, K. & Westley, F. 1996. Organizational learning: Affirming an Oxymoron In

S. Clegg & C. Hardy & W. Nord (Eds.), *Handbook of organization studies*. London: SAGE.

Weick, K. E. 1990. The vulnerable system: An analysis of the Tenerife air disaster. *Journal of Management*, 16(3): 571−593.

Weick, K. E. 1993. The collapse of sensemaking in organizations: The Mann Gulch disaster. *Administrative Science Quarterly*. 38 : 628−652.

Weick, K. E., Sutcliffe, K. M., & Obstfeld, D. 1999. Organizing for high reliability: Processes of collective mindfulness. *Research in Organizational Behavior*, 21: 81−123.

Weick, K. E., Sutcliffe, K. M., & Obstfeld, D. 2005. Organizing and the process of sensemaking. *Organization Science*, 16(4): 409−421.

Weick, K. E. & Sutcliffe, K. M. 2006. Mindfulness and the quality of organizational attention. *Organization Science*, 17(4): 514−524.

Weick, K. E. & Sutcliffe, K. M. 2011. *Managing the unexpected: Resilient performance in an age of uncertainty*. John Wiley & Sons.

Whetten, D. A. 1989. What constitutes a theoretical contribution? *Academy of Management Review*, 14(4): 490−495.

Wood, J. V., Saltzberg, J. A., Neale, J. M., Stone, A. A., & Rachmiel, T. B. 1990. Self−focused attention, coping responses, and distressed mood in everyday life. *Journal of Personality and Social Psychology*, 58(6): 1027.

Zimmerman, M. A., Bingenheimer, J. B., & Notaro, P. C. 2002. Natural mentors and adolescent resiliency: A study with urban youth. *American Journal of Community Psychology*, 30(2): 221−243.

Learning from Entrepreneurial Failure

예기 애도, 지속과 회복

우리는 실패가 기업가적 활동(entrepreneurship)에 종사하는 사람들이 직면하는 늘 존재하는 가능성이라는 것을 확고히 하였다. 대부분의 (전부는 아닐지라도) 기업가는 결국 실패에 직면할 수밖에 없지만, 이러한 경험은 본질적으로 동질적이지 않으며, 실제로 실패를 어떻게 견디는가는 개인에 따라 크게 다르다(특히 제2장 참조). 이 장에서는 개인이 실패를 경험하는 방법, 즉 기업가가 실패 경험을 연장하는 데 소비하는 시간과 노력의 양과 관련하여 특히 초점을 맞춘다. 구체적으로, 우리는 결국 실패가 최종 결정일 가능성이 높다는 것이 입증되었을 때에도 기업가가 비즈니스 모험의 종료 결정을 지연시키는 내재적 요소와 외재적 요인이 무엇인지, 그리고 이러한 지연이 실패 후 진행하는 기업가의 후속 노력에 어떻게 도움이 되고 방해가 될 수 있는지를 분석한다.

실적이 저조한 기업은 시장에서 도태될 것이라고 예상할 수 있지만, 성과가 종종 생존에 대하여 모든 것을 설명하지는 못한다(Baden-Fuller, 1989; Karakaya, 2000; van Witteloostuijn, 1998). 실제로 Meyer and Zucker(1989)는 "효율적인 성과는 조직의 생존을 결정짓는 요인 중 하나일 뿐, 반드시 가장 중요한 요소는 아니다"라고 지적했다. 실적이 저조한 기업들이 실패(즉, 사업 종료)가 아닌 지속(persist)의 경우 경제는 어려움을 겪는다는 주장이 제기되었다(McGrath and Cardon, 1997). 그들은 자원을 허비하고, 다른 기업들에 의해 더 잘 채워질 수 있는 시장 지위를 점유하며, 기업의 이해관계자들에게 불확실성을 증가시키는 것으로 간주되기 때문이다(Karakaya, 2000; McGrath and Cardon, 1997; Ruhnka, Feldman, and Dean, 1992). 이러한 기업들은 살아있는 사망자(living dead)로(Bourgeois and Eisenhardt, 1987; Ruhnka et al., 1992), 실적이 저조한(Gimeno, Folta, Cooper, and Woo, 1997), 궁극적으로 실패할 조직(Meyer and Zucker, 1989), 만성적인 실패(Van Witteloostuijn, 1998)로 분류되어 왔다. 이처럼 실적이 저조한 기업들은 - "어떤 기준으로 보아도 실적은 기대에 미치지 못한다. ⋯ 그러나 그 존재가 지속되는 기업들"(Meyer and Zucker, 1989: 19) - 기간 연장(사업종료 연장)으로 존재할 수도 있다(Gimeno et al., 1997; Karakaya, 2000; van Bitteloostuijn, 1998).

일부 기업가들이 왜 실적이 저조한 사업의 폐업을 늦추는지 설명하기 위해 학자들의 상당한 연구가 이루어졌다. <그림 4-1>에서, 우리는 실패하는 기업의 종료를 지연한 결정의 원인과 결과의 모델을 제시한다(DeTienne, Shepherd, and De Castro, 2008, Gimeno et al., 1997, Shepherd, Wiklund,

그림 4-1 지속과 지속결과에 대한 개념적 모형

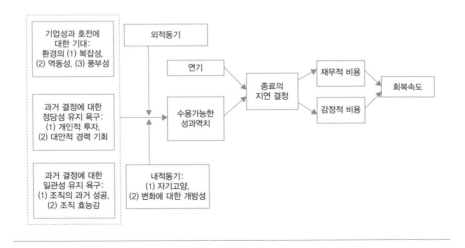

and Haynie, 2009를 토대로 함). 이 그림의 중심에는 실패하는 사업을 종료하기 위한 지연된 결정이 있는데, 이는 지연 및/또는 기업가의 성과 역치 (performance threshold)에 의해 악화될 수 있다. 성과 역치는 기업의 성과 전환 기대, 이전의 기업가적인 결정을 정당화하려는 동기 및 이전의 기업가적인 결정과 일관되고자 하는 욕구에 의해 영향을 받으며, 이러한 관계의 특성은 기업가의 외재적 동기 및 가치에 따라 좌우된다. 실패하는 사업에 대한 종료 지연 결정은 기업가의 재정 및 감정적 비용부담을 증가시키며, 또한 회복 속도에도 영향을 미친다. 이어지는 섹션에서, 우리는 이러한 관계의 성격을 제시한다.

● 4.1 저성과 기업과 지연 그리고 지속

　　지연(Procrastination)은 정서적으로 불쾌하다고 해석될 수 있지만, 긍정적인 미래 결과를 낳을 가능성이 높기 때문에 인지적 관점에서 중요한 행동이나 활동의 연기를 의미한다(van Eerde, 2003). 지연은 정서적으로 불쾌한 위험을 피하고자 할 때 발생하며, 이로 인해 앞으로 나아가는 활동이 정지되는 것이다(Lazarus and Folkman, 1984). 이러한 경우, 예상되는 위협은 부정적인 정서적 반응(예: 불안, 두려움, 슬픔 등)을 생성한다는 것이다. 이러한 상황을 회피함으로써 기업가는 부정적인 감정을 줄일 수 있으며, 결과적으로는 이러한 유형의 행동을 더욱 영구화하는 부정적 강화(negative reinforcement)를 의미한다(Anderson, 2003e; Milgram, Sroloff and Rosenbaum, 1988). 예를 들어, 기업가는 기업에 대한 소유권이나 경영을 중단하도록 강요하는 사업 파산 선언을 지체하는 결정으로 지연을 하는 것이다. 파산 결정은 감정적으로 버티기 쉽지 않지만, 빨리 완성될수록 벤처 실패에 따른 금융비용이 낮아지기 때문에 필수적인 의무다. 이전의 연구가 밝혀낸 것은, 부정적 감정이 더 높은 수준으로 예상되는 과제가 부정적 감정이 더 낮은 수준으로 예상되는 과제보다 더 지연을 유발할 가능성이 더 높다는 것이다(Anderson, 2003a).

이러한 관점에 토대할 때, 지연이 기업가정신의 맥락에서 고려해야 할 특히 두드러진 요소인 것처럼 보인다. 기업가들은 자신의 벤처사업을 공식적으로 파산을 선언하고 어떤 조치를 취하는 결정을 지연하는 방식으로 미룰 수 있는데, 그것은 사업의 소유주이자 경영자로서 그들의 적극적인 관여를 중단하는 결과를 초래할 수 있기 때문이다. 사업을 종료하는 결정은 정서적으로 감당하기 버거운 것일 수 있지만(Byrne and Shepherd, 2015), 취해야 할 중요한 조치이다. 왜냐하면, 지연 결정은 기업가가 "좋은 돈을 나쁜 일에 낭비하는 것"을 중단시키는 것, 다시 말하면 충분한 수익을 얻지 못할 것이고, 사업을 종료할 때 손실을 입을 가능성이 있는 사업에 대한 투자를 중단하게 하는 것이기 때문이다.

이러한 지연의 근저에는 몇 가지 가능한 메커니즘이 있는데, 그 중 하나는 부정적인 정보를 학습하는 것은 더 어렵고, 부정적인 정보를 무시하거나 잊어버리는 것이 더 쉽기 때문이라는 것이다. 연구에 따르면, 어떤 조건에서는 사람이 부정적인 정보를 학습한다는 것이 더 어렵다는 것이다(Amir, Coles, Brigidi, and Foa, 2001). 또한 망각과 관련된 메커니즘에 대한 연구는 부정적인 정보가 중립적이거나 긍정적인 정보보다 더 쉽게 잊혀진다는 것을 밝혀냈다(Myers, Brewin and Power, 1998). 이러한 발견을 종합하면, 지연이 발생할 수 있는 이유 중 하나는 실패하는 사업을 종료하기로 결정할 때 고려해야만 하는 부정적인 정보는 무시하기 쉽고 기억하기는 더 어려울 수 있기 때문에 의사결정 과정에서 편리한 인지적 회피를 제공한다는 것을 시사한다. 예를 들어, 벤처 매출이 증가했지만 여전히 놀라운 속도로 손실을 보고 있다는 정보를 제공받는 기업가는 잠재적으로 영업에 관한 긍정적인 정보에 초점을 맞출 수 있지만, 전반적인 실적 면에서 여전히 사업이 실패하고 있다는 것을 알려고 하지 않거나 빨리 잊어버릴 수 있다. 이것은 결국 지연 가능성을 실질적으로 증가시킬 수 있는 것이다.

주어진 과제와 관련하여 예상되는 부정적인 감정에 영향을 끼치고, 그럼으로써 결국 지연의 가능성을 증가시키는 여러 가지 요인들이 있다. 첫째, 돌이킬 수 없는 것으로 인식되는 결정은 더 높은 수준의 부정적인 감정을 낳는 경향이 있다(Anderson, 2003a). 의사결정 회피에 영향을 미치는 요인에 대한 Anderson(2003a)의 탁월한 연구에서는, 결정의 비가역성(irreversibility) 인지와 의사결정 회피의 가능성 사이의 관계를 뒷받침하는 메커니즘을 논의하였다. 그의 연구에서 Anderson이 주목한 것은, 개인들이 돌이킬 수 없는 결정에 직면하는 경우, 그들은 그러한 결정에 대해 예기 애도(anticipated regret: 아직 발생하지 않은 상실에 대한 애도 반응, 상실을 직접적으로 경험하기 전의 애도 반응)를 경험할 가능성이 훨씬 더 높다고 주장했다. 즉, 되돌릴 수 없는 결정을 내릴 가능성에 대해 생각할 때, 개인들은 잘못된 선택으로 발생할 수 있는 부정적인 결과에 초점을 맞추는 경향이 있고, 결과적으로, 그 선택에 대한 예기 애도를 경험하게 되고, 이는 결국 의사결정 과정을 연장시킬 수 있다는 것이다. 예를 들어, 새롭고 유망한 기회를 추구하기 위해 하나의 사업을 종료해야 하는 결정에 직면한 기업가를 생각해 보자. 한 벤처기업을 해산하는 기업가가 다른 벤처기업을 시작하는 것은 가능하지만, 첫 번째 사업을 종료하기로 한 결정은 최종적이고 돌이킬 수 없다. 종결 결정을 분석할 때, 그러한 기업가들은 그들의 새로운 사업이 성공하지 못할 경우 그들이 어떻게 느낄지를 고려하게 될 것이며, 그렇다면 그들이 아직은 실제 내리지 않은 결정에 대해 예견되는 후회를 의식하게 되는 것이다.

둘째로, 지연의 가능성은 기업가들이 실패의 실제 원인을 무엇으로 돌리는가에 의해 실질적으로 영향을 받을 수 있다. 기업가들이 실패 결과에 대해 개인적 책임이 있다고 느낀다면 최종 결정의 결과로 더 높은 수준의 부정적 감정을 경험하게 될 가능성이 높다. 기업가들은 종종 자신의 비즈니스를 자신의 정체성의 연장선으로 인식한다(Bruno, McQuarrie, and Torgrimson, 1992; Cova and Svanfeldt, 1993). 따라서 기업의 궁극적인 실패에 개인적 책임을 부여할 가능성이 더 높다.

마지막으로, 기업가가 자신의 행동이 부정적인 결과를 초래했다고 인식할 때(다른 사람의 행동이 실패를 야기했다고 인식하는 상황에 비해) 더 높은 수준의 부정적인 감정을 발생시킬 가능성이 높고, 이는 사업 실패를 지연시킬 가능성을 높일 수 있다. 이러한 요인들을 종합적으로 고려할 때, 사업이 실패했다고 선언하는 결정에는 지연 가능성을 높일 수 있는 여러 가지 요인들이 포함될 가능성이 있다.

그러므로 지속(persistence)으로 인한 부정적인 재정적 결과들은 사실적일 수 있지만(Garland, Sandefur, and Rogers, 1990; Ross and Staw, 1986, 1993), 지연의 관점에서 보면, 지속의 감정적 부산물은 상대적으로 탐구되지 않은 채로 남아 있다. 이 점은 문헌을 철저히 연구한 Anderson에 의해 설명된다. Anderson은 "감정은 의사결정 회피에 영향을 미치지만, 결정 이후의 감정은 드물게 측정되고 있음을 주목하는 것이 흥미롭다. 사람들이 부정적인 감정을 줄이는 선택을 한다는 것은 당연하다"(Anderson, 2003a: 142). 실패에 대한 감정의 잠재적 결과에 대한 이러한 고려는 종료 결정을 연장하는 데 매우 영향을 미칠 수 있다. 다음으로, 허용 가능한 성과 역치를 개발하고 이러한 역치에 상대적인 실제 성과를 평가하는 것이 실패하는 비즈니스 종료를 지연시키는 결정에 어떤 영향을 미칠 수 있는지에 대하여 논의할 것이다.

4.2 사업 종결 결정과 성과 역치

Gimeno 외 연구진(Gimeno et al., 1997)은 성과 역치(performance threshold)에 비례하여 기업 성과가 조직의 생존(또는 달리 표현하면, 실패 결정을 미루는 데 있어)을 설명하는 역할을 한다는 것을 발견했다. 기업의 성과 역치는 "중요 조직 구성원들이 조직을 해체하기 위해 행동을 취하는 성과 수준의 이하"를 의미한다(Gimeno et al., 1997: 750). 성과에 대한 이러한 역치의 개념은 통증 역치(Forys and Dahlquist, 2007), 위험 역치(Monahan and Silver, 2003), 그리고 포부 수준(Kahneman and Tversky, 1979)과 같은 의미이다. 보다 구체적으로 설명하면, 통증 역치(pain thresholds)는 개인이 허용 가능한 고통과 허용되지 않는 고통의 경험을 결정하기 위해 사용하는 신체적 불편함의 수준을 나타낸다. 통증이 개인의 한계점 이하로 나타날 때, 통증 당사자는 그 고통을 주는 자극으로부터 벗어나거나 물러나지 않는다. 그러나 일단 이 역치를 초과하게 되면, 개인들은 고통을 유발하는 활동에서 벗어나려고 할 가능성이 매우 높다. 마찬가지로, 위험 역치(risk thresholds)는 특히 법의학 분야와 잠재적 폭력 범죄자에 대한 사법적 의사결정 연구 분야이다. 타인의 잠재적인 폭력 위험에 직면한 개인이 판단을 해야 하는 경우 종종 위험 역치를 사용한다. 기준치보다 낮은 것으로 간주되는 개인은 보통 심각한 위험이나 폭력을 행사하지 않을 것으로 판단되는 반면, 이 기준치를 초과하는 개인은 잠재적인 폭력 위협으로 간주되어 정신 시설이나 교도소 시설에서 격리되는 경우가 많다. 마지막으로, 포부 수준(aspiration levels)은 "의사결정자가 만족한다고 간주할 수 있는 가장 작은 결과"를 의미한다(Schneider, 1992: 1053). 이러한 포부 역치(aspiration thresholds)는 의사결정을 단순화할 수 있는 편리한 인지 휴리스틱(cognitive heuristic)을 제공한다. 즉, 결과가 인지된 역치(임계값)보다 낮을 때 변화가 일어나고, 성과가 이 수준을 초과할 때 지속이 결정되는 것이다(Greve, 2002).

기업 성과에 대한 역치 개념은 기업 B보다 더 나쁜 성과를 내고 있는 기업 A가 기업 B는 실패, 즉 사업을 종료하는 결정을 하는 반면에 살아남을 수 있는 이유를 설명해준다. 즉, 기업 A의 기업가는 기업 B의 기업보다 낮은 기업 성과에 대한 역치를 가지고 있는 것이다. <그림 4−2>에서 볼 수 있듯이, 기업 B는 객관적인 성과 관점에서 기업 A를 능가하지만 기업 A의 수용성과 수준을 결정하는 데 사용되는 역치는 기업 B가 적용한 한계치보다 상당히 낮다. 따라서 이러한 비교를 바탕으로, 기업가인 B는 기업 B의 성과를 수용할 수 없다고 판단하여 기업을 종료하기로 결정할 가능성이 더 높다.

그림 4-2 **주관적 성과역치 평가**

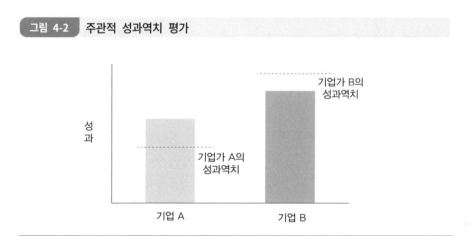

반면에 기업가인 A는 유사한 결론을 내리지 않을 것이다. 이러한 상황은 주로 이 결정을 내리기 위한 기준으로 각자가 할당한 주관적 역치가 서로 실질적으로 다르다는 사실에 기인한다. 그 다음 질문은 왜 일부 기업가는 성과에 대한 낮은 역치를 가지고 실패 결정을 지연시키는지 설명하는 것이 된다.

4.3 성과역치의 개인별 차이

기업가의 기업 성과 역치의 차이 설명은 (1) 기업 실적 전환에 대한 기대(또는 희망), (2) 과거의 기업가적인 의사결정을 정당화하려는 동기, (3) 과거의 기업가적인 의사결정과 일관성을 유지하고자 하는 욕구 및 (4) 외부 동기의 개인별 차이에 따라 달라지는 것으로 보인다(DeTienne et al., 2008).

4.3.1 기업 성과 전환의 기대

기업의 미래 성과에 대한 기업가의 기대(현재의 실적 부진 전환 기대포함)는 외부 환경의 특성에 의해 크게 영향을 받는다. 외부 환경의 특성은 복잡성(complexity), 역동성(dynamism) 및 풍부성(munificence)의 차원에 의해 포착될 수 있다(Aldrich, 1979; Dess and Beard, 1984). 환경이 매우 복잡할 때, 환경에는 상당한 이질성이 존재하며, 의사결정자들이 고려해야 할 많은 요소들이 있다는 것이다(Wiersema and Bantel, 1993). 높은 복잡성은 환경에 대한 기업가의 불확실성을 증가시키고 정보 수집 및 처리에 대한 인지 과부하를 초래한다(Dess and Beard, 1984; Rauch, Wiklund, Lumpkin and Frese, 2009). 높은 불확실성과 정보 수집 및 처리의 인지 부하 모두 현재의 성과가 나쁘다는 것을 설명하는 근거로는 충분하지 못하다. 기회는 복잡한 환경에서 더 널리 퍼져 있다(Brown and Eisenhardt, 1997). 업계의 축적된 지식이 이러한 기회를 쉽게 식별할 수 있고(Shepherd and DeTienne, 2005) 기업가들은 전형적으로 자신감이 넘치는(overconfident) 사람들이라는 점을 감안할 때(Busenitz and Barney,

1997; Forbes, 2005; Hayward, Shepherd and Griffin, 2005), 기업가는 복잡한 환경을 활용하여 새로운 기회를 활용하고 그에 따라 기업의 실적 전환을 기대할 수 있는 유리한 위치에 자신이 있다고 판단하여 실패 결정을 지연할 수 있는 것이다.

환경의 역동성은 환경의 불안정성을 의미하며 사전에 예측하기 어려운 잦은 변화를 수반한다(Beard and Dess, 1979; Bluedorn, 1993). 경영진의 관점에서, 환경 역동성은 의사결정(Priem, Rasheed, and Kotulic, 1995)에서 혁신(Baron and Tang, 2011)까지, 전반적인 기업 성과(Simerly and Li, 2000)에 이르는 많은 중요한 프로세스와 결과에 영향을 미치는 것으로 나타났다. 또한 환경 역동성은 리더십 행동과 벤처 성과(Ensley, Pearce, and Hmieleski, 2006) 사이의 관계를 매개할 수 있을 뿐만 아니라 기업가적인 지향성(entrepreneurial orientation)과 벤처 성과 사이의 관계에 영향을 미칠 수 있다(Wiklund and Shepherd, 2005). 흥미롭게도, 역동적인 환경은 불안정성과 변화로 특징지어지지만, 그것들은 또한 기업가적 기회와 성공을 위한 비옥한 번식지임이 밝혀졌다. 역동적인 환경은 끊임없이 변화하기 때문에, 그들은 그것을 이용할 비전과 동기를 가진 사람들에게 새로운 잠재적 기회를 지속적으로 제시하는 것이다. 사실, 성장 목표(promotion focus)를 가진 개인(예: 긍정적인 결과를 얻기 위해 적극적으로 노력하는 사람)에 의해 주도되는 새로운 비즈니스는 예방 목표(prevention focus)를 가진 개인(예: 부정적인 결과를 적극적으로 피하려고 하는 사람)에 의해 주도되는 것보다 매우 역동적인 환경에서 훨씬 더 잘 수행된다는 것을 보여주는 사례가 있다(Hmieleski and Baron, 2008). 환경 역동성은 기업가에게 더 큰 인지적 부담을 주지만(Li and Simerly, 1998; Waldman, Ramirez, House, and Puranam, 2001), 급변하는 환경에서 기회는 창출되며(Brown and Eisenhardt, 1997), 이러한 특정 시장에 대한 사전 지식(prior knowledge)을 가진 기업가들은 이러한 기회를 신속하게 파악하고 행동하기 위해 자리를 잘 잡으려는 노력을 하는 것이다(Shepherd, McMullen, and Jennings, 2007). 과신(overconfidence)(Forbes, 2005; Hayward, Forster, Sarasvathy, and Fredrickson, 2009) 여부에 관계없이, 이러한 믿음은 환경 조건이 바뀔 때 결국 성공할 수 있기를 바라는 기업가들이 실패 결정을 지연시키도록 하는 것이다.

환경의 역동성이 벤처 종료 결정을 지연시킬 수 있는 방법의 예로서, 다음 시나리오를 고려한다. 기업가 A는 빠르게 발전하고 있는 기술 기반 산업에서 새로운 벤처의 설립자이고, 기업가 B는 더 전통적인 제조 기반 산업의 설립자이다. 기업가 A와 기업가 B는 모두 초기 성과뿐만 아니라 지속 가능성과 관련된 문제를 경험할 가능성이 있다. 평가 시 기업가인 B는 자신의 실적이 허용 가능한 임계값을 충족하지 못한다고 판단할 경우, 비교적 짧은 시간이 지난 후에 "손실을 줄이고자" 벤처 사업을 종료하는 결정이 발생할 가능성이 높다. 이러한 선택은 환경 내 여건이 비교적 안정적이라는 기업가 B의 인식에 영향을 받는 것이다. 즉 기업이 현재 조건에서도 경쟁력이 부족하다면 향후 더 높은 수준의 경쟁력을 허용할 수 있을 만큼 충분히 경쟁 환경이 변화될 가능성은 낮다고 판단하는 것이다. 그러나 기업가 A의 경우는 그렇지 않을 수 있다. 이 상황의 환경은 매우 역동적이기 때문에 경쟁의 지형이 빠른 이동과 변화가 발생할 수 있으며, 따라서 근본적으로 환경이 변화될 수 있다는 것은 기업 A가 훨씬 더 경쟁력 있는 위치를 점유할 수 있는 기회가 주어질 수 있는 것이다. 그러한 환경 변화가 가능하다는 인식은 기업가 A가 결국 성공적이고 지속 가능한 경쟁적 위치를 달성할 수 있기를 바라면서 벤처 종료 결정을 연장하도록 동기를 부여할 수 있다.

외부 환경의 최종 차원은 환경적 풍부성(Starbuck, 1976)이며, 이는 환경이 장기적인 성장을 지원할 수 있는 정도를 나타낸다(Dess and Beard, 1984). 풍부한 환경은 모든 배를 끌어올리는 조류로 묘사되어 왔다(Washerman, 2003). 풍부성은 자원 획득을 위한 기업가의 능력을 촉진할 뿐만 아니라 기회 식별에도 도움을 준다(Hitt, Ireland, Sirmon, and Trahms, 2011). 자원에 비교적 쉽게 접근할 수 있으면 인지 부하로부터 좀 더 자유로워지며, 이는 일상적인 기업 운영에서 완료되어야 하는 다른 중요한 의사 결정 작업을 처리하는 데 부담이 적을 수 있다. 실제로, 환경적 풍부성은 합리적인 의사결정과 새로운 벤처 성과 사이의 관계를 매개할 수 있고, 합리적인 의사결정은 높은 환경적 풍부성을 지닌 조건에서 벤처 성과에 더 긍정적인 영향을 미치는 것으로 밝혀졌다(Goll and Rasheed, 2005). 따라서 풍부한 환경에서 운영하는 기업가는 환경 내에 존재하는 풍부한 자원과 기회가 결국 기업의 성과를 향상시킬 수 있다는 희망으로 벤처 종료 결정을 연장할 수 있는 것이다.

다양한 수준의 환경적 풍부성에 대해 기업가들이 직면하는 다음과 같은 가상의 상황을 생각해 보자. 상대적으로 풍부성이 낮은 환경에서 운영되는 벤처기업의 경우, 기업 실적이 하락할 때, 실적이 개선될 때까지 기업을 존속시키기 위해 필요한 자원에 접근할 가능성은 낮다. 또한, 풍부성이 낮은 환경에서는 대체 기회가 풍부하게 제공되지 않기 때문에 궁극적으로 기업가가보다 바람직한 기회로 초점을 전환할 수 있는 모든 선택을 근본적으로 줄이거나 없앨 가능성이 낮다.

그러나 이것은 매우 풍부한 환경에서는 그렇지 않을 것 같다. 풍부한 환경에서는 기업 실적이 원하는 임계값보다 낮은 경우에도 기업의 운영을 보완하기 위해 추가 자원을 사용할 수 있으므로 기업가 벤처 종료 결정을 지연시킬 수 있다. 더욱이, 풍부한 환경은 더 많은 기회로 특징지어지기 때문에, 그러한 환경 내에서 흔들리는 벤처기업들은 원래의 사업 모델을 포기하기로 결정하고, 대신에 환경 내에서 새롭게 발견된 대안적 기회에 초점을 맞출 수 있을 것이다. 요약하면, 기업가가 결국 기업 성과를 높일 수 있다고 믿는 환경에서 실패 결정을 지연시킬 가능성이 높다.

예를 들어, 89명의 기업가와 관련된 2,848개의 의사결정에 대한 메트릭스의 조합 연구에서, DeTienne 외 연구진(2008)은 풍부한 환경에서는 기업가가 실적이 저조한 회사를 지속할 가능성이 더 높다는 것을 발견했다. 그들은 환경 복잡성과 역동성에 대한 효과도 발견했지만, 이 효과는 기업가의 외적 동기(아래에서 논의)에 달려 있었다. 따라서 지속 결정에 영향을 미치는 것은 외부 환경의 속성만이 아니다. 모든 사람처럼 기업가(Staw and Fox, 1977; Staw, 1981)는 종종 이전 입장을 정당화하도록 동기를 부여받으며, 이러한 동기는 실패 결정을 지연시키는 결과를 가져올 수 있으며, 이제 우리가 이 내용을 다룰 것이다.

4.3.2. 이전의 결정을 정당화하기 위한 동기

실패 결정을 연장하는 데 기여할 수 있는 외부 요인 외에도, 내부 요인 또한 이 결정에서 개인에게 동기를 부여할 수 있다. 다시 말해, 개인은 재정적으로 이익이 제공되지 않을 수 있지만, 정서적·심리적으로 중요한 보상을 받을 수 있다는 이유로 실패 결정을 지연하는 내재적으로 동기가 부여될 수 있다.

첫째, 이러한 동기는 사업에 대한 기업가 개인의 투자(예: 매몰 비용, Northcraft et al., 1984)에서 비롯될 수 있다. 시간, 돈, 에너지의 개인적인 투자는 사업가와 자신의 사업과의 강한 심리적 유대관계를 형성하게 한다(Pierce, Kostova, and Dirks, 2001; Wagner, Parker, and Christiansen, 2003). 이러한 개인 투자는 사업가가 자신의 개인 정체성의 연장(또는 반영)으로 인식할 정도로 클 수 있다(Dobrev and Barnett, 2005; Phillips, 2002). 예를 들어, 기업가들은 그들의 사업을 "그들의 아기" 또는 "그들의 자녀"라고 부르는 것으로 알려져 있다(Cardon, Zietsma, Saparito, Matherne, and Davis, 2005; Dodd, 2002). 사업을 종료하는 결정(즉, 실패 절차의 시작)은 이러한 가치 있는 (심리적) 유대를 깨뜨릴 수 있다. 기업가가 자신의 사업에 대한 개인적 투자가 클수록, 부진한 성과에도 불구하고 지속 가능성이 더 커진다(DeTienne et al., 2008; Gimeno et al., 1997).

둘째, 이전의 결정을 정당화하고 그에 따라 사업 종료를 지연시키려는 동기는 개인적으로 다른 경력이나 기회의 부족으로 인하여 강화되기도 한다. 즉, 사업을 종료하기 위한 기업가의 결정은 자신의 다른 경력 관련 선택권과 동시적으로 고려될 가능성이 높다(예: 이직. Jackofsky and Peters, 1983; March and Simon, 1958). 매력적인 대안이 많은 경우, 기업가는 현재 실적이 저조한 기업을 고집부리지 않고 종료하겠지만, 다른 대안이 거의 없을 경우 기업가는 현재 기업을 지속하기로 결정할 것이다(DeTienne et al., 2008; Gimeno et al., 1997). 이러한 발견은 개인이 자신의 벤처 사업을 시작하기 이전에 고려하는 요인과 관련된 증거에 의해 더욱 지지되고 있다. 즉, 선행의 연구 결과에 따르면, 기회비용은 급여소득 고용 위치에서 자영업자로 전환하는 결정에 영향을 미치는 중요한 요인이다(Campbell, 1995; O'Brien, Folta, and Johnson, 2003). 따라서 자영업에서 다시 전통적인 급여근로자 또는 고용자로 전환하기로 결정할 때 유사한 고려가 이루어진다는 것은 당연하다.

예를 들어 기업가 A를 예로 들어보자. 우리의 목적을 위해 그의 이름을

"Joe"라고 부를 것이다. Joe는 자신의 조경 및 잔디 정비 회사를 설립하려는 꿈을 이루기 위해 대학 학위 과정을 포기하기로 결정했다. 비록 그의 벤처 사업이 초기에는 상당한 성공을 거두었지만, 최근의 경기 침체와 연료비와 인건비 상승이 결합되어 Joe의 회사는 해체 위기에 놓였다. 이제 우리가 "Jane"이라고 부를 기업가 B를 생각해 보자. Jane은 전기공학 학위를 가지고 있고, 그녀가 대학원 연구 기간 동안 구상했던 새로운 제품 기술을 바탕으로 그녀 자신의 벤처 사업을 시작하기 위해 포춘지 선정 500대 회사의 수석 시스템 엔지니어로서 급여 높은 자리를 사직하였다. Jane의 아이디어는 유망해 보였지만, 그녀는 더 많은 사업 운영에 상당한 외부 자금이 필요한 지경에 이르렀고, 그녀는 사업을 지속하기 위해 필요한 자금을 얻기 위해 이용할 수 있는 거의 모든 수단을 다 써버렸다. 본질적으로, Joe와 Jane 둘 다 그들의 벤처 사업에서 갈림길에 서 있고, 그들의 벤처 사업을 종료하고 더 전통적인 고용(급여를 받는 고용)으로 나아갈 것인지 아니면 그들의 운이 극적으로 변화하여 그들이 각각의 사업을 계속 운영할 수 있게 해주기를 바라면서 종료 결정을 연기할 것인지를 결정해야 한다. 양자 선택의 기로에서 기술적으로는 각 결정이 동일한 수준이지만, 어느 한쪽으로 결정될 상대적 가능성은 그들의 다른 고용 선택권과 관련하여 각자가 가지고 있는 잠재적인 대안 때문에 적지 않은 부분에서 크게 다를 수 있는 것이다.

Jane에게 이 선택은 실제적인 문제이다. 그녀는 자신이 사직했을 때와 유사한 직책을 가질 기회가 있으며, 그 자리는 높은 연봉과 고용과 관련된 혜택과 보험을 포함하고 있다. 이러한 옵션은 Jane이 그녀의 사업을 빨리 해산하도록 설득하는 충분한 유혹을 제공할 수 있을 것 같다. 결국 실패할 사업을 계속하는 것과 관련한 기회비용을 감소하기 위한 측면뿐만 아니라, 새로운 직장에서 가능한 한 빨리 보상을 받지 못하는 기회비용까지 고려한다면 더욱 그럴 것이다. Joe의 경우는 다르다. 대학 학위나 고급 기술 교육 없이 그리고 전통적인 급여생활자 역할에서 거의 또는 전혀 적용 가능한 경험이 없는 Joe의 고용 대안은 확실히 덜 매력적이다. 두 가지 예를 모두 고려할 때, Jane이 다른 고용 선택권이 있다는 것의 차이로 그녀는 벤처기업을 빨리 종료하는 결정을 내릴 가능성이 분명한 반면, Joe는 (기껏해야 자영업에 대한 그의 대안이 제한적이기 때문에) 상황이 개선될 것이라는 희망에서 실패 결정을 연장하기 쉽고, 따라서 사업을 계속하도록 그를 붙잡을 수 있는 것이다.

4.3.3 일관성에 대한 규범

실적이 저조한 회사를 계속 유지하기로 한 결정은 (다른 사람과 자신에 의해) 일관성이 있는 사람으로 인식되고자 하는 개인의 욕구에 의해서도 영향을 받는다. 증거가 불분명하더라도 일관성을 최선의 행동 방침으로 볼 수 있다(Caldini, 1993; Staw and Ross, 1980). Caldini(1993: 53)는 일관성에 대한 규범을 다음과 같은 방식으로 설명했다: "이것은 사전에 프로그램화된 것이고 무의식적인 대응 방법이기 때문에, 자동적인 일관성은 문제 있는 현실로부터 안전한 은신처를 제공하는 것이다." 이러한 방식으로 기업가는 지속을 통해 일관성을 확인하는 증거를 찾는 반면에, 반대되는 정보는 무시하거나 경시하는 것이다. 예를 들어, 일관성(즉, 지속성)은 이전 조직의 성공(Audia, Locke and Smith, 2000)에 의해 촉진될 수 있다. 과거에 잘 해결되었으므로, 자신이 계속 주장한다면 결국 미래에 성공할 것이라는 믿음이다(Levintal and March, 1993).

이와 유사하게, 지각된 집단 효능감(collective efficacy)은 의사결정의 일관성을 촉진할 수 있으며, 이 경우 실적이 저조한 기업을 유지하려는 편향이 지배하는 것이다. 우리는 자기 효능감(self−efficacy)이 어떤 과제의 지속과 관련이 있다는 것을 알고 있는 것과 같이(메타 분석에 대해서는 Multon, Brown, and Lent, 1991. 참조), 집단 효능감 또한 지속성과 관련이 있는 것으로 보인다(Hodges and Carron, 1992; Little and Madigan, 1997). 지각된 자기효능감은 "유망한 상황을 대응하는 데 필요한 행동 과정을 얼마나 잘 실행할 수 있는지에 대한 주관적 판단"으로 개념화될 수 있으며(Bandura, 1982), 이 논리의 연장선상에서 기업가적 자기효능감은 다양한 기업가적 역할과 과제를 성공적으로 수행할 수 있다는 개인의 신념의 강도를 의미한다"(Chen, Greene, and Crick, 1998). 개인의 자기 효능감은 학업 성취도(Lent, Brown, and Larkin, 1984), 업무 성과(Gist, 1987), 기업가적인 행동(McCarthy, Schoorman, and Cooper, 1993)을 포함한 많은 범주의 지속성 향상과 관련이 있다.

개인차원의 자기효능감에 대한 이러한 구축된 개념으로부터, 연구자들은 특정 작업을 수행할 수 있는 능력에 관한 신념을 집단 수준에 적용하여 집단적 자기 효능감(collective self-efficacy)이라는 개념을 만들어냈다. 개인의 자기효능감과는 달리 집단적 자기효능감은 "원하는 결과를 도출하는 집단적 힘에 대한 집단의 믿음으로 정의된다"(Bandura, 2000). 집단적 자기효능감은 "개별적인 (혹은 그룹의) 구성원들의 효능감에 대한 믿음의 단순한 총합이 아니라, 새로운 집단 수준의 특성"이라는 점에 유의해야 한다(Bandura, 2000). 이러한 집단적 자기효능감은 또한 지속성과 긍정적인 관계를 가지고 있는 것으로 나타났다(Goddard, Hoy, and Hoy, 2004; Little and Madigan, 1997). 이는 그룹 차원의 요인이 개인의 행동과 활동에 어떻게 영향을 미칠 수 있는지를 보여준다. 개인이 조직 내 집단적 믿음에 영향을 받는 정도에 따라, 높은 집단적 효능감은 지속성을 조장할 가능성이 있다. 높은 수준의 집단적 효능감은 그룹이 원하는 결과를 달성하기 위한 능력에 대해 개인이 적절한 수준의 자기 효능감을 가지고 있는지 여부에 관계없이 특정 작업을 수행할 수 있다는 믿음이다. 따라서 높은 수준의 집단적 자기효능감이 개인의 자기효능감에 대한 인식을 대체하여 개인이 그룹의 선택된 행동 방침을 지속하도록 동기를 부여할 수 있는 것이다. 실제로 DeTienne과 동료들의 연구(2008)에 따르면, 기업가는 조직의 성공률이 낮고 집단 효능감이 낮은 과거 그룹에 포함되었을 때 보다, 조직의 높은 성공률을 경험하였고 집단 효능감이 높은 과거 조직을 경험한 경우, 실적이 저조한 회사를 지속하기로 결정할 가능성이 더 높다는 것을 발견했다.

4.3.4 기업가의 외적 동기

모든 기업가가 지속을 조장하는 위에서 언급한 요인을 따르는 것은 아니다. 기업가들은 외재적 동기 측면에서 이질적인 경향이 있다. 외재적 동기란 "개인이 어떤 외재적 결과에 자신의 과업 행동의 힘이 어느 정도까지 영향을 미치는가를 반영한 인지 상태"이다(Brief and Aldag, 1977). 기업가적인 정신에서 보면, 우리는 종종 외재적 보상을 재무적 효과의 관점에서 생각한다(Campbell, 1992; Kuratko, Hornsby, and Naffziger, 1997; Shepherd and DeTienne, 2005). 여기에는 금전적 보상, 개인적 재산의 취득 및 개인적 경영 수입(Kuratko et al. 1997)이 포함된다. 재정적 보상이 기업가적 행동에 중요한 잠재적 동기 요인이라는 것은 이미 많은 연구결과가 있다(Campbell, 1992; Kuratko et al., 1997; Schumpeter, 1961). Schumpeter(1961)까지 거슬러 올라가면, 학자들은 재정적인 이득을 얻기 위한 희망으로 비즈니스 제국을 건설하는 것이 기업가적 활동에 참여하려는 중요한 동기를 나타낸다고 제안했다. 이와 유사하게 Campbell은 기업가정신으로 달성한 보상의 가치가 피고용인으로 기대할 수 있는 보상 가치를 초과하는 경우 개인은 기업가가 되기로 결정한다고 가정했다(Campbell, 1992). 또한 최근의 연구에 따르면, 잠재적인 재정적 보상은 기업가적 활동을 위한 기회로 인식(Shepherd and DeTienne, 2005)하거나 지속(Kuratko et al., 1997)하거나 모두에게 중요한 동기를 제공한다.

지속과 관련하여 외재적 동기부여가 기여하는 역할을 조사한 연구는 상대적으로 적지만, 급여근로자의 만족도와 이직 관련 연구에서는 유사한 흐름을 볼 수 있다. 상당한 양의 연구는 급여근로자의 만족도와 직원 이직률 사이에 부정적(negative) 관계가 있으며(Cotton and Tuttle, 1986), 급여근로자의 만족과 조직에 대한 직원들의 헌신 사이에 긍정적인 관계가 있다는 생각을 뒷받침해 주었다(Johnston, Parasuraman, Futrell, and Black, 1990). 이러한 연구결과는 업무로부터 금전적 보상에 대한 만족도가 낮아지면 조직에 대한 헌신 수준이 낮아지게 되고, 따라서 그러한 불만을 경험하는 개인은 궁극적으로 조직을 떠날 가능성을 증가시킨다는 것을 암시한다. 이러한 연구 결과를 기업가정신 분야에 대응하여 보면, 우리는 외재적 요인에 기인한 더 많은 동기를 가진 기업가는 지속 결정에 영향을 미치는 다른 요인들에 의해서 동요될 가능성이 덜할 것으로 제안한다. 따라서 기업가가 외재적으로 동기부여를 받는 한, 저성과 기업의 종료를 지연하는 다른 요인들(예: 환경, 정당화 동기 및 일관성에 대한 규범)에 의해 영향을 덜 받는다는 것이고, 이것은 기업가의 의사결정에 대한 DeTienne과 동료들의 연구(2008)에 의해 크게 지지되는 가설이다.[1] 기업가는 외적 동기뿐만 아니라 내재적 가치도 다르며, 이러한 가치들은 지속 결정, 즉 실적이 저조한 기업(예: 실패 사건)의 자발적 해지를 지연시키는 결정에 영향을 미칠 수 있다는 것이다.

4.3.5 기업가의 가치

가치는 "기본적으로 옳고 그른 것에 대한 지속적 관점"이며, … 따라서 특정 결과에 대한 선호 혹은 요구로 간주될 수 있으며(Judge and Bretz, 1992: 264), 그리고 가치는 의사결정의 핵심이다(Judge and Bretz, 1992). 왜냐하면, 가치는 결과에 대하여 바람직하다 혹은 바람직하지 못하다는 평가를 제공하기 때문이다(Feather, 1995; Rohan, 2000). Schwartz(1992)의 보편적 유형을 기반으로, Holland and Shepherd(2013)는 이러한 고차 가치(higher-order values) – 변화에 대한 자기 고양과 개방적 태도 – 는 여러 가지 방식으로 실적이 저조한 벤처기업의 지속 여부에 대한 기업가들의 의사 결정에 영향을 미친다는 것을 발견했다.

첫째, 100명의 기업가가 포함된 3,200개의 의사결정에 대한 연구에서, Holland and Shepherd(2013)는 미래의 재무 수익에 대한 기대가 클수록, 기업이 실패를 지연시킬 가능성이 높지만, 이러한 관계의 강도는 기업가의 자기 고양 가치(self-enhancement values)에 달려 있다는 것을 발견했다. 자기 고양 가치는 "필요할 경우 다른 요인을 희생시키더라도 개인적 관심사의 향상에 초점을 맞춘다"는 것이다(Holland and Shepherd, 2013). 이러한 개인적 관심사는 일반적으로 기업의 상당한 재정적 성공과 기업가에게 부수적으로 뒤따르는 부(wealth)를 통해서 충족된다. 자기 고양 가치가 지속 결정에 어떤 영향을 미치는지의 성질과 관련한, Holland and Shepherd(2013)의 연구결과에 따르면, 미래의 재무적 수익은 기업가의 사업종료 결정에 중대한 영향을 끼친다. 구체적으로 적시하면, 미래의 재정 수입에 자기 고양 가치를 낮게 의미를 두는 기업가들보다, 상대적으로 재정 수입을 자신의 삶에서 매우 중대한 요소로서 자기 고양 가치에 높은 의미를 두는 기업가들이 (저성과 사업종

---

1 보다 외적 동기요인을 가진 기업가들이 개인투자를 기반으로 지속할 가능성이 높았지만, 이는 개인투자를 재무적 용어로 표현했기 때문으로 볼 수 있다.

료의) 지연 의사결정에 더 큰 영향을 끼친다는 것을 제시하였다. 본질적으로 자기 고양 가치가 높은 기업가는 낮은 수준의 자기 고양 가치를 가진 기업가에 비하여, 향후의 재무수익은 실적이 저조한 사업을 지속하는 것을 결정하는 데 중요한 동기가 되는 것이다.

둘째, Holland and Shepherd(2013)는 또한 변화에 대한 개방성의 가치가 지속 결정에 영향을 갖는다는 것을 발견했지만, 이것은 비재정적 이익에 대한 기대 때문에도 영향을 받는다는 것을 발견했다는 점에서 의미가 있다. 변화에 대한 개방성은 자극(stimulation)의 가치, 자기주도의 가치, 그리고 헤도니즘(hedonism)의 가치들을 의미한다. 따라서 개방성이 높은 개인은 '행동으로 감사를 표시하고, 삶에서의 흥분과 도전을 통해 성장한다'는 태도를 지칭한다(Holland and Shepherd, 2013: 339). 즉 변화에 대한 개방성 가치는 참신한 경험을 발굴하고(Bardi, Calogero, and Mullen, 2008), 그들에게 자유와 자율성을 제공한다(Amit, MacCrimmon, Zietsma and Oesch, 2001; Carter, Gartner, Shaver and Gatewood, 2003). 따라서 이들은 (실적 부진에도 불구하고) 지속 결정 시 이러한 비즈니스 특성에 초점을 맞출 가능성이 높은 것이다. Holland and Shepherd(2013)가 제공한 증거에 따르면, 변화에 대한 개방성의 가치 평가와 기업가들의 지속 결정에 대한 비재정적 보상의 영향 사이의 관계성을 지지한다. 구체적으로, 변화에 대한 개방성에 삶의 중요한 측면으로 더 높은 가치를 두는 기업가는 실적이 저조한 벤처를 지속하는 결정을 함에 있어서 비재정적 수익에 더 큰 비중을 둘 가능성이 더 높다. 따라서 비록 벤처기업이 재무적 관점에서 실적이 저조하더라도, 그들에게 여전히 허용되는 수준의 비재정적 편익을 제공하는 한, 변화에 대한 개방성에 더 높은 가치를 갖고 있는 기업가는 벤처기업을 해산하기보다는 지속할 가능성이 더 높다는 것이다.

4.4 저성과 기업의 지속 결과

4.4.1 재무적 비용

전통적인 지속 경제 모델(Ansic and Pugh, 1999)에 따르면, 기업가는 "현재 손실이 기대 수익의 현재 가치를 초과하면 비즈니스를 종료해야 한다."(Shepherd et al., 2009: 136). 여기서의 핵심은 사업이 이렇게 형편없이 돌아가고 있다면, 추가 자원을 투자하는 것은 "좋은 돈을 나쁜 일에 연연하는 것"과 같다는 것이다. 이렇게 하면 결국 실패 발생 시 손실의 총량이 증가하는 것이다. 기업가는 또한 종종 자신의 개인 자금을 위험에 처하게 만들기 때문에(Thorne, 1989), 손실이 커질수록 재정적 궁지는 더 깊어지므로, 실패로부터 회복하기 위해 기업가는 궁지에서 빠져 나와야 한다. 기업가가 실적이 저조한 회사에 오래 있을수록, 결국 실패가 발생했을 때 회복하는 데 시간이 더 오래 걸릴 것이다(Shepherd et al., 2009).

따라서 앞서서 설명한 지연을 조장하는 모든 요인들과 "수용할 만한" 성과에 대한 낮은 성과 역치는 재정적 회복을 더 어렵게 만들기 때문에 부정적인 요소로 분류된다. 그러나 회복에는 오로지 재정적인 것만이 아닌 그 이상의 것이 있다. 이 책 전체에서 우리는 사업의 실패로 슬픔이 어떻게 생성될 수 있는지, 이 슬픔이 경험에서 학습하는 것을 방해할 수 있고, 후속 사업을 시작하는 경우 다시 도전하려는 의욕도 감소시킬 수 있다는 점을 강조했다. 회복은 슬픔을 감소시키는 감정적 조절에 의해 개선될 수 있다. 흥미롭게도, 사업 실패에 대한 슬픔을 줄이는 이러한 과정은 사업이 종료되기 전에 일어날 수 있다. 이 과정을 이해하기 위해, 우리는 실패에 대한 심리학 문헌으로 돌아가 예견되는 슬픔(예기 애도)의 개념과 사업 실패로부터의 회복을 촉진하는 데 그것이 할 수 있는 역할을 탐구한다(Shepherd et al., 2009).

4.4.2 감정적 비용

예기 애도(Anticipatory grief)는 상실 사건 이전에 발생하며 실제로 손실이 발생한 후에 경험하는 슬픔의 수준에 영향을 미칠 것이다(Lindemann, 1944;

Parkes and Weiss, 1983; Rando, 1986). 즉, 상실이 아직 일어나지 않았다는 사실에도 불구하고 결국 발생할 것이라는 현실화(realization)에 의해서 애도와 대응 그리고 심리사회적 재편 과정은 자극될 수 있을 것이다(Rando, 1986). 이러한 과정을 통해 개인은 만일의 사태에 대한 안전장치로서 곧 상실될 손실에서 벗어나기 시작함으로써 감정적으로 손실을 준비할 수 있게 되는 것이다(Lindemann, 1944; Parkes and Weiss, 1983). 개인이 상실을 이해할 수 있는 것은 그것이 예측 가능한 결과로 보이기 때문이다(Parkes and Weiss, 1983). 이것은 개인이 상실되고 있는 것에 대한 더 많은 감정적 유대를 끊고 다른 곳에 감정적 투자를 하도록 도와준다(Shepherd et al., 2009). 기업가의 경우, 이렇게 하면 서로 상충되는 끌림이 발생할 수 있다. 즉, 한편으로 기업가는 사업체로부터 자신의 개인적 정체성을 분리함으로써 사업에서 손을 떼야 한다(Major and Schmader, 1998; Major, Spencer, Schmader, Wolfe, and Crocker, 1998). 그러나 다른 한편으로 사업 상황을 보면, 기업가는 실패하고 있는 사업에서 발생하고 있는 "큰 화재를 진압"하기 위하여 진입하여야 하는 상황이기도 하다(Shepherd et al., 2009: 140).

이러한 상반된 움직임에도 불구하고, 심리학 문헌의 증거는 종료를 약간 지연시키는 것이 개인에게 상실을 준비할 기회를 준다는 것을 암시한다. 그러나 흥미롭게도, 너무 많은 시간은 좋지 않은 심리적 결과로 이어지는 것으로 보인다. 예를 들어, 암으로 사망한 아이들의 부모를 대상으로 한 연구에서, 적정한 기간 동안 병을 앓다가 사망한 아이들의 부모가 상대적으로 투병의 기간이 짧거나 긴 경우의 아이들의 부모들보다 더 나은 것으로 나타났다(Rando, 1986). 아마도, 짧은 기간 투병한 아이들의 부모들은 그 상실에 대비하기 위한 충분한 시간을 갖지 못했던 것이다. 오랫동안 병을 앓았던 아이들의 부모는 준비할 시간이 있었지만, 이 연장된 기간은 감정적으로 지쳤고, 그로 인한 자원 고갈은 사후 회복을 어렵게 만든 것이다. 다시 말하지만, 우리는 아이의 죽음이 사업 실패와 동일하다고 말하는 것은 아니라는 것을 주목할 필요가 있다; 우리는 단지 한 개인의 심리 과정에 대한 우리의 지식이 다른 것에 대한 통찰력을 제공할 가능성이 있다는 것을 말하는 것이다.

비록 기업가들이 그들의 사업이 그 (실패) 상황 발생 직전까지는 실패할 것이라는 것을 부정할 수 있지만, 많은 사람들은 실패가 결국 일어날 것이라는 것을 알고 있다. 실제로 표준회계등급에 따른 파산예측모형(bankruptcy-prediction models)이 있다. 이러한 등급 임계값은 한 번 위반되면—(적어도 매우 높은 확률로)—사업 실패가 발생할 것이라는 신호이다(Altman, 1968; Olson, 1980; Zmijewski, 1984). 비즈니스가 결국 실패할 것이라는 것을 깨달은 기업가는 현재 잃어버린 것, 예를 들어 다음 세대의 가족에게 사업을 물려주려고 했던 꿈이 깨진 것에 대해 슬퍼할 수 있으며, 그 미래가 어떻게 될지에 대한 통찰을 얻을 수 있다. 이 예상 기간은 기업가들이 다가올 상실을 정서적으로 준비할 수 있는 능력을 제공함으로써(Parks and Weiss, 1983), 실패하는 사업으로부터 점차적으로 그들의 감정 에너지를 추출할 수 있게 해준다. 기업가에게 임박한 실패에 대처하기 위해 준비할 기회를 제공함으로써, 이 예상되는 비탄의 기간은 결국 실패할 사업 종료 결정과 관련된 전반적인 감정 비용을 완화하는 데 도움이 될 수 있다. 따라서 실패가 발생할 것이라는 인식과 실제 비즈니스가 종료되는 시간 사이의 이 기간은 상실을 대비하는 데 귀중한 시간이 될 수 있다.

준비에는 다소의 슬픔의 과정—상실 경험 과정의 시작(Bonanno and Keltner, 1997; Prigerson et al., 1996; Wortman and Silver, 1989, 1992)—이 포함되지만, 진자운동(oscillation)의 이점을 얻게 하는 복원 지향(restoration orientation)의 기간도 포함될 수 있다(Shepherd, 2003; Strobe and Schut, 1999). 준비는 일단 상실이 발생하면 슬픔의 정도를 줄이는 데 도움이 되고 따라서 사업 실패로 인한 감정 회복에 도움이 될 가능성이 높다. 이러한 정서적 회복은 경험으로부터 학습의 저해요소를 제거하는 데 중요하다. 개인이 후속 기업가적인 사업을 추구하지 않을 경우, 이 학습은 대체로 상실될 것이다. 개인이 슬픔을 경험하고 슬픔을 빨리 없앨 수 있는 범위 내에서, 개인은 재도전을 위한 더 많은 동기가 부여될 것이다. 그러므로 사업 종결에 대한 전통적인 경제 모델에서는, "합리적인" 재정적 역치를 상회하는 지속은 회복에 해로운 것이며, 지속 결정은 소위 "편향적"이라고 비판받지만, 전반적인 회복은 재정적 및 정서적 회복 모두를 포함하는 것이어야 한다.

• 4.5 기업 실패로부터 회복의 최적화

실패한 사업의 종료 결정을 연장하기 위해 제안된 예기애도 모델은 실패 경험에서 회복 속도를 높이기 위한 희망을 가지고 기업가들의 재정 및 감정 소비의 균형을 맞출 필요성에 중점을 둔다. 이 균형을 맞추는 것은 개인 기업가들 사이에서도 서로 다른 경험일 뿐만 아니라 한 개인이 경험하는 실패 내에서도 이질적인 경험일 수 있음에 유의해야 한다. 금융자산의 관점에서 볼 때, 일부 기업가에게는 실패한 벤처의 결과로 개인재산의 상당한 감소를 초래하였을 수도 있지만, 다른 기업가에게는 개인 순자산(net worth)의 상당 부분을 실패사건으로부터 보호할 수 있다. 예를 들어, 실패가 특정 산업의 벤처 투자가들의 눈에는 필수요건으로서 필요한 "명예의 배지"일 수도 있고, 사업을 개발하는 과정 내내 개인 보증으로 채무 재원을 확보하지 못했을 수도 있고, 단순히 사업 투자의 대규모 다각화된 포트폴리오 운영일 수도 있다. 이러한 각 경우가 종료 결정을 연장하려는 시도 없이 발생한다면, 이러한 모든 요소들은 실패와 관련된 비용을 감소시킬 것이다. 사업 실패에 따른 재정비용의 최소화에도 불구하고, 종료 결정에 지연이 없다면, 종료를 더 오래 지연시킨 결과로 재정비용의 축적되는 비율에 차이가 있을 가능성이 있다. 간단히 말해서, 실패 결정을 연장하는 데 드는 재정적인 비용은 다른 기업들보다 일부 기업인들에게 더 클 가능성이 있다. 예를 들어, 자본소모율이 높은 벤처기업은 자본소모율이 낮은 벤처기업보다 사업실패를 연장하기 위해 더 많은 실질적인 금융자원을 필요로 할 것이다. 또한 일부 산업별 자산은 더 빠르게 감가상각 될 수 있으며, 이는 해당 사업 자산에 대한 기업가의 잔여 청구권의 고갈이 더 빨라지는 결과로 이어질 수 있다.

실패 지연과 관련된 금융비용은 우리의 예기 애도 모델의 중요한 요소이지만, 우리는 또한 실패의 결과로 기업가들이 경험하는 슬픔이 실패를 지연시키려는 그들의 결정에 영향을 미친다고 주장해왔다. 실패와 관련된 금융비용이 모든 기업가에 걸쳐 균일하지 않을 가능성이 있는 것처럼, 실패와 관련된 감정 비용 또한 마찬가지이다. 즉, 기업가는 실패에서 경험하는 정서적 비용에서 각각 다를 수 있다(예: 제2장 참조). 연구에 따르면, 개인이 성취하기 위해 상당한 감정적 투자를 했다고 느끼는 대상을 잃었을 때 더 높은 수준의 슬픔을 경험한다. 더 높은 수준의 슬픔과 더 높은 정서적 투자를 가진 것으로 인식되는 대상의 상실 사이의 연관성은 사랑하는 사람-부모, 자녀 등-의 상실과 관련하여 가장 자주 연구되었다(Jacobs, Mazure and Prigerson, 2000; Robinson, Baker, and Nackerud, 1999). 이러한 연구들은 상실 대상에 대한 강한 감정적 연관성을 가진 개인들이 상실과 관련하여 더 강렬한 슬픔의 감정을 경험할 가능성이 더 높다는 것을 밝혀냈다. 이를 바탕으로, 기업가들은 오랜 기간 동안 소유하고 운영해 온 벤처의 실패에 대해 더 큰 수준의 슬픔을 경험할 가능성이 높다(소유효과: endowment effect[2]와 유사함: Van Boven, Dunning, and Loewenstein, 2000). 또한, 빠르게 연속적으로 수많은 상실을 경험하는 것은 그러한 상실과 관련된 사람들의 비탄의 축적을 초래할 수 있다(Nord, 1996). 따라서 몇 가지 유사한 실패 후에 실패하는 벤처기업가들은 더 큰 슬픔을 겪을 것이다. 마지막으로, 실패에 부과된 중요도 수준이 클수록, 그 사건으로 인한 감정 반응이 더 높다는 것을 보여주는 증거가 있다(Archer, 1999). 그들의 사업이 그들 자신의 자아 정체성에 중요한 요소를 구성한다고 기업가들이 인식할 때, 그 사업의 실패는 종종 더 높은 수준의 슬픔을 야기시킬 것이다. 결과적으로, 일부 기업가는 사업에 실패한 결과로 상당한 슬픔을 경험하겠지만, 다른 기업들에게는 이러한 슬픔이 실질적으로 줄어들 수 있다.

우리의 모델은 기업을 종료하기 위한 결정에서 일정량의 지연이 사업 실패의 결과로 기업가들이 경험하는 슬픔의 수준을 감소시킬 수 있다고 제안하지만, 기업가들이 이 기간을 활용하여 예기 애도에 능동적으로 관여하는 정도에도 차이가 존재할 수 있다. 뿐만 아니라, 이 과제를 달성하기 위한 노력의 전반적인 효과성에도 차이가 존재할 수 있다. 일부 기업가의 경우, 이 지연 기간은 사업이 실패할 운명이라는 압도적인 증거에 대해 부인하는 데 사용될 수 있다. 따라서 이러한 기업가는 예기 애도에 거의 또는 전혀 관

---

2 역자 주: 소유 효과-자기가 갖게 된 대상의 가치를 갖기 전보다 높게 인식하는 것.

그림 4-3   종료 지연 결정의 비용

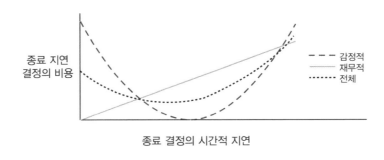

종료 지연
결정의 비용

- - - 감정적
―― 재무적
···· 전체

종료 결정의 시간적 지연

여하지 않으므로 지연은 후속 슬픔을 줄이는 측면에서 이익을 제공하지 않는다. 또한 일부 기업가는 예기 애도의 기간을 활용하고자 하지만, 이 활동을 성공적으로 수행하는 데 필요한 기술이 없을 수 있다.

　최근의 연구는 슬픔에서 회복하는 것은 개인이 상실에 초점을 맞추는 기간(그 사건에 매몰되어 점차 더 큰 상실로 이끌어가는 기간)과 전환(distraction)에 초점을 맞추는 기간(이 기간 동안 개인은 상실에 대해 생각하는 것을 중단하고 대신 다른 스트레스 원인을 해결하기 위해 시간을 들이는 기간) 사이를 오고 갈 때(os-cillate) 최적화된다[3](Archer, 1999; Shepherd, Patzelt, and Wolfe, 2011). 따라서 일정 정도의 지속은 사업 실패로부터 궁극적으로 기업가의 회복을 향상시킬 수 있는 가능성이 있지만, 지속 기간은 실패 결정을 내리는 데 있어 그러한 지연과 관련된 정서적 편익과 금융 비용 사이에서 균형을 이루도록 신중하게 고려되어야 한다.

　<그림 4-3>은 비즈니스 실패의 지연과 관련된 재무, 감정 및 총 비용을 그래픽으로 나타낸 것이다.

---

[3] 역자주: 손실지향·복원지향·진동지향에 대한 논의는 제6장에서 다룬다.

4.6.1 학문적 함의

기업가들은 지연이 재정적으로 비용이 많이 든다는 것을 알면서도, 사업 벤처의 종료 결정을 연기하는 원인은 무엇일까? 기존 문헌에서 제시된 가장 일반적인 근거는 그러한 지연은 편향적인 의사 결정의 결과일 뿐이며 그러한 지연에 관여하는 것은 기업가적인 판단의 단순한 오류를 나타낸다는 것을 시사한다. 우리는 대안적인 관점을 제시했고, 어느 정도의 지연은 기업가들이 회복 과정에서 도움을 주는 데 실제로 도움이 될 수 있다고 제안했다. 우리는 벤처 실패는 의심할 여지없이 재정적 관점에서 비용이 많이 들고 더 큰 재정적 손실은 더 어려운 금융회복을 의미한다는 것을 인식했다. 그러나 우리는 감정 회복의 중요성뿐만 아니라 벤처 실패와 관련된 부정적인 감정들의 역할에 대해 논의함으로써 이러한 단순한 재정적 논리를 보완했다. 기업가들이 벤처실패로 비탄에 빠질 수 있고, 이는 회복을 저해할 수 있다. 예기 애도의 개념을 자세히 설명하면서, 우리는 실패중인 사업(failing business)의 종료와 관련하여 일정 기간의 지연이 사실상 실패 사건의 결과로 경험되는 슬픔의 양을 줄일 수 있음을 이론적으로 제시했다. 따라서 전반적인 회복이 사업 실패의 결과로 발생하는 재무적 비용과 감정 비용의 조합으로 개념화된다면, 우리의 예기 애도 모델은 사업 실패의 지연에 따른 이점에 대한 그럴듯한 설명을 제공한다. 실패 이후 회복을 최적화하려는 목적으로 실패에 따른 재정적 비용과 감정 비용을 고려하는 것을 토대한다. 사업 실패에 관한 이러한 예기 애도 관점은 연구자들에게 몇 가지 중요한 의미를 제공한다고 우리는 믿는다.

첫째, 이 모델은 편견과 판단 오류 측면에서 지속을 설명하는 경제 및 집착 연구 모두에 대한 중요한 대응점을 제공한다. 우리는 특정 조건하에서 사업 실패 이전의 어느 정도의 지속결정은 기업가들에게 유익할 수 있다고 제안했다. 이러한 관점은 집착 증대[4](escalation of commitment)와 관련된 새로

---

4 역자 주: 의사결정 과정에는 관리자 입장에서 더 나은 의사결정을 내리고 투자 계획을 성

운 연구 영역을 드러낼 수 있다. 예를 들어, 한 개인의 프로젝트에 대한 편향을 설명하는 것을 넘어 집착 증대 편향 적용의 범위를 확장하는 것이 잠재적으로 중요하다는 것을 시사한다. 다시 말하면, 한 프로젝트에 대한 편향으로 해석되는 것을 여러 복수의 프로젝트 과정에 적용한다면 당연히 개인에게 이익이 될 수 있는 것이다. 한 프로젝트의 결과에 대하여 시점을 과거로 조금 연장하여 지속결정과 관련된 기본적인 재무적 비용 이외의 종속 변수를 조사할 필요성을 강조한다. 우리는 사업 실패와 관련된 잠재적인 감정 비용뿐만 아니라 그러한 비용이 미래의 감정 투자에 미칠 수 있는 결과에 초점을 맞추었다.

둘째로, 지연 연구에서 비록 감정이 지속 결정의 잠재적인 원인으로 인식되지만, 이러한 지속은 결국 거의 균일하게 개인에게 해로운 것으로 간주된다. 우리는 감정과 감정 처리과정(예: 예기 애도와 슬픔)이 실패로부터 궁극적으로 회복하는 데 작동하는 역할을 고려할 때, 지속 결정이 실제로 어느 정도의 장기적인 이익을 제공할 수 있다고 제안했다. 결과적으로, 특정 기업가들의 지속 결정은 미루기로 분류될 수 있고 부적절한 특성일 수 있지만, 우리의 예기 애도 모델에 따르면 어떤 조건에서는 합리적이다. 구체적으로 설명하면, 사업 실패의 연장은 그 실패와 관련된 재정적 비용과 정서적 비용 사이의 균형을 더 잘 유지할 수 있으므로, 궁극적으로 회복을 최적화할 수 있다. 지속 결정의 근본 원인으로 지연(procrastination)과 예기 애도를 구별하기 위해서는, 프로세스와 관련된 정서적 입력과 출력을 고려할 필요가 있다. 이러한 측면에서 우리는 부정적인 감정을 줄이려는 욕구가 기업가 활동에 어떻게 영향을 미칠 수 있는지에 대한 상대적 연구 부족을 해결하기 위한 작은 출발을 시작하였다.

셋째, 경영학자들이 전통적으로 사업 실패를 지연시키는 재정적 비용에

공적으로 실행하려는 강한 욕구가 수반된다. 그들의 강한 욕망은 프로젝트가 성공하지 못한 것으로 판명될 때에도 선택한 투자 프로젝트를 포기하기 어렵게 만든다. 더 나쁜 것은 그들이 자원의 추가적인 투입이 상황을 반전시킬 수 있기를 바라면서 프로젝트에 더 많은 자원을 할당하기로 결정하는 것이다. 부정적인 성과를 내고 있는 프로젝트에 더 많은 자원을 할당하려는 경향을 '집착의 증대'라고 부른다(Staw and Ross, 1987).

집착하는 것은 놀라운 일이 아니지만, 반면에 비탄에 관심이 있는 학자들은 상실의 감정적인 측면에 집중해 왔다. 그러나 이러한 다양한 연구 흐름들 중 어느 것도 비즈니스 실패의 결과에 대한 종합적인 관점을 제공하기 위해 두 가지 측면을 결합하려는 시도를 하지 않았다. 우리의 예기 애도 모델은 사업 실패 후 기업가들이 어떻게 회복하는지 더 잘 이해하기 위해 두 가지를 모두 고려하는 것의 중요성을 강조한다. 예기 애도와 슬픔의 개념은 단지 사랑하는 사람을 잃은 상황보다는 (일반적인) 상실의 상황에 적용되었는데(Christopherson, 1976; Roach and Kitson, 1989), 이러한 연구의 강조점은 그러한 상실의 감정적 결과에만 거의 전적으로 머물러 있다는 것이다. 우리는 상당한 주의를 기울여 어떤 상실 상황에서는 재무적 요소가 중요하게 고려되어야 한다고 주장하였다. 예를 들어, 이혼을 연기하기로 결정할 때, 개인들은 어떤 요소들을 고려하는가? 이 (보류)결정이 그들의 재정적인 그리고 감정적인 회복에 영향을 미치는가? 이혼을 예상하고 슬퍼하는 개인도 있다는 연구 결과가 나왔다 (Roach and Kitson, 1989). 이혼 전 일정 기간 동안 유지함으로써 어느 정도의 이익을 얻을 수 있으며, 기본적으로 실제 사건이 일어날 때 감정적인 준비를 할 수 있다. 그럼에도 불구하고, 우리는 중요한 상실을 입었을 때의 재정적, 감정적 결과를 조사하는 데 상당한 양의 작업이 필요하다는 것을 깨달았다.

넷째, 우리의 예기 애도 모델은 사업 실패의 결과로 경험된 슬픔에 관한 기존 문헌에 대한 중요한 보완점을 제공한다. Shepherd(2003)가 세미나에서 제안한 모델은 실패 사건에서 시작한 것으로, 이 사건이 부정적인 감정 반응을 끌어내는 방법에 대해 자세히 설명한다. 우리의 모델은 벤처 실패를 예상하여 비탄이 발생할 수 있으며, 이러한 예기 애도는 사업 실패 사건의 결과로 경험되는 슬픔의 양에 영향을 미칠 수 있다는 생각을 소개한다. 또한, Shepherd(2003)는 실패 사건의 결과로 달성될 수 있는 학습량을 최대화하는 데 중요한 구성 요소로서 슬픔-회복 과정(grief-recovery process)을 개선하는 것이 중요하다고 강조했다. 우리의 모델은 기업가의 후속 회복을 최적화하기 위해 예기 애도가 실패의 재정적 비용과 정서적 비용의 균형을 유지하는 데 얼마나 도움이 될 수 있는지에 초점을 맞춘다.

마지막으로, 최근의 연구는 기업가들이 그들의 사업과 맺는 감정적 유대감의 중요성에 대한 관심을 불러 일으켰다. 기업가는 자신의 벤처 사업에 상당한 감정 투자를 하며(Cardon et al., 2005), 또한 기업가는 자신의 사업을 개인 정체성의 중요한 요소로 간주한다는 것을 연구들은 입증하고 있다 (Downing, 2005). 예를 들어 Cardon과 동료들(2005)은 기업가적 열정과 그러한 열정이 기업가적 프로세스에서 수행하는 역할에 대한 새로운 관심을 환기시켰다. 우리의 연구가 열정(즉, 슬픔)의 역점을 조사하지만, 긍정적인 감정 (예: 열정)과 부정적인 감정(예: 슬픔)이 전체 기업가적 과정에 미칠 수 있는 영향을 향후 연구가 계속 탐구하는 것이 우리의 소망이다.

4.6.2 관리 측면의 함의

이 장에서 도출할 수 있는 여러 가지 중요한 경영상의 시사점이 있으며, 그것은 저성과 또는 실패하는 사업의 종료를 종결하거나 지연하기로 결정하는 기업가적 과정에 대한 중요한 통찰력을 제공한다. 첫째, 종결 결론 도출에 관련된 의사결정 프로세스는 서로 다른 기업가들에게 그리고 동일한 기업가지만 다른 상황적 맥락에 직면한 경우, 모두에게 균일하지 않다는 점에 유의해야 한다. 실패와 실패하는 사업의 중단 결정은 재무적 또는 경제적 손실에 대한 단순한 질문으로 분류되는 경우가 가장 많았지만, 우리는 이 특정한 결정에 관련된 다양한 측면을 더 미묘한 방식으로 표현하였다. 사실상 부실기업의 해지를 지연시키는 결정에 영향을 미치는 수많은 요소들이 있으며, 지속적인 재정적 손실은 자연스럽게 이 방정식에 포함되지만, 그것들은 기업가들이 최종적인 실패 결정을 내릴 때 고려해야 하는 유일한— 또는 많은 경우에 있어서 가장 중요한— 투입변수는 아니다.

둘째, 사업종료 결정에는 다양한 맥락이 수반된다는 기존의 개념을 바탕으로, 사업종료 지연 결정에 직면할 때 고려해야 할 중요한 요소는 환경적 환경의 변화이다. 복잡성, 역동성 및 풍부성과 같은 외부 환경의 측면은 실패한 벤처의 종료를 연기하는 것을 고려하는 개인의 이해에 상당한 영향을 미칠 수 있다. 복잡한 환경에서는 최종 결과의 확실성이 낮기 때문에, 개인들은 최종 결과에 대한 평가가 부정확하기를 바라면서 그러한 환경에서 운영하고 있는 실패하는(failing) 사업의 즉각적인 종료를 보류할 가능성이 있는 것이다. 또한 복잡한 환경은 더 많은 수준의 잠재적 기회를 제공할 수 있으며, 이는 기업가들이 이러한 대안적 기회 중 하나를 활용하기 위해 사업 종료를 연기하도록 고무될 수 있다.

또한 환경 역동성은 기업 벤처의 종료 혹은 종료 연기 여부를 결정할 때 의사결정 과정에 고려해야 할 요인으로 작동한다. 환경이 역동적으로 변화하고 있기 때문에, 실적이 저조한 벤처의 종료를 일단 지연시킴으로써 급속한 미래 환경 변화에 따라서 고군분투하는 기업에 훨씬 더 적합한 경쟁적 상황을 기대할 수 있는 것이다. 따라서 고도로 역동적인 환경에서 기업을 운영하는 기업가는 실패 결정을 지연시키는 경우가 더 많을 수 있다. 마찬가지로, 고도로 풍부한 환경은 기업가들이 종료 결정을 지연시키도록 할 수도 있다. 풍부한 환경은 자원이 충분하기 때문에, 그러한 환경 내에서 벤처 사업을 운영하는 개인이 외부 자원으로 벤처의 저조한 실적을 보완할 수 있어 벤처 종료 결정을 지연시킬 수 있을 가능성이 있다.

셋째, 사업종료 지연 여부를 결정할 때 환경적 요인이 고려되어야 하지만, 이 과정에 영향을 미치는 내재적 동기는 개인마다 다르다. 구체적으로, 이전 결정을 정당화하려는 욕구, 일관성 규범에 부합하려는 욕구, 집단적 자기 효능감에 대한 인식 등이 모두 이 의사결정 과정에 영향을 미치는 요소들이다. 기업가들이 새로운 벤처 설립 시 상당한 시간과 에너지, 자원을 투자하기 때문에 개인 정체성과 새로운 벤처 사이에 강한 정서적, 심리적 연결고리를 형성할 가능성이 높다. 이러한 유대의 결과로, 그들은 실패하는 비즈니스를 종료하는 결정은 사업을 시작하고 운영하는 동안 그들이 내린 이전의 결정에서 비롯된 그들 자신의 실패와 동일시할 수 있다. 따라서 이전의 노력과 투자를 정당화하기 위한 시도로, 기업가는 실패 결정을 지연시킬 수 있으며, 이러한 지연의 지속 기간은 더 높은 수준의 개인 투자(예: 시간, 에너지, 자본 등)로 강화될 가능성이 있다.

마찬가지로, 실패하는 사업의 종료를 연기하기로 한 결정은 (자신과 타인에 의해) 일관성이 있는 것으로 인식되어야 하는 개인의 욕구에 의해서도 영향을 받을 수 있다. 이러한 일관성에 대한 욕구로 인해 기업가는 일관성이 바람직한 결과로 이어지지 않을 수 있다는 정보를 즉각적으로 경시하면서 이전의 행동과 활동을 계속하는 것의 타당성을 강화하는 정보에 더 많은 비중을 둘 수 있다. 일관성에 대한 이러한 욕구의 결과는 편향을 만들어 기업가들이 과거에 일관성이 원하는 결과를 만들어냈다면, 지속적인 유지는 결국 유사한 결과를 초래할 것이라고 믿게 할 수 있다. 이러한 지나치게 낙관적인 관점은 기업가가 조직 전체에 대해 가지고 있는 지각된 집단적 자기효능감에 의해서도 영향을 받을 수 있다. 기업가가 조직의 전체적인 집단적 자기효능감이 상대적으로 높다는 것을 감지하는 경우, 반사실적 증거에 직면하여 사업을 계속 운영하도록 이끌 수 있다. 다시 말하면, 단순히 "조직의 팀이 우수하다"는 이유만으로 결국 사업이 반전될 것이라는 지배적인 논리는 기업가가 향후 성과 결과가 역사적 증거가 암시하는 것과 다르기를 바라며 벤처 종료 결정을 미루는 결과를 초래할 수도 있다.

넷째, 특정 유형의 외재적 동기 부여의 수준 또한 실패하고 있는 사업의 종료를 지연시키는 결정에 영향을 미칠 수 있다. 아마도 기업가적 벤처와 관련된 외재적 동기의 가장 분명한 형태는 금전적 보상에 대한 만족이다. 금전적 보상에 의해 제공되는 동기부여의 수준은 개인마다 다르다. 그러나 금전적 보상에 의해 동기부여가 더 높은 개인들은 실패하는 벤처를 지속할지 여부를 결정할 때 다른 환경적 및 내재적 동기보다 이 요인에 더 큰 비중을 둘 가능성이 더 높다. 특히, 금전적 보상에 대한 동기 수준이 높은 개인은 다른 환경(예: 복잡성, 역동성 및 풍부성)이나 내재적(예: 이전 결정에 대한 정당화 욕구, 일관성에 대한 규범, 그리고 집단적 자기 효능감) 동기에 관계없이 이 영역에서 충분한 수익을 제공하지 않는 벤처에 대해서는 지속할 가능성이 낮다.

외재적 동기는 특정 결과에 대한 선호뿐만 아니라 그들이 "옳고 그른" 것으로 인식하는 것에 대한 개인의 가치관과도 관련이 있다. 자기고양 가치는 개인적 보상의 축적과 개발에 초점을 맞추고 있기 때문에, 이와 같은 가치에 더 높은 수준의 가치를 가진 기업가들은 그들에게 미래의 재정적 보상을 제공할 수 있는 더 큰 잠재력을 가지고 있다고 인식하는 노력을 지속할 가능성이 높다. 다시 말하면, 기업가가 자기고양 가치를 높이 평가하고 자신의 사업이 상당한 미래 재정적 보상을 제공할 수 있다고 인식하는 경우, 현재 원하는 성과 기준을 충족하지 못하고 있더라도 사업 종료 결정을 연기할 가능성이 높다. 이와 유사하게, 변화에 개방성을 중시하는 개인은 비금융적 보상에 의해 동기부여되며, 벤처기업의 현재 또는 미래 재무성과와 관계없이 더 높은 수준의 비금융적 이익을 그들에게 부여하는 것으로 인식하는 벤처는 지속될 가능성이 높다.

다섯째, 선행연구는 지속과 관련하여 잠재적인 감정적 영향이 있다는 것을 인식했지만, 지배적인 논리는 그러한 지속은 결국 개인에게 해롭다는 것이다. 우리는 약간 다른 관점을 취했고, 지속은 감정적 대처와 슬픔의 처리(예기 및 실제로 경험하는 것 모두) 과정에서 기능을 하기 때문에 사실 개인에게 장기적인 이익을 줄 수 있다고 제안했다. 결과적으로, 일부 기업가에게는 지속은 미루기의 범주에 속할 수도 있고, 따라서 궁극적으로 해로운 것으로 판명될 수도 있지만, 다른 기업가들은 예기 애도를 통해 이 지연을 더 유익한 방법으로 이용할 수도 있다. 이러한 지속의 활용은 실패와 관련된 정서적 비용과 재정적 비용 사이의 균형을 더 잘 유지시켜주며, 실패로부터 더 나은 회복을 가능하게 할 수 있다. 미루는 것과 예기 애도를 구분하기 위해, 기업가적 과정과 관련되어 정서적 입력과 결과 모두를 이해하는 것이 중요하다.

여섯째, 경영학자들이 주로 실패의 경제적 결과에 초점을 맞춰온 반면, 사별학자들(bereavement scholars)은 실패가 가져올 수 있는 정서적 결과를 강조하는 경향이 있으며, 우리는 사업 실패로부터의 회복을 극대화하기 위해 두 가지를 모두 고려하고 균형을 맞추는 것이 중요하다고 강조하였다. 실패하는 사업을 지속한 결과로 얼마나 많은 재정적 손실을 맞이했는가? 종료를 지연시켜 개인이 얻을 수 있는 정서적 이익은 무엇이며, 지속은 개인들에게 예기 애도 기간을 갖게 하는 것이며, 예기 애도의 시간은 실패와 관련된 정서적 영향을 감소시키는가? 이것들은 고려해야 할 중요한 질문이며, 관리자들이 이 두 요인들 사이에서 균형을 탐색하는 과정은 실패하는 (사업의 종료 여부에 관련한) 의사결정 과정에 영향을 미치기 때문이다.

마지막으로, 기업가적 실패에 관한 연구의 대부분은 실패 사건 이후에 경험되는 정서적 결과에 대처하는 데 초점을 맞추고 있지만, 이 장에서는 실제 실패 사건 이전에 관여된 과정에 의해 감정이 어떻게 영향을 받을 수 있느지를 검토함으로써 보완적인 관점을 제시하였다. 실패하는 벤처 사업을 지속함으로써, 기업가들이 예기 애도의 시간을 얻을 수 있다. 이러한 예기 애도의 과정은 실패와 관련된 전반적인 정서적 결과를 완화하는 데 필수적인 요소가 될 수 있으므로 결국 실패 경험에 대처하고 회복하는 기업가들의 능력을 최적화하는 데 중요할 수 있다.

REFERENCES

Aldrich, H. E. 1979. *Organizations and Environments*. Englewood Cliffs, NJ: Prentice－Hall.

Altman, E. I. 1968. Financial ratios, discriminant analysis and the prediction of corporate bankruptcy. *The Journal of Finance*, 23(4): 589－609.

Amir, N., Coles, M. E., Brigidi, B., & Foa, E. B. 2001. The effect of practice on recall of emotional Information in individuals with generalized social phobia. *Journal of Abnormal Psychology*, 110(1): 76－82.

Amit, R., MacCrimmon, K. R., Zietsma, C., & Oesch, J. M. 2001. Does money matter?: Wealth attainment as the motive for initiating growth－oriented technology ventures. *Journal of Business Venturing*, 16(2): 119－143.

Anderson, C. J. 2003a. The psychology of doing nothing: Forms of decision avoidance result from reason and emotion. *Psychological Bulletin*, 129(1): 139－167.

Anderson, M. C. 2003e. Rethinking interference theory: executive control and the mechanisms of forgetting. *Journal of Memory and Language*, 49: 415－445.

Ansic, D. & Pugh, G. 1999. An experimental test of trade hysteresis: market exit and entry decisions in the presence of sunk costs and exchange rate uncertainty. *Applied Economics*, 31(4): 427－436.

Archer, J. 1999. *The nature of grief: The evolution and psychology of reactions to loss*. New York: Routledge.

Audia, P. G., Locke, E. A., & Smith, K. G. 2000. The paradox of success: An archival and a laboratory study of strategic persistence following radical environmental change. *Academy of Management Journal*, 43(5): 837−853.

Baden−Fuller, C. W. F. 1989. Exit from declining industries and the case of steel castings. *The Economic Journal*, 99(398): 949−961.

Bandura, A. 1982. Self−efficacy mechanism in human agency. *American Psychologist*, 37: 122−147.

Bandura, A. 2000. Exercise of human agency through collective efficacy. *Current Directions in Psychological Science*, 9(3): 75−78.

Bardi, A., Calogero, R. M., & Mullen, B. 2008. A new archival approach to the study of values and value−Behavior relations: Validation of the value lexicon. *Journal of Applied Psychology*, 93(3): 483−497.

Baron, R. A. & Tang, J. 2011. The role of entrepreneurs in firm−level innovation: Joint effects of positive affect, creativity, and environmental dynamism. *Journal of Business Venturing*, 26(1): 49−60.

Beard, D. W. & Dess, G. G. 1979. Industry profitability and firm performance: A preliminary analysis of the business portfolio question. *Academy of Management Proceedings*, 1: 123−127.

Bluedorn, A. C. 1993. Pilgrim's progress: Trends and convergence in research on organizational size and environments. *Journal of Management*, 19(2): 163−191.

Bonanno, G. A. & Keltner, D. 1997. Facial expressions of emotion and the course of conjugal bereavement. *Journal of Abnormal Psychology*, 106(1): 126−137.

Bourgeois, L. J., III & Eisenhardt, K. M. 1987. Strategic decision processes in Silicon Valley: The anatomy of a "living dead". *California Management Review*, 30(1): 143−159.

Brief, A. P. & Aldag, R. J. 1977. The intrinsic−extrinsic dichotomy: Toward conceptual clarity. *Academy of Management Review*, 2(3): 496.

Brown, S. L. & Eisenhardt, K. M. 1997. The Art of Continuous Change: Linking Complexity Theory and Time−Paced Evolution in Relentlessly Shifting Organizations. *Administrative Science Quarterly*, 42(1): 1−34.

Bruno, A. V., McQuarrie, E. F., & Torgrimson, C. G. 1992. The evolution of new technology ventures over 20 years: Patterns of failure, merger, and survival.

Journal of Business Venturing, 7: 291−302.

Busenitz, L. W. & Barney, J. B. 1997. Differences between entrepreneurs and managers in large organizations: Biases and heuristics in strategic decision−making. *Journal of Business Venturing*, 12(1): 9−30.

Byrne, O. & Shepherd, D. A. 2015. Different Strokes for Different Folks: Entrepreneurial Narratives of Emotion, Cognition, and Making Sense of Business Failure. *Entrepreneurship Theory and Practice*, 39(2): 375−405.

Caldini, R. B. 1993. *Influence: Science and practice* (3rd ed.). New York: HarperCollins College Publishers.

Campbell, C. A. 1992. A decision theory model for entrepreneurial acts. *Entrepreneurship Theory and Practice*, 17(1): 21−27.

Campbell, C. A. 1995. An empirical test of a decision theory model for entrepreneurial acts. *Entrepreneurship and Regional Development*, 7: 95−103.

Cardon, M. S., Zietsma, C., Saparito, P., Matherne, B. P., & Davis, C. 2005. A tale of passion: New insights into entrepreneurship from a parenthood metaphor. *Journal of Business Venturing*, 20(1): 23−45.

Carter, N. M., Gartner, W. B., Shaver, K. G., & Gatewood, E. J. 2003. The career reasons of nascent entrepreneurs. *Journal of Business Venturing*, 18(1): 13−39.

Chen, C. C., Greene, P. G., & Crick, A. 1998. Does entrepreneurial self−efficacy distinguish entrepreneurs from managers? *Journal of Business Venturing*, 13(4): 295−316.

Christopherson, L. K. 1976. Cardiac transplant: Preparation for dying or for living. *Health and Social Work*, 1(1): 58−72.

Cotton, J. L. & Tuttle, J. M. 1986. Employee turnover: A meta−analysis and review with implications for research. *Academy of Management Review*, 11(1): 55−70.

Cova, B. & Svanfeldt, C. 1993. Societal innovations and the postmodern aestheticization of everyday life. *International Journal of Research in Marketing*, 10: 297−310.

Dess, G. G. & Beard, D. W. 1984. Dimensions of organizational task environments. *Administrative Science Quarterly*, 29(1): 52−73.

DeTienne, D. R., Shepherd, D. A., & De Castro, J. O. 2008. The fallacy of "only the strong survive": The effects of extrinsic motivation on the persistence de-cisions for under-performing firms. *Journal of Business Venturing*, 23(5): 528–546.

Dobrev, S. D. & Barnett, W. P. 2005. Organizational roles and transition to entrepreneurship. *Academy of Management Journal*, 48(3): 433–449.

Dodd, S. D. 2002. Metaphors and meaning: A grounded cultural model of US entrepreneurship. *Journal of Business Venturing*, 17(5): 519–535.

Downing, S. 2005. The social construction of entrepreneurship: Narrative and dramatic processes in the coproduction of organizations and identities. *Entrepreneurship Theory and Practice*, 29(2): 185–204.

Ensley, M. D., Pearce, C. L., & Hmieleski, K. M. 2006. The moderating effect of environmental dynamism on the relationship between entrepreneur leadership behavior and new venture performance. *Journal of Business Venturing*, 21(2): 243–263.

Feather, N. T. 1995. Values, valences, and choice: The influences of values on the perceived attractiveness and choice of alternatives. *Journal of Personality and Social Psychology*, 68(6): 1135–1151.

Forbes, D. P. 2005. Managerial determinants of decision speed in new ventures. *Strategic Management Journal*, 26(4): 355–366.

Forys, K. L. & Dahlquist, L. M. 2007. The influence of preferred coping style and cognitive strategy on laboratory-induced pain. *Health Psychology*, 26(1): 22–29.

Garland, H., Sandefur, C., & Rogers, A. 1990. Do-escalation of commitment in oild exploration: When sunk losses and negative feedback coincide. *Journal of Applied Psychology*, 75: 721–727.

Gimeno, J., Folta, T. B., Cooper, A. C., & Woo, C. Y. 1997. Survival of the fittest? Entrepreneurial human capital and the persistence of underperforming firms. *Administrative Science Quarterly*, 42(4): 750–783.

Gist, M. E. 1987. Self-efficacy: Implications for organizational behavior and human resource management. *Academy of Management Review*, 12(3): 472–485.

Goddard, R. D., Hoy, W. K., & Hoy, A. W. 2004. Collective efficacy beliefs: Theoretical developments, empirical evidence, and future directions. *Educational Researcher*, 33(3): 3−13.

Goll, I. & Rasheed, A. A. 2005. The relationships between top management demographic characteristics, rational decision making, environmental munificence, and firm performance. *Organization Studies*, 26(7): 999−1023.

Greve, H. R. 2002. Sticky aspirations: Organizational time perspective and competitiveness. *Organization Science*, 13(1): 1−17.

Hayward, M. L. A., Shepherd, D. A., & Griffin, D. 2005. A hubris theory of entrepreneurship. *Management Science*, 52(2): 160−172.

Hayward, M. L. A., Forster, W. R., Sarasvathy, S. D., & Fredrickson, B. L. 2009. Beyond hubris: How highly confident entrepreneurs rebound to venture again. *Journal of Business Venturing*, 25(6): 569−578.

Hitt, M. A., Ireland, R. D., Sirmon, D. G., & Trahms, C. A. 2011. Strategic entrepreneurship: Creating value for individuals, organizations, and society. *Academy of Management Perspectives*, 25(2): 57−75.

Hmieleski, K. M. & Baron, R. A. 2008. Regulatory focus and new venture performance: A study of entrepreneurial opportunity exploitation under conditions of risk versus uncertainty. *Strategic Entrepreneurship Journal*, 2(4): 285−299.

Hodges, L. & Carron, A. V. 1992. Collective efficacy and group performance. *International Journal of Sport Psychology*, 23(1): 48−59.

Holland, D. V. & Shepherd, D. A. 2013. Deciding to persist: Adversity, values, and entrepreneurs' decision policies. *Entrepreneurship Theory and Practice*, 37(2): 331−358.

Jackofsky, E. F. & Peters, L. H. 1983. The hypothesized effects of ability in the turnover process. *Academy of Management Review*, 8(1): 46−49.

Jacobs, S., Mazure, C., & Prigerson, H. 2000. Diagnostic criteria for traumatic grief. *Death Studies*, 24(3): 185−199.

Johnston, M. W., Parasuraman, A., Futrell, C. M., & Black, W. C. 1990. A longitudinal assessment of the impact of selected organizational influences on salespeople's organizational commitment during early employment. *Journal of Marketing Research*, 17: 333−334.

Judge, T. A. & Bretz, R. D. 1992. Effects of work values on job choice decisions. *Journal of Applied Psychology*, 77(3): 261–271.

Kahneman, D. & Tversky, A. 1979. Prospect theory: An analysis of decision under risk. *Econometrica*, 47(2): 263–291.

Karakaya, F. 2000. Market exit and barriers to exit: Theory and practice. *Psychology and Marketing*, 17(8): 651–668.

Kuratko, D. F., Hornsby, J. S., & Naffziger, D. W. 1997. An examination of owner's goals in sustaining entrepreneurship. *Journal of Small Business Management*, 35(1): 24–33.

Lazarus, R. S. & Folkman, S. 1984. *Stress, appraisal, and coping*. New York: Springer.

Lent, R. W., Brown, S. D., & Larkin, K. C. 1984. Relation of self–efficacy expectations to academic achievement and persistence. *Journal of Counseling Psychology*, 31(3): 356–362.

Levinthal, D. A. & March, J. G. 1993. The myopia of learning. *Strategic Management Journal*, 14: 95–112.

Li, M. & Simerly, R. L. 1998. The moderating effect of environmental dynamism on the ownership and performance relationship. *Strategic Management Journal*, 19(2): 169–179.

Lindemann, E. 1944. Symptomatology and management of acute grief. *American Journal of Psyciatry*, 101: 141–148.

Little, B. L. & Madigan, R. M. 1997. The relationship between collective efficacy and performance in manufacturing work teams. *Small Group Research*, 28(4): 517–534.

Major, B. & Schmader, T. 1998. Coping with stigma through psychological disengagement, *Prejudice: The target's perspective*, J. Swim & C. Stangor ed.: 219–241. New York: Academic.

Major, B., Spencer, S., Schmader, T., Wolfe, C., & Crocker, J. 1998. Coping with negative stereotypes about intellectual performance: The role of psychological disengagement. *Personality and Social Psychology Bulletin*, 24(1): 34–50.

March, J. G. & Simon, H. A. 1958. *Organizations*. Oxford, England: Wiley.

McCarthy, A. M., Schoorman, F. D., & Cooper, A. C. 1993. Reinvestment decisions by entrepreneurs: Rational decision—making or escalation of commitment? *Journal of Business Venturing,* 8(1): 9−24.

McGrath, R. G. & Cardon, M. S. 1997. Entrepreneurship and the functionality of failure, *seventh Annual Global Entrepreneurship Research Conference.* Montreal, Canada.

Meyer, M. W. & Zucker, L. G. 1989. *Permanently failing organizations.* Newbury Park, CA: Sage.

Milgram, N. A., Sroloff, B., & Rosenbaum, M. 1988. The procrastination of everyday life. *Journal of Research in Personality,* 22: 197−212.

Monahan, J. & Silver, E. 2003. Judicial decision thresholds for violence risk management. *International Journal of Forensic Mental Health,* 2(1): 1−6.

Multon, K. D., Brown, S. D., & Lent, R. W. 1991. Relation of self−efficacy beliefs to academic outcomes: A meta−analytic investigation. *Journal of Counseling Psychology,* 38: 30−38.

Myers, L. B., Brewin, C. R., & Power, M. J. 1998. Repressive coping and the directed forgetting of emotional material. *Journal of Abnormal Psychology,* 107(1): 141−148.

Nord, D. 1996. Issues and implications in the counseling of survivors of multiple AIDS−related loss. *Death Studies,* 20: 389−413.

Northcraft, G. B. & Wolf, G. 1984. Dollars, sense, and sunk costs: A life cycle model of resource allocation decisions. *Academy of Management Review,* 9(2): 225−234.

O'Brien, J. P., Folta, T. B., & Johnson, D. R. 2003. A real options perspective on entrepreneurial entry in the face of uncertainty. *Managerial and Decision Economics,* 24(8): 515−533.

Ohlson, J. A. 1980. Financial ratios and the probabilistic prediction of bankruptcy. *Journal of Accounting Research,* 18(1): 109−131.

Parkes, C. & Weiss, R. 1983. *Recovery from bereavement.* New York: Basic Books.

Phillips, D. J. 2002. A genealogical approach to organizational life chances: The parent−progeny transfer among Silicon Valley law firms, 1946−1996. *Administrative Science Quarterly,* 47: 474−506.

Pierce, J. L., Kostova, T., & Dirks, K. T. 2001. Toward a theory of psychological ownership in organizations. *Academy of Management Review*, 26(2): 298−310.

Priem, R. L., Rasheed, A. M. A., & Kotulic, A. G. 1995. Rationality in strategic decision processes, environmental dynamism and firm performance. *Journal of Management*, 21(5): 913−929.

Prigerson, H. G., Shear, M. K., Newsom, J. T., Frank, E., III, C. F. R., Maciejewski, P. K., Houck, P. R., Bierhals, A. J., & Kupfer, D. J. 1996. Anxiety among widowed elders: Is it distinct from depression and grief? *Anxiety*, 2(1): 1−12.

Rando, T. A. 1986. *Loss and anticipatory grief*. Lexington, MA: D. C. Heath.

Rauch, A., Wiklund, J., Lumpkin, G. T., & Frese, M. 2009. Entrepreneurial orientation and business performance: An assessment of past research and suggestions for the future. *Entrepreneurship Theory and Practice*, 33(3): 761−787.

Roach, M. J. & Kitson, G. C. 1989. Impact of forewarning on adjustment to widowhood and divorce, *Older Bereaved Spouses: Research with Practical Applications*, Dale A. Lund ed.: 185−200. New York: Hemisphere.

Robinson, M., Baker, L., & Nackerud, L. 1999. The relationship of attachment theory and perinatal loss. *Death Studies*, 23(3): 297−304.

Rohan, M. J. 2000. A rose by any name? The values construct. *Personality and Social Psychology Review*, 4(3): 255−277.

Ross, J. & Staw, B. M. 1986. Expo 86: an escalation prototype. *Administrative Science Quarterly*, 31(2): 274−297.

Ross, J. & Staw, B. M. 1993. Organizational escalation and exit: Lessons from the Shoreham Nuclear Power Plan. *Academy of Management Journal*, 36(4): 701−732.

Ruhnka, J. C., Feldman, H. D., & Dean, T. J. 1992. The "living dead" phenomenon in venture capital investments. *Journal of Business Venturing*, 7(2): 137−155.

Schneider, S. K. 1992. Governmental response to disasters: The conflict between bureaucratic procedures and emergent norms. *Public Administration Review*, 52(2): 135−145.

Schumpeter, J. A. 1961. *The theory of economic development: An inquiry into profits, capital, credit, interest and the business cycle.* New York: Oxford Press.

Schwartz, S. H. 1992. Universals in the content and structure of values: Theoretical advances and empirical tests in 20 countries. In M. P. Zanna (Ed.), *Advances in experimental social psychology*, Vol. 25: 1−65. Orlando, FL: Academic.

Shepherd, D. A. 2003. Learning from business failure: Propositions of grief recovery for the self−employed. *Academy of Management Review*, 28(2): 318−328.

Shepherd, D. A. & DeTienne, D. R. 2005. The impact of prior knowledge and potential financial reward on the identification of opportunities. *Entrepreneurship Theory and Practice*, 29(1): 91−112.

Shepherd, D. A., McMullen, J. S., & Jennings, P. D. 2007. The formation of opportunity beliefs: Overcoming ignorance and reducing doubt. *Strategic Entrepreneurship Journal*, 1(1−2): 75−95.

Shepherd, D. A., Wiklund, J., & Haynie, J. M. 2009. Moving forward: Balancing the financial and emotional costs of business failure. *Journal of Business Venturing*, 24(2): 134−148.

Shepherd, D. A., Patzelt, H., & Wolfe, M. T. 2011. Moving forward from project failure: Negative emotions, affective commitment and learning from the experience. *Academy of Management Journal*, 54(6): 1229−1259.

Simerly, R. L. & Li, M. 2000. Environmental dynamism, capital structure and performance: a theoretical integration and an empirical test. *Strategic Management Journal*, 21(1): 31−49.

Starbuck, W. H. 1976. Organizations and their environments. In M. D. Dunnette (Ed.), *Handbook of industrial and organizational psychology*: 1069−1123. Chicago, IL: Rand McNally.

Staw, B. M. & Fox, F. V. 1977. Escalation: The determinants of commitment to a chosen course of action. *Human Relations*, 30(5): 431−450.

Staw, B. M. & Ross, J. 1980. Commitment in an experimenting society: An experiment on the attribution of leadership from administrative scenarios. *Journal of Applied Psychology*, 65: 249−260.

Staw, B. M. 1981. The escalation of commitment to a course of action. The

Academy of Management Review, 6(4): 577−587.

Stroebe, M. & Schut, H. 1999. The dual process model of coping with bereavement: Rationale and description. *Death Studies*, 23(3): 197−224.

Thorne, J. R. 1989. Alternative financing for entrepreneurial ventures. *Entrepreneurship Theory and Practice*, Spring: 7−9.

Van Boven, L., Dunning, D., & Loewenstein, G. 2000. Egocentric empathy gaps between owners and buyers: Misperceptions of the endowment effect. *Journal of Personality and Social Psychology*, 79(1): 66−76.

van Eerde, W. 2003. A meta−analytically derived nomological network of procrastination. *Personality and Individual Differences*, 35(6): 1401−1418.

van Witteloostuijn, A. 1998. Bridging behavioral and economic theories of decline: Organizational inertia, strategic competition, and chronic failure. *Management Science*, 44(4): 501−519.

Wagner, S. H., Parker, C. P., & Christiansen, N. D. 2003. Employees that think and act like owners: Effects of ownership beliefs and behaviors on organizational effectiveness. *Personnel Psychology*, 56(4): 847−871.

Waldman, D. A., Ramirez, G. G., House, R. J., & Puranam, P. 2001. Does lead−ership matter? CEO leadership attributes and profitability under conditions of perceived environmental uncertainty. *Academy of Management Journal*, 44(1): 134−143.

Wasserman, N. 2003. Founder−CEO succession and the paradox of entrepreneurial success. *Organization Science*, 14(2): 149−172.

Wiersema, M. F. & Bantel, K. A. 1993. Top management team turnover as an adaptation mechanism: The role of the environment. *Strategic Management Journal*, 14(7): 485−504.

Wiklund, J. & Shepherd, D. A. 2005. Entrepreneurial orientation and small business performance: a configurational approach. *Journal of Business Venturing*, 20(1): 71−91.

Wortman, C. B. & Silver, R. C. 1989. The myths of coping with loss. *Journal of Consulting and Clinical Psychology*, 57(3): 349−357.

Wortman, C. B. & Silver, R. C. 1992. Reconsidering assumptions about coping with loss: An overview of current research. In L. Montada & S. H. Filipp & M.

S. Lerner (Eds.), *Life crises and experiences of loss in adulthood:* 341−365. Hillsdale, NJ: Erlbaum.

Zmijewski, M. E. 1984. Methodological issues related to the estimation of financial distress prediction models. *Journal of Accounting Research*, 22: 59−82

프로젝트 실패의 지연과
서서히 다가오는 죽음

앞 장에서, 우리는 실패하고 있는 사업의 지속(그리고 다른 측면으로 지연)에 대해 설명했다. 우리는 이제 조직 내에서 기업가적 프로젝트를 종료하는 결정에 대하여 분석한다. 기업가정신 개념의 중심은 잠재적 기회의 추구이며, 이러한 잠재적 기회는 불확실성이 높은 환경에서 존재하거나 생성된다 (McMullen and Shepherd, 2006). 기업가적인 조직은 이러한 불확실성(Brown and Eisenhardt, 1997; McGrath, 1999)을 기업가적인 프로젝트의 "잠재력"에 대한 정보를 탐색하기 위하여 환경을 조사하는 실험을 통하여 접근한다. 이러한 정보를 토대로 성과가 좋지 않은 프로젝트를 신속하게 종료하고 유망한 프로젝트에 자원을 재배치할 수 있게 되는 것이다.

실패는 "목표에 미치지 못한 가치를 창출하기 위하여 실행(initiative)의 종료"를 의미하지만(Hoang and Rothaermel, 2005; McGrath, 1999; Shepherd, Patzelt, and Wolfe, 2011), 이러한 실패 프로젝트는 조직 구성원(및 조직 전체)이 (실패 경험으로부터) 학습할 수 있는 귀중한 정보의 원천이다(McGrath, 1999; Shepherd and Cardon, 2009; Sitkin, 1992). 이러한 프로젝트 실패는 초기 가정에 뭔가 잘못된 것이 있었음을 나타내며 따라서 당사자의 신념 체계를 조정할 필요가 있다는 신호이다(Chuang and Baum, 2003; Sitkin, 1992). 실패는 또한 개인이 해결책의 기초로서 근본적인 원인을 찾도록 동기를 부여하는 경향이 있다(Ginsberg, 1988; McGrath, 2001; Morrison, 2002; Petroski, 1985). 이러한 이유로 인해 개인이 성공보다 실패로부터 더 많은 것을 학습한다는 주장이 종종 제기된다(Petroski, 1985; Popper, 1959).

그러나 실패로부터 학습의 중요성과 그렇게 할 수 있는 가능성에도 불구하고, 대부분의 조직 구성원들(그리고 조직들)은 그것을 어려워한다(Cannon and Edmondson, 2005). 실제로, 이 책에서 우리는 실패로부터 학습하는 것에 대한 많은 인지적 그리고 정서적 장애들을 강조했다. 우리는 또한 이러한 장애물을 어떻게 감소시키거나 제거할 수 있는지에 대한 몇 가지 권고안을 제시했다. 앞 장에서, 우리는 사업 종료 시점이 기업가의 감정적 회복에 어떻게 영향을 미칠 수 있는지 탐구했다. 즉, 어느 정도의 지연은 회복을 향상시키는 정서적 준비 기간을 제공하지만, 너무 많은 지연은 회복을 방해하는 감정적 소진에 기여할 가능성이 있다. 이 장에서는 대규모 다국적 조직 (Shepherd, Patzelt, Williams, and Warnecke, 2014)의 프로젝트에 대한 귀납적 연구를 기반으로 종료 시점의 역할을 탐구한다.

실패의 감정에 대한 새로운 통찰과 실패 경험에서 학습하는 것에 대한 함의를 탐구하면서, 우리는 실패에 대한 반응과 학습 대응의 차이를 강조한다. 구체적으로, 우리는 프로젝트 종료를 결정하는 사람(즉, "선택권"을 소유한 사람)과 대조적으로 종료된 프로젝트에 종사했던 사람(즉, "선택권"의 대상인 사람)들의 실패에 대한 반응의 차이를 탐구한다(McGrath, Ferrier and Mendellow, 2004: 96). 그렇게 함으로써, 우리는 프로젝트의 종료 속도와 실패 경험으로부터 팀 구성원의 학습을 연결하는 메커니즘을 더 깊이 이해할 수 있다. 이전 연구는 옵션을 소유하는 사람들에게 일차적인 관심을 기울였지만, 이 장에서는 옵션 대상인 사람들에 대한 연구 질문을 다루기 시작한 최근의 연구를 기반으로 한다.

실패로부터의 학습과 프로젝트 종료 타이밍에 대한 연구는 비교적 독립적인 트랙에서 진전되었다(의사결정자 또는 옵션 소유자의 인지적 관점에서 이루어진 연구는 제외: Corbett et al. 2007., 참조). 두 연구 흐름이 불확실성하에서 기업가적 조직이 성공적으로 기능하는 방법을 설명하는 데 있어 중요한 것으로 간주되고 있는 점은 흥미롭다(McGrath, 1999; Meyer and Zucker, 1989; van Witteloostuijin, 1998). 이 장에서는 이러한 각 문헌 흐름을 간략히 검토한다.

• 5.1 실패로부터의 학습

실패는 자신의 신념과 현실 사이의 단절을 암시하고(Chuang and Baum, 2003; Sitkin, 1992), 이러한 단절을 해결할 솔루션을 모색할 수 있다(Ginsberg, 1988; McGrath, 2001; Morrison, 2002; Petroski, 1985)는 점에서 행동을 유발할 수 있는 중요한 신호이다. 실패 사건의 특성을 고려할 때, 실패는 개인이 새로운 지식을 습득하도록 독특하게 동기를 부여할 수 있으며, 또한 개인은 성공보다 실패로부터 더 큰 통찰력을 얻는다고 여겨진다(Petroski, 1985; Popper, 1959). 프로젝트를 염두에 두고 생각해 보면, 실패로부터의 학습은 "(1) 사려 깊게 계획된 행동에서 비롯하며, (2) 불확실한 결과와, (3) 적정한 규모로, (4) 실행하고 (그 결과에) 민첩하게 대응하는 것이며, (5) 효과적인 학습이 가능한 익숙한 영역에서 발생할 때 일어나는 것이다."(Sitkin, 1992: 243)

실패를 통한 학습이 성장과 발전에 있어 중요한 것으로 일반적으로 받아들여지고 있지만, 대부분의 조직과 조직 내 개인은 실패로부터 학습이 어렵다는 것을 발견한다(Cannon and Edmondson, 2005). 실패 사건에서 드러난 정보는 효과적으로 처리하기가 어려워서 학습이 감소되는 것이다(Weick, 1990; Weick and Sutcliffe, 2007). 선행연구들은 실패로부터의 학습과 관련된 조직의 노력(예: 실패에 대한 처벌시스템: Sitkin, 1992. 혹은 심지어 실패의 낙인효과: Cannon and Edmondson, 2005)에 대한 깊은 이해를 제공했지만, 주요 연구과제는 실패 사건으로부터 학습하는 개인차원의 저해요인을 강조하였다. 이러한 연구 흐름에서, 귀인 이론(attribution theory)은 실패에 대한 인지반응을 설명하기 위해 종종 활용되었다(Sitkin, 1992). 귀인 이론은 개인이 성공했을 때, 성공을 내부 또는 개인적 행동을 원인으로 돌리는 반면, 실패 사건이 일어났을 때에는, 실패가 환경이나 통제할 수 없는 외부 요인들과 같은 다른 원인들에 귀속한다고 제시한다(Wagner and Gooding, 1997). 이러한 유형의 귀인(즉, 성공은 자신의 탓, 실패는 타인 탓)은 개인이 높은 자존감을 보호하고 유지할 수 있게 해주지만, 이러한 귀인 편향(attribution bias)은 그러한 사건의 원인이 자신의 영향 범위를 벗어나는 것으로 간주하게 함으로써 개인이 실패 사건으로부터 거리를 두게 하여 결국 학습을 방해하는 것이다(Reich, 1949). 이러한 편향에도 불구하고, 일부 연구는 시간이 지남에 따라(즉, 실패 사건 이후) 개인들이 실패 원인에 대하여 내부 귀인하기 시작했으며(Frank and Gilovich, 1989), 그것은 실패에 대해 더 많은 책임을 지는 것이고(Pronin and Ross, 2006), 따라서 결과적으로 학습의 주요 장애를 잠재적으로 제거하는 것이 되는 것이다.

실패의 외부 귀인과 같은 인지적 요인이 학습에 하나의 장애물을 제공하지만, 또한 실패와 관련된 감정과 그러한 감정이 학습에 어떤 장애를 부과하는지에 초점을 맞추고 있는 연구들도 있다. 연구 개발(R&D) 프로젝트는 당연히 팀원들에게 엄청나게 중요할 수 있으며, 개인에게도 중요한 프로젝트라면, 프로젝트의 실패는 슬픔(Shepherd and Cardon, 2009; Shepherd, Covin, and Kuratko, 2009; Shepherd et al., 2011 및 본 서 1, 2, 3장 참조)이라는 부정적인 정서적 반응을 일으킬 수 있다. 모든 부정적인 감정이 바람직하지 않은 결과를 낳는 것은 아니지만(예: 부정적인 감정은 개인이 왜 실패가 일어났는지, 학습에 중요한 단계인 이유에 대한 설명을 찾도록 할 수 있다: Cyert and March, 1963; Kiesler and Sproull, 1982), 그것은 실패경험으로부터 발생하는 학습에 요구되는 정보처리과정 혹은 주의(attention)를 혼란케 하거나 방해할 수 있다(Bower, 1992; Fredrickson, 2001의 연구결과와 일치함).

특히, 이전 연구는 부정적인 감정과 관련된 세 가지 부정적인 학습 결과를 확인했다. 첫째, 부정적인 감정은 "특정 행동 경향(예: 공격, 도주)을 불러옴으로써 개인의 순간적인 사고 행동 레퍼토리(momentary thought–action repertoire)를 좁히고, 반면에 많은 긍정적인 감정은 개인의 순간적인 사고 행동 레퍼토리를 넓히고, 전형적인 것보다 더 광범위한 생각과 행동을 추구하게 한다."(Fredrickson and Branigan, 2005: 314). R&D 부서와 같은 창조적 마인드를 가진 그룹에서 부정적인 감정의 "시각을 좁히는" 효과(narrowing effect)

는 새로운 혁신을 개발하는 데 있어 매우 역효과를 낼 수 있다(Fredrickson and Branigan, 2005).

둘째로, 부정적인 감정은 조직에 대한 개인의 정서적 몰입(affective commitment)에 악영향을 미칠 수 있으며, 이것은 조직 고유의 목표 실현을 위해 인적 자원 투자 의지를 감소시키는 것이다(Allen and Meyer, 1990; O'Reilly and Chatman, 1986; Shepherd et al., 2011). 정서적 몰입은 조직성과를 높일 수 있어 중요하지만(Gong, Law, Chang, and Xin, 2009), 학습 또한 조직성과를 높일 수 있기 때문에 실패를 통한 학습 등 다른 요소와 균형을 이루어야 한다(McGrath, 1999).

마지막으로, 부정적인 감정은 "사람들의 관심을 좁게 하고, 나무를 보고 숲을 보지 못하게 만들기 때문에(Fredrickson, 2001: 222)," 개인의 학습뿐만 아니라 창의적이고 통합적인 사고(Estrada, Isen, and Young, 1997; Fredrickson and Branigan, 2005; Isen, Daubman, and Nowicki, 1987)를 방해한다. 즉, 상실에 대한 매우 고통스러운 세부 사항을 포함하여 상실에 온통 주의를 매몰되게 함으로써, 개인은 학습과 개선에 집중할 수 있는 주의 능력이 거의 남아 있지 않게 만드는 것이다.

결론적으로 요약하면, 실패로부터의 학습에 관한 문헌의 핵심 결론은 부정적인 감정이 프로젝트 실패로부터의 학습에 상당한 장애물을 부과한다는 것이다.

5.2 프로젝트 종결의 속도

제3장에서 설명한 바와 같이 실패 사업 종료 시 개인이 균형을 찾는 것이 중요하듯이, 조직도 실패 사업 종료 시기를 관리하는 것이 중요하다. 혁신적인 프로젝트에 투자하고 있는 기업의 경우, 자원의 실질적인 투입을 통해 이러한 프로젝트를 진전시킬 때와 그리고 기대에 부응하지 못하는 프로젝트를 종료함으로써 "손실을 줄일 때"의 균형을 맞추는 것이 중요하다

(Brown and Eisenhardt, 1997; Green and Welsh, 2003; McGrath, 1999; Pinto and Prescott, 1990). 조직이 실패하는 프로젝트의 종료 여부, 시기 및 방법을 고려할 때, 실패의 "경계"(bounding)를 결정해야 하는 과제에 직면한다. 특히 경제학에서 나온 광범위한 문헌에 따르면, 원하는 목표를 달성하지 못하는 프로젝트를 신속하게 종료(즉, 프로젝트 활동의 신속한 중단)하고 보다 유망한 사업에 자원(인적 및 재정)을 재배당함으로써 실패(및 그 비용)는 제한되어야 (bounded) 함을 강조한다(Ansic and Pugh, 1999; Ohlson, 1980).

그러나 프로젝트의 신속한 종료가 항상 쉬운 것은 아니며, 특히 현재 성과와 미래 잠재력을 둘러싼 모호함(ambiguity)과 종료 결과의 가혹함(severity)이 둘러싸고 있을 때는 더욱 그렇다(Staw and Ross, 1987). 또한, 신속한 종료는 프로젝트 개시자(Staw, Barsade, and Koput, 1997)에 대한 개인적 책임 증가에 대한 부담이나, 프로젝트의 지속을 "강요"하는 정치적 또는 제도적 요인 등 성과와 관련 없는 힘에 의해 지탱될 수도 있다(Guler, 2007).

마찬가지로, 지연된 종료는 진행 중인 프로젝트의 성과 미달(매몰된 비용 논쟁 포함)에도 불구하고(Arkes and Blumer, 1985; Dixit and Pindyck, 2008), 미래 산출에 대한 계속된 기대, 집착의 증가(Brockner, 1992; Garland, Sandefur, Rogers, 1990), 의사결정 지연(Anderson, 2003; Van Eerde, 2000; 본 서 제4장)에 기인한다. 특히, 조직의 "미래"로 간주되는 중요한 혁신 프로젝트는 지속의 대의명분이 없는 것으로 간주됨에도 불구하고, 그렇지 않았다면 재배치될 수 있었던 중요한 자원을 보유하면서 그 이후에도 종종 오래 계속되기도 한다 (Arkes and Blumer, 1985). 예를 들어, 롱 아일랜드 조명 회사(Long Island Lighting Company)는 주요 프로젝트(쇼어햄 원자력 발전소: Shoreham Nuclear Power Plant)의 종료를 23년 이상 지연시켰고, 초기 추정치 7천 5백만 달러에서 50억 달러 이상으로 비용이 증가하고 나서야 프로젝트는 결국 포기되었다(Ross and Staw, 1993). 이 사례는 충격적이지만, 그 이유는 관리자의 성공 이력, 정보 처리 오류, 조직 내 프로젝트의 제도화 및 정치화, 외부 정당성 요건 등 관리자가 종료하기 위해 애쓰는 소규모 프로젝트의 경우와 유사하다(Ross and Staw, 1993).

실패하는 프로젝트의 장기화와 관련된 위험을 고려하여, 조직들은 "플

러그 뽑기"(pulling the plug)와 신속한 종료를 촉진하기 위한 다양한 조치를 도입했다. 예를 들어, 일부 조직은 상업적 또는 기술적 진전을 평가하기 위한 수단으로 주요 이정표를 포함하는 성과 모니터링 시스템을 실행한다 (Pinto and Prescott, 1988). 이러한 "중간 점검"(stage-gate) 프로세스는 관리자가 미리 결정된 성과 역치 아래로 떨어지는 프로젝트를 종료하는 데 도움이 되도록 설계된 것이다(Cooper, 2008). 프로젝트에 관한 의사결정을 돕기 위한 도구로 활용되고 있음에도 불구하고, 이러한 지연결정은 합당하거나 합리적인 것 이상으로 프로젝트를 연장하는 결과를 초래할 수 있는 정치적, 심리적, 사회적 및 기타 상황적 요인의 영향을 받는 개별 관리자에 의해 여전히 이루어진다(Green, Welsh and Dehler, 2003; Schmidt and Calantone, 1998).

요약하자면, 프로젝트가 언제 어떻게 종료되어야 하는지에 대한 "합리적" 설명에도 불구하고, 종료 프로세스가 실제로 발생하는 방법(즉, 프로젝트가 얼마나 빨리 종료되고 자원이 재배치되는가)에는 상당한 차이가 있다. 기존의 문헌에서 특히 중요한 문제는 종료 속도와 개별 팀 구성원에게 미치는 영향(있는 경우) 사이의 연관성, 특히 실패 사건으로부터 학습하는 능력에 대한 이해 부족이다. 제5장에서는 이러한 격차를 해소하고 종료 시점이 개별 팀 구성원의 정서적 결과와 학습 결과 모두에 어떤 영향을 미치는지에 대한 새로운 통찰력을 제공하기 위해 최근 연구의 일부를 기반으로 설명한다.

5.3 종료 시점과 실패로부터의 학습

이 장은 대규모 R&D 집약적인 다국적 조직의 4개 자회사의 8개 실패한 프로젝트에 대한 최근 연구에 크게 기초한다(Shepherd et al., 2014). 이 조직은 5만 명 이상의 직원을 보유하고 있으며 매출액은 200억 달러 이상이며 연간 약 10억 달러를 R&D 투자에 지출하고 있다. R&D 프로젝트의 범위를 감안할 때 매년 많은 프로젝트가 종료되고 있어 실패에서 오는 학습과 종료 속도 사이의 관계에 대한 본질을 더 깊이 이해할 수 있는 이상적인 배경을 제공한다.

이 연구에서, 우리는 기업가적(혁신적인) 프로젝트의 종료를 미루는 것이 양날의 검과 같다는 것을 발견했다. 검의 한쪽 면은 조직원들이 프로젝트 종료 지연을 '서서히 몰려오는 죽음'으로 인식해 부정적인 정서적 반응을 불러 일으키는 것이다. 다른 한쪽 면은, 프로젝트 종료 지연은 조직 구성원들이 프로젝트 경험을 통해 학습한 내용을 반추(reflect), 표명(articulate) 및 규정화 (codify)하는 기회를 제공할 수 있다는 측면이다. 대조적으로, 급하게 종료된 프로젝트에 참여했던 조직 구성원들은 실패에 대한 부정적인 정서적 반응은 거의 없었지만, 경험으로부터도 거의 학습한 것도 없었다. 그들은 새롭게 배 치된 프로젝트의 새로운 엔지니어링 과제(engineering challenges)에 감정적으 로, 인지적으로 빠르게 전념할 수밖에 없기 때문이다. 이러한 문제를 자세하 게 살펴본다.

● 5.4 프로젝트 경험으로부터의 학습

기존의 연구 결과에 따르면, 그룹(즉, 조직과 팀)이 학습할 수 있다는 것 이 밝혀졌지만(Fiol and Lyles, 1985), 우리는 개별적인 팀 구성원들의 학습 결 과에 초점을 맞췄다. 우리는 이 거대 다국적 조직의 자회사들 간에 그리고 내부에서도 차이가 발생한다는 것을 발견했다. 처음에는 각 프로젝트에서 달성한 학습 정도에 따라 사례를 묶었다. 예를 들어, 한 프로젝트의 관리자 는 팀을 효과적으로 조직하기 위한 중요한 기술을 배웠다.

[향후에는] 저는 팀을 훨씬 "짧은 끈"으로 유지함으로써 이 프로젝트를 이 끌 것입니다. … 그런 프로젝트에서는 가능한 한 사람들을 한 곳에 모이게 할 것입니다. 또한, 저는 부문들 간에 더 자주 사람을 교환해야 한다는 것도 배 웠습니다. 전화 연락만으로 사람을 안다면 그건 그냥 통하지 않습니다. 개인 적인 관계가 있어야만 합니다.

또한, 우리 연구진은 프로젝트 매니저와 그의 팀 구성원 중 한 명이 나눈 대화를 들을 수 있었는데, 프로젝트 종료의 결과로 자회사 매니저가 '학습한 교훈 데이터베이스'(lessons-learned database)를 구축했으며, 데이터베이스에 입력된 특정 레슨에 대해 논의했다는 내용이다. 이와 비슷하게, 다른 프로젝트의 한 팀원이 설명했다. "우리는 교훈을 얻었습니다. 회사에는 많은 비용 부담이 있었지만, 우리는 몇 가지 매우 중요한 교훈을 배웠습니다. [특별히 해야 할 일은] 재발 방지입니다." 이 인용구와 일관되게, 우리의 현장 노트와 내부 이메일 내용은 비슷하게 다른 프로젝트의 팀원들이 그들의 실패로부터 배운 중요한 교훈이 미래에 "더 큰 이익"에 적용될 수 있다는 희망을 표현했다는 것을 보여주었다. 마지막으로, 한 팀원은 실패에 대한 그의 팀의 견해를 이렇게 요약했다: "일(실패)이 실제로 발생하는 것을 피하는 법을 배웠습니다. … 저는 [잘못된 것에 대하여] 사실을 평가하려고 노력하고 있습니다. 이것들은 직업 생활의 일부 경험들뿐입니다." 이러한 관점은 실패 경험으로부터의 학습에 대한 높은 지향성을 가지고 있었으며, 직원들은 실패로부터의 학습을 장기적인 측면에서 직업적 성공의 경로로 인식했다.

4개의 특정 프로젝트의 팀 구성원들에게서 발견되는 높은 수준의 학습과 대조적으로, 4개의 다른 프로젝트에 속한 팀원들은 훨씬 더 낮은 수준의 학습을 경험했다. 예를 들어, 한 팀장은 다음과 같이 인터뷰했다. "직원으로서 회사와 저 자신이 어떻게 관련되어 있는지, 그리고 우리가 프로젝트를 수행하는 방법이 회사와 어떻게 관련되어 있는지에 대하여, 저는 No라고 할 것입니다. (그가 프로젝트를 수행하는 방식을 변경했는지 여부에 관계없음). … 그래서 제가 프로젝트를 수행하는 방법에 대한 레시피(recipe) 자체는 크게 변하지 않을 것입니다." 마찬가지로, 다른 두 프로젝트의 모든 구성원들은 R&D 프로젝트의 개선 방법에 관한 특정 학습이 실패 경험에서 나오지 않았다고 언급했으며, 이는 미래 지향 학습이 성행했던 프로젝트와 극명한 대조를 이룬다.

학습 수준이 낮은 사람들에게 또 다른 공통 주제는 학습 기회로서의 실패 경험의 중요성에 대한 인식 부족이었다. 즉, 이러한 프로젝트의 팀 구성원들은 실패 경험에서 얻은 모든 학습이 다른 상황에서 얻어졌을 수 있다고 표현했다. 심지어 한 팀원은 이렇게 인터뷰하였다. "이번 프로젝트는 최고 경영진의 결정으로 종료된 것이지 우리의 실수로 종료된 것이 아닙니다. 우리는 실수하지 않았습니다[따라서 학습할 것도 없습니다]. 우리는 능력이 부족한 엔지니어가 아닙니다. (오히려) 감사하다는 인사를 받아야 합니다." 마찬가지로, 한 팀의 리더는 "저는 [미래에 있을 프로젝트]를 정확히 같은 방식으로 진행할 것"이라고 설명하면서, 팀 구성원의 말을 인용하면서 실제 실수는 발생하지 않았으며, 따라서 학습 기회는 없었다고 주장하였다.

우리는 데이터에 따라, 즉 학습 성과에 따라 프로젝트를 분류하였으며, 우리는 이러한 그룹 전체에서 학습 수준의 차이가 발생하는 이유를 이해하는데 도움이 되도록 이 초기 분리에 따라 사례를 계속 비교했다. 우리는 프로젝트가 종료되는 속도에 분명한 차이가 있다는 것을 발견했다. 구체적으로, 우리는 급속하고 갑작스러운 종료(즉, 신속한 종료: rapid termination)를 경험한 프로젝트 팀의 경우, 개별 팀의 구성원들은 프로젝트의 종료가 지연될 때보다 학습 수준이 낮은 것으로 나타났다(즉, 지연된 종료: delayed termination).

팀 구성원들은 프로젝트가 종료된 방법(그리고 후속 프로젝트에 대한 자신들의 행위와 반응에 어떤 영향을 미쳤는지)에 대해 매우 명확히 설명했다. 예를 들어, 프로젝트 실패로부터 거의 배운 것이 없는 팀 구성원들은 모두 이 (종료) 프로세스를 "소프트 스톱"(soft stop)과는 대조적인 "즉각적"이며, "하드 스톱"(hard stop)(즉, 빠른 종료 대 전환 지연)으로, 또한 "졸속으로 결정된, … 그리고 경영 중심적"이라고 묘사하였다.

이와는 대조적으로, 그들의 실패 경험을 통해 학습한 프로젝트 팀원들의 경우, 종료 과정의 지연에 중점을 두었다. 예를 들어, 한 팀의 리더는 종료를 "느린 하강"(slow descent)이라고 설명했는데, 이는 다른 프로젝트의 팀 구성원이 "이벤트라기보다는 … 하나의 절차"라고 설명했기 때문이다. 비슷하게, 다른 팀의 리더는 프로젝트의 종료를 "서서히 진행되는 기아"(slow starvation)라고 불렀고, 혹은 한 팀 구성원은 "서서히 다가오는 죽음"(creeping death)이라고 불렀다.

다음으로 프로젝트 종료 속도가 팀 구성원들에게 정서적으로 어떤 영향을 미치는지와 학습 활동에 대한 몰입을 어떻게 형성하는지를 설명한다.

위와 같이 각 프로젝트의 팀원들은 각 프로젝트에 대해 각기 다른 종료 프로세스를 경험했다. 우리는 종료 과정이 팀원들의 정서적 반응에 영향을 미친다는 것을 발견했다.

프로젝트 종료 지연을 경험한 팀의 개인들은 특히 프로젝트 종료가 빠른 팀들에 비해 더 높은 수준의 부정적인 감정을 경험한 것으로 보였다. 위에서 언급했듯이, 한 팀원은 지연에 대한 그의 경험을 "냄비 속의 개구리"(creeping death)라고 표현했다: "어느 시점에서 확실한 결정이 있었어야 한다고 생각합니다. 오늘날까지, 그것은 슬금슬금 죽음을 맞이하는 것이었기 때문에 직원들은 아직도 (불신으로) 고개를 흔드는 것입니다." 프로젝트 전반에 걸쳐 지연 종료에 대한 정서적, 일시적 감정을 전달하기 위한 용어로 널리 쓰이지는 않았지만, 지연된 프로젝트의 모든 팀원들은 슬금슬금 죽음을 맞이한다는 개념과 유사한 정서적 반응을 나타냈다.

이러한 설명을 종합하면, 우리는 슬금슬금 다가오는 죽음을 "종료되고 있는 경로 위의 프로젝트이며, 이 결과는 뻔히 알려져 있지만, 종료의 길을 따라가는 발걸음은 작고 느리며, 그 과정은 정서적으로 고통스럽다"라고 정의한다(Shepherd et al., 2014: 527). 이어지는 단락에서, 우리는 팀 구성원의 관점에서 서서히 죽음을 맞이하는 것에 대한 개념을 제시한다.

첫째, 서서히 죽어가는 상황에서 프로젝트의 실패와 그에 따른 종료를 이미 예상하였으며, 그리고 일정기간 지연될 것은 예견되었다. 한 팀의 구성원은 곧 자신이 참여하고 있는 프로젝트의 종료를 예견하였다면서, 다음과 같이 설명하였다. "예상되었습니다. … [그리고] 이 논의는 한동안 진행되었습니다. … 저는 이미 [그 프로젝트 종료에] 대해 마음을 내려놓았습니다." 그는, "프로젝트가 종료될 조짐을 본 후 실제로 결정이 내려질 때까지 두세 달 정도 걸렸습니다"라는 사실을 주목하였다. 이와 비슷하게, 다른 프로젝트의 한 팀원은 다음과 같이 설명했다. "공지가 발표될 때쯤 우리는 무슨 일이 일어나고 있는지 알게 되었습니다. 놀라운 일은 없었습니다. 그래서 아마 저는 그것 [실제 발표]을 기억하지 못합니다. 단순히 불가피한 일이었기 때문에 (최종 결정이 내려진) 특정한 회의 일정은 기억나지 않습니다."

또 다른 팀의 리더는 "폐쇄는 일종의 느린 하강이었다"고 말했다. 실제로 6개월 동안 계속 지연되고 마감 시간을 놓치는 바람에 좌절했던 한 팀원은 "구성 자체가 몇 주가 걸렸을 것입니다." 오류는 여전히 존재했고, 실제로 제대로 작동될 수 있다는 것을 모든 고객에게 확신시키는 것은 기적이나 일어나야 가능했을 것입니다!" 프로젝트가 실패해 가고 있음을 알면서도 별도의 프로젝트로 뛰어들지 못하거나 실패한 프로젝트에서 탈출하지 못한 것이 좌절과 괴로움을 초래한 것으로 보인다.

둘째, 첫 번째 요점에서 제안했듯이, 실패하는 프로젝트의 종료가 지연되면서 프로젝트 팀 구성원들에게 부정적인 감정이 생겨났다. 장해가 있음에도 불구하고 성공적으로 프로젝트를 성사시켜 내겠다는 희망으로 팀원들을 결집시키기보다는 종료를 미루는 것이 부정적인 감정을 낳는 것으로 나타났다. 한 프로젝트의 팀장은 의사결정의 지연으로 인한 불확실성에 대해 불만을 다음과 같이 인터뷰하였다:

저는 개인적으로 진짜 낙담이 되었습니다. … [종료 결정이 6개월 지연된 것은] 저희 개발 부서에 큰 상처를 주었습니다. 왜냐하면, 실제로 봄에 개발을 마쳤고 새로운 방향을 알고 싶었기 때문입니다. 팀원들은 이 자리에 있지만, 그들은 고국 [일하던 사무실]으로 재배치될 수 없다는 것도 알았습니다. 어쨌든 그것은 시간과 돈을 낭비한 것입니다. 이것은 매우 나쁜 상황입니다.

같은 프로젝트의 한 팀원은 지연 시간에 인적 및 물적 자원을 낭비한 것에 대해 답답함을 토로했다. "많은 사람들이 정말 아주 일을 잘 하고 있고, 그들은 매우 헌신적입니다. 이를 충분하고 효과적으로 사용하지 않고 시간을 끌면서 결국 추진하지 않는 프로젝트 때문에 시간을 낭비한다는 사실이 매우 실망스럽게 느껴지는 것입니다."

이와 비슷하게, 다른 프로젝트의 한 팀원은 지연이 "좌절"을 유발했고,

궁극적으로 프로젝트를 종료하는 결정이 내려졌을 때 믿을 수 없는 "안심"을 오히려 경험했다고 설명했다. "우리는 확실한 결정 없이 엄청나게 긴 시간을 가졌습니다. 기껏해야 이것이 결정이었습니다." 다른 프로젝트의 한 팀원은 "결국, 프로젝트가 진행되지 않는 것이 결정이라면, 저는 그것을 받아들일 수 있습니다. 다만 설명이 부족했고, 종료 시점이 늦어 답답했습니다."라고 설명했다.

흥미롭게도, 이러한 부정적인 감정은 프로젝트 자체에 대한 정서가 아니라 지연과 주로 연결되어 있는 것으로 보인다.

실제로, 지연 혹은 서서히 죽음을 맞이하는 것은 프로젝트의 성공 여부에 대한 걱정이 아니라 팀원들이 다른 활동이나 프로젝트를 추진하지 못하고 발목 잡히는 것에 대한 우려였다. 가장 큰 불만은 핵심 인적 자원(자신과 다른 사람)이 불필요하게 "묶여" 있다는 것이다. "당신이 상상할 수 있듯이, 당신이 가진 최고의 엔지니어 20명과 그러한 프로젝트에 참여한 70명으로 구성된 확대된 팀을 계속 묶어둔다는 것은, 그들을 조직의 다른 문제와 기회에 투입할 수 없다는 것입니다"라고 설명했다.

끊임없이 새롭고 혁신적인 아이디어에 초점을 맞춘 광범위한 조직에서, 이 사람들이 가장 원하지 않는 마지막 장소는 서서히 종료를 향해 가고 있는 실패한 프로젝트에 갇혀 있는 것이다. 우리 연구진에 의해 포착된 현장 노트들이 이 결과를 확증해 주었다. 구체적으로, 우리는 인터뷰 대상자들을 대화에 참여시키면서, 참여자들이 지연된 종료를 견디면서 경험하는 부정적인 감정들의 극단적인 성질이 가장 빈번한 주제라는 것을 발견했다. 게다가, 팀 구성원들 사이에 주고받은 이메일 내용을 통해서 우리는 부정적인 감정의 주요 원인이 (프로젝트의 손실과 반대로) 실제로 지연이라는 것을 확인했다.

따라서 (좀 놀랍게도) 프로젝트의 실제적이고 최종적인 종료(즉, 팀 구성원의 다른 작업으로 재배치)가 부정적인 감정 반응의 원천이 아니라, 종료 지연 또는 서서히 다가오는 죽음이 부정적인 감정을 이끌어내는 진짜 이유라는 것이다. 구체적으로, 우리는 팀 구성원들이 특정 프로젝트의 특정 결과보다 공학적 과제(engineering challenges)를 추구할 수 있는 능력을 더 중시한다는 것을 발견했다. 팀 구성원들에게 있어서, 공학적 과제란 "팀 구성원이 수행하는 프로젝트 또는 작업에 요구되는 특정 기술적 측면을 의미하며, 이는 종종 팀 구성원들이 최종 제품 뒤에 있는 과학에 매료되는 것과 관련이 있다."(Shepherd et al., 2014: 530). 인터뷰 내내 팀원들은 엔지니어링 과제에 대한 의미를 거듭 언급했다. 한 프로젝트 리더는 "당신이 기계를 디자인하고 모든 것이 잘 맞으면 만족할 것입니다. 만약 기계 위에 상단을 올려놓으면, 우리의 기계는 매우 큽니다. 높이가 수 미터가 되며, 지름도 수 미터나 됩니다. 그리고 10분의 1밀리미터 단위로 허용되는 간격이 있습니다. 그리고 모든 것이 맞습니다. 정말 좋은 느낌이 듭니다. 그래서 이번 프로젝트는 저에게 정말 만족스러웠습니다."

프로젝트의 전반적인 실패에도 불구하고, 이 코멘트는 팀이 바라보는 긍정적인 측면을 강조하는 것이다. 즉, 엔지니어링 과제에 대한 개인적인 성과는 프로젝트의 전반적인 성과보다 더 높게 평가되었다. 또 다른 예로, 한 팀원은 다음과 같이 설명하였다. "궁극적으로 기술적인 관점에서 볼 때 우리는 매우 좋은 프로젝트를 수행했다고 생각합니다. 우리는 우리가 필요로 하는 시간대에 업계표준(benchmark)을 구축했고, 제품 개발 과정을 적절하게 거쳤으며, 모든 필요한 당사자들이 참여했습니다."

팀 구성원들에게 긍정적인 요소는 기술의 성공적인 상품화가 아니라, 특히 기술적 관점에서 제품 마감 일정 및 개발과 관련된 것이다.

마지막으로, 한 팀원이 어떤 특정 프로젝트의 성공에 대해 무관심을 표명했지만, 그는 공학적인 도전으로 인해 새로운 프로젝트로 옮겨가는 것에 대해 감격해 했다. 그는 "새로운 프로젝트에서, 저는 수학과 알고리즘 개발에 집중할 수 있게 되었습니다. 이것은 저의 본질적인 역할이기 때문에 매우 기분이 좋습니다." Green과 동료들(2003: 423)이 지적한 바와 같이, "혁신가들은 혁신을 좋아 한다; 기술의 선두에 서는 것은 과학적으로 만족스럽고 자아를 만족시킬 수 있는 것이다."

작업자가 특정 결과를 만들어 내는 것보다 가동 중인 공학적 과제에 참여하는 것이 얼마나 중요한지를 발견한 것과 일관되게, 우리는 이러한 과제가 철수될 때에는 팀 구성원들이 높은 수준의 부정적인 감정을 경험한다는 것을 발견했다. 본 연구의 R&D 환경에서, 팀원들은 (일반적으로) 공식적인 프로젝트 종료가 발생했을 때 신속하게 재배치되었다. 실제로 팀원 대부분은 공식 종료 소식이 전해지자 곧바로 새 프로젝트로 전환된 것으로 서술했다. 이러한 조치는 모기업과 자회사 모두 경영진에 의해 지지되었고, 그들은 실패한 프로젝트로부터 가능한 한 빨리 다른 프로젝트로 이동해 가는 것에 중점을 두었다. 팀원들은 특히 새로운 공학적인 도전으로 나아갈 수 있게 해주는 것을 좋게 받아들였다. 따라서 프로젝트 실패와 관련된 부정적인 정서 반응을 경험하지 않은 엔지니어들은 이러한 감정을 피할 수 있었던 것으로 보인다. 왜냐하면 그들은 전망이 없는 실패하는 프로젝트에 묶여 있기보다는 사랑하고 가치 있는 일-복잡하고 어려운 문제에 대한 기술적 해결책을 탐구할 수 있는 일-을 계속 할 수 있기 때문이다.

위에서 논의된 지연 종료 프로젝트와는 대조적으로, 4개의 프로젝트는 빠르게 종료되었다. 즉, 프로젝트 종료 결정은 명확하고 최종적이었으며, 예상 종료에서 실제 종료까지 지체가 거의 없었다. 이러한 유형의 종료는 팀 구성원들에 의해 "갑작스러운 현실"로 다음과 같이 묘사되었다, "정보[종료 결정]가 팀 구성원들에게 급작스럽게- 실제적으로 즉시- 전달되었습니다. 사업을 중단하기로 한 결정이 분명했기 때문에 당장 지출을 중단해야 한다는 의미였습니다." 프로젝트 중단을 예상했느냐는 질문에 한 팀원은 "솔직하게 말하면, 직접적인 것은 전혀…. 종료 가능성을 암시하는 어떤 표시나 향방(주의)도 기억나지 않습니다. … 이렇게 갑작스럽게 결정될 줄은 예상하지 못했습니다. 갑자기 아무것도 없었고, '프로젝트가 중단됐다'는 말이 나왔고, 그게 끝이었습니다. … 우리는 팀으로서, 모두 그 결정에 놀랐습니다."

마찬가지로 프로젝트 종료 예상에 대한 질문에 한 팀원은 "아니오, 이번 미팅이 있기 전까지는 전혀 몰랐습니다. … 저는 '좋아, 우리가 어떤 성과 전환을 마련할 만한 기회가 없기 때문에 종료해야 한다면 달리 방법 없지.' 그래서 우리는 계속할 수 없겠구나"라고 생각했다고 답하였다.

반대의 입장으로, 급속하게 종료된 프로젝트의 팀원들은 우리가 직접 물어봐도 부정적인 감정이나 걱정을 하지 않았다. 예를 들어, 한 팀장은 자신의 프로젝트가 빠르게 종료되면서 다음과 같이 설명하였다. "제 생각에는 하룻밤의 꿈같았습니다. 저의 근무 상황에는 아무런 영향이 없다고 생각했습니다." 구체적으로, 그는 별도의 프로젝트로 엔지니어링 과제를 계속 진행할 수 있었기 때문에 아무런 영향이 없었다. 다른 프로젝트 책임자들은 다음처럼 주목하였다. "저는 그것에 별로 상처받지 않았습니다. 저는 지금 정말 큰 프로젝트가 하나 더 있습니다." 그리고, "프로젝트를 종료하는 것이 반드시 즐거운 것은 아니었지만, 우리는 또 다른 프로젝트를 해야 했고, 그것은 '비즈니스의 일상'이었습니다. (웃음). 정말 아무 문제가 없었습니다." 실제로 한 프로젝트 리더는 "저도 안심이 되었습니다"라고 설명했는데, 프로젝트의 스트레스(예: 마감시한 맞추기 등)가 상당했기 때문에 다른 동료 팀원들이 이 표현에 공감하는 정서가 컸다.

● 5.6 종료 이후보다 종료 이전 학습

부정적인 감정에 대한 기존의 연구와 대조적으로, 우리 연구진은 부정적인 감정은 실패 경험에서 오는 학습을 저해하기보다는 활성화한다는 것을 제안한다(Shepherd et al., 2014). 공학적인 도전에 대한 접근성이 상실되었다는 것이 부정적인 감정의 주요 근원이라는 점을 고려할 때, 이러한 부정적 감정은 개인들로 하여금 궁극적인 프로젝트 종료를 기다리는 동안, 즉 현재 프로젝트가 왜 기대를 충족시키지 못했는지 학습하면서 새로운 유형의 도전에 대한 탐색을 하도록 동기를 부여한다는 것이다. 따라서 학습은 다음 프로젝트로 넘어갈 수 없는 것을 보상할 만큼 충분히 자극이 되는 과제를 제시하였기 때문에 팀 구성원들은 실패한 프로젝트를 이해하고 궁극적으로 학습하도록 동기를 부여받는 것이다(적어도 어느 정도는). 도전과제를 찾도록 동기를 부여받은 팀 구성원들은 서서히 다가오는 죽음과 그와 관련된 부정적인 감정에도 불구하고 후속하는 프로젝트를 수행하는 데 참조할 수 있도록 실패로부터 학습을 위한 헌신적인 시간과 노력을 기울였다.

예를 들어, 한 팀원은 지연과 관련하여 서서히 죽어가는 동안, 무슨 일이 일어났는지를 되돌아보기 위해 "중립적인 입장, 관찰자의 입장"을 취하기로 결정했다고 설명했다. 한 동료 팀원은 계속해서 이야기를 이어 갔다. "저는 그 프로젝트에 대해 많은 생각을 해왔습니다. ⋯ 저는 어떻게 그런 일이 일어날 수 있는지 자문했습니다. 그래서 저는 [이 지연된 종료로부터] 배웠습니다." 이러한 손실에 대한 성찰, 또는 지연에도 불구하고 의미 있는 결과를 탐구하는 것은 다른 서서히 죽어가는 프로젝트를 수행하는 팀 구성원들에 의해서도 비슷하게 표현되었다. 구체적으로, 그는 새로운 지식을 미래 프로젝트에 반영하기 위해서 실패경험으로부터 실질적인 공학과 그에 따른 비즈니스 가치를 연구하였다. 그는 "[실패로 인해] 당사자는 단절되는 느낌을 가지게 된다고 생각합니다. ⋯ [그러나] 우리는 이것으로부터 배우고, 그것을 활용하고, 그것으로부터 가치를 얻어야 합니다. ⋯ 사람들이 카펫으로 덮여 있던 [프로젝트 실패]를 치워버리면. ⋯ 우리는 그 나쁜 경험을 재정적 가치, 실제 비즈니스 가치로 전환 할 기회를 잃게 되는 것입니다. ⋯ [일반적으로] 우리는 프로젝트를 마무리하는 데 능숙하지 않습니다."

또 다른 서서히 죽어가는 프로젝트 수행의 한 팀원은 이와 비슷하게 실패로부터의 학습이 지연 기간 동안(또는 적어도 프로젝트의 수명 동안) 이루어져야 한다고 강조했는데, 이는 "일단 작업이 중단되면 검토(reviews)가 중단되기 때문"이라는 것이다. 마지막 예로, 한 팀 구성원은 서서히 다가오는 죽음을 "끝없는 비참함"이라고 표현했고, 차라리 "참담하지만 최후"를 선택하고, 공학적인 도전을 재개하기 위해 "즉시, 어디에나 임무를 배정받는 게 나았을 것입니다"라고 서술하였다. 하지만, 이 팀원은 "덫에 걸렸다"는 느낌에도 불구하고, 프로젝트 실패에 대하여 이해하려고 하였으며, 그리고 구체적으로 앞으로 이러한 학습 내용을 적용할 수 있는 방법에 대하여 시간을 투자하였다. 그는 "모든 결과가 그냥 버려지지 않도록 순서 있게 문서화하는 등 종료에 열중하였습니다"라고 설명했다. 그 결과, 그는 종료 결정이 "옳은 죽음"(dead right)이라는 것을 알게 되었다. 그는 설명한다. "만약 우리가 정말 그 당시 제한된 지식을 가지고 상품화하는 프로젝트에 직접 들어갔다면, 이 것은 결국 우리 회사에 엄청난 비용이 유발했다고 생각합니다." 이러한 의미에서, 그는 고통스럽기는 하지만 공학적 과제에 참여하는 것과 유사한 혜택을 제공했던 경험으로부터 의미와 가치를 식별할 수 있었다.

따라서 우리는 지연에 의해 생성된 부정적인 감정도 긍정적인 결과를 산출할 수 있다는 것을 발견했다. 즉 팀원들이 실패한 프로젝트의 경험으로부터 학습하기 위하여 시간과 노력을 투자하도록 촉진된 것이다. 즉, 공학적인 도전에 요구되는 시간과 노력만큼 실패로부터의 학습과정에도 동일하게 요구되는 것이다. 그러므로 동기(즉, 의미 있는 일에 대한 욕구)는 의미 있는 결과(즉, 실패로부터 학습하는 것)를 위해 투입되는 시간과 결합될 때 유용하게 되었다.

　　일반적으로 팀원들은 프로젝트 종료 후 실패한 것에 대해 반성할 시간이 부족하다는 것을 알게 되었다. 이것은 세 가지 주된 이유로 일어났다. 첫째, 거의 모든 상황에서 프로젝트 팀원들은 공식적인 프로젝트 종료 후 신속하게 재배치되어 새로운 과제를 시작하고 새로운 문제를 이해하며 새로운 팀 구성원들과 합류하는 방향으로 관심과 자원을 이동시켰다. 이러한 활동들은 이전 프로젝트에서 무엇이 잘못되었는지에 대한 반성의 시간을 갖는 것보다 훨씬 우선시되었다. 예를 들어, 프로젝트 종료 소식을 받은 후 몇 시간 이내에 여러 명의 직원들을 새 과제로 재배치되었으며, 1~10일 이내에 다른 모든 직원을 재배치하였다(약 1개월을 기다린 팀장 1명 제외). 이러한 빠른 시간대를 고려할 때, 프로젝트가 종료된 후 이들 개인들이 이전 프로젝트와 관련된 변화를 검토하거나 구현해 볼 시간이 전혀 없었다.

　　둘째, 프로젝트 참여구성원들은 해결해야 할 새로운 문제 또는 엔지니어링 과제 인지와 관련된 새로운 역할로 이동함으로써 역할 불확실성을 해소하려는 동기가 부여되는 것이다. 예를 들어, 한 팀원은 프로젝트 실패 이후 그에게 가장 중요한 것은 "새로운 과제를 얻는 것"이라고 설명했다. 얼마나 빨리 받았느냐고 묻자, 그는 주저하지 않고 "즉시!"라고 대답하였다. 마찬가지로, 자회사 리더 모두는 팀이 부정적인 결과에 연연하지 않도록 "계속 전진"하도록 촉진하는 것의 중요성을 강조했다.

　　마지막으로, 조직구성원들은 프로젝트 실패 후 조직 내 다른 곳으로의 이동 압박과 흥미로운 작업에 대한 매력 때문에 사실상 실패한 프로젝트를 지적으로 분석처리하기 위한 시간과 관심을 둘 수 있는 것을 제한하는 것처럼 보였다. 일부 개인들은 기술적 보고서나 다른 일반적인 양식을 작성하는 것을 언급했지만, 그들은 실패한 프로젝트가 공식적으로 종료되면 그것을 분석할 만한 지적 능력을 거의 발휘하지 않아도 되는 것들이다. 프로젝트 종료 후 모든 프로젝트의 모든 팀원들이 신속하게 재배치되는 것을 고려할 때, 지연된 종료로 인해 제공되는 기간은 실패한 프로젝트의 학습 기회의 과정이라는 측면에서 점점 더 중요해졌다.

5.7 실패로부터의 학습을 위한 메커니즘

우리는 종료 시점과 반성(reflect), 표명(articulate) 및 명문화(codify)라는 세 가지 핵심 학습 메커니즘의 활성화를 통해 실패로부터의 학습을 연결하는 근거를 발견했다(Prencipe and Tell, 2001; Zolo and Winter, 2002).

첫째, 프로젝트 종료 지연으로 팀원들이 자신의 경험을 반성하는 시간을 마련하여 학습이 가능해졌다. 예를 들어, 한 프로젝트 리더는 다음과 같이 말했다. "저는 개인적으로 프로젝트에 대해 많은 것을 배웠습니다. …[실패하고 있는 프로젝트 6~8개월] 동안, … 저는 거의 관찰자의 위치에 있었습니다. 우리가 무엇을 하고 있었는지 지켜보고 여기서 정확히 무엇을 했었는지에 대해 곰곰이 생각했습니다." 특히 이 프로젝트 리더는 자신이 실패하는 프로젝트를 '관찰'하는 위치에 있었기 때문에 종료 지연 기간 동안 무엇이 잘못되어 가고 있었는지를 실시간으로 평가하는 것이 가능했음을 강조했다. 팀원 중 한 명도 비슷한 내용을 진술하였다. 그는 '내적 성찰'(introspective reflection)을 했으며, 후속하는 프로젝트에 적용할 교훈을 파악할 수 있었다는 것이다. 그는 이렇게 진술하였다. "종료 지연 기간 동안 모든 사람이 자신의 경험을 평가하고 결론을 도출하였는데, 예를 들면, 같은 방식으로 다음에 무엇을 할 것인지, 혹은 무엇을 다르게 할 것인지 등이었습니다. 저는 다음에는 고객을 다르게 대할 것이라는 사실을 개인적으로 알게 되었습니다."

지연은 교착상태에 빠진 팀원들이 "흥미로운" 프로젝트에 재배치되어 일하고자 하는 그들의 열망을 실패한 프로젝트를 분석해보는 방향으로 전환시켰다는 점에서 반성의 기회를 제공한 것이다.

둘째로, 종료 지연은 팀원들이 동료 팀원들과 배운 것을 명확히 표명할 수 있는 기회도 만들어냈는데, 그런 기회는 종료에 이어 빠른 재배치가 이루어진 문화권에서는 불가능했을 것이다. 프로젝트가 종료되면, 특히 (일부) 팀의 글로벌 특성을 고려할 때, 팀 구성원들이 함께 모이는 포럼을 구축하기가 어려워질 수 있다. 또한, 팀 구성원들이 다른 과제로 넘어가면 프로젝트 문제를 해결하려는 동기가 상당히 줄어들 수 있으며, 더 이상 프로젝트와 과제에 대한 참여를 유지하기 위한 편익 주도적인 근거가 없게 된다. 예를 들어, 한 팀의 리더는 이러한 회의가 얼마나 자원 집약적인지 설명했다: "시스템을 집중적으로 살펴본 회의가 있었고, 오류 분석을 수행하여 [무엇이 잘못되고 있는지]에 대한 이해를 개선했습니다." 이 모든 회의는 프로젝트 현황에 대한 불확실성 기간 동안 이루어졌으며, 이는 팀원들이 만나서 학습한 교훈을 명확하게 표명할 수 있는 시간을 제공했다. 마찬가지로, 다른 프로젝트의 팀 구성원은 그와 그의 팀이 종료 지연 기간 동안 보유했던 많은 "심층 검토"에 대해 설명했다. 이 지연 시간 동안 팀 구성원들은 제품 실패의 "근본 원인"을 확인하려고 했다. 그는 이처럼 설명했다. "성과가 어디로 가는지 이야기하기 위해 일련의 리뷰를 진행했습니다. 이슈가 문제였을까? 시스템의 문제였을까? … 이 작업은 4~5개월 동안 진행되었습니다."

마지막으로, 프로젝트 종료의 지연은 팀 구성원들에게 데이터베이스 업로드, 스프레드시트, 학습된 교훈 문서 및 기타 선택 방법을 포함하여 공식적인 방법을 통해 학습한 내용을 명문화(즉, 반성하고 명확하게 설명할 수 있는) 기회를 제공했다. 구체적으로, 이러한 유형의 학습은 저-학습(low-learning) 프로젝트에서 수행되는 다른 프로젝트 후 문서 활동과는 달랐다. 학습 수준이 높은 시나리오에서는, 학습된 교훈 보고문서(lessons-learned doc-umentation)는 프로젝트 기간 동안 발생한 프로젝트 결과(예: 프로젝트 결과가 왜 그렇게 발생했는지, 다르게 수행되었더라면 등)에 대한 설명에 초점을 두는 것이며, 일에 대한 구체적인 설명(예: 프로젝트의 기술적 특징, 지출된 비용 등)에는 초점을 두지 않는다. 예를 들어, 종료 지연이 이루어진 프로젝트의 팀장은 프로젝트 결과에 대한 구체적인 설명을 명확히 표명하는 것이 중요하다고 설명했다.

본질적으로, [배운 교훈을 포착하는 데 걸리는 시간]은 왜 어떤 것이 작동하지 않았는지를 기록할 수 있는 사실에 관한 것이라는 것을 발견했습니다. 한 제품에 특정 디자인을 사용한 것에 대하여, 왜 작동하지 않았는지, 그리고 설계 시 고려해야 할 사항을 문서화합니다. 따라서 다음 설계 단계에서, 동료들은 학습한 것으로부터 이익을 얻을 수 있었고, 같은 경험을 반복할 필요가 없어지는 것입니다.

서서히 다가오는 죽음을 경험한 프로젝트 팀원들은 모두 프로젝트 실패와 관련된 자신의 경험을 성찰하고, 표명하고 명문화하는 데 충분한 시간을 가졌고, 이는 결과적으로 학습량을 증가시킨 것으로 보인다.

대조적으로, 급속하게 종료된 프로젝트 팀들은 새로운 프로젝트에 즉시 재배치되었기 때문에 학습에 대한 성찰, 표명 및 명문화를 위한 시간이 거의 없었다. 각 프로젝트에 대해 팀 구성원들은 구체적으로 실패 경험을 되새길 시간이 부족하다고 서술하였다. 예를 들어, 여러 팀원이 참석한 비즈니스 오찬에서 인터뷰 대상자 중 한 명은 다음과 같이 설명했다. "종료된 프로젝트에서 배운 교훈을 처리하고 문서화할 시간이 충분하지 않았습니다. 왜냐하면 [프로젝트의 빠른 종료 후] 회사의 개발 프로젝트인 거대한 파이프라인으로 인해 새로운 프로젝트로 즉시 전환되었기 때문입니다."

이러한 경고 시간의 제한성과 즉각적인 재배치를 고려할 때, 팀원들은 이전 프로젝트에서 무엇이 잘못되었는지를 반성하기보다는 새로운 프로젝트에서 좋은 출발을 위해 제한된 인지 능력을 적용하는 것처럼 보였다. 이 연구 내용은 다른 프로젝트의 팀원의 설명으로 지지된다. 그는 이렇게 설명했다. "[종료된 다음 날], 저는 그냥 이렇게 말했습니다. 이제 제 과제가 바뀌었습니다. 새로운 프로젝트를 위해 이것을 해야 합니다. 그리고 이것이 제가 지금 집중하고 있는 것입니다." 새로운 프로젝트를 시작하는 것은 많은 에너지와 지적 능력을 필요로 하는 것이다. 그리고 리더십은 새로운 프로젝트가 성공하기 위해 팀원들에게 "두 발로 뛰어들어라"고 장려하였다. 그러나 이러한 조치의 의도하지 않은 결과는 개인이 무엇이 잘못되었는지에 대해 제대로 반성하지 않아 실패한 프로젝트에서 학습할 기회가 줄어들었다는 것이다.

실패한 프로젝트에서 얻은 학습에 대해 성찰할 수 있는 제한된 기회 외에도, 빠르게 종료된 프로젝트를 경험한 개인은 자신의 경험으로부터 잠재적 학습을 명확하게 표명할 수 있는 기회의 제한도 서술하였다. 한 팀장은 이러한 프로젝트에서 팀원들이 공통적으로 가지고 있는 주제가 무엇인지를 강조하면서 솔직하게 다음과 같이 발언하였다. "제가 여기에서 저희 입장에서 말씀드리고자 하는 것은, 저희 팀원들은 [학습된 교훈]을 공유하지 못했습니다." 프로젝트의 신속한 종료로 팀 구성원들이 학습한 내용을 포함해 자신이 경험한 내용을 명확하게 표명할 수 있는 기회가 제한되었던 것으로 보인다. 몇몇 인터뷰 대상자들은 특히 우리가 그들과 토론하는 동안 학습을 명확하게 설명할 기회가 부족하다고 한탄했고 이것이 그들의 학습 능력에 영향을 미쳤다고 주장했다. 그들은 심지어 인터뷰 과정에 우리와 함께 참여할 수 있는 기회에 감사를 표시하며, 이것이 실패한 프로젝트 동안 일어났던 일과 상황이 어떻게 달라질 수 있었는지에 대해 반성하고 명확하게 설명할 수 있는 첫 번째이자 가장 실질적인 기회였다고 설명했다. 한 팀원에게 이전에 이와 같은 토론을 하는 것이 즐거웠는지 물었을 때 (즉, 프로젝트 종료에 가까워지고 그 과정에서 팀원이 참여하는 것), 그는 "예, 물론입니다!"라고 대답하였으며, 그 내용은 우리가 받은 대부분의 응답과 일치하였다. 이번 인터뷰를 통해, 빠른 종결과 프로젝트 실패 후 팀원의 빠른 업무재배치로 인하여 학습한 내용을 설명하는 기회를 놓쳤다는 것은 명백하다.

마지막으로, 급속하게 종료된 프로젝트의 구성원들 또한 신속한 재배치 때문에 실패한 프로젝트에서 배운 경험과 교훈을 효과적으로 명문화할 수 없었다. 이러한 팀 구성원들은 실패한 프로젝트에 대한 문서(분석결과)를 전혀 만들지 않은 것은 아니지만, 이들이 완료한 문서의 유형은 학습을 효과적으로 명문화한 팀과는 상당히 달랐다. 예를 들어, 일부 팀은 기본적인 기록 보관/감사 목적으로 프로젝트에 대한 기술(설명과는 달리)인 "기초적인" 수준에 머물고 있다. 이처럼 명문화된 기초 보고서는 예산 및 "산술적 결과"를 포함하여 프로젝트의 기술적 측면을 추적하기 위해 명시적으로 설계되었다.

그러나 대부분의 팀원들이 새로운 프로젝트로의 진행에 대한 집중력을 고려할 때 완전한 문서화 부족을 강조한 것처럼 이러한 유형의 명문화 작업조차도 드물었다. 예를 들어, 한 팀원은 다음처럼 말했다. "저는 '저희의 잘못된 것에 대하여 확실히 규명하고, 그것을 문서화하여, 그것을 통해 배우고, 어떻게 해서든지 다른 사람에게 알려야 한다'는 것을 언급한 사람을 실제로 만난 적이 없습니다. 네. 본 적이 없습니다. … 제가 들은 속담이 있습니다: '우리 회사가 알고 있는 것을 우리 회사가 알기만 했었더라면." 팀 구성원들은 더 넓은 조직 내에서 지식의 존재를 인정하면서도, 새로운 프로젝트를 추진해야 할 필요성 때문에 이러한 지식에 접근하려는 시도를 꺼렸다. 특히, 새로운 공학적인 도전에 대한 욕구와 실패를 뒤로 하고 싶은 욕구가 있기 때문에 인간의 마음이 실패한 프로젝트로 되돌아가는 것이 편할 리 없다. 따라서 (어떠한 제도 혹은 규율이 없다면 스스로 실패 경험에 대한 철저한 분석이) 실제 발생하는 경우는 드문 것이 사실이다.

위에서 요약한 결과는 실패가 기존 활동이 부적절했다는 강한 그리고 (보기에도) 부정할 수 없는 신호를 제공하므로 실패 사건이 성공보다 훨씬 더 실질적으로 학습을 촉발할 수 있다는 우리의 이해에 기여한다(Sitkin, 1992). 이러한 신호는 이해를 촉진하고 동기부여하며, 그래서 학습활동을 동기부여하고 촉진할 수 있는 것이다(Ginsberg, 1988; Morrison, 2002). 즉, 프로젝트 종료 후, 팀별 구성원들은 실패 사건(즉, 실패의 발생 원인 및 전 과정에서 어떤 결정이 내려졌는지를)에 대해 성찰할 수 있으며, 이러한 경험을 인지적으로 처리하고, 궁극적으로 실패에 대한 설명을 개발하여 학습할 수 있도록 할 수 있는 것이다(Shepherd et al., 2011; Weick, Sutcliffe, and Obstfeld, 2005). 이러한 이해에 대한 중요한 주의를 제공하면서, 우리의 연구 결과(Shepherd et al., 2014)는 프로젝트 실패 직후의 시간을 제공하는 전통적인 초점과는 달리 프로젝트 종료의 지연된 기간 동안 제공된 시간이 학습(즉, 더 많은 것을 배우는 사람)에 대해 더 많은 것을 설명해준다는 것을 강조한다. 구체적으로, 우리의 연구 결과는 프로젝트 실패 후 신속하게 인력을 재배치하는 R&D 조직의 팀 구성원들은 프로젝트 종료가 지연되는 동안(즉, 프로젝트가 실패했지만 아직 종료되지 않은 동안) 놀랍도록 신속하게 프로젝트 종료를 경험한 조직보다 더 많은 것을 학습한다는 것을 시사한다. 우리의 연구 결과의 요약은, 프로젝트 종료의 지연은 (1) 실패에 대한 성찰, (2) 잘된 것과 잘 못된 것에 대한 공개적인 표명, (3) 후속 프로젝트 진행을 위한 참조 또는 활용을 위한 이러한 학습 포인트의 명문화를 촉진하기 때문에 개별 팀 구성원들이 학습할 수 있는 시간과 동기를 제공하는 것이다.

● 5.8 논의

이 장(및 이의 기초 연구: Shepherd et al., 2014)에서는 실패로부터의 학습과 프로젝트의 빠른 종료 혹은 지연 여부 사이의 관계를 잠재적으로 설명하는 상황적 요인을 분석하고 탐구함으로써 프로젝트 종료 타이밍과 실패로부터의 학습에 대한 학문적 대화에 기여했다. 선행 연구는 프로젝트 종료 결정에 관련된 인식 문제(Ross and Staw, 1993; Staw and Ross, 1987)와 그것이 조직 학습에 미치는 영향을 탐구했다. 특히, 이 과거의 연구는 옵션을 소유하는 있는 인물들, 즉 주요 프로젝트에 대한 의사 결정권자들에게 초점이 맞춰져 있었다(McGrath et al., 2004). 그러나 현 시점에서의 연구 또한 종료 시점과 옵션 대상자(즉, 프로젝트 팀 구성원)의 반응을 연결하는 상황적 요인을 탐구하지 않고 있다(McGrath et al., 2004). 우리는 이러한 미개척 연구 영역을 해결하기 위한 발걸음을 내딛기 시작했으며, 프로젝트 실패뿐만 아니라 기업 실패(및 실패로부터의 학습)에 대한 연구에 모두 기여했다.

5.8.1 실패로부터의 학습 : 부정적 감정의 역할

우리는 부정적인 감정과 실패로부터의 학습 사이의 관계에 대한 세 가지 주요 통찰력을 제공하였다. 첫째, R&D 팀 구성원들은 특정 프로젝트에 참여하는 것보다 복잡한 엔지니어링 과제 참여를 더 우선시한다는 것을 발견했다. 이러한 우선순위를 고려할 때, 프로젝트 실패(즉, 실제 종료)는 팀 구성원들 사이에서 부정적인 감정을 거의 유발하지 않았다. 오히려, R&D 팀원들은 실패 과정이 지연되었을 때 부정적인 감정적 반응을 보였다; 그들이 새로운 공학적인 도전으로 나아가지 못하는 것이 좌절과 불안의 주요 원인이었다. 프로젝트 종료에 대한 부정적인 정서 반응을 이러한 방식으로 설명하면서, 우리는 조직 팀 구성원들이 무엇을 중시하는지(적어도 여기서 탐구한 R&D 집약적인 환경에서) 그리고 실패 사태 동안 그러한 가치가 어떻게 도전받는지에 대한 이해를 넓힌다. 이러한 이해는 종료 결정을 관리하고 실패한 프로젝트로부터의 학습 기대치에 영향을 미칠 수 있는 것이다.

둘째, 프로젝트 종료가 지연되고 있는 경우 팀원들이 부정적인 감정을 경험했을 때(즉, 흥미 있는 프로젝트에 배치가 차단되는 경우), 다른 문제, 즉 실패한 프로젝트에 대하여 분석하는 것으로 동기부여가 되었다. 따라서 부정적인 감정은 일반적으로 부정적인 결과를 발생시킨다고 가정되지만, 부정적인 감정은 팀 구성원들이 실패 사건으로부터 학습이라는 도전에 참여하도록 동기를 부여한다는 점에서 긍정적인 결과를 제공할 수 있다. 이와는 대조적으로, 프로젝트를 빠르게 종료하고 팀 구성원들을 타 프로젝트에 빠르게 재배치한 팀은 부정적인 감정을 거의 경험하지 않지만, 무엇이 잘못되었는지 반성하고, 그러한 성찰을 동료 팀원에게 명확히 표명하거나, 나중에 활용하기 위해 배운 교훈을 성문화도록 동기를 부여하지 못한다. 따라서 이 팀들은 전반적으로 부정적인 감정을 낮추기는 하였지만, 실패한 프로젝트에서 더 낮은 수준의 학습을 경험하는 것이다.

마지막으로, 부정적인 감정에 의해 생성된 학습 동기를 넘어, 프로젝트 종료 지연은 팀 구성원들에게 팀 토론을 구성할 시간이 되었다. 이러한 논의는 프로젝트 성찰(예: 부실하게 진행된 사항 등), 다르게 수행될 수 있었던 사항에 대한 표명과 논의, 그리고 중요한 것은 향후 사용을 위한 이 지식의 명문화를 위한 모임을 제공하였다. 이 발견으로부터 오는 반직관적인 통찰력은 특히 실패로부터의 학습 적기와 관련이 있다는 것이다. 일반적으로 실패로부터의 학습은 시간이 흐름에 따라 발생하는 프로세스로 개념화되었다 (Cardon and McGrath, 1999; Cope, 2011). 특히 프로젝트가 종료된 후에만 발생하는 프로세스로 이해하고 있다(Shepherd, 2003; Shepherd et al., 2011;

Ucbasaran, Shepherd, Lockett, and Lyon, 2013). 그러나 이 장에서 언급했듯이, 팀 구성원들이 기존 과제 종료 후 새롭고 복잡한 프로젝트로 즉시 재배치되는 배경을 고려한다면, 실패로부터의 학습은 주로 종료 전에 이루어져야 한다. 그러므로 종료의 지연은 그것이 발생시키는 부정적인 감정에도 불구하고 배움이라는 기회의 창을 확장시킨다.

전반적으로 프로젝트 종료 지연 또는 서서히 진행되는 죽음(그리고 새로운 엔지니어링 과제로 진전할 수 없음)으로 인해 부정적인 감정을 경험하는 프로젝트 팀 구성원들에게 높은 수준의 학습이 발생한다. 이러한 지연과 그 결과로 새롭게 도전적인 과제에 투입되고자 하는 욕구는 팀 구성원들이 새로운 R&D 과제로 재배치되기 전에 실패한 프로젝트로부터의 주요 학습 내용을 성찰하고, 명확히 표명하고 성문화할 수 있는 시간과 동기를 제공한다.

5.8.2 프로젝트 종료 시점에 대한 팀원들의 관점

우리는 또한 기업가적 관리에 영향을 미치는 통찰력을 제시하였는데, 특히 프로젝트에서 일하는 팀 구성원들의 관점을 이해하는 측면에서 시도한 것이다. 첫째, 팀원들은 공학적인 사고방식에 참여함으로써 실패한 프로젝트와 관련된 부정적인 감정을 줄일 수 있었다. 공학적인 사고방식(즉, 흥미롭고 도전을 자극하는 과제에 주의를 집중하는 것)은 프로젝트 실패 시와 실패 후 팀원들의 주의를 이끌었다. 그것이 의미하는 바는, 프로젝트 실패는 매우 적은 부정적인 감정을 초래하였고, 후속 프로젝트 과제에 신속하게 재배치되는 데에도 매우 적은 장애물을 제공한다는 것이다. 다만 (사업종료를 결정하지 못하는 관리자들의 무능력으로 인하여) 신규 프로젝트로의 배치전환이 지연되자 팀원들은 강한 부정적 감정을 느꼈다. 여기서 흥미로운 것은, 실패하는 프로젝트가 완전하게 종료된 때가 아니라 반대로 종료되지 않았을 때 부정적인 감정이 발생했다는 것이다. 따라서 공학적인 사고방식은 문제 해결 활동을 안내하는 인지 스크립트(cognitive script)를 가지고 있으며, 뿐만 아니라 (실패하는) 프로젝트에 대한 그들의 헌신을 대체하는 특정 작업에 주의를 집중할 수 있도록 팀원들을 고무하는 것이다. 따라서 유사한 환경에서 기업가적인 팀의 관리자는 프로젝트를 신속하게 종료하는 데 더 많은 유연성(팀 구성원의 정서적 반응 측면에서)을 가질 수 있지만, 이는 비용(즉, 학습 부족)을 초래할 수 있다. 따라서 팀 관리자는 이러한 유형의 팀 구성원들이 주로 엔지니어링 과제에 어떻게 대처하는지를 고려하면서, 프로젝트 종료 결정 시에는 실패 사건으로부터의 학습의 중요성, 재배치 필요성 및 기타 필요성의 균형을 맞출 수 있어야 한다.

둘째로, 종료의 지연된 기간 동안, 팀 구성원들은 상황의 모호함에 불편해 할 수 있지만, 지연은 그들이 실패로부터 학습할 시간을 제공한다. 지연에 의해 제공된 시간 동안 팀 구성원들은 함께 모여 남아 있으면서, 개인적 실수들(즉, 특정 프로세스의 실수, 계산 착오 등)에 대해 개인적 및 팀 차원에서 성찰할 수 있다. 즉, 조직 수준에서 발생한 문제(즉, 실패를 초래한 관리 차원의 의사 결정 문제, 부서 간 조정 문제 등), 특정 기술적 과제, 계산 착오 또는 이슈들(즉, 엔지니어링 관점에서 본 기술 문제), 산업별 또는 시장 문제(즉, 제품 개발에 대한 제도적 또는 정부의 영향력, 고객 참여 등) 등을 포괄적으로 다룬다. 진행 중인 프로젝트 팀 내 분위기에서 나타나는 이러한 성찰은 팀 구성원에게 학습한 교훈에 대해 논의하고, 명확히 표명하며, 성문화할 수 있는 기회를 제공한다-이것은 조직 수준에서의 학습을 위한 중요한 단계이다(Zolo and Winter, 2002). 핵심적인 통찰은, 팀 구성원들이 신속하게 재배치될 때 팀 구조의 해체와 학습 결과가 이전될 기회의 상실을 고려해 보면, 프로젝트 종료 후 팀 구성원들에 대한 학습은 대부분 발생하지 않는다는 것이다.

마지막으로, 서서히 진행되는 죽음으로 인한 부정적인 감정은 팀 구성원들이 실패 사건으로부터 학습하도록 동기를 부여한다. 관리적 관점에서 부정적인 감정은 학습에 효과적인 도구가 될 수 있는데, 즉 팀 구성원들에게 프로젝트에 뭔가 문제가 생겼고, 프로젝트에서 일어나고 있는 일이 더 이상 조직에 의해 가치 있게 여겨지지 않는다는 신호로 다가오기 때문이다. 부정적인 감정은 파괴적일 수 있지만, 관리자들은 새로운 공학적인 도전을 기다리면서 팀원들의 좌절감을 무엇이 잘못되었는지를 알아보는 도전에 참여하도록 전환시킬 수 있다. 이런 방식으로, 지연에 의해 생성된 부정적인 감정은 실패로부터 학습하는 것을 방해하기 보다는 촉진시킨다.

요약하자면, 팀 구성원들의 관점(즉, 옵션 대상자)을 통해 우리 공동저자들은 관리자가 프로젝트의 종료 시간을 어떻게 하느냐 그리고 그들이 실패로부터 학습할 수 있는 방법에 대한 개별 팀 구성원들의 반응을 강조하였다. 특히, 종료 지연의 맥락에서, 프로젝트 팀 구성원들은 (1) 특정의 구체적인 작업이 아니고 공학적인 과제에 대한 작업의 중요성을 강조함으로써 프로젝트 실패와 관련된 부정적인 감정을 완화하고 줄여야 한다. (2) 학습한 교훈을 성찰, 표명 및 성문화할 적절한 기간을 제공해야 한다. 그리고 (3) 지연과 관련된 서서히 진행되는 죽음으로부터 생성된 부정적인 감정들을 실패 사건에 대한 이해와 분석 그리고 실패 경험으로부터의 철저한 학습을 위한 도전으로 전환하여야 한다. 다음 장에서는 개인의 감성 지능은 물론 조직의 감성 능력이 슬픔 회복과 이해 모두에서 어떻게 중요한 역할을 할 수 있는지 자세히 살펴본다.

5.8.3 포트폴리오 관리와 기업의 기업가정신에 대한 시사점

기업가정신과 프로젝트 포트폴리오 관리에 대한 광범위한 이론은 프로젝트가 언제 어떻게 종료되는지 그리고 실패한 프로젝트에서 학습하는 것 사이의 연관성을 이해하는 데 중요하다. 우리는 양쪽 연구 흐름에 모두 기여하는 통찰을 구축했다. 첫째, 포트폴리오 관리의 주요 구성요소들 간의 상호관계에 대해 더 깊이 이해할 수 있도록 하였다. 우리는 (잠재적으로) 본질적으로 리스크를 안고 가는 R&D 작업과 관련된 불확실성을 관리하는 데 도움이 되는 조사(Brown and Eisenhardt, 1997) 또는 옵션(McGrath, 1999)으로서의 프로젝트 기능의 중요성을 재확인했다. 이러한 조건하에서, 기업 R&D 의사결정자는 실패하고 있거나 또는 실패한 프로젝트를 신속하게 종료하여 더 많은 가능성을 보이는 다른 활동에 중요한 자원(예: 인적, 기술 등)을 재배치함으로써 보다 광범위한 차원에서 조직의 전반적인 성과를 개선할 수 있다(Brown and Eisenhardt, 1997; McGrath, 1999). 그러나 종료 프로세스에서 고려해야 할 또 다른 "자원"은 실패의 결과로 발생할 수 있는 학습이다. 이 연구의 통찰은 학습이 주로 프로젝트가 종료되기 전에 발생한다는 것을 시사하고 있다.

따라서 이러한 시사점은 종료 속도에 관한 결정에 반영되어야 하는 요인이다. 실패는 팀 구성원들의 주의를 끌고 학습에 동기를 부여해야 하지만 (Chuang and Baum, 2003; Sitkin, 1992), 우리의 데이터는 이러한 통념을 뒷받침하지 못했다. 오히려, 우리의 연구 결과는 실패로부터의 학습을 위한 동기부여 요인은 주의(attention)와 이해(sensemaking)를 가동시키는 실패가 아니라, 새로운 공학적 도전 과제에서 일하고 싶은 욕구가 보다 더 강력한 동기부여 요인이었다. 이러한 동기 부여 요인과 새로운 프로젝트로의 신속한 재배치 때문에, 개인은 프로젝트가 공식적으로 종료된 후 학습 활동에 참여할 시간과 인지 노력이 부족했다.

이러한 결과는 혁신 프로젝트를 관리하는데 유용한 리얼 옵션 추론 (real-options reasoning)[1] 및 포트폴리오 관리 방향에 시사점을 제공한다. 기업 환경의 불확실성을 관리하기 위하여 조사 또는 선택사항으로 R&D 프로젝트를 활용하는 것과 관련한 메카니즘은 학습을 포함한 조직의 지식과 능력에 기여할 수 있는 새로운 정보를 생성한다는 것이다(McGrath, 1999). 프로젝트 관리에 대한 리얼 옵션 접근 방식은 (1) 특정 기준을 충족하지 못하는 프로젝트의 신속한 종료, (2) 종료 결정 후 프로젝트 팀 구성원들(즉, 인적 자원)의 신속한 재배치, (3) 프로젝트의 종말을 초래한 실패로부터의 학습을 강조한다(Brown and Eisenhardt, 1997; McGrath, 1999; McGrath and Cardon, 1997). 그러나 위에서 보고된 결과를 바탕으로 조직은 이러한 속성 중 2개를 가질 수 있지만, 반드시 3가지 속성을 모두 가질 필요는 없다. 구체적으로 설명하면, 조직은 실패한 프로젝트를 신속하게 종료하고 후속적으로 인적 자원을 재배치할 수 있지만, 그렇게 하면 개인이 실패로부터 배울 기회를 제한하거

---

1 역자 주: 리얼 옵션식 사고는 기술반전이 빠르고 불연속적인 신약 개발이나 IT 분야의 투자 의사결정에서 광범위하게 사용되고 있다. 불확실성이 높은 상황에서 하나의 대안을 선택해 투자하는 것이 아니라 복수의 대안에 대해 소규모 투자를 하는 것이다. 기업은 여러 가지 대안에 조금씩 투자하면서 기술을 익히고 시장 흐름에 뒤쳐지지 않도록 노력한다. 특히 대안마다 대규모 투자 때 필요한 역량을 파악하고 미리 인재와 기술을 확보하는데 주력한다. 즉 적절한 타이밍에 옵션별 성공 가능성과 투자수익률 등을 검토해 투자를 확대하거나 중단하는 결정을 내리는 것이다. (출처 : [네이버 지식백과] 리얼옵션 (매일경제, 매경닷컴).

나 심지어 없앨 수 있다. 마찬가지로, R&D 프로젝트 실패에 대한 학습은 종료 결정이 지연될 때 팀 구성원들에게 발생했다. 리얼－옵션 추론(McGrath, 1999)과 일치하는 이러한 지연은 기업 경영, 자회사 경영, 특히 프로젝트 운영에 직접 관여하는 기업 경영자들에겐 비용이 많이 드는 것으로 간주되었다. 게다가, 인적 자원 재배치의 지연은 프로젝트에 관련된 모든 사람들에 의해 개탄되었다.

그러나 우리 연구 결과의 참신함은 종료 지연이 프로젝트 경험에서 배운 교훈에 대한 성찰, 표명 및 명문화를 위한 시간을 제공하므로 특정한 이점을 제공할 수 있다는 것을 발견한 것이다. 우리 연구의 데이터는 재배치 속도의 차이를 포함하지 않았지만(즉, 모든 개인이 즉시 새 과제로 재배치됨으로 간주함), 실패한 프로젝트 종료 후 인적 자원 재배치의 지연이 학습에 긍정적인 영향을 미칠 수 있다고 의심하고 향후 연구를 수행하기를 기대한다. 미래 비용 절감과 혁신적인 신제품 식별에 있어 R&D 집약적인 조직에 학습이 얼마나 중요한지를 고려할 때(Hoang and Rothaermel, 2005; McGrath, 1999), 우리의 연구 결과는 개인 및 조직 학습 결과는 보다 장기적인 측면에서 영향을 가진다는 한층 광범위한 맥락 하에서 프로젝트 종료 결정의 즉각적인 재무적 영향에 초점을 맞추는 것의 중요성을 강조한다.

둘째, 우리의 발견은 기업가정신, 특히 인지(cognition)와 관련된 이론적 연구에 기여한다. 프로젝트 종료 결정을 내릴 때 타이밍의 중요성을 거듭 강조했지만, 우리는 그 결정에 의해 직접적인 영향을 받는 사람들의 입장과 궁극적으로 기업 수준의 학습을 생성하는 책임 있는 사람들의 입장을 종합하였다. 이전의 연구는 주로 누가 프로젝트를 종료하는 결정을 내리고 이러한 결정이 의사결정자와 조직 모두에 어떤 영향을 미치는지에 초점을 맞췄다(McGrath, 1999; Royer, 2003; Sitkin, 1992). 예를 들어, Corbett과 동료 연구진(2007)은 기업 혁신가(즉, 기업 프로젝트에 대한 의사 결정자)들은 프로젝트 실패에 대한 접근법에서 다양한 인지 스크립트를 사용하는 방법을 탐구했다. 그들은 의사결정자가 프로젝트를 종료할 때 시장 및 조직 요소에 대한 이해를 개발하지 못할 경우(즉, "훈련되지 않은 종료"), 또는 어떠한 전략적 목표와 지속을 연결하지 않고 프로젝트를 수명 이상으로 유지할 때(즉, "혁신 표류"), 학습이 제한될 수 있다는 것을 발견했다. 이와는 대조적으로, Corbett과 동료들은 시장 및 전략적 목표를 고려하여 프로젝트 종료 결정(즉, "전략적 종료")을 내리는 기업가들이 성공하는 데 필요한 중요한 조직 및 시장 요소를 학습하는데 훨씬 나은 위치에 있음을 발견했다(2007: 838). Corbett과 동료들(2007)의 통찰력은 특히 학습이 기업의 능력에 이익을 줄 수 있는 방법과 관련하여 프로젝트의 종료 여부와 시기에 대한 의사결정자의 인식과 "종료 스크립트"에 대한 우리들의 이해를 증진시켰다(Corbett et al., 2007). 이러한 발견은 위에서 언급한 바와 같이, 전통적으로 옵션 대상자(피고용자)와는 반대로 옵션 소유자(고용주 및 경영자)에게 초점을 맞춰온 리얼 옵션 추론 접근법과 일관된 연구결과를 갖는다(예: McGrath, 1999; McGrath et al., 2004). 그러나 옵션 대상자인 조직구성원들은 프로젝트에 내재되어 있다는 점에서 실패 사건에 대해 매우 다른 반응을 보일 가능성이 있다. 프로젝트 종료 의사결정자가 아닌 프로젝트 팀 구성원들의 관점을 탐구하는 과정에서, 우리는 팀에 대한 정서적 영향을 이해함으로써 의사결정자의 종료 스크립트가 미치는 영향에 대한 연구에 기여했다. 우리의 연구 결과는 R&D 프로젝트 팀 구성원들과 의사결정자가 종료 타이밍에서 다를 수 있음을 시사하며, 이러한 차이는 학습에 영향을 미친다. 핵심적으로 취해야 할 내용은, 팀 구성원들은 자회사 관리자가 프로젝트를 종료하는 데 시간이 너무 오래 걸린다고 인식하면 일반적으로 부정적인 정서적 반응을 보이면서도 자신의 경험을 통해 배울 수 있는 기회를 잡는다는 점이다.

　　마지막으로, 상실(loss)에 관한 문헌은 대다수의 사람들이 그들에게서 중요한 것을 잃어버렸을 때 부정적인 감정 반응을 경험한다는 것을 발견했다. 상실의 예로는 이혼으로 소중한 관계의 상실(Kitson, Babri, Roach, and Placidi, 1989), 죽음으로 가족, 친구 또는 사랑하는 사람의 상실(Archer, 1999), 파산(Shepherd, 2003) 등이 있다. 마찬가지로, 그리고 제3장에서 광범위하게 논의된 바와 같이, Shepherd와 동료들의 연구(2011)의 발견 포인트는, 연구 과학자들은 그들의 연구 프로젝트에 많은 가치를 두기 때문에 연구 프로젝트가 실패할 때 부정적인 감정 반응을 경험한다는 것이다. 그러나 기존의 문헌에서 이러한 발견에도 불구하고, 우리는 우리의 데이터에서 이것을 관찰하지 못했다. 구체적으로, 모든 팀의 구성원들(급속 종료된 팀 및 종료 지연 팀 모두)은 특정 프로젝트의 상실에 접하여 특히 부정적인 감정 반응을 최소화했다. 이러한 정서적 반응의 결여에 대한 한 가지 가능한 설명은 팀 구성원들이 실패에 대한 광범위한 개인적 경험을 통해서 또는 실패를 정상사고화 하는 더 넓은 환경에서의 멤버십(즉, R&D 그룹) 때문에 이러한 유형의 실패에 지나치게 익숙해졌다는 것이다(Ashforth and Kreiner, 2002). 그러나 우리의 데이터는 대안적인 설명을 제시한다. 상실에 대한 이전 문헌과 일관되게, 우리의 연구 결과는 팀 구성원들이 "잃어버린 것" 때문에 부정적인 감정을 경험했지만, 그 상실감은 프로젝트가 아니라, 오히려 엔지니어링 과제에 재배치되어 작업을 할 수 없다는 것에 있음을 강조한다. 우리 연구진이 수행한 표본 집단에서는 개인들이 실패를 정상적인 것으로 간주하지는 않았지만, 새로운 프로젝트로 빠르게 넘어가는 것은 매우 일반적인 일이었고 각 팀 구성원들이 표현하는 일반적인 기대였다. 따라서 새로운 프로젝트로 이동하는 것이 정상으로 간주될 때, 이러한 전환의 지연은 비정상적이거나 비관례적인 것으로 간주될 수 있으며, 이는 팀 구성원들 사이에 부정적인 감정 반응을 초래할 가능성이 있다. 이러한 추론은 데이터에서 발견한 것과 일치한다. 팀 구성원들의 엔지니어링 사고방식이 그들을 빠르게 앞으로 이동하도록 동기를 부여했다. 따라서 팀원들이 빠르게 앞으로 이동했을 때, 그들은 부정적인 감정을 거의 경험하지 못했는데, 이는 조직 차원에서 프로젝트가 정상사고화되는 것과는 거의 관련이 없는 것으로 보였다.

엔지니어링 사고방식의 장점으로는 새로운 과제로 인적 자원을 신속하게 재투자할 수 있는 능력, 저성과 프로젝트에서 불필요한 지속 가능성(즉, 집착의 확대)을 낮추는 능력, 낮은 수준의 부정적인 감정으로 인한 개입의 필요성이 감소한다는 것이다. 그러나 이러한 "승리"는 프로젝트의 실패로부터 적절히 학습하지 못한 팀 구성원들이 상실한 것을 초과하지 못할 수 있는 것이며, 따라서 이러한 작은 승리가 충분한 관심을 끌기에 충분히 크지 않을 수 있다는 비판과 일치한다(Sitkin, 1992).

이 장(및 그 기초 논문인 Shepherd et al., 2014)에서는, R&D 집약적인 조직에서 실패한 프로젝트와 팀 구성원 수준에서의 학습과의 관계성, 그리고 프로젝트 종료 스타일(즉, 빠르거나 지연된)과 부정적인 감정에 의해 학습이 어떻게 영향을 받는지를 탐구했다. 대형의 다국적 기업(즉, 4개 자회사 및 그 자회사 내부의 8개 팀)에 대한 이례적인 접근 권한이 주어졌기 때문에, 우리는 이 중요한 주제에 대한 우리의 연구 질문을 깊이 탐구할 수 있었다. 선행 연구는 프로젝트 종료 타이밍과 조직 결과(예: 실패로부터의 학습) 사이의 연관성을 인정했지만, 이러한 연구는 거의 전적으로 의사결정자의 인지 기능에 초점을 맞추었다. 여기서는 대안적인 관점(옵션 또는 프로젝트 팀 구성원의 관점에서)을 취하여 반직관적이며 이론을 형성하는 다양한 통찰력을 제공했다. 프로젝트 팀원들은 실패해 가고 있거나 혹은 성과가 불량한 프로젝트에 대한 집착을 지속하는 대신, 프로젝트 종료 결정이 지연되는 것을 슬금슬금 죽어가는 것으로 간주했다. 또한 실패한 프로젝트(그리고 최종 종료)는 프로젝트 팀 구성원들에게 부정적인 감정을 일으키지 않았다. 오히려 부정적인 감정을 발생시킨 것은 (종료 지연 중에) 다음 엔지니어링 과제로 넘어갈 수 없는 점이었다. 마지막으로, 종료 지연과 관련된 부정적인 감정은 학습을 방해하기보다는 팀 구성원들이 실패한 프로젝트를 이해함으로써 경험을 통해 배우도록 동기를 부여했다. 따라서 프로젝트 종료 타이밍 결정에 대한 R&D 팀 구성원들의 인지적, 정서적 반응은 향후 연구에 더욱 실질적인 역할을 할 가능성이 높다. 왜냐하면 실패로부터의 학습을 이해하는 것을 추구하기 때문이다.

결론적으로, 지연된 종료는 다른 상황에서도 유용할 것으로 보인다. 사업(또는 프로젝트)이 개인에게 가장 중요한 것 중 하나일 때, 어떤 종료 지연은 감정적인 준비를 허용하여 실패로 인한 슬픔이 덜 발생하게 한다. 슬픔이 줄어들면 경험으로 배우는 정서적 장애도 제거된다. 그러나 엔지니어링 과제가 가장 중요할 때에는 지연은 더 큰 부정적인 정서 반응을 일으키지만,

이러한 감정은 실패가 발생하기 전의 경험으로부터 학습하는 데 동기를 부여하며, 지연은 실패 사건 후에는 활용할 수 없는 (즉, 조직적 학습에 필요한 조치로써) 반성, 표명 및 성문화 시간을 제공한다(Zolo and Winter, 2002).

REFERENCES

Allen, N. J. & Meyer, J. P. 1990. The Measurement and Antecedents of Affective, Continuance and Normative Commitment to the Organization. *Journal of Occupational Psychology*, 63(1): 1−18.

Anderson, C. J. 2003. The psychology of doing nothing: Forms of decision avoidance result from reason and emotion. *Psychological Bulletin*, 129(1): 139−167.

Ansic, D. & Pugh, G. 1999. An experimental test of trade hysteresis: market exit and entry decisions in the presence of sunk costs and exchange rate uncertainty. *Applied Economics*, 31(4): 427−436.

Archer, J. 1999. *The nature of grief: The evolution and psychology of reactions to loss*. New York: Routledge.

Arkes, H. R. & Blumer, C. 1985. The psychology of sunk costs. *Organizational Behavior & Human Decision Processes*, 35(1): 124−140.

Ashforth, B. E. & Kreiner, G. E. 2002. Normalizing emotion in organizations: Making the extraordinary seem ordinary. *Human Resource Management Review*, 12(2): 215−235.

Bower, G. H. 1992. How might emotions affect learning?, *The handbook of emotion and memory: Research and theory*, Christianson, S. ed.: 3−31. Hillsdale, NJ: Lawrence Erlbaum.

Brockner, J. 1992. The escalation of commitment to a failing course of action: Toward theoretical progress. *Academy of Management Review*, 17(1): 39−61.

Brown, S. L. & Eisenhardt, K. M. 1997. The Art of Continuous Change: Linking Complexity Theory and Time−Paced Evolution in Relentlessly Shifting Organizations. *Administrative Science Quarterly*, 42(1): 1−34.

Cannon, M. D. & Edmondson, A. C. 2005. Failing to learn and learning to fail (intelligently): How great organizations put failure to work to innovate and improve. *Long Range Planning*, 38(3): 299−319.

Cardon, M. & McGrath, R. G. 1999. *When the going gets tough: Toward a psychology of entrepreneurial failure and re−motivation*. Paper presented at the Babson College Entrepreneurship Research Conference, University of South Carolina.

Chuang, Y.T. & Baum, J. A. C. 2003. It's all in the name: Failure−induced learning by multiunit chains. *Administrative Science Quarterly*, 48(1): 33−59.

Cooper, R. G. 2008. Perspective: The Stage−Gate (R) idea−to−launch process −update, what's new, and NexGen systems. *Journal of Product Innovation Management*, 25(3): 213−232.

Cope, J. 2011. Entrepreneurial learning from failure: An interpretative phenom− enological analysis. *Journal of Business Venturing*, 26(6): 604−623.

Corbett, A. C., Neck, H. M., & DeTienne, D. R. 2007. How corporate entrepreneurs learn from fledgling innovation initiatives: Cognition and the development of a termination script. *Entrepreneurship Theory and Practice*, 31(6): 829−852.

Cyert, R. & March, J. 1963. *A behavioral theory of the firm*. Upper Saddle River, N.J.: Prentice Hall/Pearson Education.

Dixit, R. K. & Pindyck, R. S. 2008. *Investment under uncertainty*. Princeton university press.

Estrada, C. A., Isen, A. M., & Young, M. J. 1997. Positive affect facilitates integration of information and decreases anchoring in reasoning among physicians. *Organizational behavior and human decision processes*, 72(1): 117−135.

Fiol, C. M. & Lyles, M. A. 1985. Organizational learning. *Academy of Management Review*, 10(4): 803−813.

Frank, M. G. & Gilovich, T. 1989. Effect of Memory Perspective on Retrospective Causal Attributions. *Journal of Personality and Social Psychology*, 57(3): 399−403.

Fredrickson, B. L. 2001. The role of positive emotions in positive psychology:

The broaden−and−build theory of positive emotions. *American psychologist*, 56(3): 218.

Fredrickson, B. L. & Branigan, C. 2005. Positive emotions broaden the scope of attention and thought-action repertoires. *Cognition & Emotion*, 19(3): 313−332.

Garland, H., Sandefur, C., & Rogers, A. 1990. Do−escalation of commitment in oild exploration: When sunk losses and negative feedback coincide. *Journal of Applied Psychology*, 75:721−727.

Ginsberg, A. 1988. Measuring and modeling changes in strategy: Theoretical foundations and empirical directions. *Strategic Management Journal*, 9(6): 559−575.

Gong, Y., Law, K. S., Chang, S., & Xin, K. R. 2009. Human resources management and firm performance: The differential role of managerial affective and continuance commitment. *Journal of Applied Psychology*, 94(1): 263.

Green, S. G. & Welsh, M. A. 2003. Advocacy, performance, and threshold influences on decisions to terminate new product development. *Academy of Management Journal*, 46(4): 419−434.

Green, S. G., Welsh, M. A., & Dehler, G. E. 2003. Advocacy, performance, and threshold influences on decisions to terminate new product development. *Academy of Management Journal*, 46(4): 419−434.

Guler, I. 2007. Throwing good money after bad? Political and institutional influences on sequential decision making in the venture capital industry. *Administrative science quarterly*, 52(2): 248−285.

Hoang, H. & Rothaermel, F. T. 2005. The effect of general and partner−specific alliance experience on joint R&D project performance. *Academy of Management Journal*, 48(2): 332−345.

Isen, A. M., Daubman, K. A., & Nowicki, G. P. 1987. Positive affect facilitates creative problem solving. *Journal of personality and social psychology*, 52(6): 1122.

Kiesler, S. & Sproull, L. 1982. Managerial responses to changing environments: Perspectives on problem sensing from social cognition. *Administrative Science Quarterly*, 27(4): 548−570.

Kitson, G. C., Babri, K. B., Roach, M. J., & Placidi, K. S. 1989. Adjustment to widowhood and divorce: A review. *Journal of Family Issues*, 10(1): 5−32.

Masters, J. C., Barden, R. C., & Ford, M. E. 1979. Affective states, expressive behavior, and learning in children. *Journal of Personality and Social Psychology*, 37(3): 380.

McGrath, R. 1999. Falling forward: Real options reasoning and entrepreneurial failure. *Academy of Management Review*, 24: 13−30.

McGrath, R. G. & Cardon, M. S. 1997. *Entrepreneurship and the functionality of failure*, seventh Annual Global Entrepreneurship Research Conference. Montreal, Canada.

McGrath, R. G. 2001. Exploratory learning, innovative capacity, and managerial oversight. Academy of Management Journal, 44(1): 118−131.

McGrath, R. G., Ferrier, W. J., & Mendelow, A. L. 2004. Real options as engines of choice and heterogeneity. *Academy of Management Review*, 29(1): 86−101.

McMullen, J. S. & Shepherd, D. A. 2006. Entrepreneurial action and the role of uncertainty in the theory of the entrepreneur. *Academy of Management Review*, 31(1): 132−152.

Meyer, M. & Zucker, L. 1989. *Permanently Failing Organizations*. Newbury Park, CA: Sage.

Morrison, E. W. 2002. Newcomers' relationships: The role of social network ties during socialization. *Academy of Management Journal*, 45(6): 1149−1160.

O'Reilly, C. A. & Chatman, J. 1986. Organizational commitment and psychological attachment: The effects of compliance, identification, and internalization on prosocial behavior. *Journal of Applied Psychology*, 71(3): 492.

Ohlson, J. A. 1980. Financial ratios and the probabilistic prediction of bankruptcy. *Journal of Accounting Research*, 18(1): 109−131.

Petroski, H. 1985. To engineer is human: *The role of failure in successful design*. St. Martin's Press New York.

Pinto, J. K. & Prescott, J. E. 1988. Variations in critical success factors over the stages in the project life−cycle. *Journal of Management*, 14(1): 5−18.

Pinto, J. K. & Prescott, J. E. 1990. PLANNING AND TACTICAL FACTORS IN THE PROJECT IMPLEMENTATION PROCESS. *Journal of Management Studies*, 27(3): 305−327.

Popper, K. R. 1959. *The logic of scientific discovery.* London: Hutchinson, 1.

Prencipe, A. & Tell, F. 2001. Inter−project learning: Processes and outcomes of knowledge codification in project−based firms. *Research Policy*, 30(9): 1373-1394.

Pronin, E. & Ross, L. 2006. Temporal differences in trait self−ascription: when the self is seen as an other. *Journal of Personality and Social Psychology*, 90(2): 197.

Reich, W. 1949. *Character Analysis.* New York: Oregon Institute Press.

Ross, J. & Staw, B. M. 1993. Organizational escalation and exit: Lessons from the Shoreham Nuclear Power Plan. *Academy of Management Journal*, 36(4): 701−732.

Royer, I. 2003. Why bad projects are so hard to kill. *Harvard Business Review*, 81: 48−56.

Schmidt, J. B. & Calantone, R. J. 1998. Are really new product development projects harder to shut down? *Journal of Product Innovation Management*, 15(2): 111−123.

Shepherd, D. A. 2003. Learning from business failure: Propositions of grief recovery for the self−employed. *Academy of Management Review*, 28(2): 318−328.

Shepherd, D. A. & Cardon, M. S. 2009. Negative emotional reactions to project failure and the self−compassion to learn from the experience. *Journal of Management Studies*, 46(6): 923−949.

Shepherd, D. A., Covin, J. G., & Kuratko, D. F. 2009. Project failure from corporate entrepreneurship: Managing the grief process. *Journal of Business Venturing*, 24(6): 588−600.

Shepherd, D. A., Patzelt, H., & Wolfe, M. 2011. Moving forward from project failure: Negative emotions, affective commitment, and learning from the experience. *Academy of Management Journal*, 54(6): 1229−1259.

Shepherd, D. A., Patzelt, H., Williams, T. A., & Warnecke, D. 2014. How Does Project Termination Impact Project Team Members? Rapid Termination, 'Creeping Death', and Learning from Failure. *Journal of Management Studies*, 51(4): 513−546.

Sitkin, S. B. 1992. Learning through failure: The strategy of small losses. In B. M. Staw & L. L. Cummings (Eds.), *Research in Organizational Behavior*, Vol. 14: 231−266. Greenwich, CT: JAI Press.

Staw, B. M. & Ross, J. 1987. Behavior in escalation situations: Antecedents, prototypes, and solutions. *Research in Organizational Behavior*, 9: 39−78.

Staw, B. M., Barsade, S. G., & Koput, K. W. 1997. Escalation at the credit window: A longitudinal study of bank executives' recognition and write−off of problem loans. *Journal of Applied Psychology*, 82(1): 130−142.

Ucbasaran, D., Shepherd, D. A., Lockett, A., & Lyon, S. J. 2013. Life after business failure the process and consequences of business failure for entrepreneurs. *Journal of Management*, 39(1): 163−202.

Van Eerde, W. 2000. Procrastination: Self−regulation in initiating aversive goals. *Applied Psychology − an International Review−Psychologie Appliquee−Revue Internationale*, 49(3): 372−389.

van Witteloostuijn, A. 1998. Bridging behavioral and economic theories of decline: Organizational inertia, strategic competition, and chronic failure. *Management Science*, 44(4): 501−519.

Wagner, J. A. & Gooding, R. Z. 1997. Equivocal information and attribution: An investigation of patterns of managerial sensemaking. *Strategic Management Journal*, 18(4): 275−286.

Weick, K. E. 1990. The vulnerable system: An analysis of the Tenerife air disaster. *Journal of management*, 16(3): 571−593.

Weick, K. E., Sutcliffe, K. M., & Obstfeld, D. 2005. Organizing and the process of sensemaking. *Organization science*, 16(4): 409−421.

Weick, K. E. & Sutcliffe, K. M. 2007. *Managing the unexpected: Resilient performance in an age of uncertainty.* San Francisco, CA: Jossey−Bass.

Zollo, M. & Winter, S. G. 2002. Deliberate learning and the evolution of dynamic capabilities. *Organization Science.* 13(3): 339−351.

06

슬픔회복과 의미형성을 위한
감성지능과 감성능력

제5장에서, 우리는 조직적인 맥락에서 프로젝트 실패로 인해 발생할 수 있는 "서서히 다가오는 죽음"에 대해 자세히 논의했다. 이제 우리는 조직 관례(예: 감성 능력[emotional capabilities])뿐만 아니라 개인의 특성(예: 감정 지능 [emotional intelligence])이 슬픔 회복(grief recovery)과 의미형성(sensemaking) 과정에 어떻게 도움이 되는지에 관심을 돌린다. 감정은 조직에서도 생성되고 표현된다. 즉, 감정은 조직 프로세스의 중요한 입력이자 결과이다(Gooty, Gavin, and Ashkanasy, 2009). 감정은 개인 간(예: 감성 지능, 조직 몰입, 만족) (Fisher and Ashkanasy, 2000; Mayer and Salovey, 1997; Meyer and Allen, 1997), 그룹 및 팀 내부(예: 집단 정서적 분위기와 감정 전염)(George, 1990; Kelly and Barsade, 2001), 그리고 조직 전반적인 정서적 분위기를 포함한 여러 수준에서 조직 과정에 중요한 입력 요인이다(Ashkanasy and Humphrey, 2011). 감정은 또한 종종 조직적인 사건들에 의해 생성된다. 예를 들어, 조직구성원들의 감정은 급격한 프로젝트 변화의 도입(Huy, 1999, 2002; Seo, Barrett, and Bartunek, 2004)과 같은 변화의 시행에 반응하여 촉발될 수 있다(Kiefer, 2005).

일부 주도적인 실행계획(initiatives)은, 특히 본질적으로 기업가적(혁신적) 인 계획은 때때로 변화와 관련된 감정문제 이상으로 실패로 귀결되는 위험

(risk)을 내포하고 있는 현실적 문제이다. 이러한 실패는 매우 부정적인 사건으로 간주되며(개인적 수준: Shepherd and Cardon, 2009; Shepherd et al., 2011, 그리고 조직 수준: Cannon and Edmondson, 2001), 그리고 종종 부정적인 정서 반응을 유발한다. 이 책 전체에서 논의하고 있는 바와 같이, 이러한 부정적인 감정의 발생은 학습을 방해하고 기업가적인 프로젝트를 다시 시도하려는 개인의 동기를 감소시킬 수 있다. 학습 방해와 기업가적 활동에 더 참여하려는 동기의 감소는 직원들을 조직 활동에 덜 전념하게 만들어(Ng, Butts, Vandenberg, DeJoy, and Wilson, 2006), 이로 인해 조직은 점점 더 어려움에 봉착하게 되는 것이다. 따라서 조직 구성원 간의 지식 이전(knowledge transfer)과 새로운 조직 지식(organizational knowledge)의 생성이 감소하는 것으로 연동되는 것이다(Egan, Yang, and Bartlett, 2004). 그러므로 비록 실패가 개인에게 학습 기회를 제공하지만, 실패에 대한 감정적인 반응은 그러한 학습을 방해할 수 있는 잠재적 속성을 가지고 있다. 또한 실패 후 학습할 시간이 제한될 수 있으며(Shepherd, Patzelt, Williams, and Warnecke, 2014), 또는 학습이 발생하더라도 개인에서 조직성과로 직접적인 이전이 실패할 가능성은 언제든 있다. 왜냐하면, 개인은 다시 시도하려는 (즉, 새롭게 학습된 지식에 따라 행동할) 동기부여가 저하되어 있고, 그래서 학습한 것을 다른 구성원들과 함께 공유할 가능성이 낮기 때문이다. 직원의 헌신과 지식 이전이 조직성과에 매우 중요하다는 점을 감안할 때, 실패 사건에서 오는 감정과 학습의 역할을 이해할 필요가 있다. 개인과 조직에 이익이 될 수 있는 특별한 정보와 지식을 제공할 수 있기 때문이다.

감정의 "관리"에 대한 최근의 연구, 특히 실패와 관련된 상실에 대한 부정적인 감정 관리에 대한 연구는 두 가지 접근법 중 하나에 초점을 맞추고 있다. 그 한 가지 접근 방식은 일부 조직이 실패 사건에서 부정적인 감정 생성을 줄이거나 제거할 수 있는 방법에 대해서만 더 깊은 이해를 얻는 데 초점을 맞추고 있다(Härtel, Hsu and Boyle, 2002; Kelly and Barsade, 2001). 이는 실패를 정상사고화하는 조직에 의해 달성될 수 있다. 정상사고화(Normalization) 정상사고화(Normalization)는 "비정상적인 상황을 평범한 것으로 간주하는 제도화된 프로세스"를 의미한다(Ashforth and Kreiner, 2002). 특히, 기업가적 맥락

그림 6-1　실패대응과 실패로부터의 학습에 대한 다차원 모형

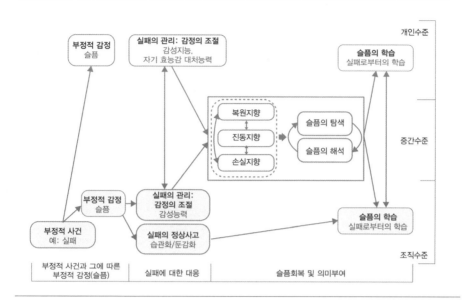

에서, 조직은 실패가 단순히 기업가적 활동 과정에서 정상적인 부분이라는 것을 조직 구성원에게 전달하는 프로세스(아마도 규범과 관례)를 가지고 있다. 조직 구성원들이 조직의 정상화 프로세스를 내재화하면, 실패를 경험했을 때 프로젝트 실패에 대한 부정적인 정서 반응이 덜 발생할 가능성이 있다(즉, 실패에 대한 정상사고의 조건에서는 부정적 감정이 생성되지 않음)는 관점이다.

　다른 접근 방식은 조직이 정서적 능력(즉, 조직적 맥락에서 생성된 감정을 관리하기 위한 프로세스, 규범 및 절차)을 개발할 수 있다는 기본적인 관점에서 감정을 규제하는 데 초점을 맞추고 있다(Huy, 1999). 정서적으로 능력이 있는 조직(emotionally capable organization)은 부정적인 감정의 생성을 제거(실패를 정상화하는 조직은 이렇게 접근한다)하려고 하지 않고 조직 구성원들이 감정을 조절하여 슬픔을 더 빨리 제거할 수 있도록 돕고, 그렇게 함으로써, 실패 경험으로부터 학습에 대한 장애물을 제거하고, 조직 내 다른 구성원들과 학습한 것을 소통하고, 재도전하는 동기를 유지하게 하는 것이다.

　이 장에서는 <그림 6-1>에서 강조하는 바와 같이 이러한 각 프로세스를 보다 상세하게 분석하며, 여기서 우리는 실패로부터의 부정적인 감정

과 학습에 대한 다수준 반응 모델을 제시한다. 우리는 다음과 같이 진행한다. 먼저, 우리는 실패의 정상사고(normalization of failure)와 실패의 정상사고가 개인과 조직 모두에 미치는 영향에 대해 논의한다. 둘째, 우리는 개인이 슬픔을 관리하고 실패를 이해하는 방법과 이것이 학습과 후속 기업가적 행동에 어떤 영향을 미치는지 분석하여 실패 정상사고화 및 실패관리에 대한 우리의 논의를 통합한다. 셋째, 감성 지능(emotional intelligence)과 감성 능력(emotional capability)에 대한 논의를 통하여, 개인과 조직이 어떻게 실패를 관리하는지 살펴본다. 마지막으로, 우리는 학문적 연구와 실무에 시사점을 논의하고 향후 연구를 위한 제안을 제시한다.

● 6.1 실패에 대한 대응 – 정상사고 혹은 감정 조절

<그림 6-1>에 표시된 것처럼 개인과 조직은 실패를 정상화하거나 혹은 감정적인 규제를 통해 실패에 대처한다. 이러한 대응은 부정적인 감정이 실패 사건에 대한 이해와 학습을 포함하여 후속하는 활동 결과에 영향을 미친다. 마찬가지로, 실패 사건으로 인해 발생하는 부정적인 감정에 대한 반응은 개인 및 조직 수준에서 다를 수 있으므로(Ashkanasy and Humphrey, 2011), 개인 및 조직 반응은 상호 영향을 주고받을 가능성이 높다. 우리는 이제 실패에 대한 부정적인 감정 반응에 대한 첫 번째 잠재적인 반응으로 실패를 정상사고화하는 문제로 논의를 진행한다.

6.1.1 실패의 정상사고

일반적으로 조직의 맥락에서 정상사고화는 조직 구성원이 이전에 이례적으로 간주되었던 것을 정상적인 것으로 해석하게 하는 과정을 의미한다. 특히 실패의 정상사고화는 조직 과정에서 실패 발생은 정상적인 것으로 이해하는 것이다. 즉, 조직이 기업가적 지향성을 추구하는 경우, 구성원은 (1)

기회를 추구함에 있어 상당한 불확실성이 존재하며, (2) 이러한 높은 불확실성은 어떤 하나의 중요한 기회에 대한 믿음이 잘못될 수 있으며, 그것 때문에 실패로 이어질 수 있음을 의미한다. 이러한 맥락에서 조직 수준에서 실패는 기업가적인 과정의 자연스럽고 심지어 필수적인 부분이다(Ashforth and Kreiner, 2002; Shepherd, Covin and Kuratko, 2009).

실패를 정상사고화(normalizing failure)하는 것의 장점은 실패 사건에 대한 부정적인 감정 반응을 최소화하거나 제거하는 데 도움이 된다는 것이며, 그것은 여러 가지 중요한 의미를 갖는다. 부정적인 감정은 조직에 대한 구성원들의 몰입을 약화시킨다(Belschak and Hartog, 2009). 대조적으로, 긍정적인 감정은 창의성과 인지적 유연성을 증가시키며(Fredrickson, 2001; Isen, 2000), 개인 수준(예: 개별 업무, 활동 등)과 조직수준(예: 혁신, 신제품 개발 등)에서 긍정적으로 영향을 미친다(Amabile, Barsade, Mueller, and Staw, 2005; Rank and Frese, 2008). 부정적인 감정의 결과로 조직에 대한 구성원들의 헌신이 감소되는 만큼, 이에 상응하여 직무 성과의 감소(Meyer, Paunonen, Gellatly, Goffin, and Jackson, 1989)와 혁신 및 제품 개발 등 조직 성과(Amabile et al., 2005)에도 상응하는 감소가 있을 가능성이 있다. 습관화(Habituation)와 둔감화(Desensitization)는 기업가적 기업에서 조직 구성원들이 실패를 정상사고화시킬 수 있는 두 가지 메커니즘이다.

(1) 습관화

습관화는 사람이 자극(예: 실패)에 계속 노출될 때 형성된다. 이러한 자극에 더 많이 직면할수록, 그에 대한 반응은 약해진다(Ashforth and Kreiner, 2002). 예를 들면, Shepherd와 연구 동료들은, 대규모 조직에서 기업가적 R&D 팀은 혁신적인 신제품을 개발 하는 경우 얼마나 빈번하게 프로젝트 실패를 경험하는지를 강조한다(Shepherd et al., 2014). 실패의 고질적인 발생은 실패한 사업에 관련된 사람들이 사업 종료에 대하여 부정적인 정서 반응이 감소한다는 결과를 발견했다. 조직 구성원들이 프로젝트 실패를 더 많이 경험할수록, 시간이 지남에 따라 프로젝트 실패의 부정적인 측면이 약해져서 부정적인 감정 반응이 덜 생기거나 아예 생기지 않는다는 것이다.

습관화는 개인이 자신의 경험을 통해 발전하는 것일 뿐만 아니라, 집단적 습관화 수준을 지향하는 사회화 과정에서도 비롯될 수 있다(Ashforth and Kreiner, 2002). 즉, 넓은 범주의 공동체(이 책에서는, 주로 기업가적인 조직이나 기업을 의미함)는 실패를 포함한 조직 사건에 대하여 분류법(classification)을 새롭게 만들거나 정비를 촉진하는데(Zerubavel, 1991), 이것은 습관화에 영향을 준다. 구체적으로 설명하면, 이러한 분류는 가치 지향적이라서, 조직에 좋다 혹은 나쁘다, 도움이 되는 또는 파괴적인 것으로 구별한다(Zerubavel, 1991). 예를 들어, 조직은 큰 위험을 감수하면서 야심찬 프로젝트에 실패한 개인에게 오명을 씌우는 경우도 있다. 이와는 대조적으로, 조직은 초기 아이디어가 계획대로 실현되지 않더라도 위험 감수 및 혁신성을 칭송할 수도 있다 (Shepherd and Haynie, 2011. 참조). 실패의 맥락에서 보면, 조직이 실패에 대한 대응을 정상사고화 한다는 것을 의미한다. 따라서 조직구성원들에게 실패를 바라보는 조직의 이데올로기 혹은 직무에 대한 관념을 시사하는 것이다 (Ashforth and Kreiner, 2002; Zerubavel, 1991). 이러한 이념들은 반대로, 실패를 "습관적"(habitual)이라는 인식을 포함하여 실패 사건에 대한 개인의 감정적 대응에 영향을 미친다.

(2) 둔감화

실패의 정상사고화에 기여할 수 있는 두 번째 메커니즘은 둔감화이다. 둔감화란 경험한 것과 예상되는 것 사이의 편차(mismatch)를 감소시켜 부정적인 자극을 경험하는 (심리적) 과정을 의미하며, 따라서 기피하고 싶은 자극에 대한 부정적인 정서 반응이 감소되는 것이다(St Onge, 1995). 둔감성은 많은 사회과학에서 탐구되어 왔는데, 특이한 것들이 받아들여지고, 정당화되며, 심지어 흔해 보이는 것이다. 예를 들어, 정치인들은 위기나 소동을 종종 과소평가하며, 정치과정에서의 지극히 '정상적인' 사건들로 치부하여 유권자들의 잠재적 우려를 잠재우고 현상 유지의 상태로 복귀하게 한다(Ritter and Kirk, 1995). 마찬가지로, 사법당국은 자백을 유도하기 위하여 범죄의 부정적인 측면을 감소시키고자 하는 의도(즉, 범죄를 정당하거나 우발적인 것으로 프레임을 씌우는 것)를 가지고, 피고인을 심문할 때 피고인에게 "합리적인 설명"을 제공하는 경우가 많다(Simon, 1991).

실패의 맥락에서 보면, 둔감화는 크기가 증가하는 실패에 직면하여 자신이 기대하는 것과 달성한 것 사이의 불일치(mismatch)를 더 작게 경험하게 함으로써 가능해진다. 이런 일이 일어나면 실패의 규모가 커졌음에도 불구하고 부정적인 감정 반응이 줄어든다. 조직은 실패를 정상사고화할 때 프로젝트 실패를 일반적인 발생으로 간주하게 만드는 경험·관행 및 절차를 제공하며, 둔감성을 세심하게 계획하는 것이다. 그렇게 함으로써, 프로젝트 실패는 부정적인 감정을 덜 발생시키고 따라서 실패 경험으로부터 학습하는 데 정서적 장애를 덜 발생시키는 것이다(Shepherd et al., 2009).

실제로, 사람들은 시간이 지남에 따라서 기피하고 싶은 과제에 익숙해지고, 따라서 덜 기피하고 싶은 것처럼 다가오는 것이다(Reed, 1989). 실패를 정상사고화하는 문화에서(실패에 관용적인 리더를 포함하여: Farson and Keyes, 2002), 프로젝트 실패는 더 이상 슬픔을 유발하지 않을 수 있는 것으로 보인다. 즉, 조직 구성원들이 프로젝트 실패를 단순히 정상적인 사건(조직 문화와 최고 경영진에 의해 촉진됨)으로 생각하기 시작할 때, 그들은 실패 때문에 덜 심각한 감정 반응(즉, 슬픔)을 가질 가능성이 있는 것이다(Ashforth and Kreiner, 1999; Gusterson, 1996; Palmer, 1978).

예를 들어, 257명의 연구 과학자를 대상으로 한 연구에서, 우리 연구진(Shepherd et al., 2011)은 자신의 조직에서 프로젝트 실패를 매우 정상적인 것으로 인식하는 조직 구성원들은 그렇지 않은 조직에 비하여 프로젝트 실패에 대한 부정적인 감정 반응을 덜 경험했다는 것을 발견했다. 그러나 우리는 정상사고와 실패로부터의 학습 사이의 관계에 대해 통계적으로 유의미한 선행연구결과를 찾지 못했다. 따라서 비록 정상사고가 학습의 장애를 제거할 수 있지만, 반드시 실패로부터 학습을 촉진하지는 않을 수 있다. 실제로, 우리가 지금 제안하듯이, 그것은 학습 실패와 일치하는 결과, 즉 후속 프로젝트의 실패 가능성 증가에 영향을 미칠 수 있다.

첫째, 실패가 개인에게 "정상적인 것"이 되어 부정적인 감정이 줄어들게 되면, 이러한 사건(전에는 감정적 반응을 발생시켰음)은 학습에 필요한 탐색과 정보처리를 위한 개인의 주의를 끄는 것을 중단시킬 수 있다(Ellis and

Chase, 1971; Schwarz and Clore, 1988; Wood, Saltzberg, Neale, Stone, and Rachmiel, 1990). 부정적인 감정은 고통스럽기는 하지만, 무언가가 잘못되었다는 결정적인 신호로 작용할 수 있으며, 학습을 통해 개인이 이러한 '통증'의 원인을 파악하고 제거하도록 하게 하는 것이다(Shepherd et al., 2014). 실패의 가능성을 더 높이는 측면에서 보면, 프로젝트 실패의 결과로써 감정을 제거하는 것은 사람이 프로젝트에 더 적은 감정을 투자할 가능성이 있다. 몰입(commitment)과 같은 정서적 투자는 창의성에 중요한 투입변수이며(Amabile et al., 2005), 창의성이 적으면 프로젝트 성과는 저하될 가능성이 높아지는 것이다(Amabile, 1997; Amabile et al., 2005). 따라서 프로젝트 실패 가능성이 더 높아진다.

흥미롭게도, 종양학 의사에 대한 연구에서, 환자 죽음에 둔감해진 의사들은 그들의 환자들에 대해 냉담하고 무관심해졌고, 결과적으로 환자 치료의 효과가 떨어졌다(Peeters and Le Blanc, 2001). 죽음과 관련된 부정적인 감정들은 제거되었지만, 이전에 의사들이 고품질의 환자 치료를 추구하도록 동기를 부여했던 감정 중심적인 열의도 제거되었다. 이러한 사례가 시사하는 것과 같이, 개인은 부정적인 감정의 정상화(그리고 극단적으로 제거)와, 부정적인 감정을 중요한 어떤 것의 신호로 인식해야 하고, 주의를 필요로 하거나, 지속적인 투자를 필요로 하는 필요성 사이에서 균형을 맞춰야 한다. 적절히 균형을 이루지 못할 경우, 실패는 실패 사건 이후 새롭게 갱신된 몰입이나 학습의 촉매 기능을 중단할 수 있다(Shepherd et al., 2009).

● 6.2 실패경험으로부터의 학습을 위한 슬픔 조절

실패 사건은 부정적인 감정을 초래할 수 있으며, 만약 방치한다면, 이것은 개인과 조직 모두에 부정적인 결과를 초래할 수 있다(Prigerson et al., 1997; Shepherd, 2009). 부정적인 감정(예: 슬픔)을 줄이면 실패를 이해하는 능력이 촉진되고(Huy, 1999), 실패를 이해하면 슬픔이 줄어든다(Shepherd, 2009). 실패로부터의 학습에 대한 더 깊은 이해를 얻기 위해, 우리는 슬픔 회복 모드(즉, 손실 지향, 복원 지향, 둘 사이에서 움직이는 진동 지향)와 의미형성(의미부여) 과정 (즉, 검토, 해석 및 행동의 메커니즘) 사이의 상호 관계를 탐구해야 한다. 우리는 먼저 이러한 모드에 대해 논의한 후 개인 및 조직의 슬픔 - 조절 요인 (grief - regulation factors)이 실패로부터의 회복과 학습 모두에 어떻게 영향을 미치는지에 대한 논의로 돌아간다.

6.2.1 슬픔 회복 모드와 의미형성 과정

이 모델에서 살펴보고자 하는 주요 슬픔 회복 모드는 손실 지향(loss orientation), 복원 지향(restoration orientation) 및 진동 지향(oscillation orientation) 이다. 앞에서 언급한 바와 같이(예: 제1장에서) 손실 지향성을 가진 개인은 프로젝트를 실패로 이끈 사건을 재방문하여 손실을 직면하는 것이며, 손실 프로젝트에 대한 부정적인 감정 반응이 작동하는 것이다. 복원 지향성을 가진 개인은 손실 사건으로부터 주의를 돌려서 스트레스의 부차적인(secondary) 원인을 해결하려는 것이다. 그리고 진동 지향성이 있는 개인은 손실과 복원 지향성 사이에서 진자운동을 하는 것이다(Shepherd, 2003; Stroebe and Schut, 1999: 본 서 제1장 참조).

구체적으로 살펴보면, 행위자(즉, 개인과 조직)가 향상된 정보 검색을 통해 실패 경험에서 학습하는 능력을 향상시키는 것을 손실지향으로 규정하며, 이는 프로젝트 실패의 원인을 이해하는 데 중요하다. 복원 지향은, 행위자들이 프로젝트 실패의 잠재적 원인에 대한 정보를 분석하기 위하여 정보 처리 능력을 "자유롭게"(freeing up) 함으로써 실패 경험에서 학습할 수 있는 능력을 강화하는 것으로 규정한다. 마지막으로, 진동 지향이란, 행위자가 손실 지향의 탐색과 복원 지향의 정보 처리의 자유화를 모두 활용하여 이익을 얻을 수 있으며, 동시에 이러한 각 지향의 확장된 기간 동안 지속하는 비용을 최소화할 수 있는 것으로 규정한다. 연장된 손실 지향(extended loss orientation) 과 관련된 비용은 프로젝트 실패의 부정적인 감정에 초점을 맞추는 것이고, 따라서 슬픔(예: 반성)을 고조시키고 의미형성을 저해한다. 반면, 연장된 복원 지향(extended restoration orientation)의 비용은 개인이 실패의 가능성 있는 원인에 대한 신호를 감지하고 해석하는 데 충분한 주의를 할당할 수 없다는 것이다. 의미형성(Sensemaking) 자체는 개인이 경험하는 사건에 의미를 부여하는 해석 과정이다(Gioia and Chittipeddi, 1991: 442). 따라서 의미형성 과정은 행동을 통하여 정보를 제공하고, 정보를 제공받는 지속적인 해석의 과정이다(Morrison, 2002; Thomas, Clark, Gioia, 1993). 그러므로 프로젝트 실패로부터의 회복을 이해하기 위해, 우리는 의미부여와 슬픔 회복 모드 사이의 지속적인 상호 관계를 조사할 필요가 있다.

의미형성의 모델에서 우리가 탐구하는 주요 활동은 탐색(scanning), 해석(interpreting) 및 학습(learning)이다(Gioia and Chittipeddi, 1991; Thomas et al., 1993; Weick, 1979). 이 모든 것은 행위자들이 실패 경험을 자산화할 수 있는 정도를 설명하는 데 도움이 된다. 탐색은 개인이 이해 과정에 관련될 수 있는 정보를 수집하고 주의를 기울이는 과정을 말한다(Gioia and Chittipeddi, 1991). 즉, 개인은 프로젝트 실패의 가능한 원인에 대한 신호를 감지하는 데 주의를 집중한다. 해석은 정보를 분류, 조직화 또는 코드화하여 구조화하는 것으로, 이것은 스캐닝(scanning) 동안에 주목한 다양한 신호에 대한 개인들의 이해를 촉진하게 하는 것이다(Gioia, 1986; Taylor and Crocker, 1981). 여기에는 테마, 반복적 문제 및 문제 범주(예: 시장, 관리 등)를 포함하여 실패 사건으로 이끌었던 것에 대한 신호를 이해하는 방법이 포함된다. 또한 의미형성의 관점에서, 학습이란 새로운 벤처의 개발에 지식을 적용하는 것을 포함하여(Ucbasaran, Westhead, Wright and Flores, 2010), 후속 조치(Daft and Weick, 1984)에 반영되는 현재의 신념과 실천방법의 변화를 의미한다(Ginsberg, 1988; Thomas et al., 1993). 스캐닝, 해석, 학습은 센스메이킹의 다른 요소들이지만, 그것들은 높은 연관성을 가지고 있다. 예를 들어, 학습(즉, 변화된 행위)이란 스캔을 통해 캡처되고 해석을 통해 이해된 새로운 정보를 드러내 보이는 것이다(Daft and Weick, 1984; Dutton and Duncan, 1987; Hambrick, 1982). 결국, 이러한 해석 과정은 행동에 정보를 제공하며(Bartunek, 1984; Dutton, Fahey, and Narayanan, 1983; Gioia and Chittipeddi, 1991), 이러한 과정은 새로운 지형을 스캔하는 것을 가능케 하며, 스캔은 또한 해석되어야 하는 새로운 정보를 드러

내는 것이다(Daft and Weick, 1984). 우리는 의미부여의 일환으로 탐색과 슬픔
－회복 모드 사이의 관계를 설명한다.

6.2.2 슬픔 회복 모드와 프로젝트 실패에 관한 탐색

손실 지향에서, 행위자들은 기대한 성과와 실패 결과－주로, 부정적인
정서 반응의 근원이 된다－사이의 불일치를 제거하도록 동기부여 된다. 그
것은 주의(attention)(Clore, 1992; Schwarz and Clore, 1996; Weick, 1990)와 자원
(resources)(Pieters and Van Raaij, 1988)을 이 과제에 할당함으로써 가능해지는
것이다. 감정과 의미형성의 관계는 개인이 정보를 스캔하고 해석할 때 정서
적으로 중립적인 사건보다 감정적인 사건을 우선시한다는 것을 입증하는 연
구를 반영한 것이다(Ellis and Ashbrook, 1988; Ellis and Ashbrook, 1989; Ellis and
Chase, 1971. 참조). 예상(원하는) 결과와 경험된 결과 사이의 불일치를 제거하
기 위해 정보 스캔에 주의를 기울이는 손실 방향과 대조적으로, 복원 지향은
주로 이 분석과 관련된 부정적인 감정을 피하기 위한 시도로서 불일치로부
터 주의를 전환하여 스트레스의 2차 원인을 해결하기 위하여 주의를 기울인
다. 개인과 조직이 주의 능력이 제한적(limited attentional capacity)이라는 점을
고려할 때, 스트레스의 2차 원인을 해결하는 데 더 많은 주의를 기울일수록
프로젝트 실패의 가능한 원인에 대한 정보를 검색하는 데 더 적은 주의를
기울일 수 있다. 즉, 정보 탐색을 목적으로 하는 주의를 감소시키고자 하는
상충하는 욕구가 있는 것이다.

손실 지향은 프로젝트의 실패 이유에 대한 개인의 이해를 도울 수 있는
정보 검색을 향상시킬 수 있지만, 손실 지향의 확대 사용은 프로젝트를 실패
로 이끈 원인에서 실패를 둘러싼 감정(실패 시기 및/또는 현재 감정)으로 초점
을 전이시킨다(Strobe and Schut, 2001). 따라서 더 이상 실패를 이해할 수 있는
기회로써 신호를 검색하는 데 초점이 집중되지 않는다. 손실을 둘러싼 감정
에 집중하는 것은 반추(ruminations)를 통해 부정적인 감정을 증폭시킬 수 있
다(Lyubomirsky and Nolen－Hoeksema, 1995; Nolen－Hoeksema, Parker, and Larson,
1994). 반추는 실패 상황의 원인보다는 자신의 실패 상황에 따르는 증상(예:

실패와 관련된 부정적인 감정)에 주의를 기울이게 하는 수동적이고 반복적인 생각이며, 이는 종종 부정적인 감정이 고조되고 장기간 유지되는 것으로 이어진다(Lyubomirsky and Nolen-Hoeksema, 1995; Nolen-Hoeksema and Morrow, 1991; Nolen-Hoeksema et al., 1994). 이처럼, 반추는 슬픔의 감정을 증가시킬 수 있다(Lyubomirsky and Nolen-Hoeksema, 1995; Nolen-Hoeksema et al., 1994). 따라서 관심은 실패의 잠재적 원인에 대한 신호보다는 감정으로 다시 향할 뿐만 아니라, 증가된 부정적인 감정은 주의력을 더 협소하게 만들기 때문에(Gladstein and Reilly, 1985; Staw, Sandelands, and Dutton, 1981; Sutton and D'Aunno, 1989), 오히려 벤처 실패의 근본적인 원인에 대한 정보를 탐색하는 개인의 능력을 방해할 수도 있는 것이다(Mogg, Mathews, Bird, and Macgregor-Morris, 1990).

이 경우 진동 지향(이 경우 손실 지향에서 복원 지향으로 이동)은 반추를 통해 발생하는 슬픔의 증가를 멈추도록 개인이 실패(그리고 실패를 둘러싼 감정)에서 생각을 전환(distract)하는 데 매우 유용하다. 위에서 언급한 것처럼 복원 지향은 개인이 프로젝트 실패의 근본 원인이 되는 정보를 검색할 기회를 거의 제공하지 않지만, 손실 지향으로의 후속 전환을 위해 "감정 배터리"를 충전할 수 있는 휴식과 기회를 제공한다. 그리고 손실 지향으로 다시 전환하면 개인은 실패의 원인에 대한 정보를 스캔하여 사건이 왜 발생했는지를, 어쩌면 미래에 어떻게 피할 수 있는지에 대한 설명을 발견할 수 있다. 즉, 손실 지향이 실패에 대한 정보를 탐색하는 개인의 능력을 감소시키기 시작함에 따라, 진동 지향은 개인이 다시 한 번 스캔 활동에 참여하기 전에 잠시 멈출 수 있는 기회를 제공하는 것이다.

6.2.3 슬픔 회복 모드와 프로젝트 실패에 대한 정보 해석

위에서 논의한 바와 같이, 복원 지향은 실패와 직접적으로 연관되지 않는 삶의 측면에 주의를 기울이지만(따라서 스캔에 이용 가능한 주의를 감소시킨다), 손실 사건과 관련된 부정적인 감정을 감소시키는 긍정적인 효과를 갖는다(Cuisner, Janssen, Graauw, Bakker, and Hoogduin, 1996; Shuchter, 1986). 이러한 휴식은 개인이 정보를 탐색하는 데 도움이 되는 것처럼 이전에 스캔한 정보를 처리하는 데도 도움이 된다. 즉, 부정적인 감정을 줄이기 위해 복원 지향이 활용될 수 있기 때문에, 실패 사건에 대한 정보 처리에 대한 감정적 장애를 제거하는 데 도움이 된다. 부정적인 감정은 정보 처리를 방해하기 때문이다. 그러나 용이한 정보 처리를 위해 부정적인 감정을 억누르는 것이 장기적으로 효과적인 전략일 가능성은 낮다. 실제로 감정을 장기간 억누르기는 매우 어려운 것으로 보인다. 오히려, 이러한 억압된 감정은 적절하지 않은 시기에 다시 나타나는 경향이 있으며(Wegner and Erber, 1993), 정보 처리를 더욱 방해할 수 있다. 실제로 복원 지향에서는, 국면 전환 작업(스트레스의 부차적인 원인을 다룰 수 있음)을 위한 정보 처리에 주의가 기울여질 수 있다. 따라서 개인의 제한된 주의력을 고려할 때(Ocasio, 2011), 실패의 원인 이해와 관련된 정보를 처리하는 데 "사용 가능한" 주의력은 적어질 수 있는 것이다.

손실 지향으로 다시 전환되면 개인의 주의력이 재설정되어 실패로 이끈 사건에 대한 정보를 처리할 수 있게 된다. 정보탐색(scanning)을 통해 얻어진 정보에 대해 생각하고 정보를 처리하는 것으로 돌아감으로써, 이때는 부정적인 감정은 적으며, 만약 그렇지 않았다면 정보 처리 과정을 방해했을 것이기 때문에(De Sousa, 1987; Fineman, 1996; Frank, 1993; Hirshleifer, 1993; Weick, 1990), 개인들은 실패가 왜 발생했는지에 대한 설명을 계속 발견할 수 있다. 이러한 향상된 정보 처리(부정적 감정의 감소를 통해)는 여러 형태를 취할 수 있는데, 여기에는 실패 사건에 대한 더 깊은 이해를 위해 사용할 수 있는 Gentner and Holyoak(1997)와 Markman and Gentner(2001)의 연구가 포함된다.

하지만, 손실 지향은 다시 시간이 지남에 따라 사람들의 생각이 실패로 이끈 사건으로부터 실패하는 동안 그리고 실패 후에 느끼는 부정적인 감정으로 초점을 옮기기 시작함에 따라 덜 효과적일 수 있다. 이러한 부정적인 감정(반성 포함)은 정보 처리를 방해하므로 개인이 실패 사건을 통해 학습할 기회를 방해한다.

6.2.4 슬픔 회복과 프로젝트 실패에 대한 학습

일반적으로 신념과 행동의 변화를 통해 이루어진 학습은 사업 실패에 대한 원인 규명에 필요한 정보를 검색하고 처리하는 개인의 능력을 나타내는 것이다. 실패 직후(중요한 문제라면 실패 중 및 실패 직전까지도), 사건을 둘러싼 부정적 감정이 높을 가능성이 높다(그리고 역시 중요한 문제라면 다른 상황보다 더 높을 수 있음. 제2장 참조). 위에서 상세하게 설명한 것처럼, 이러한 부정적인 감정은 정보 검색과 정보 처리를 방해하고 결과적으로 경험으로부터 학습하는 것을 방해할 가능성이 있다. 즉, 기업가가 슬픔의 과정 초기에 실패의 원인을 즉시 스캔하고 해석하고 학습하는 것은 특히 어려울 수 있다. 그보다는 개인이 회복 프로세스에 참여해야 하며, 학습은 그러한 프로세스의 일부이어야 한다. 회복은 학습을 강화하고 학습은 회복을 개선한다.

프로젝트 실패 직후의 높은 부정적인 감정을 고려할 때, 복원 지향은 실패 사건에 대한 생각을 줄임으로써 개인이 그러한 부정적인 감정들 중 일부를 줄이도록 도와준다. 복원 지향은 생각과 행동을 스트레스의 부차적인 원인을 감소하는 방향으로 이끄는 것이다. 사업 실패 후 스트레스 2차 원인으로는 주택 매매, 새로운 숙박시설 찾기, 자녀학교 변경(신규 주택이 다른 지역에 있는 경우), 취업 신청 등이 포함될 수 있다. 2차 스트레스 요인을 줄임으로써, 1차 스트레스 요인(즉, 사업 실패)은 더 이상 커 보이지 않게 되는 것이다. 게다가, 일부 연구들은 오랜 시간 동안 생각과 감정을 억누르려는 시도로부터 심리적, 건강상의 문제를 보고하고 있다(Archer, 1999). 이는 학습을 방해할 수 있다.

더군다나 복원 지향 활동은 실패의 원인을 이해하는 데 잠재적으로 중요한 정보를 간접적으로 드러낼 수 있지만, 개인은 상대적으로 빠르게 이러한 정보 원천에 지쳐고, 주의력과 정보처리 능력이 경합하는 작업(즉, 2차 스트레스 요인에 집중)에 할당되기 때문에 이러한 정보를 처리하는 것은 여전히 크게 방해받는다. 그러나 손실 지향 또한 시간이 지남에 따라 덜 효과적일 수 있다. 개인들은 "슬픈 일"에 몰두하여 감정적으로 지치게 되고, 그들은 종종 반추에 빠져들기 시작한다. 반추할 때, 사업에 실패한 기업가는 "다시 행복해질 수 있을까?" "나는 왜 이렇게 무능력한 지경에 이르렀을까?" "나는 왜 평범한 삶을 살아갈 수 없을까?" 등의 질문에 대답하는 데 생각을 집중하는 경향이 있다. 이러한 질문에 집중하는 것은 실패를 이해하는 데 필요한 정보를 발견하는 데 거의 도움이 되지 않는다. 오히려, 그것들은 실패 사건의 증상에 주의를 돌리면서 부정적인 감정을 더욱 고조시키는 효과만 있다(Nolen-Hoeksema et al., 1994).

손실 지향(특히 반성과 함께) 주기에서, 개인은 종종 실패 사건을 자신의 자아 정체성 및 기타 관련 정체성에 대한 위협으로 경험한다. 위협에 대한 선행의 연구들에 따르면, 위협을 느끼는 사람들은 그러한 행동의 비효과성에도 불구하고 잘 준비된 관행과 규칙에 집착할 가능성이 높다는 것을 보여주었다(Cameron, Kim, and Whetten, 1987; Cameron, Whetten, and Kim, 1987; Nystrom and Starbuck, 1984). 따라서 손실 지향성이 반추 및/또는 높은 위협 감정으로 이어질 때, 학습은 거의 이루어지지 않으며, 행동 면에서 거의 변하지 않는다. 이 주기를 중단하려면 복원 지향 국면으로 전환해야 한다.

따라서 의미부여 과정 전반에 걸쳐 손실 지향과 복원 지향은 장단점을 가지고 있다. 손실 지향은 비즈니스가 실패한 이유에 대한 설명을 발견하고 후속 행동에 정보를 제공하기 위하여 정보를 수집하고 처리하기 위한 목적으로 실패 사건에 초점을 맞출 수 있다. 다만 장기간 유지되면 정서적으로도 지치고, 반성과 부정적 감정 고조로 이어질 수 있어 의미부여 과정을 방해할 수 있다. 복원 지향은 부정적인 감정 일부를 완화하는 데 도움이 될 수 있으며, 2차 스트레스 요인 중 일부를 다루는 데 있어 전반적인 스트레스와 아마도 주요 스트레스 요인인 사업 실패와 관련된 스트레스를 완화하는 데 도움이 될 수 있다. 그러나 복원 활동에 초점을 맞추면서 이러한 지향점을 가진 개인은 실패 경험으로부터 학습하는 데 필요한 정보 스캔 및 정보 처리를 거의 수행하지 않는다. 따라서 경험에서 슬픔 회복과 학습을 극대화하기 위해서는 개인이 두 국면 사이를 왔다 갔다 하는 진동 지향으로 이러한 두 가지 메커니즘의 조합을 꾸려나가야 한다(Shepherd, 2003; Stroebe and Schut, 1999).

6.2.5 조직수준에서의 슬픔 회복, 의미부여와 학습

슬픔, 의미부여 및 학습은 그룹 및 조직 수준을 포함하여 다양한 수준
에서 발생할 수 있다(Kogut and Zander, 1996; Shepherd et al., 2009). 조직은 실
패 사건에 대응하여 조직구성원들의 생각, 감정 및 행동에 영향을 미치는 활
동을 촉진하거나 저지할 수도 있다(Brief and Weiss, 2002; Huy, 2011). 사회심리
학 문헌은 개인이 슬픔에 대처하는 방법에 대한 조직적 영향을 강조한다(예:
복원 또는 손실 지향)(Archer, 1999). 슬픔에 대한 대처는 이번에는 순서적으로
학습 성과에 영향을 미칠 수 있는 것이다. 마찬가지로, 실패를 통한 개인의
학습도 교훈이 분명하게 표명되고 성문화되는 정도에 따라 조직 학습에 영
향을 미칠 수 있다(Huy, 2011; Zolo and Winter, 2002).

앞에서 논의한 바와 같이, 일부 조직은 실패를 정상사고화하며, 이는 개
인 학습과 조직 학습 모두에 영향을 미칠 수 있다. 이와는 대조적으로, 다른
조직들은 조직차원에서 감정적 반응을 조절하는 감성 능력(emotional capability)
을 통하여 실패와 실패에 따른 부정적인 정서적 결과를 관리하기도 한다
(Huy, 1999, 2011). 지금 논의하는 바와 같이, 조직의 감성 능력은 개인의 슬픔
－대응 모드(grief－response modes)에 영향을 미칠 가능성이 있으며, 슬픔 대
응, 의미부여, 그리고 궁극적으로 실패 사건으로부터 배우는 것을 촉진하거
나 방해하는 사회적 맥락을 제공한다. 더군다나, 조직의 감성 능력이 회복과
학습에 미치는 영향은 개인의 감성 지능에 의해 영향을 받는데, 이제 우리는
그것을 설명할 것이다.

6.3 감성지능, 감성능력 및 실패로부터 학습 강화를 위한 슬픔 회복 모드의 효과성

특정의 개인과 조직이 위에서 설명한 의미부여 프로세스를 수행하는 데
더 효과적인 이유는 무엇인가? <그림 6-1>에서 보듯이, 답은 실패 사건에
대한 개인 및 조직의 감정적 대응에 있다. 구체적으로 보면, 개인 수준의 감성

지능(emotional intelligence)과 조직 수준의 감성 능력(emotional capability)은 슬픔 과정에 영향을 미칠 가능성이 높으며, 이것은 순서적으로 의미부여 활동에 영향을 미치고, 그래서 실패로부터의 학습에 영향을 미친다. 이 섹션에서는 감성 지능과 감성 능력, 그리고 이러한 양자가 서로 어떻게 영향을 미치는지와 실패로부터의 회복에 영향을 미치는 과정에 대해 정의하고 논의한다.

6.3.1 감성지능

슬픔−회복 모드의 선택과 효과를 설명하는 한 가지 방법은 감성 지능을 이해하는 것이다. 감성 지능이 높은 사람은 자신의 감정(예: 슬픔)을 인식하고 이해하며 (슬픔 역학을 통해) 그러한 감정을 조절할 수 있는 사람이다. 감성적으로 지능이 높은 개인은 또한 자신의 감정이 (확대된 손실 지향 때문에) 증폭되기 시작할 때 이를 인지하고 이해할 것이며, 복원 지향으로 전환되어야 할 때라는 것을 안다. 예를 들어, 개인(감성지능이 높음)이 손실을 극복하기 위해 그리고 실패 경험에 대한 원인 설명을 규명하기 위하여 손실 지향적 태도를 가지게 되면, 그 사람은 손실 지향 활동에 도움이 되는 올바른 종류의 감성적 구성과 기술을 가진 사람, 즉 감정에 대해 편하게 말하는 사람 또는 사업 실패의 몇 가지 원인을 토론할 수 있는 충분한 감수성을 가진 사람을 알아 볼 수 있을 것이다.

마찬가지로, 정서적으로 지적 능력이 높은 개인은 사람들이 스트레스의 2차적인 원인을 다루거나 축구 경기를 보러 가는 것과 같이, 어떤 사람들이 더 편안하고 복원 지향적인 활동을 할 수 있는지 알고 있을 것이다. 이러한 개인들을 선택하고 그들과 사회적 상호작용을 하는 것은 사업 실패로부터 주의를 돌릴 수 있는 기회를 제공한다. 그러므로 정서적으로 지능이 높은 사람은 손실 지향을 성공적으로 수행하는 방법과 대상자를 알고 있으며, 복원 지향을 성공적으로 수행하는 방법과 대상자를 알고 있으며, 중요한 것은 둘 사이에서 언제 전환해야 하는지를 알고 있다는 것이다.

프로젝트 실패의 맥락에서 슬픔 관리에 대한 우리 연구진의 이전 연구에서는 감성 지능을 손실 지향과 복원 지향 사이의 진동을 촉진하는 개인의 능력으로 이해하며, 이는 프로젝트 실패에 대한 슬픔을 줄이는 데 중요한 것으로 제시하였다(Shepherd et al., 2011). 즉, 감정적으로 지능이 높은 개인일수록 실패에 대한 자신의 감정적 반응을 인식하고 이해하며 이러한 감정을 효과적으로 관리하여 실패로부터 학습하는 데 정서적 장애를 더 빨리 줄이고 다시 시도(재도전)하려는 동기를 증가시킨다.

6.3.2 감성지능과 광범위한 사회적 맥락과의 상호작용

슬픔 과정과 감성 지능에 대한 위의 설명은 주로 개인의 생각과 행동이 슬픔으로부터의 회복에 어떻게 기여하는가에 초점을 맞추고 있다(Archer, 1999; Shepherd, 2003; Stroebe and Schut, 1999). 그러나 이러한 접근 방식은 슬픔-회복 과정에서 사회적 상호작용이 가질 수 있는 강력한 역할을 과소평가하는 것이다. 실제로, 개인의 사회적 상호작용을 통하여 어떤 사람들은 그들의 실패 경험을 더 빨리 회복하고 학습하는 반면, 다른 사람들은 앞으로 나아가는 긍정적인 행동의 경로 없이 슬픔에 빠져 허덕이는지를 설명하는 데 중요하다. 실제로, 우리는 사랑하는 사람의 상실에 대한 연구를 통해 개인이 그러한 상실에 직면했을 때, 다른 사람과 상실 그 자체와 상실로 인한 자신의 감정에 대해 이야기하고 싶어 한다는 것을 안다(Lepore and Brown, 1997; Lepore, Silver, Wortman, and Wayment, 1996; Pennebaker, 1989, 1995). 이러한 유형의 사회적 상호작용은 효과적인 손실 지향 접근법의 중요한 부분을 형성한다. 즉, 사회적 상호작용은 상실을 경험하는 사람들이 자신들의 경험에 대하여 이해하도록 돕는다(Pennebaker, 1989, 1993. 참조). 감성 지능은 개인이 사회적으로 상호작용하는 방식에 영향을 미칠 가능성이 높지만, 사회적 환경도 개인의 감성 지능에 영향을 미칠 가능성이 높다.

그러나 사회적 상호작용은 만병통치약이 아니다. 즉 모든 사회적 상호작용이 회복이나 의미형성을 돕는 것은 아니다(Herbert and Dunkel-Schetter, 1992; House, 1981; Rook, 1984). 예를 들어, 어떤 이들은 슬퍼하고 있는 사람의 "감정이 상처가 되게" 말하는 사람들도 있는데, 상실감에 직면한 사람들은 종종 특히 취약하고 예민하게 느끼기 때문에 이러한 사람들과의 사회적 상호작용은 부정적인 감정을 증폭시키고 오히려 슬픔의 회복에 차질을 빚게 되는 것이다(House, 1981; Lehman, Ellard, and Wortman, 1986; Thoits, 1982). 마찬가지로, 어떤 사회 환경에서는, 사람들은 슬픔에 빠진 개인에게 부정적인 반응(예: 무관심, 낙인 등)을 보일 수 있으며, 이는 슬픔에 빠진 개인에 대한 부정적인 사건을 잠재적으로 악화시킬 수 있다. 마지막으로, 슬픔에 빠진 개인의 사회적 환경에 있는 사람들은 경청하고 위로하는 말을 해야 할 필요성을 느낄지도 모르지만, 그들이 "잘못된" 말을 할 수도 있기 때문에 그들 자신들도 긴장하고 어려워한다. 결과적으로 메시지를 어색하게 전달하거나 전혀 위로의 말을 하지 못할 수도 있다(Nolen-Hoeksema and Davis, 1999).

그러므로 모든 사람이 상실(예: 사업의 실패)을 대처하는 당사자에게 도움을 주는 데 적절한 사람이 아닐 수도 있다. 우리는 큰 손실을 겪고 있는 많은 사람들이 그 상황을 논의할 수 있는 가족을 찾고 있다는 것을 알고 있다(Rimé, 1995). 그러나 어떤 경우에는 이 가족의 다른 식구도 슬픔에 직면하고 있을 수 있다. 가족 중 한 식구의 상실의 예, 따라서 가족 구성원 모두가 슬픔에 빠져 있는 상황의 예를 들어보자. 이것은 가족 구성원들 간의 중층적 구조는 손실 지향성을 가지고 서로를 돕는 데 매우 효과적일 수 있다는 것을 의미할 수 있지만, 그것은 또한 그것을 더 어렵게 만들 수도 있다. 예를 들어, 가족 구성원은 자신이 도움을 요청할 바로 그 식구도 고통 받고 있다는 것을 알았을 때 그 식구에게 도움을 청할 가능성이 적을 수 있다. 즉, 그 사람은 자신의 문제가 상대방이 느끼고 있는 슬픔을 악화시키는 것을 원하지 않기 때문이다(Vachon and Stylianos, 1988). 이런 상황에서는 결과의 차이가 클 것으로 보인다. 예를 들어, 실패한 비즈니스의 공동 설립자를 예로 들 수 있다. 아마도 그들은 슬픔을 사회적으로 교류할 수 있을 것이다. 이러한 사회적 상호작용은 공동 창업자들이 감정을 공유하고, 이러한 슬픔의 감정이 정상이라는 것을 인식하고, 혼자가 아니라는 것을 인정한다면 매우 긍정적인 결과로 이어질 수 있으며, 실패 사건을 둘러싼 조건을 잘 이해하는 사람으로부터 사업 실패에 대한 이야기를 구성하는 데 도움이 될 수 있다. 하지만, 그것은 또한 매우 부정적인 결과로 나타날 수도 있다. 예를 들어, 사업의 공동 설립자와 상호작용하는 것은 부정적인 감정을 고조시키는 동시에 실패에 대한 타당한(plausible) 이야기의 생성을 방해받으면서, 상호 비난의 상황으로 이어질 수도 있는 것이다.

슬픔 회복에 대한 사회적 영향을 탐구하면서, 우리는 이제 조직 차원의 감성 능력의 개념, 개인 수준의 감성 지능과의 상호작용, 그리고 슬픔-회복 과정, 의미부여 과정 및 실패 사건으로부터의 학습에 대한 영향을 다룰 것이다.

6.3.3 조직의 감성 능력

조직 차원에서는 실패에 대한 부정적인 정서 반응을 줄이거나 제거하기 위하여 실패 정상사고화를 위한 프로세스를 만드는 대신, 일부 조직은 기업가적 과정에 관련된 감정을 "관리"할 수 있는 감성 능력을 개발하기도 한다. 개인적인 수준에서 감성 지능의 개념을 바탕으로, Huy(1999: 325-326)는 감성 능력의 모델을 개발했고, 그는 다음과 같이 정의한다.

> "(조직의 감성능력이란) 조직 구성원들의 감정을 인정, 인식, 관찰, 구분, 그리고 주의를 기울이는 능력이며, 그것은 감정과 관련된 조직의 규범과 관례에 명백하게 드러나 있다(Schein, 1992). 이러한 루틴은 특정 감정 상태를 표현하거나 환기시키는 조직 행동을 반영하며, 이러한 행동을 감정 역학(emotional dynamics)이라는 용어로 표현한다."

정서적으로 지적인 개인과 비슷하게, 정서적으로 능력이 있는 조직들은 구성원들이 그들의 감정을 인식하고, 이해하고, 조절하는 것을 더 잘 도울 수 있다. 즉, 이러한 조직들은 규범과 관례를 제정하여 사업 실패에 대한 부정적인 감정 표현을 촉진하고, 직원들이 사업 실패에 대한 근거를 개발할 수 있도록 도움을 줄 수 있다. 이러한 것은 조직 구성원들이 실패에 대한 생각에서 벗어나게 하고 그들의 감정 배터리를 충전할 수 있게 하며, 스트레스의 2차적인 원인을 다룰 수 있으며, 언제 그리고 어떻게 두 가지 사이(손실지향과 복원지향)에서 전환해야 하는지 인식하도록 하게 한다. 이러한 감성 능력은 개인의 슬픔 반응(즉, 복원, 손실 또는 진동 지향)에 영향을 미칠 가능성이 있으며 이는 다시 학습에 영향을 미친다.

감성 능력(Emotional capability)은 다수의 구체적인 긍정적인 결과를 제공한다. 예를 들어, 감성 능력은 변화에 대한 조직 구성원들의 감정 반응에 영향을 미치는 것으로 보이며, 변화 과정 동안 또한 집단적인 감정 대응에도 도움이 되기도 하며 저해하기도 한다(Sanchez‒Burks and Huy, 2009). 역량이 광범위하게 개발되면 조직은 필요한 변화 사항을 이해하고 조정할 수 있는 것이다. 마찬가지로 조직 내 그룹(즉, 신참 대 고참 등)은 변화 계획에 대한 감성 능력과 그들의 정서적 대응 능력이 다양하게 나타날 수 있으며, 이러한 대응은 광범위한 조직 변화를 지원하거나 혹은 은밀하게 무시하는 결정에 영향을 미칠 수 있다(Huy, 2011). 이들 집단의 집단적 정서 능력은 개인의 감정보다 더 영향력이 있기 때문에 집단의 다른 수준에 있는 구성원들의 정서적 대응에 대하여 인증과 외적 지원을 제공하기도 한다(Smith, Seger, and Mackie, 2007).

정상사고와 달리 감성 능력은 실패 후 부정적인 감정 생성을 제거하려고 시도하지 않는다는 점에 유의해야 한다. 오히려, 이러한 감정을 관리할 수 있는 조직의 능력을 향상시켜 이점을 극대화하는 동시에 직원들의 실패로부터 학습하는 능력과 다시 도전하려는 의욕에 대한 부정적인 영향을 더 빨리 감소시키는 것에 초점을 갖는다. 실제로, 매우 감성적으로 역량 있는 조직에 속해 있는 개인은 조직이 부정적인 결과를 더 빨리 줄이기 위해 이러한 감정을 관리하는 데 도움을 줄 수 있다는 것을 알고 프로젝트 실패에 대해 부정적인 감정을 경험하도록 스스로를 "허용"할 수 있다. 유사하게, (실패의 정상사고의 결과로) 감성 능력이 낮은 조직과 대조적으로, 일부 조직은 프로젝트 실패에 대한 슬픔을 인정하기도 한다. 이러한 조직은 감정을 조절하기 위한 관례와 절차를 통해 구성원들이 슬픔을 더 효과적으로 조절하고, 해결해야 할 근본적인 원인을 이해하고, 더 빨리 해결할 수 있도록 도울 수 있는 것이다(Shepherd et al., 2009).

6.3.4 감성능력과 사회적 지지를 통한 대처

감성 능력과 관련된 조직의 관행과 절차는 개인 수준의 자기 효능감 대처 능력을 구축하는 데 도움이 될 수 있다. 자기 효능감 대처능력(Coping self-efficacy)은 "조직의 기업가적 활동으로 인해 발생하는 차질로부터 회복하는 데 필요한 동기, 인지적 자원 및 행동 과정을 동원할 수 있는 자신의 능력에 대한 믿음"을 의미한다(Shepherd et al., 2009: 593). 자기 효능감 대처 능력이 높아지면, 개인들은 자신의 상황을 덜 위협적으로 바꾸기 위해 더 적극적으로 행동한다. 즉, 그들은 적절하고 연관 있는 변화를 시도하거나 (Shepherd et al., 2009), 또는 이러한 대응을 버텨냄으로써(Bandura, 1986) 부정적인 감정의 원인에 대응한다. 더군다나, 자기 효능감 대응 능력은 슬픔을 감소시킨다. 예를 들어, Benight와 동료들(2001)은 최근 과부(widows)를 대상으로 한 표본조사를 연구한 결과, 대처적 자기효능감이 높은 사람들이 심리적, 신체적 행복이 더 높다는 것을 발견했다. 따라서 대처적 자기효능감은 "잠재적 위협에 대한 평정심을 갖는 평가, 잠재적 위협에 대한 약한 스트레스 반응, 그에 대한 반추적 집착 감소, 위협에 대한 더 나은 행동 관리, 그리고 그들에 대한 경험적 고통으로부터 더 빠른 행복 회복"을 동반하는 것으로 보인다(Benight and Bandura, 2003: 1133).

대처적 자기 효능감에 기여하는 여러 가지 요인이 있겠지만, 조직이 구성원들의 자기 효능감 대처를 용이하게 만들기 위한 한 가지 방법은 지지 그룹(support groups)을 만드는 것이다. 사회적 지지 그룹은 개인이 감정을 조절하는 데 도움을 주기 위하여 활용되며, 다양한 이유로 다양한 조직에서 구현된다. 슬픔에 대처하기 위해 Balk와 동료들(1993: 432)은 "사회적 지지 그룹의 목표는, 인생 위기와 관련되어 적응해야 할 과제와 대처 능력에 관한 교육을 통하여, 그리고 그룹 간 의사소통 채널의 개방을 통하여 (실패한 사람들이) 슬픔(griefs)에 대처하는 것을 용이하게 하며 또한 실패에 따른 비탄(mourning)의 어려움을 해결하는 데 도움을 주는 것이다"라고 정의한다.

이러한 그룹의 구체적인 구조와 활동에 대해 말하자면, 프로젝트 실패에 대한 슬픔에 대처하는 것을 용이하게 하는 사회적 지지 그룹은 다른 지지 그룹들의 성공적인 형태를 따를 수 있다(Caserta and Lund, 1996. 참조). 즉, 프로젝트 실패에 따른 슬픔을 당사자가 대처할 수 있도록 도와주는 (그래서 대처적 자기 효능감 구축에 도움이 된다) 사회적 지지 그룹은 자신에게 매우 소중했던 프로젝트를 실패한 경험이 있는 개인에 의해 주도되며, 따라서 그들은 (실패 감정과 실패에 대처 메커니즘에 관한 것에 대하여) 개방적인 정보 공유를 위한 분위기를 제공하기 때문에, 참가자(실패 경험자)가 실패에 따른 위협 환경을 완화하여 인식하는 방식으로 구조화 될 가능성이 높다. 이러한 지지 그룹(목적에 따라 다름)은 개인들이 경험한 슬픔을 상의하도록 도움을 주며(즉, 손실 지향), 다음 단계와 행동에 대한 계획(즉, 복원 지향)을 상의하도록 돕거나 혹은 그룹이 보여주는 필요에 따라 두 가지 지향 사이에서 진동하는 것을 포함하여 슬픔 반응에 영향을 미칠 수 있는 것이다.

또한 이러한 그룹은 둔감성, 학습 부족 및 성과 저하를 방지하는 데 도움이 될 수 있다. 앞에서 환자 사망에 민감하지 않게 된 종양학 치료 제공자가 어떻게 더 냉담해지고 환자로부터 분리되는지에 대해 논의했으며, 이는 환자의 건강에 부정적인 영향을 끼쳤다는 것을 설명하였다. 대조적으로, 둔감성을 피한 의사들은 자신의 환자의 죽음에 대한 부정적인 정서 반응에 대처하기 위해 동료들의 사회적 지원에 의존했고, 결과적으로 더 나은 자기 효능감 대처와 궁극적으로 더 나은 환자 관리 결과를 만들었다(Peeters and Le Blanc, 2001). 사회적 지원팀 측면에서 조직이 공식적으로 구성하든, 한 동료가 다른 사람을 돕는다는 측면에서 비공식적으로 구성하든, 사회적 지지는 프로젝트 실패에 대한 슬픔을 더 빨리 회복할 수 있는 기반을 제공하여 개인이 후속 프로젝트에 감정적으로 '감소' 없이 투입될 수 있게 만드는 것이다. 이와 같은 감정적 투자는 프로젝트 성공에 중요함에도 불구하고, 실패에 민감하지 않은 사람들(또는 그렇지 않으면 프로젝트 실패를 정상화하는 사람들)에게는 불충분하거나 상당히 감소된 상태에 머물게 되는 것이다.

지금까지 논의한 것에 대한 예로서, 가족을 잃은 경우, 슬픔은 각 가족 구성원에게 생성될 가능성이 높으며, 집단(즉, 가족) 수준에도 존재할 수 있다. 일부 가정은 이러한 슬픔을 더 잘 처리할 수도 있다. 즉, 그들은 슬픔을 표현하는 감성 능력을 가지고 있거나(Davies, Spinetta, Martinson, McClowry, and

Kulenkamp, 1986; Kissane et al., 1996a) – 이는 손실 지향과 일치한다 –, 또는 슬픔을 회피하는 감성능력을 가지고 있어서(Kissane, 1994) – 이는 복원 지향과 일치한다 –, 따라서 그들은 두 지향 사이에서 전환 시기와 방법을 알 수 있는 감정적 능력도 가지고 있는 것이다. 가족 간의 이러한 능력의 차이는 왜 일부 가족들이 다른 가족들보다 더 빨리 상실로부터 회복되는지를 설명하는 데 도움이 된다(Edwards and Clarke, 2004; Kissane et al., 1996a; Kissane, Bloch, Onghena, and McKenzie, 1996c; Kissane, Bloch, McKenzie, Mcdowall, and Nitzan, 1998). 그러나 역량의 중요성을 인식하는 것과 그것을 습득하는 방법을 이해하는 것은 별개의 문제이다. 감성 능력은 각각의 높은 감성 지능을 가진 개인들의 집단에서 나타날 수 있다. 그러나 이것은 가능하기는 하지만, 항상 발생하는 것은 아니다. 조직의 규범과 관례가 구성원들의 감성 지능을 포착해서 효과적으로 활용하지 못하여 그룹 차원의 슬픔 회복이 부실할 수 있다는 것이다. 그 반대도 마찬가지인데, 구성원들 스스로 높은 정서 지능을 갖지 못할 수도 있지만, 조직이 높은 감성 능력을 가지고 (조직 구성원들의) 슬픔을 '관리'하고 슬픔에서 회복시킬 수도 있는 것이다.

전체적으로, 정서적으로 지능이 높은 개인은 슬픔에서 더 빨리 회복하고 실패 경험을 이해하도록 자신의 감정을 감지하고, 이해하고, 조절할 수 있다. 마찬가지로, 정서적으로 능력 있는 조직은 보다 신속하게 회복하도록 슬픔을 효과적으로 관리하기 위한, 그리고 실패 경험으로부터 조직 학습을 최대화하기 위한 규범과 루틴을 가지고 있다.

6.3.5 감성 능력과 의식(儀式)을 통한 대응

한 쌍으로 엮어지든 혹은 그룹 수준에서 이루어지든 사회적 지지에 대한 이러한 생각의 확장이 결국 조직 의식(organizational ritual) 형태로 발전하며, 우리는 몇몇 혁신적인 회사에 존재하는 것을 발견하였다. Harris and Sutton(1986)은 직원 중 사망한 직원의 장례 의식(parting ceremonies)을 연구한 결과, 이별 의식, 즉 '경야'(wakes)를 통해 직원들이 정서적 지지를 주고받을 수 있을 뿐 아니라, 사회 시스템과 사태 자체에 대한 자기 성찰과 교정

(editing)을 용이하게 한다는 사실을 발견했다. 직무와 관련된 상실을 위한 이러한 이별의식은 인간의 장례식과 비슷한 목적(즉, 아일랜드식 경야)을 제공하며, "마지막 만찬"(the last supper), "마지막 환호"(the last hurrah), "마지막 파티"(the final party)와 같은 여러 다른 명칭들을 가지고 있다(Harris and Sutton, 1986: 13). 그들은 실제로 상실이 발생했다는 것을 현실적으로 실감하는 시간이 되며, 관련된 사람들을 회상하고, (아마도 마지막으로) 관계하였던 사람들과 연락하고, 작별을 고하는 시간이 되는 것이다(Trice and Beyer, 1984).

　　이러한 의식은 시간, 초대받은 사람 및 지역에 따라 다양하게 나타난다. 예를 들어, 한 조직(병원)은 의사 중 한 명이 후원하는 "마지막 만찬" 파티를 열었는데, 그 곳에서 종업원과 이미 해고된 사람들이 함께 모여 감정을 나눌 수 있었다(Harris and Sutton, 1986). 이와는 대조적으로 또 다른 파티인 "마지막 환호"는 문을 닫는 자동차 공장 노조의 후원을 받았다. 그들의 목표는 잔여 예산을 모두 소진하는 것과 동시에 (초대되었던) 경영진에 쓴 소리를 위한 것이었다. 그 파티는 경영진과 전국 노조연합회(잔여 자금 납부를 요구함) 모두에게 항의적인 행위의 역할을 했으며, 또한 공유된 감정과 경험을 토로하기 위한 출구를 제공한 것이다(Harris and Sutton, 1986: 13).

6.3.6 감성 능력 - 수준을 교차하여 나타나는 효과

　　위의 주장과 예에서 볼 수 있듯이, 감성 능력이 높은 조직들은 직원들이 감정을 관리할 수 있는 사회적 기회를 제공한다. 이들 중 일부는 (예를 들어, 지지 집단 등) 더 생산적일 수 있는 반면, 다른 것들은 (예를 들어, "마지막 환호"의 예) 개인들이 (지니고 있었던) 감정적 압박을 방출하는 기제로 작용할 수도 있는 것이다. 이러한 사건, 프로그램 또는 활동의 효과는 개인의 감성지능이나 적어도 개인 수준의 감성지능과 조직 수준의 정서적 역량 사이의 상호작용에 따라 달라질 수 있다.

• 6.4 감성 지능, 감성 능력 그리고 실패로부터의 학습

　감성적으로 지능이 높지 않은 개인은 비록 이러한 행동들이 조직의 다른 사람들을 희생시키더라도 개인적으로 슬픔에서 회복하기 위해 자신의 기술을 사용할 수 있다. 이런 행동은 집단 차원에서 불신감과 화합의 부족을 조성해 조직의 감성 능력을 저해할 수 있다. 대조적으로, 감성적으로 지능이 높은 개인은 기업가적인 프로젝트의 실패에 대한 슬픔을 관리하기 위한 규범과 루틴을 구축하는 리더십을 제공할 수 있다. 이러한 규범과 관례는 조직 구성원들을 슬픔에서 회복하도록 돕고 조직 전체가 실패 경험에 의미를 부여하는 데 유용하다.

　또한, 집단 수준은 개인 수준에도 영향을 미칠 수 있다. 감성적으로 능력 있는 조직은 개인들이 자신들의 감정을 인식하고 이해하고 조절하는 것을 배울 수 있는 환경을 만드는 규범과 루틴을 제공할 수 있다. 즉, 감성적으로 능력 있는 조직은 감성적으로 지능이 높은 구성원들로 만들어나가는 것을 가능하게 한다. 그러나 집단 수준에서는 감정 조절에 대한 불일치를 본질적으로 안고 있을 수 있으며, 따라서 의미형성을 저해할 수 있다. 실제로, 선행 연구에 따르면, 중간 관리자가 상위 경영진과 다른 목표를 가지고 있거나 동일 그룹의 구성원들은 다른 그룹 구성원들과 불화감을 느끼는 등 대처 방식의 불일치로 인해 긴장이 발생할 수 있다는 것을 시사했다(Huy, 2011).

　프로젝트 실패에 대한 대처방식, 감정의 유형과 강도가 당사자 간에 서로 다르다(heterogeneity)고 하여 반드시 부조화를 일으키지는 않는다. 어떤 경우에는, 이러한 다양성은 감정적인 능력이 될 수 있다. 예를 들어, 우리는 손실 지향이 너무 오랫동안 유지될 때 슬픔은 의미부여에 방해요소로 이어질 수 있다는 것을 안다. 이는 자연적으로 부여된 태도가 손실 지향적인 구성원들로 이루어진 동질적인 조직에서 특히 문제가 된다. 복원 지향적인 구성원들로 구성된 동질적인 조직에서도 동일한 문제가 발생할 수 있다. 슬픔 지향과 관련한 이러한 이질성(손실/복원지향)은 지향 스위치(orientation switch)가 필요한 시기와 전환을 처방하기 위한 메커니즘을 더 깊이 이해할 수 있게 해준다. 즉, 다양성은 슬픔 회복을 조화시키고 의미부여를 제고하는 데 활용될 수 있다. 조화를 이끄는 힘으로서 이러한 다양성은 감성적으로 높은 지능을 지닌 개인과 감성적으로 능력 있는 조직, 그리고 둘 사이의 상호작용이 있을 때 더 많이 발생할 가능성이 있다.

감성적으로 지적인 개인과 집단 역학(group dynamics)과의 상호작용을 고려할 때, 개인이 자신의 생각과 감정에 깊이 몰입되어 있는 것이 반드시 긍정적인 결과를 낳는 것은 아니다. 오히려 부정적인 사태(예: 실패)로부터의 학습과정은 다른 사람들과의 상호작용을 포함할 수 있어야 한다. 우리는 일반적으로 개별적인 분석 수준에서 인지와 감정을 생각하지만, 그룹 수준의 인지 관련 상당한 연구 그룹(예: 최고 관리층에 대해서는 Harison & Klein, 2007; Huber & Lewis, 2010; Kerr & Tindale, 2004)이 있으며, 그룹 수준에서 감정에 대한 작지만 중요한 연구 흐름도 있다(Barsade, 2002; Huy, 1999, 2011). 감정으로서 슬픔은 일반적으로 개인 수준의 분석에서 고려되고 처리되지만, 슬픔은 집단 수준에서도 존재할 수 있다. 예를 들어, 부정적인 사건은 그룹 정체성에 대한 낮은 평가(예: 실패한 조직의 멤버십)를 가져올 수 있으며, 이것은 분노와 공포를 포함한 그룹 차원의 부정적인 감정을 불러일으킬 수 있다(Mackie, Devos, and Smith, 2000). 마찬가지로 집단적으로 불리하다고 느끼는 집단 구성원들은 자신들이 처한 상황에 따라서 공동체 전체적으로 부정적 감정이나 슬픔을 경험할 수 있는 것이다(Huy, 2011).

감성적으로 능력 있는 조직은 조직에 직접적인 영향을 미치는 사태를 둘러싼 감정을 다루기 위한 규범과 루틴을 가지고 있다(Huy, 1999). 비록 조직 실패의 경우, 조직 자체는 해체될 가능성이 있지만(또는 상당히 약화된 형태로 유지되거나), 실패가 조직 내의 기업가적인 프로젝트인 경우에는 그렇지 않다. 이러한 경우 프로젝트는 실패하지만 조직은 유지된다. 이러한 상황에서, 감성적으로 능력 있는 조직은 슬픔을 효과적으로 관리하기 위한 규범과 루틴을 가지고 있어 더 빨리 회복되고 그에 따라 실패 경험을 이해(의미부여)하게 된다. 따라서 우리는 더 높은 수준의 감정 지능과 감성적으로 능력 있는 조직에 접근할 수 있는 개인은 자신의 부정적인 감정에 대처하기 위해서 더 효과적인 활동에 착수하고 더 높은 수준의 학습을 가질 것으로 기대할 수 있는 것이다.

● 6.5 **논의**

이 장에서, 우리는 부정적인 감정에 대한 개인의 대응에 대하여 다수준 모형과 실패로부터의 학습에 대한 함의를 위한 제시하였다. 우리는 조직이 실패에 대응하는 데 따르는 다양한 기제(즉, 실패에 대한 정상화 대 실패 관리)와 이것이 부정적인 감정과 학습에 미치는 영향을 강조했다. 부정적인 감정, 부정적인 감정에 대한 대응, 슬픔의 과정, 그리고 학습에 대하여 시스템적 관점을 취함으로써 조직 내에 내포된 구성원들을 이해하고 두 단계의 분석 수준 사이의 상호작용을 위한 기초를 제공했다. 시스템적 관점에서 본 연구는 여러 가지 시사점을 제시하고 있다. 첫째, 조직은 조직을 구성하고 있는 내부 요소만으로는 이해될 수 없는 것이다. 즉, 조직은 구성원들에 대한 이해로 조직이 완전히 이해될 수 있는 실체가 아니다. 둘째, 조직은 개인, 쌍(dyads) 및 팀과 같은 서로 다른 수준의 하위 시스템으로 구성되며, 이러한 수준(위아래)에서 상호작용은 발생한다. 셋째, 조직은 경계를 유지하는 동시에 하위 시스템(조직 내 다양한 수준의 분석)의 조정된 작업을 통해 환경의 변화에 적응할 수 있다. 따라서 프로젝트 실패에 대한 조직의 적응적 대응을 더 깊이 이해하기 위해서는 한 분석 수준(즉, 개인)에서의 변화와 다른 수준(즉, 조직)에서의 변화에 대한 영향을 이해하고 그 반대의 경우도 이해해야 한다. 이러한 접근 방식은 조직 내에서 감정에 대한 보다 포괄적인 이해를 제공하며(Huy, 1999), 따라서 일부 조직(및 그 구성원)이 실패 경험에서 학습하기 위해 감정을 더 잘 처리하고 따라서 기업가적인 행동에서 진전을 이룰 수 있는 이유에 대한 더 깊은 이해의 기초가 된다.

모델의 교차 수준 구성요소(즉, <그림 6-1>에서 표시한 대로 중간 수준)는 실패와 같은 부정적인 사건을 다루는 여러 단계 수준 사이의 상황의존적 관계를 보여준다. 여기에는 조직 및 개인수준에서의 (1) 부정적 감정, (2) 부정적 감정을 관리하는 접근방법(즉, 감성 능력과 감정 지능), (3) 슬픔 역학 및 (4) 실패로부터의 학습을 포괄한다. 다음 세 가지 하위섹션에서는 이러한 종속성 혹은 상황의존성의 영향에 대해 간략하게 논의한다. 다음 장에서는 프로젝트 실패와 관련된 오명과 인상 관리를 사용하여 실패의 오명을 최소화하거나 제거할 수 있는 방법에 대해 설명한다.

6.5.1 감정 조절 연구에 대한 함의

부정적인 감정을 관리하는 조직의 효과성은 감성 지능을 포함한 개인적 요인에 따라 달라질 수 있다. 이러한 영향에 대한 인식은 실패와 관련된 부정적인 감정을 관리하는 데 도움이 되는 프로그램, 프로세스 및 루틴을 개발하는 데 매우 중요하다. 개인은 특히 프로젝트 실패와 같은 끔찍한 부정적인 사건에 대응할 때 부정적인 감정을 조절(및 관리)하는 능력뿐만 아니라 정서적으로 자아 인식(emotional self-awareness)을 하는 것에도 상당히 다를 수 있다(Grandey, Fisk, Mattila, Jansen, and Sideman, 2005; Williams, 2003). 따라서 회복을 촉진하기 위한 다른 개인의 슬픔 역학 및 과정에 대한 인식은 개인이 슬픔에서 학습으로 전환하는 과정이 다양하기 때문에 슬픔과 관련된 부정적인 결과만 부분적으로 해결할 가능성이 있다. 따라서 조직은 개인 수준의 감성 지능 개발을 포함하는 시스템과 프로세스를 개발해야 하며, 따라서 여러 수준(개인과 집단 그리고 조직)에서 부정적인 감정을 관리하고 감성 능력과 감성 지능을 모두 개발함으로써 얻을 수 있는 이점을 포착해야 한다.

특히 기업가 또는 기업가적인 프로젝트를 시작하는 조직 구성원들은 감성 지능을 향상시킬 수 있는 기회를 가져야 한다. 이러한 향상은 잠재적으로 조직의 광범위한 감성 능력 시스템에 통합될 수 있다. 첫째, 감성 지능의 정확한 정의에 관한 논쟁이 계속되는 가운데(Ashkanasy and Daus, 2005), 일반적인 합의는 개인의 감성 지능을 배양하고 향상시키기 위한 접근 방식, 특히 다른 사람의 감정 상태에 주의를 기울이고 결정을 내릴 때 그 정보를 활용하는 것과 관련한 주제에 적절한 연구가 있다는 것이다(Mayer and Salovey, 1997). 이러한 실천방안은 리더십과 부정 과정(negation courses)(Ashkanasy and

Dasborough, 2003; Ogilvie and Carsky, 2002)과 같은 맥락에서 긍정적인 결과를 이끌어냈으며, 따라서 감정적 자기 조절(emotional self−regulation)은 교육될 수 있다는 연구를 뒷받침한다.

둘째, 조직 수준의 감성 능력이 어떻게 발전되는지에 대한 연구는 거의 없지만, 감정 지능에 대한 연구(위에서 논의)는 이 분야에 대한 가능성이 있을 수 있음을 시사한다. 집단 감정에 대한 추가 연구가 등장함에 따라(cf., Huy, 2011), 우리는 진동 슬픔 프로세스(oscillation grief process)와 실패로부터의 학습을 촉진하는 조직 시스템을 개발하는 방법을 더 잘 이해할 수 있는 추가적인 연구를 기대한다.

셋째, (개인 수준에서) 일반 교육은 기업가, 기업가적 조직의 구성원들 및 팀/그룹 구성원들이 더 나은 결과를 얻기 위해 부정적인 감정을 조절하는 방법을 이해하는 데 도움이 될 수 있다. 예를 들어, 우리(Shepherd, 2004)는 개인 수준의 감성 지능에 긍정적인 결과를 가져올 수 있는 이 주제를 교실 환경에서 더 잘 소개하고 통합할 수 있는 방법에 대한 제안을 제공했다. 이를 토대로 조직의 감성 능력 개발에 대한 교육을 통합할 기회가 있을 수 있다고 본다.

6.5.2 프로젝트 실패에 대한 학문적 함의

위 시사점과 관련하여 여기에서는 프로젝트 실패를 관리하는 방법을 이해하는 데 몇 가지 중요한 시사점을 제공한다. 첫째, 우리는 실패에 대한 다른 대응의 영향에 대해 논의했고, 조절이 긍정적인 학습 결과를 생성하는 데 더 효과적일 수 있음을 시사했다. 그러나 조절이 항상 가능한 것은 아닌데, 특히 조직에 개인 자원이 부족할 때(즉, 감정 지능이나 혹은 자기 효능감 대처가 높은 개인이 많지 않을 경우)가 그렇다. 조직은 실패를 관리하는 데 필요한 자원의 유형과 조직의 목표를 연동시켜야만 한다. 조직의 주요 기능이 정기적인 실험, 위험 감수 및 반복인 경우, 실패를 정상사고화하고 칭송하는 것이 가장 적절할 수 있다. 그러나 조직들은 구성원들이 둔감해지는 것이 아니라 실패로부터 학습하고 있다는 것을 보장하기 위한 구조와 시스템이 필요할 것이다.

둘째, 조직은 프로젝트 실패 또는 조직 실패와 관련하여 그들이 보내는 메시지를 유념해야 한다. 왜냐하면, 이 메시지가 슬픔 관리에 대한 정상사고 또는 조절 접근법의 필요성을 결정하는 데 핵심적이기 때문이다. 조직에서 실패로부터 학습하는 것이 필수적이라면, 시스템은 구축되어져야 한다. 예를 들면, (1) 실패의 "정상적인" 성격에 대한 의견 공유, (2) 실패 경험에 대해 슬퍼하고 학습하는 필수적인 과정을 강조하거나 혹은 사회적 지지 그룹과 같은 시스템을 구축해야 한다. 그런 다음 조직은 조직의 핵심을 지원하기 위해 문화, 보상 시스템 등을 포함한 구조와 루틴과 같은 다른 요소에 초점을 맞추어야 한다. 조직은 정상사고 전략 선택의 경우의 단점과 조절 전략 선택의 경우 과제(예: 대처적 자기효능감이 있는 직원 식별 및 이러한 기술 개발 등)를 충분히 알고 있어야 한다. 다른 주요 조직의 결정과 마찬가지로, 조직이 실패를 어떻게 보고, 실패로부터 회복하고, 결과적인 지식을 포착하는 것과 관련되어 상쇄되는 측면들이 있기 때문이다.

마지막으로, 사회적 지지 그룹을 넘어, 조직은 집단의 슬픔 프로세스를 더 잘 촉진하기 위해 추가 활동(예: 장례의식 등)을 고려할 수 있다. 슬픔에 빠진 집단의 중요성은 최근에서야 죽음학(bereavement literature)에서 발전되었으며(Shepherd, 2009), 상실 상황에 적용될 수 있는 집단행태에 대한 경영학 문헌에서 연구된 내용들을 적용할 만한 상당한 기회가 있다.

• 6.6 결론

조직은 실패를 경험하며, 이러한 실패는 개인 및 조직 차원에서 부정적인 감정을 유발한다. 이러한 상황에서 상실감과 슬픔의 감정은 다른 배경에서의 상실감과 유사한 패턴을 따르며, 또한 슬픔을 극복하기 위한 잠재적인 선택들이 하는 것과 마찬가지다. 개인과 조직이 이러한 슬픔을 관리하는 방법은 새로운 기업가적 기회를 추구하려는 욕구, 둔감성, 조직 내 개인 성과 등을 포함한 후속 조치에 중요한 영향을 미친다. 슬픔을 관리하는 개인의 능력(즉, 감성 지능)과 실패에 대한 건강한 반응을 배양하는 조직 차원의 프로세스와 루틴(즉, 감성 능력)을 모두 개발함으로써 조직은 실패 사건을 이해하고, 그러한 사건에서 배우고, 이후의 활동을 개선할 수 있는 더 나은 장비를 갖추게 되는 것이다.

REFERENCES

Amabile, T. M. 1997. Entrepreneurial creativity through motivational synergy. *The Journal of Creative Behavior*, 31(1): 18−26.

Amabile, T. M., Barsade, S. G., Mueller, J. S., & Staw, B. M. 2005. Affect and creativity at work. *Administrative Science Quarterly*, 50(3): 367−403.

Archer, J. 1999. *The nature of grief: The evolution and psychology of reactions to loss.* New York: Routledge.

Ashforth, B. E. & Kreiner, G. E. 1999. 'How can you do it?': Dirty work and the challenge of constructing a positive identity. *Academy of Management Review*, 24(3): 413−434.

Ashforth, B. E. & Kreiner, G. E. 2002. Normalizing emotion in organizations: Making the extraordinary seem ordinary. *Human Resource Management Review*, 12(2): 215−235.

Ashkanasy, N. M. & Dasborough, M. T. 2003. Emotional awareness and emotional intelligence in leadership teaching. *Journal of Education for Business*, 79(1): 18−22.

Ashkanasy, N. M. & Daus, C. S. 2005. Rumors of the death of emotional intelligence in organizational behavior are vastly exaggerated. *Journal of Organizational Behavior*, 26(4): 441−452.

Ashkanasy, N. M. & Humphrey, R. H. 2011. Current emotion research in organizational behavior. *Emotion Review*, 3(2): 214−224.

Balk, D. E., Tyson−Rawson, K., & Colletti−Wetzel, J. 1993. Social support as an intervention withbereaved college students. *Death Studies*, 17(5): 427−450.

Bandura, A. 1986. *Social foundations of thought and action: A social cognitive theory*. Englewood Cliffs, NJ: Prentice—Hall.

Barsade, S. G. 2002. The ripple effect: Emotional contagion and its influence on group behavior. *Administrative Science Quarterly*, 47(4): 644—675.

Bartunek, J. M. 1984. Changing interpretive schemes and organizational restructuring: The example of a religious order. *Administrative Science Quarterly*, 29(3): 355—372.

Belschak, F. D. & Hartog, D. N. D. 2009. Consequences of positive and negative feedback: The impact on emotions and extra—role behaviors. *Applied Psychology*, 58(2): 274—303.

Benight, C. C. & Bandura, A. 2003. Social cognitive theory of traumatic recovery: The role of perceived self—efficacy. *Behaviour Research and Therapy*, 42: 1129—1148.

Brief, A. P. & Weiss, H. M. 2002. Organizational behavior: Affect in the workplace. *Annual Review of Psychology*, 53(1): 279—307.

C. Benight, J. F., Ty Tashiro, Charles. 2001. Bereavement coping self—efficacy in cancer widows. *Death studies*, 25(2): 97—125.

Cameron, K. S., Kim, M. U., & Whetten, D. A. 1987. Organizational effects of decline and turbulence. *Administrative Science Quarterly*, 32(2): 222—240.

Cameron, K. S., Whetten, D. A., & Kim, M. U. 1987. Organizational dysfunctions of decline. *Academy of Management Journal*, 30(1): 126—138.

Cannon, M. D. & Edmondson, A. C. 2001. Confronting failure: antecedents and consequences of shared beliefs about failure in organizational work groups. *Journal of Organizational Behavior*, 22(2): 161—177.

Caserta, M. S. & Lund, D. A. 1996. Beyond bereavement support group meetings: Exploring outside social contacts among the members. *Death studies*, 20(6): 537—556.

Clore, G. L. 1992. Cognitive phenomenology: Feelings and the construction of judgment. In L. L. Martin & A. Tesser (Eds.), *The construction of social judgments*, Vol. 10: 133—163. Hillsdale, NJ: Erlbaum.

Cuisner, M., Janssen, H., Graauw, C., Bakker, S., & Hoogduin, C. 1996. Pregnancy following   miscarriage: curse of grief and some determining factors. *Journal of Psychometric Obstetrics and Gynecology*, 17: 168—174.

Daft, R. & Weick, K. E. 1984. Toward a model of organizations and interpretation systems. *Academy of Management Review*, 9(2): 284−296.

Davies, B., Spinetta, J., Martinson, I., McClowry, S., & Kulenkamp, E. 1986. Manifestations of levels of functioning in grieving families. *Journal of Family Issues*, 7(3): 297−313.

De Sousa, R. 1987. *The rationality of emotion*. Cambridge, Mass./London: MIT Press.

Deigh, J. 1994. Cognitivism in the Theory of Emotions. *Ethics*, 104: 824−854.

Dutton, J. E., Fahey, L., & Narayanan, V. K. 1983. Toward understanding strategic issue diagnosis. *Strategic Management Journal*, 4(4): 307−323.

Dutton, J. E. & Duncan, R. B. 1987. The creation of momentum for change through the process of strategic issue diagnosis. *Strategic Management Journal*, 8(3): 279−295.

Edwards, B. & Clarke, V. 2004. The psychological impact of a cancer diagnosis on families: the influence of family functioning and patients' illness characteristics on depression and anxiety. *Psycho-Oncology*, 13(8): 562−576.

Egan, T. M., Yang, B., & Bartlett, K. R. 2004. The effects of organizational learning culture and job satisfaction on motivation to transfer learning and turnover intention. *Human Resource Development Quarterly*, 15(3): 279−301.

Ellis, H. C. & Ashbrook, P. W. 1988. Resource allocation model of the effects of depressed mood states on memory. In K. Fiedler & J. Forgas (Eds.), *Affect, cognition and social behavior*. 25−43. Toronto, Canada: Hogreff.

Ellis, H. C. & Ashbrook, P. W. 1989. The "state" of mood and memory research: A selective review. *Journal of Social Behavior & Personality*, 4(2): 1−22.

Ellis, S. H. & Chase, W. G. 1971. Parallel processing in item recognition. *Perception & Psychophysics*, 10(5): 379−384.

Farson, R. & Keyes, R. 2002. The failure−tolerant leader. *Harvard Business Review*, 80: 64−71.

Fineman, S. 1996. Emotion and organizing. In S. R. Clegg & C. Hardy & W. R. Nord (Eds.), *Handbook of organization studies*: 543−564. London: Sage.

Fisher, C. D. & Ashkanasy, N. M. 2000. The emerging role of emotions in work life: An introduction. *Journal of Organizational Behavior*, 21(2): 123−129.

Frank, R. H. 1993. The strategic role of the emotions reconciling over−and undersocialized accounts of behavior. *Rationality and Society*, 5(2): 160−184.

Fredrickson, B. L. 2001. The role of positive emotions in positive psychology: The broaden−and−build theory of positive emotions. *American psychologist*, 56(3): 218.

Gentner, D. & Holyoak, K. J. 1997. Reasoning and learning by analogy. *American Psychologist*, 52(1): 32.

George, G. M. 1990. Personality, affect, and behavior in groups. *Journal of Applied Psychology*, 76: 299−307.

Ginsberg, A. 1988. Measuring and modeling changes in strategy: Theoretical foundations and empirical directions. *Strategic Management Journal*, 9(6): 559−575.

Gioia, D. A. 1986. Symbols, scripts, and sense making: creating meaning in the organizational experience. In H. P. Sims & D. A. Gioia (Eds.), *The thinking organization*: 49−74. San Francisco, CA: Jossey−Bass.

Gioia, D. A. & Chittipeddi, K. 1991. Sensemaking and sensegiving in strategic change initiation. *Strategic Management Journal*, 12(6): 433−448.

Gladstein, D. L. & Reilly, N. P. 1985. Group decision making under threat: The tycoon game. *Academy of Management Journal*, 28(3): 613−627.

Gooty, J., Gavin, M., & Ashkanasy, N. M. 2009. Emotions research in OB: The challenges that lie ahead. *Journal of Organizational Behavior*, 30(6): 833−838.

Grandey, A. A., Fisk, G. M., Mattila, A. S., Jansen, K. J., & Sideman, L. A. 2005. Is "service with a smile" enough? Authenticity of positive displays during service encounters. *Organizational Behavior and Human Decision Processes*, 96(1): 38−55.

Gusterson, H. 1996. *Nuclear rites: A weapons laboratory at the end of the Cold War*. Los Angeles, CA: University of California Press.

Hambrick, D. C. 1982. Environmental scanning and organizational strategy. *Strategic Management Journal*, 3(2): 159−174.

Harris, S. G. & Sutton, R. I. 1986. Functions of parting ceremonies in dying organizations. *Academy of Management Journal*, 29(1): 5−30.

Harrison, D. A. & Klein, K. J. 2007. What's the difference? Diversity constructs as separation, variety, or disparity in organizations. *Academy of Management Review*, 32(4): 1199 — 1228.

Härtel, C. E., Hsu, A. C., & Boyle, M. V. 2002. A conceptual examination of the causal sequences of emotional labor, emotional dissonance, and emotional exhaustion: The argument for the role of contextual and provider characteristics. In N. M. Ashkanasy & W. J. Zerbe & C. E. Härtel (Eds.), *Managing emotions in the workplace*: 251. London, UK: M. E. Sharpe.

Herbert, T. B. & Dunkel — Schetter, C. 1992. Negative social reactions to victims: An overview of responses and their determinants. In L. Montada (Ed.), *Life crises and experiences of loss in adulthood*: 497 — 518. Hillsdale, NJ: Erlbaum.

Hirshleifer, J. 1993. The Affections and the Passions: Their Economic Logic. *Rationality and Society*, 5(2): 185 — 202.

House, J. S. 1981. *Work stress and social support*. Reading, MA: Addison — Wesley.

Huber, G. P. & Lewis, K. 2010. Cross — understanding: Implications for group cognition and performance. *Academy of Management Review*, 35(1): 6 — 26.

Huy, Q. N. 1999. Emotional capability, emotional intelligence, and radical change. *Academy of Management Review*, 24(2): 325 — 345.

Huy, Q. N. 2002. Emotional balancing of organizational continuity and radical change: The contribution of middle managers. *Administrative Science Quarterly*, 47(1): 31 — 69.

Huy, Q. N. 2011. How middle managers' group-focus emotions and social identities influence strategy implementation. *Strategic Management Journal*, 32(13): 1387 — 1410.

Isen, A. M. 2000. Positive affect and decision making. *Handbook of emotions*, 2: 417 — 435.

Kelly, J. R. & Barsade, S. G. 2001. Mood and emotions in small groups and work teams. *Organizational Behavior and Human Decision Processes*, 86(1): 99 — 130.

Kerr, N. L. & Tindale, R. S. 2004. Group performance and decision making. *Annual Review of Psychology*, 55: 623 — 655.

Kiefer, T. 2005. Feeling bad: Antecedents and consequences of negative emotions in ongoing change. *Journal of Organizational Behavior*, 26(8): 875−897.

Kissane, D. 1994. Grief and the family. In S. Block & J. Hafner & E. Harari & G. I. Szmukler (Eds.), *The Family in Clinical Psychiatry*: 71−91. Oxford, England: Oxford University Press.

Kissane, D. W., Bloch, S., Dowe, D. L., Snyder, R. D., Onghena, P., McKenzie, D. P., & Wallace, C. S. 1996a. The Melbourne family grief study, I: Perceptions of family functioning in bereavement. *American Journal of Psychiatry*, 153(5): 650−658.

Kissane, D. W., Bloch, S., Onghena, P., & McKenzie, D. P. 1996c. The Melbourne family grief study, ll: Psychosocial morbidity and grief in bereaved families. *American Journal of Psychiatry*, 153: 659−666.

Kissane, D. W., Bloch, S., McKenzie, M., Mcdowall, A. C., & Nitzan, R. 1998. Family grief therapy: A preliminary account of a new model to promote healthy family functioning during palliative care and bereavement. *Psycho-Oncology*, 7(1): 14−25.

Kogut, B. & Zander, U. 1996. What firms do? Coordination, identity, and learning. *Organization Science, 7(5): 502−518.*

Lehman, D. R., Ellard, J. H., & Wortman, C. B. 1986. Social support for the bereaved: Recipients' and providers' perspectives on what is helpful. *Journal of Consulting and Clinical Psychology*, 54(4): 438−446.

Lepore, L. & Brown, R. 1997. Category and stereotype activation: Is prejudice inevitable? *Journal of Personality and Social Psychology*, 72(2): 275−287.

Lepore, S. J., Silver, R. C., Wortman, C. B., & Wayment, H. A. 1996. Social constraints, intrusive thoughts, and depressive symptoms among bereaved mothers. *Journal of Personality and Social Psychology*, 70(2): 271−282.

Lyubomirsky, S. & Nolen−Hoeksema, S. 1995. Effects of self−focused rumination on negative thinking and interpersonal problem solving. *Journal of Personality and Social Psychology*, 69(1): 176−190.

Mackie, D. M., Devos, T., & Smith, E. R. 2000. Intergroup emotions: explaining offensive action tendencies in an intergroup context. *Journal of Personality and Social Psychology*, 79(4): 602−616.

Markman, A. B. & Gentner, D. 2001. Thinking. *Annual Review of Psychology*,

52(1): 223－247.

Mayer, J. D. & Salovey, P. 1997. What is emotional intelligence? In P. Salovey & D. Sluyter (Eds.), *Emotional development and emotional intelligence: Implications for educators*: 3－31. New York: Basic Books.

Meyer, J. P., Paunonen, S. V., Gellatly, I. R., Goffin, R. D., & Jackson, D. N. 1989. Organizational commitment and job performance: It's the nature of the commitment that counts. *Journal of Applied Psychology*, 74(1): 152－156.

Meyer, J. P. & Allen, N. J. 1997. *Commitment in the workplace: Theory, research, and application*. Thousand Oaks, CA: Sage.

Mogg, K., Mathews, A., Bird, C., & Macgregor－Morris, R. 1990. Effects of stress and anxiety on the processing of threat stimuli. *Journal of Personality and Social Psychology*, 59(6): 1230.

Morrison, J. B. 2002. The right shock to initiate change: A sense making perspective. Paper presented at the Academy of Management Proceedings Denver, CO.

Ng, T. W. H., Butts, M. M., Vandenberg, R. J., DeJoy, D. M., & Wilson, M. G. 2006. Effects of management communication, opportunity for learning, and work schedule flexibility on organizational commitment. *Journal of Vocational Behavior*, 68(3): 474－489.

Nolen－Hoeksema, S. & Morrow, J. 1991. A prospective study of depression and posttraumatic stress symptoms after a natural disaster: the 1989 Loma Prieta Earthquake. *Journal of Personality and Social Psychology*, 61(1): 115－121.

Nolen－Hoeksema, S., Parker, L. E., & Larson, J. 1994. Ruminative coping with depressed mood following loss. *Journal of Personality and Social Psychology*, 67(1): 92－104.

Nolen－Hoeksema, S. & Davis, C. G. 1999. "Thanks for sharing that": Ruminators and their social support networks. *Journal of Personality and Social Psychology*, 77(4): 801－814.

Nystrom, P. C. & Starbuck, W. H. 1984. To avoid organizational crises, unlearn. *Organizational Dynamics*, 12(4): 53－65.

Ocasio, W. 2011. Attention to attention. *Organization Science*, 22(5): 1286－1296.

Ogilvie, J. R. & Carsky, M. L. 2002. Building emotional intelligence in negotiations. *International Journal of Conflict Management*, 13(4): 381−400.

Palmer, S. 1978. Fundamental aspects of cognitive representation. In E. Rosch & B. B. Lloyds (Eds.), *Cognition and categorization*: 259−303. Hillsdale, NJ: Erlbaum.

Peeters, M. C. & Le Blanc, P. M. 2001. Towards a match between job demands and sources of social support: A study among oncology care providers. *European Journal of Work and Organizational Psychology*, 10(1): 53−72.

Pennebaker, J. W. 1989. Confession, inhibition, and disease. In L. Berkowitz (Ed.), *Advances in experimental social psychology*, Vol. 22: 211−244. New York: Academic Press.

Pennebaker, J. W. 1993. Putting stress into words: Health, linguistic, and therapeutic implications. *Behaviour Research and Therapy*, 31(6): 539−548.

Pennebaker, J. W. 1995. *Emotion, disclosure, & health*. Washington, DC: American Psychological Association.

Pieters, R. G. & Van Raaij, W. F. 1988. Functions and management of affect: Applications to economic behavior. *Journal of Economic Psychology*, 9(2): 251−282.

Prigerson, H., Bierhals, A., Kasl, S., Reynolds, C., 3rd, Shear, M., Day, N., Beery, L., Newsom, J., & Jacobs, S. 1997. Traumatic grief as a risk factor for mental and physical morbidity. *American Journal of Psychiatry*, 154(5): 616−623.

Rank, J. & Frese, M. 2008. The impact of emotions, moods, and other affect−related variables on creativity, innovation and initiative in organizations. In N. M. Ashkanasy & C. L. Cooper (Eds.), *Research Companion to Emotion in Organizations*: 103−119. Northhampton, Maine: Edward Elgar Publishing.

Reed, D. A. 1989. *An orderly world: The social construction of reality within an occupation*. Unpublished doctoral dissertation, Indiana University, Bloomington, IN.

Rimé, B. 1995. Mental rumination, social sharing, and the recovery from emotional exposure. In J. W. Pennebaker (Ed.), *Emotion, disclosure, and health:* 271−292. Washington, DC: American Psychological Association.

Ritter, A. R. & Kirk, J. M. 1995. *Cuba in the international system: normalization and integration*. New York: St. Martin's Press.

Rook, K. S. 1984. Research on social support, loneliness, and social isolation: Toward an integration. *Review of Personality & Social Psychology*, 5: 239−264.

Sanchez−Burks, J. & Huy, Q. N. 2009. Emotional aperture and strategic change: The accurate recognition of collective emotions. *Organization Science*, 20(1): 22−34.

Schein, E. H. 1992. *Organizational Culture and Leadership*. San Francisco: Jossey−Bass.

Schwarz, N. & Clore, G. L. 1988. How do I feel about it? The informative function of affective states. *Affect, cognition, and social behavior*: 44−62.

Schwarz, N. & Clore, G. L. 1996. Feelings and phenomenal experiences. In E. T. Higgins & A. W. Kruglanski (Eds.), *Social psychology: Handbook of basic principles*: 433−465. New York: Guilford Press.

Seo, M.−G., Barrett, L. F., & Bartunek, J. M. 2004. The role of affective experience in work motivation. *Academy of Management Review*, 29(3): 423−439.

Shepherd, D. A. 2003. Learning from business failure: Propositions of grief recovery for the self−employed. *Academy of Management Review*, 28(2): 318−328.

Shepherd, D. A. 2004. Educating Entrepreneurship Students About Emotion and Learning From Failure. *Academy of Management Learning & Education*, 3(3): 274−287.

Shepherd, D. A. 2009. Grief recovery from the loss of a family business: A multi− and meso−level theory. *Journal of Business Venturing*, 24(1): 81−97.

Shepherd, D. A. & Cardon, M. S. 2009. Negative emotional reactions to project failure and the self -compassion to learn from the experience. *Journal of Management Studies*, 46(6): 923−949.

Shepherd, D. A., Covin, J. G., & Kuratko, D. F. 2009. Project failure from corporate entrepreneurship: Managing the grief process. *Journal of Business Venturing*, 24(6): 588−600.

Shepherd, D. A. & Haynie, J. M. 2011. Venture failure, stigma, and impression management: A self-verification, self-determination view. *Strategic Entrepreneurship Journal*, 5(2): 178−197.

Shepherd, D. A., Patzelt, H., & Wolfe, M. 2011. Moving forward from project failure: Negative emotions, affective commitment, and learning from the experience. *Academy of Management Journal*, 54(6): 1229−1259.

Shepherd, D. A., Patzelt, H., Williams, T. A., & Warnecke, D. 2014. How Does Project Termination Impact Project Team Members? Rapid Termination, 'Creeping Death', and Learning from Failure. *Journal of Management Studies*, 51(4): 513−546.

Shuchter, S. R. 1986. *Dimensions of grief: Adjusting to the death of a spouse.* New York: Jossey−Bass.

Simon, D. 1991. *Homicide: A year on the killing streets.* Boston, MA: Houghton Mifflin.

Smith, E. R., Seger, C. R., & Mackie, D. M. 2007. Can emotions be truly group level? Evidence regarding four conceptual criteria. *Journal of Personality and Social Psychology*, 93(3): 431−446.

St Onge, S. 1995. Systematic desensitization. In M. Ballou (Ed.), *Psychological interventions: A guide to strategies*: 95−115. Westport, CT: Greenwood Publishing Group.

Staw, B. M., Sandelands, L. E., & Dutton, J. E. 1981. Threat−rigidity effects in organizational behavior: A multilevel analysis. *Administrative Science Quarterly*, 26(4): 501−524.

Stroebe, M. & Schut, H. 1999. The dual process model of coping with bereavement: Rationale and description. *Death Studies*, 23(3): 197−224.

Stroebe, M. S. & Schut, H. 2001. Models of coping with bereavement: A review. In M. S. Stroebe & R. O. Hansson & W. Stroebe & H. Schut (Eds.), *Handbook of bereavement research: Consequences, coping, and care*, Vol. XV: 375−403. Washington, DC: American Psychological Association.

Sutton, R. I. & D'Aunno, T. 1989. Decreasing organizational size: Untangling the effects of money and people. *Academy of management Review*, 14(2): 194−212.

Taylor, S. E. & Crocker, J. 1981. Schematic bases of social information processing. In E. T. Higgins & C. P. Herman & M. P. Zanna (Eds.), *Social cognition*, Vol. 1: 89−134. Hillsdale, NJ: LEA.

Thoits, P. A. 1982. Life stress, social support, and psychological vulnerability:

Epidemiological considerations. *Journal of Community Psychology*, 10(4): 341−362.

Thomas, J. B., Clark, S. M., & Gioia, D. A. 1993. Strategic sensemaking and organizational performance: linkages among scanning, interpretation, action, and outcomes. *Academy of Management Journal*, 36: 239−270.

Trice, H. M. & Beyer, J. M. 1984. Studying organizational cultures through rites and ceremonials. *Academy of management review*, 9(4): 653−669.

Ucbasaran, D., Westhead, P., Wright, M., & Flores, M. 2010. The nature of entrepreneurial experience, business failure and comparative optimism. *Journal of Business Venturing*, 25(6): 541−555.

Vachon, M. L. & Stylianos, S. K. 1988. The role of social support in bereavement. *Journal of Social Issues*, 44(3): 175−190.

Wegner, D. M. & Erber, R. 1993. Social foundations of mental control. In D. M. Wegner & J. W. Pennebaker (Eds.), *Handbook of mental control*: 36−56. Englewood Cliffs, NJ: Prentice−Hall.

Weick, K. 1979. *The social psychology of organizing*. Reading, MA: Addison−Wesley.

Weick, K. E. 1990. The vulnerable system: An analysis of the Tenerife air disaster. *Journal of management*, 16(3): 571−593.

Williams, C. 2003. Sky service: The demands of emotional labour in the airline industry. Gender, *Work & Organization*, 10(5): 513−550.

Wood, J. V., Saltzberg, J. A., Neale, J. M., Stone, A. A., & Rachmiel, T. B. 1990. Self−focused attention, coping responses, and distressed mood in everyday life. *Journal of personality and social psychology*, 58(6): 1027.

Zerubavel, E. 1991. *The fine line: Making distinctions in everyday life*. New York: Free Press.

Zollo, M. & Winter, S. G. 2002. Deliberate learning and the evolution of dynamic capabilities. *Organization Science*: 13(3): 339−351.

실패낙인과 인상관리

제6장에서, 우리는 특정한 개인별 특성(즉, 감성 지능)과 조직 루틴(즉, 감성 능력)이 실패의 부정적인 결과를 완화시켜 학습과 의미형성 과정을 향상시키는 데 어떻게 도움이 될 수 있는지에 대해 논의하였다. 이러한 특성 및 프로세스는 프로젝트 실패에 대해 개인이 내부적으로 대처하는 데 도움이 되는 것은 설명할 수 있지만, 실패의 결과로 발생하는 부정적인 감정의 원인이 되는 잠재적 외부 요인을 다루지는 않는다. 실패에 따르는 위협 중 하나는 다른 사람이 사업에 실패한 사람을 어떻게 보는가와 관련이 있다. 세기가 바뀔 무렵, 파산한 개인들은 공공 광장에 앉아 바구니를 머리에 이고 앉아 굴욕적인 일을 하거나 역겨운 옷을 입는 등 공공장소에서 종종 치욕을 당하기도 했다(Efrat, 2006). 이러한 낙인 혹은 오명(stigma) ─"사회적 정체성을 암시하는 일부 속성 또는 특성이 특정 맥락에서 평가 절하되는 것"(Crocker, Major, and Steele, 1998: 505) ─은 여전히 세계 대부분의 지역에서 존재하는 것으로 보인다. 예를 들어 Semadeni, Cannella, Fraser, and Lee(2008)는 부실 은행 임원들을 대상으로 한 연구에서 그나마 일찍 "(침몰하는) 배에서 뛰어내린" 사람들은 파산이라는 오명을 일부 면할 수는 있었지만, 낙인찍힌 사람들은 부정적인 노동시장 결과(예: 다른 일자리를 찾기가 어려웠다)에 직면하게 되

었다. 그런데 주목할 만한 사실은, 모든 사회가 실패를 낙인찍지는 않는다는 것이다. 예를 들어, 실리콘 밸리의 경우, 실패한 창업은 명예 배지로 볼 수 있다는 주장이 제기되었다(Landier, 2005). 그러나 아래에 개괄적으로 설명하겠지만, 실리콘 밸리는 드문 예외이며, 실패한 기업가들은 종종 다른 여러 사람들로부터 상당한 낙인을 받게 된다.

놀랄 것도 없이, 실패로 인한 낙인의 부정적인 결과는 개인의 심리적 행복을 감소시킨다. 실제로, 실패의 낙인(예: 기업 실패와 프로젝트 실패)은 기업가들의 사회적 정체성에 위협이 된다. 왜냐하면 그들의 역할 기대(이해관계자와 당사자가 가지는)는 부가가치를 만들어내는 비즈니스를 창출하는 것이고, 이를 달성하기 위한 최소 문턱값은 비즈니스의 생존이기 때문이다. 미국의 파산법 제11장 파산은 기업이 파산하고 있음(business is failing)을 나타내고, 동법 제7장은 다른 형태의 파산, 즉 기업이 파산했음(business has failed)을 의미한다. 파산은 기업가의 핵심적인 정체성과 정면으로 배치되는 공적인 신호이다. 따라서 실패는 기업가들에게 흔적을 남기고, 이는 다시 그들에게 많은 어려움을 야기한다. 예를 들어, 실패한 기업가는 자본을 조달하기가 더 어렵거나, 그렇게 하는 것이 더 비용이 많이 든다고 생각할 수 있다(실리콘 밸리에서는 예외일 수 있다). 기업가가 스스로 실패를 자초(예: 시장 데이터를 잘못 해석하거나 전략적 의사결정을 잘못하여)하지 않은 경우에도, 환경의 다른 요소들에 의해 낙인이 찍힐 수 있다(Kulik, Bainbridge, and Cregan, 2008; Neuberg, Smith, Hoffman, and Russell, 1994).

그러나 모든 기업가와 프로젝트 팀 구성원들이 실패에서 동일한 수준의 낙인찍기(stigmatization)를 받으며, 사회 환경의 모든 관찰자들이 실패한 기업가와 프로젝트 팀 구성원들에게 비슷한 정도로 낙인을 찍을까? 지역적, 국가적 차이가 낙인찍기의 정도를 얼마나 설명할 수 있을까? 그리고 중요한 것은 낙인찍기의 정도를 최소화하거나 당면한 낙인에 대처하기 위해 실패한 사람들은 무엇을 할 수 있는가? 이 장에서는 실패한 기업가 및 프로젝트 팀 구성원들에 대한 낙인찍기의 선행조건과 결과를 조사하여 이러한 문제를 해결한다. <그림 7-1>에는 제7장의 구조가 요약되어 있다. 첫째, 우리는 기업가적 사업이나 기업가적 프로젝트의 실패가 낙인(실패한 사람의 특성과 실패한 사

그림 7-1　실패낙인의 요인과 결과

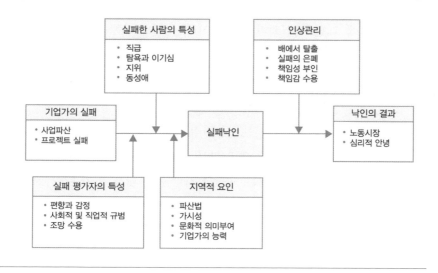

람들에 대한 평가의 지역적 특성)으로 이어지는 조건을 탐구한다. 둘째, 우리는 낙인(오명)의 부정적인 결과를 탐구한다. 마지막으로, 우리는 기업가와 관리자가 어떻게 인상 관리(impression-management) 전략을 사용하여 실패에 따른 낙인찍기로 인한 잠재적인 부정적 결과를 완화하는지 탐구한다. 우리는 사업이나 프로젝트를 실패한 사람들에게 낙인이라는 것은 실재 문제라는 것을 설명함으로써 이 장을 시작한다.

7.1　비즈니스 실패와 기업가에 대한 낙인찍기

　　비즈니스를 시작하고 운영하는 데 필요한 자원을 확보하려면 기업가는 비즈니스 환경을 지배하고 있는 기대수준을 견지함으로써 정당성을 구축하고 유지할 수 있어야 한다(DiMaggio and Powell, 1983). 아마도 가장 큰 기대는 기업가가 현재 하고 있는 사업에서 성공하는 것이다. 즉, 비즈니스를 성공적으로 운영하고 성장시키는 것이다. 비즈니스에 실패하여 이러한 기대를 충족하지 못하면 오명을 뒤집어쓰는 것이고, 그것은(오명) 향후 비즈니스 기반에 부정적인 영향을 미칠 수 있다(Efrat, 2006; Landier, 2005). 사업 실패가 기업가와 경영자에 대한 낙인찍기로 이어진다는 일화적 증거는 충분하다. 예를 들어, Landier(2005: 9)는 1998년부터 유럽 연합 집행위원회의 보도를 다음과 같이 인용하였다.

유럽에서는 파산의 경우 심각한 사회적 오명이 붙는다. 미국의 파산법에서는 실패한 기업가가 비교적 빨리 다시 시작할 수 있으며 실패는 학습 과정의 일부로 간주된다. 유럽에서는, 파산한 사람들은 "패자"로 간주되는 경향이 있다. 그들은 새로운 사업에 자금을 대는 데 큰 어려움에 직면한다.

그로부터 2년 후, 기업과 정보 사회 유럽 위원회(Enterprise and Information Society at the European Commission)의 커미셔너인 Erkki Liikanen가 다음과 같이 인용되었다(Landier, 2005: 9).

기업가정신에 대한 유럽의 빈약한 기록의 바탕이 되는 중요한 요인은 실패에 대한 낙인 때문이다. 많은 예비 기업가들과 좋은 아이디어들은 한 번 실패하면 모든 것을 잃게 될 것이라는 두려움으로 미루어진다. 이것은 바뀌어야 한다. 실패는 학습 곡선(learning curve)의 일부로 간주될 수 있다. 우리는 생각을 바꿔야 한다. 유럽에서 실패는 받아들여지지 않는다. 기업가는 두 번째 기회를 가져야 한다. 비즈니스 문화를 바꾸는 것이 가장 어려운 과제이다.

마찬가지로, 2000년 5월 싱가포르 국가과학기술위원회(National Science and Technology Board)의 Chong Lit Chung 전무는 다음과 같이 말했다(Landier, 2005: 9).

위험 감수 정신을 수용하기 위해서는 실패를 기술 발전 과정에서 발생 가능한 하나의 결과로 받아들여야 한다는 것이다. 지속 가능한 기술 발전 환경은 그 꿈을 계속 추구하는 데 실패하지 않을 것을 약속하는 환경이 아니다.

이러한 정치인과 정치 기사 인용 외에도, 기업가들은 종종 실패와 관련된 오명에 대해 보고한다. 예를 들어, 패션 회사 Herr von Eden의 설립자인 독일 기업가 Bent A. Jensen은 14년째에 파산했고, 50만 유로 이상의 빚을 졌다. 그는 실패 이후의 시간을 되돌아보며 신문 인터뷰에서 다음과 같이 이야기하였다(Mühlauer and Radomski, 2005).

네거티브 보도를 처음 접했을 때, 저는 정말 마음이 아팠습니다. 저는 체면을 지키고 침착함을 유지하기 위해 무진 노력을 했습니다. 그럼에도 불구하고 이사를 가야만 했습니다. 예를 들어 함부르크에 있는 카페 파리(Café Paris)를 계속 방문하는 것은 종종 쉽지 않았습니다. 샴페인은 더 이상 없었고, 단지 한두 잔의 맥주뿐이었습니다. 저는 울분이든 슬픔이든 속으로 삭히고 침착해야만 했습니다.

독일의 한 유력 신문(Zappe, 2011)에 실린 또 다른 기사는 독일 9개 도시와 오스트리아 1개 도시에서 '익명 파산'(Anonymous Bankruptcies)이라고 불리는 자활 단체가 설립되었다고 보도했다. 전국적인 협회 아래 조직된 이들 자활단체는 2007년 사업 실패의 어려움을 직접 겪은 아틸라 폰 운루(Attila von Unruh)가 발족했다. 그는 이 글에서 자신이 파산을 신청했을 때 자신을 '홀로 방치된' 사람으로 묘사하였으며, 자신이 함부로 행동한 것이 아니라 잘못된 사람들을 믿었을 뿐이라는 것을 아무도 이해하려고 하지 않았다고 설명했다. 따라서 그는 실패를 비밀로 해왔고, 더 이상 비즈니스 파트너와의 만남에 나타나지 않았고, 사회적 고립의 위험에 직면하게 되었다. 그는 다음과 같이 인용되었다.

[기업가로서 실패한 경우] 은행 계좌도, 사무실 임대 계약도, 대출에 대한 신뢰도, 사무실 전화 설치 계약도 할 수 없습니다. 이런 상황에서 다시 발을 디디기는 어렵습니다.

이 기사는 또 다른 실패한 기업가 스테판 슈램(Stephan Schramm)에 대해 설명하고 있는데, 스테판 슈램은 10년 동안 건강 교육 아카데미를 운영해 왔다. 슈램은 자신의 사업이 부도난 후 다음과 같이 보도되었다. "많은 친구들이 사라졌습니다. 음, 그들 중에는 친구로 남아있을 것으로 기대한 친구들도 있었습니다." 실제로, 그는 많은 사회적 관계를 잃었고, 폰 운루와 마찬가지로 실패의 오명이 그를 사회적으로 고립상태로 몰아넣었다. 파산한 지 몇 년이 지났는데도 슈램은 아직 월급 받는 직장을 구하지 못했다. 기사는 그를 다음과 같이 인용하였다,

> "저는 제 자격 조건에 맞는 직책에 20~30통의 지원서를 썼습니다. 하지만 만약 당신이 전직 기업가로서 지원하는데 당신의 CV(이력서)에 파산전력이 보인다면, 당신은 취업은 커녕 면접의 기회도 갖지 못할 것입니다. … 낙인에 따른 사회적 고립은 익명의 실패한 기업가를 위한 폰 운루의 자활 조직을 매우 가치 있게 만듭니다"라고 슈램은 말했다.

마지막으로, 실패한 기업가들의 오명은 종종 기업가 정신과 실패를 용인하는 문화로 칭송받는 미국을 포함하여 세계 모든 지역에서도 찾아볼 수 있다. 예를 들어 Sutton and Callahan(1987)은 실패한 컴퓨터 벤처의 임원 두 명을 인용해 "내가 무슨 죄를 지은 것 같다." "나는 그것이 우연히 배우자를 죽인 다음 평생 그것을 감수해야 하는 것과 맞먹는다고 생각한다"고 말했다.

요약하면, 위의 예들은 대부분의 기업 및 사회 환경에서 낙인은 기업가의 사업 실패에 대한 일반적인 결과라는 것을 보여준다.

• 7.2 프로젝트 실패와 팀원에 대한 낙인

사업에 실패한 기업가가 외부 환경으로부터 낙인을 경험하는 반면, 기업가적인 프로젝트의 실패는 조직 내 낙인으로 이어질 수 있다. 실제로, 일부 연구는 조직 내에서의 낙인을 탐구했다. 예를 들어 Kulik와 동료 연구진

(2008)은 직장 내 동료들에 의한 낙인 형성 모델(model of stigma formation)을 개발하였다. 이들은 직장 동료들이 조직 구성원에 대한 초기 인상을 조직 구성원에 대한 오명 요인(예: 정신질환, 약물 사용, 수감 경력, 비만, 동성애 등)과 연결시킴으로써 형성되는 것을 제시하였다. 그러나 낙인찍기의 정도는 동료들의 특성과 낙인찍힌 사람과 동료들과의 관계에 따라 달라진다. Kulik와 연구진의 연구결과에 따르면(2008), 낙인의 근원과 조직 구성원들과의 연관이 임의적이고 낙인의 속성이 전염성이 없으면 낙인을 찍는 가능성이 적다는 것이다. Clair, Beatty, and Maclean(2005)과 Ragins(2008)는 직원들이 "보이지 않는" 낙인(예: 동성애)을 공개하거나 숨기기로 결정하는 시기에 대한 이론적 모델을 개발했다. 두 모델 모두 조직에서 (잠재적인) 낙인요인이 드러나는 것에 따른 비용과 이점을 결정하는 중요한 상황적 요인으로서 개인차(예: 위험 감수 성향, 동기, 자가 검증 과정)와 상황적 요인(예: 조직의 다양성 문화, 직무 윤리와 규범, 사회적 지원 관계성 등)에 따라 달라질 수 있음을 강조한다. 비록 이러한 연구가 프로젝트 실패에서 발생하는 오명에 초점을 맞추지는 않았지만, 모델은 실패맥락에도 어느 정도 적용된다. 이는 특히 실패한 프로젝트의 경영자와 구성원들과의 인터뷰에서 일부 참가자들이 기업 내 환경과 외부 환경 모두에서 오명을 쓴다고 느꼈기 때문에 더욱 주목할 만하다.

예를 들어, 독일의 대형 기술 회사(Shepherd, Patzelt, Williams, Warnecke, 2014)의 프로젝트 종료에 대한 연구에서 한 관리자는 동료들의 반응을 다음과 같이 설명했습니다.

아마도 최악의 시기는 제조나 생산 분야의 사람들과 대화를 나누던 때였을 것입니다. 왜냐하면 그들은 분명히 실패에 대해 듣지 못했을 것이기 때문입니다. 만약 당신이 그들에게 설명해야만 한다면 당신은 어떤 생각이 들겠습니까. … 예상하시다시피, 그들이 이렇게 반응합니다. "결국 실패하신 거군요, 그렇지요?"

다른 프로젝트를 진행하던 그의 동료 중 한 명은 그가 조직 내부는 물론 외부의 과학공동체와의 연결고리를 잃을지도 모른다고 우려했다. 그는

"제 말씀은, 분명히 합시다. 1년 전만 해도, 우리는 선구자였고, 전 세계의 모든 사람들이 그것을 알고 있었습니다. 사실 우리는 그렇게 멀리 가지는 못했습니다. 저에게 그것은 개인적으로 상처가 되었습니다"라고 인터뷰하였다.

이와 비슷하게, 자선 기부 플랫폼인 betterplace.org의 Think-and-Do-Tank의 설립자인 Joana Breidenbach는 신문 인터뷰에서 독일의 기업가적 풍토에 대해 다음과 같이 논평하였다. "그리고 마지막으로, 사회적 풍토는 혁신의 장애물입니다. 미국에는 위험에 대한 전혀 다른 태도가 있습니다. 실패는 흠이 아닙니다. 독일에서는 프로젝트가 실패하면 즉시 오명을 쓰게 됩니다."

기업가적인 실패와 관련된 오명은 사업 파산의 결과일 뿐만 아니라, 일단 프로젝트가 실패하면 팀 구성원들과 리더가 낙인이 찍히는 것은 조직 내부에서도 나타날 수 있다는 것이 명백하다.

● 7.3 실패하는 사람들의 속성과 낙인

이전의 사례들은 독립적인 사업과 기업 내의 기업가적인 프로젝트 모두에서 실패한 사람들에 대한 상당한 낙인이 있다는 개념을 뒷받침하고 있지만, 개인들 간에도 낙인 정도에 차이가 있다. 이러한 차이가 두드러지게 나타나는 한 가지 예는 실패한 기업가 및 관리자가 마주하는 노동 시장이다. 예를 들어, Cannella, Fraser, and Lee(1995)는 실패한 은행 경영자들의 노동 시장 결과를 탐구했다. 구체적으로 이 연구는 1985년부터 1990년 사이에 파산된 417개 텍사스 은행에서 근무하던 매니저 1,002명(고용 여부 관계없음)의 1993년 고용 상태를 비파산 텍사스 은행의 매니저 1,063명의 고용 상태와 비교했다. 분석 결과 흥미로운 사실은, 파산된 은행 출신의 고위 임원(회장, CEO, 사장 등)만 비파산 대비하여 상대적으로 고용확률이 낮았지만, 중하위 경영자에게는 이 같은 차이가 미미해 책임론이 낙인찍기에 핵심적 역할을 하는 것으로 나타났다. 그러나 Wiesenfeld, Wurthmann, and Hambrick(2008)

는 엔론(Enron)과 같이 매우 두드러지고 비상한 큰 실패의 경우, 오명은 모든 수준의 직원들을 포함하며, 단지 이력서에 Enron이라는 이름을 붙이는 것이 잠재적 고용주, 고객, 헤드헌터들에게 부정적인 연관성을 불러일으킬 수 있다고 주장했다(2008: 237). 마지막으로, Hermalin and Weisbach(1998)는 실적이 저조한 회사의 CEO들이 높은 수준의 독립성을 가진 이사회에 의해 감시될 때 해고될 가능성이 더 높다는 것을 발견했다.

Wiesenfeld 외 연구진의 연구(2008)는 경영자와 기업가가 기업 실패로 인해 가장 많은 낙인을 받을 수 있는 경우에 대하여 추가적인 통찰력을 제공했다. 첫째, 저자들은 "singling out"의 과정, 즉 한 특정인이 책임을 지고 명예훼손을 책임지는 정도에 따라서 더 높은 수준의 오명을 쓰게 된다는 것을 발견했다. 실패한 경영자가 "악행 혐의로 법에 의해 기소되거나, 대주주의 부정행위로 고발당하거나, 언론에 의해 직무유기로 부각되는 경우," 혼자 책임지는 효과는 특히 강력하다. 전형적으로, 경영진 중에서 CEO가 모든 것을 혼자 책임질 가능성이 가장 큰 데, 이유는 실패든 발전이든 상징적인 존재이며 가장 큰 영향을 미치기 때문이다. 더구나, 개인이 "명성"을 누려왔거나, 전횡했던 일이 잘못된 방향성을 가졌던 것으로 귀인 될 때, 또는 언론과 다른 관찰자들에 의해 이기적이거나 탐욕적인 것으로 인식되었을 때, 혼자서 책임지는 행위(따라서 낙인찍힘)는 특별히 더 나타난다(Wiesenfeld et al., 2008).

기업가의 가상 실패 시나리오(Shepherd and Patzelt, 근간)에 대한 212명의 공개 관찰자를 대상으로 한 연구에서 우리는 일부 기업가가 실패한 다른 기업가의 경우보다 대중에게 사업 실패에 대해 더 가혹한 평가를 받는 이유에 대한 추가 설명을 발견했다. 본 연구에서, 우리는 관찰자가 실패의 원인을 개인 기업가에게 귀인하는 정도에 따라 평가의 엄격성을 부분적으로 결정한다는 것을 주장하여 귀인 이론 관점(Weiner, 1985)에서 주장하였다. 보다 구체적으로 설명하면, 우리는 실패한 사업의 기업가들의 성적 취향(sexual orientation)과 실패한 사업의 환경 친화적 기술사용이 관찰자들의 평가에 영향을 줄 수 있다고 제안하였다.

첫째, 실패한 기업가들의 성적 취향에서 부정적인 평가 편향이 나타날 수 있다고 주장했다. 귀인 이론에 따르면, 관찰자들이 실패의 이유를 기업가의 통제 밖에 있는 원인보다는 기업가의 내부 원인이라고 더 많이 간주될 때 부정적인 편견이 형성된다는 것을 시사한다. 동성애자에 대한 성적 편견 (즉, 동성애자의 성적 성향 때문에 개인에 대한 부정적인 태도)은 관찰자가 동성애자에 대해 가질 수 있는 일반적인 부정적인 믿음을 나타내며, 이러한 신념은 그들이 실패한 사업가와 관련된 정보를 지나치게 부정적인 신념 강화 방법으로 해석하도록 이끌 수 있다. 즉, 우리 이론은 대중들 사이에 만연한 성적 편견 때문에 관찰자들은 실패한 기업가들이 이성애자일 때보다 동성애자일 때 더 가혹하게 평가할 가능성이 높다고 예측한다. 또한, 우리의 이론은 관찰자들이 동성애를 유전적 성향에 근거한 것이 아니라 선택, 결함 또는 부도덕한 행동으로 인식하는 정도에 따라서(Herek, 1994, 2000; Herman, 1997), 관찰자들은 실패한 기업가들에게 자기 통제와 규율의 부족을 이유로 돌릴 수 있다는 것을 시사한다.

이와는 대조적으로, 우리는 환경 친화적인 기술의 사용으로 인해 기업가들이 그들의 사업을 설립하고 운영할 때 좋은 의도를 가지고 있다면 긍정적인 편향이 나타난다고 주장했다(Shepherd and Patzelt, 2015). 따라서 실패의 원인을 귀속하는 경우, 관찰자가 기업가들의 선의를 인정한다면 평가에서 신뢰를 준다는 것을 제시하였다. 예를 들어, "관찰자들은 신기술 개발의 일반적인 어려움, 환경 이니셔티브에 대한 정부의 지원 부족 및/또는 자연과 생태계의 일반적인 복잡성을 실패의 외부 원인으로 간주하여 기업가를 덜 가혹하게 평가할 수 있다"(Shepherd and Patzelt, 2015: 260). 환경 친화적 기술의 도입 없이 실패한 벤처 기업가의 경우, 평가자들은 실패의 원인을 환경 친화적 기술을 개발하던 기업보다 더 가혹한 평가로 이어지는 기업가의 노력 부족, 기업가에 의한 오류 또는 기업가적 능력의 부족 탓으로 돌릴 가능성이 더 높다.

우리의 데이터는 이 두 가설을 뒷받침한다. 구체적으로, 독일 두 도시 (Munich and Leipzig)의 공공 관찰자 212명의 표본에 대해 시나리오 기반 컨조인트 접근법(scenario-based conjoint approach)으로 가설을 테스트했을 때, 동성애자인 실패한 기업가가 이성애자보다 더 가혹하게 평가되는 반면, 벤처

기업가가 친환경 기술을 활용했을 때는 그러한 기술을 사용하지 않는 기업가보다 덜 혹독하게 평가되었다(상관계수 = −.686, p = .001). 또한 동성애자에 대한 관찰자들의 편견이 환경 친화적인 기술의 사용에 대해 부여된 신용의 양을 감소시키고 따라서 그러한 기술의 사용에 대한 긍정적인 편향을 감소시킬 수 있기 때문에 두 가지 효과가 상호 작용할 수 있다고 예상했지만, 우리의 데이터에서 그러한 효과에 대한 증거를 찾지 못했다.

결론적으로, 현재의 연구는 실패한 기업가들의 낙인찍기에 상당한 차이를 나타낸다. 낙인찍기의 정도는 부분적으로 실패한 기업가(예: 성적 성향, 기업/팀 내 위치, 미디어 저명성)와 그 기업(예: 환경 친화적 기술사용 여부, 실패 당시 크기)의 특성에 따라 달라진다.

• 7.4 실패 평가자들의 속성과 낙인

현재까지의 연구에 따르면 최근 실패를 경험한 기업가를 평가하는 이들의 특성이 낙인찍기의 정도를 설명하는 데 도움이 된다고 한다. 예를 들어, Wiesenfeld 외의 연구(2008)는 실패한 조직(파산 한 조직 포함)의 구성원들은 사회적, 법적, 경제적 중재자에 의해 관찰된다고 제시하였다. 사회적 중재자는 "기업 및 기업 관련 개인에 대한 평가를 수행하기 위한 중요하고도 합법적인 플랫폼을 보유하고 있다. 언론인(Chen and Meindl, 1991; Hayward, Rindova, and Pollock, 2004), 거버넌스 감시 단체, 그리고 학자들이 여기에 포함된다(Wiesenfeld et al., 2008: 224). 이와는 대조적으로, 법률 중재자에는 주(州) 법무장관, 규제 관련 공무원, 증권거래소 관계자, 판사 및 배심원(즉, 법률 위반을 공개하는 데 관여하는 개인)이 포함된다. 마지막으로, 경제적 중재자는 다른 사람들이 기업가와 경제적 거래(예: 고용 및 임금 결정)를 하는 관련 당사자들에게 영향을 미친다. 이 평가자 그룹에는 비즈니스 엘리트의 멤버들, 이사회 구성원, 전문 네트워크 구성원, 임원 및 인재 스카우트 회사 등이 포함된다. Wiesenfeld 외의 연구(2008)에 따르면, 중재자의 평가는 합리적인 분석에 기초할 수 있지만, 그들은 또한 개인 특유의 편견(idiosyncratic biases)에 의해 영향을 받는다. 예를 들어, 평가자는 더 최근의 정보를 사용하는 것에 치우치고 오래된 정보를 무시하거나(Tversky and Kahneman, 1974), 혹은 감정이 그들의 판단을 편향시킬 수 있다(Slovic, Finucane, Peters, and MacGregor, 2007). 구체적으로, Wiesenfeld 외의 연구(2008)는 귀인 오류(attribution errors)가 관찰자로 하여금 "복잡한 원인이 있을 수 있는 결과에 대해 단순하고 안정적이며 내부적인 귀인을 찾게 할 수 있으므로, 기업의 실패가 기업의 리더에 대한 부정적인 판단으로 이어질 가능성이 높다"(2008: 236)고 제안했다.

편견과 더불어, 이 연구는 중재자의 직업(Chen and Meindl, 1991)에 특정한 규범을 포함한 관찰자의 사회적 맥락이 낙인 수준에 영향을 미친다는 것을 시사한다. 예를 들어, Wiesenfeld 외의 연구(2008)는 실패를 보도할 때 언론인의 사회적 규범으로 속도를 언급했으며, 대중에게 봉사하고 대중을 보호하는 기자와 검사의 역할은 실패 과정 이전 혹은 과정에서 사회적 규범을 위반한 사람들에 대한 가혹한 처벌로 이어질 수 있다고 언급했다. 예를 들어, "대중이 '피를 요구하는 경우' 특히 부정적인 평가를 내릴 수 있지만, 아마도 사회적 자본이 높은 엘리트에 대한 호의 때문에 대중이 부정적인 판단에 거부감이 있을 것이라고 기대될 때(Adler and Kwon, 2002), 언론인들의 평가는 덜 부정적 일 수 있다"라고 저자들은 제안한다.

우리의 연구는 관찰자 특성이 기업가의 실패 평가에 미치는 영향에 대한 추가 증거를 제공한다. 구체적으로, 대중 212명의 관찰자가 얼마나 심하게 실패한 기업가들을 판단했는지에 대한 우리의 연구(Shepherd and Patzelt, 근간)는 많은 통찰력을 제공했다. 앞서 개괄한 바와 같이, 본 연구의 중요한 발견은 사업 실패 평가의 가혹성이 동성애자인 실패한 기업인들에게 더 높고, 잠재적으로 환경 친화적인 기술을 채택한 실패한 기업인들에게는 더 낮다는 것이다. 이유는 그들은 "선한 의도에 신뢰가 주어졌기" 때문이다. 그러나 우리가 주장했듯이, 이러한 영향은 관찰자의 조망 수용[1](perspective taking), 즉

---

1 역자 주: 자기 자신의 관점과 타인의 관점을 별개의 것으로 구분하여 타인의 생각, 감정, 지식 등을 그 사람의 관점에서 이해하는 능력을 의미한다.
출처: https://terms.naver.com/entry. naver?docId=2094150&cid=41991&categoryId=41991

"타인의 심리적 경험을 적극적으로 고려"에 의해 영향을 받을 가능성이 있다(Todd, Galinsky, and Bodenhausen, 2012: 95). 다른 사람의 관점을 더 잘 받아들일 수 있는 개인은 갈등을 해결하고(Sessa, 1996), 다른 사람과 협력하는 능력이 더 뛰어나다(Johnson, 1975)는 연구 결과가 있다. 다른 사람의 관점을 취하는 능력이 부족한 개인은 더 공격적이고 오만해지는 경향이 있으며(Richardson, Hammock, Smith, Gardner, and Signo, 1994), 조망 수용 능력이 높은 사람보다 사회적 기능 장애를 경험하는 것을 발견하였다(Baron-Cohen, 1995). 중요한 것은, 연구는 다른 사람들을 낙인찍는 데 조망 수용 능력의 역할도 탐구해 왔으며, 그것이 부정적인 평가 편향(Galinsky and Ku, 2004; Todd, Bodenhausen, Richeson, and Galinsky, 1985)과 편견(Bodenhausen and Wyer, 1985; Galinsky and Ku, 2004; Todd et al., 2011)을 실제로 줄일 수 있다는 것을 보여주었다. 이러한 이전 연구를 바탕으로, 우리는 우리의 연구논문에서, 조망 수용 능력이 높은 관찰자들은 그렇지 않은 관찰자들보다 기업가의 성적 취향과 기술의 환경 친화성에 대한 정보를 포함하여 실패한 기업의 기업가들에 대하여 더 우호적으로 해석한다고 주장하였다. 보다 구체적으로 설명하면, 이러한 보다 호의적인 해석은 개인이 환경 친화적인 기술을 사용한 실패한 기업가뿐만 아니라 동성애자인 실패한 기업가를 가혹하게 평가하는 것을 감소시켰다는 것이다. 우리의 데이터가 실패한 기업가들의 성적 성향에 대해 지지하는 결과를 보여주지는 않았지만, 우리는 조망 수용 능력이 높은 평가자들은 환경 친화적인 기술을 사용한 실패한 기업가들에게 좋은 의도에 대해 더 많은 신뢰를 부여하고 따라서 조망 수용 능력이 낮은 관찰자보다 그들을 덜 가혹하게 평가한다는 것을 발견했다. 이러한 발견은 조망 수용 능력이 실패를 평가하는 사람들의 중요한 특성임을 시사한다. 특히 평가의 가혹성과 그에 따른 오명 씌우기에 관련하여 더욱 그렇다.

낙인은 개인이 살고 있는 환경의 지배적인 규범적 기대를 저버렸을 때 나타나는 사회현상인 만큼 실패한 기업가의 낙인에 대한 많은 연구는 지역적 차이를 설명하는 데 초점이 맞춰졌다. 선행의 연구는 지역 수준에서 기업가적 노력이 실패할 때 사람들의 낙인에 대한 다양한 형태와 범위를 탐구해 왔다. 첫째, 파산법은 기업가가 실패에 대해 법적으로 처벌받는 정도를 명시한다. 이러한 제도적 규범은 실패한 기업가에 대한 사회적 태도를 반영하는 것으로 볼 수 있으며, 더 많은 처벌법이 사회의 더 높은 수준의 낙인을 반영한다(Simmons, Wiklund, and Levie, 2014). 둘째, 공개에 대한 지역별/국가 규정에 따른 실패 가시성에 차이가 있어, 낙인이 과거 사업 실패를 경험한 기업가의 재진입 장벽으로 이어지는데 영향을 미치는 정도의 문제이다. 셋째, 지역마다 실패에 대한 문화적 관념이 다른데, 이는 예를 들어, 실패한 기업가들을 미디어에서 묘사하는 것을 보면 알 수 있다. 마지막으로, 개인의 기업가적 능력은 실패에 따라 다르며, 이는 재진입을 위한 자본을 마련하려고 할 때 실패한 사람들에게 낙인을 쓰게 할 수 있다. 우리는 이제 이러한 각각의 지역적 차이에 대해 더 자세히 설명할 것이다.

7.5.1 파산법

기업가정신에 대한 연구의 중요한 주제는 파산법이 어떻게 기업가의 실패를 낙인찍고, 그렇게 함으로써 미래의 기업가적 진입을 막는지를 분석하는 것이다. 파산법은 사업 실패에 대해 기업가가 포괄적으로 처벌받을 때 낙인을 만든다. 예를 들어 개인 부채에서 벗어날 가능성이 없거나 또는 이러한 기업가가 시민으로서 또는 경제적 장애를 겪을 때(Armour and Cumming, 2008) 낙인을 낳는다. 실제로 엄격한 파산법의 낙인효과는 여러 나라의 정책 입안자들에게 인정받고 있으며, 파산한 기업가들이 부채에서 벗어나기 쉽게 하는 보다 관대한 개인 파산법을 제공하기 위해 법률적인 변화가 이루어졌다.

해소가 쉬워지면, 실패의 예상되었던 결과가 감소되고, 실패 후 다시 시작할 수 있는 가능성이 커지기 때문에 개인은 더 쉽게 창업과 같은 기업가적 도전을 할 수 있을 것이다. 예를 들어, 21세기 초에, 유럽 위원회(European Commission, 2003)는 회원국이 실패한 사업가의 신규 진입을 촉진하기 위해 개인 파산법을 개정할 것을 촉구했다. 이러한 변화는 이후 여러 유럽 정부에 의해 도입되었다(예: 네덜란드, 독일 및 영국 정부: Armour and Cumming, 2008).

파산법의 낙인 효과에 대한 연구에서, Armour and Cumming(2008)은 북미와 15개 유럽 주에서 16년에 걸친 자영업자들의 데이터에 초점을 맞췄다. 이 연구는 파산한 기업가와 부채가 있는 기업가가 부채에서 벗어나는 것(즉, 채무면제의 효력과 시기), 이러한 기업가가 채무자로서 구좌제한조치(disabilities) 및 보유할 수 있는 개인 항목의 수준(즉, 파산 기간 동안 시민권 및 경제적 권리 상실), 및 일부변제(즉, 실패했거나 채무가 있는 기업가가 채권자와의 상환계약을 체결할 때 직면하는 어려움)를 포함하여 다양한 방법으로 처벌받는 정도를 구체화하였다. 이 연구는 국가 파산법이 개인 기업가들에게 더 많은 오명을 씌울수록, 각 나라에서 재진입률은 더 낮다는 것을 발견했다. 이러한 효과는 통계적으로도 유의미하였으며 경제적으로도 의미가 있었다. 연구는 또한 유한 책임회사(개인사업자의 개인파산 결과에 대한 방어막을 제공하는 법적 형태의 사업)를 설립하기 위한 최소 자본 요건이 기업가 활동에 부정적인 영향을 미친다는 것을 발견했다. 흥미롭게도, 연구는 또한 상호작용 효과도 발견했다. 즉 유한 책임 회사를 설립하기 위한 최소 자본 요건이 덜할 때 고도로 낙인찍는 파산법은 기업가 정신에 덜 심각한 영향을 주었다. 부채의 책임한계 제한에 따라서 파산자에게 어느 정도의 자산 가용능력의 허용은 개인파산에 대한 오명의 부정적인 결과에 어느 정도 반작용하는 것으로 보인다. Armour and Cumming(2008)의 연구결과는 국가 파산법의 성격이 지역의 기업가적 활동에서 상당한 정도의 차이를 설명한다는 것을 발견하는 다른 연구와도 일치한다(Djankov, McLiesh, and Shleifer, 2007; Fan and White, 2003).

파산법과 같은 제도적 규범은 한 지역(또는 국가)에서 실패한 기업가들의 낙인을 반영할 수 있지만, 일부 저자들은 이러한 규범이 실제로 낙인으로 전환되는 정도에는 차이가 있다고 강조해 왔다. 예를 들어, Lee, Peng, and

Barney(2007)는 다소 처벌지향적 파산법이 기업가 활동에 영향을 미치는 시기를 이론화하기 위해 리얼 옵션 논리를 적용했다. 보다 구체적으로 보면, 이들의 모델은 (1) 조직 개편 옵션이 있을 때, (2) 파산 절차가 더 빠를 때, (3) 파산에서 '새 출발' 기회가 있을 때, (4) 자산이 파산 사업 내에 당연하게 머물 수 있을 때, (5) 실패한 사업의 관리자에게 파산 중에도 계속 업무를 수행할 수 있는 기회를 제공할 때, 파산법이 더 "기업가 친화적"(즉, 덜 처벌적)임을 시사한다. 그러나 저자들이 주장했듯이, 이러한 선택권을 제공하는 파산법(기업가 친화적 파산법)은 불확실성 회피 문화가 높은 사회에서는 기업가적 활동에 부정적인 영향을 감소시키는 데 한계가 있다. 즉, 실패가 높은 수준의 수치심과 관련이 있거나 심지어 범죄 행위로 간주되기 때문에 사람들이 사업 실패의 위험을 두려워하는 문화에서는 한계가 있다. Lee et al.,(2007)는 실패의 낙인이 매우 실질적이어서 일부 실패한 기업의 경영자들이 자살을 하는 일본의 예를 언급하며, 문화적 규범으로부터의 낙인이 너무 강해서 기업가 친화적인 파산법이라 하더라도 기업가적 활동에 미미한 영향만 미칠 것이라고 시사한다. 대조적으로, 미국과 같은 낮은 불확실성 회피 저(低)문화에서는, 문화적 규범은 이미 실패에 대한 높은 내성을 수반하기 때문에, 사람들은 제도적 규범에 토대하여 기업가적 행동의 위험을 감수하기로 한 그들의 결정을 더욱 토대로 할 가능성이 더 높다. 예를 들어, 저자들은 회사가 구조조정 파산을 신청한 후, 사업 실패는 "부끄러운 일이 아니다!"라고 강조함으로써 직원들에게 동기를 부여한 웨스트 항공사 경영자들의 말을 인용한다.

7.5.2 비즈니스 실패의 가시성 맥락

국가의 파산법과 문화적 규범으로부터의 낙인이 지역적으로 기업가적 활동을 설명하는 데 어떻게 상호작용하는지를 설명하는 데 초점을 맞춘 것(Lee et al. 2007)과 대조적으로, Simmons 외 연구진(2014)은 파산의 가시성(visibility)은 낙인이 기업가 정신에 미치는 충격 정도에 영향을 미친다고 제안했다. 그들의 관점에서, 실패의 가시성은 국가의 파산 관련 기관이 제공하는 정보에 따라 달라진다. 저자들은 사회가 사업 실패에 대해 기업가를 강하게 비난하고 이러한 실패에 대한 정보를 쉽게 이용할 수 있는 배경이라면, 이러한 기업가들의 재진입률은 특히 낮아질 것으로 주장했다. 저자들은 또 낙인은 높지만 이전 실패에 대한 정보의 가시성이 거의 없을 때, 기업가는 재진입을 미루어 낙인을 조절할 수 있다고 주장했다. 동일한 맥락에서, 저자들은 창업 팀의 일부로 재진입하는 것이 기업가들에게 이전의 실패로부터 낙인의 일부를 숨길 수 있게 하여, 단독으로 사업 진입 방법을 선택하지 않을 것으로 제안했다. 또한 Simmons 외 연구진(2014)은 실패한 사업의 기업가들이 사회에서 거의 낙인을 받지 않지만 실패에 대한 가시성이 높은 사회적 맥락에서 운영되는 시나리오를 기술하면서, 실패한 사업의 기업가들이 기업 내 기업가적인 활동 참여방식이 부분적으로 장려되고 있음을 제시하였다. 한편으로, 이러한 형태의 재진입(즉, 단독 사업진행이 아니고 팀의 일원으로 진입방법)은 실패한 기업가들이 그들의 기업가적 활동을 계속할 수 있게 하는 주요한 방법이다. 다른 한편으로는, 이러한 재진입은 기업가가 독립적 스타트업을 위한 은행 대출을 받을 수 있는 낮은 기회와 같은 이전 실패의 정보 가용성의 부정적인 결과에서 벗어날 수 있게 한다(은행들은 대출 결정에서 이전 실패에 대한 가용 정보에 의존할 것이기 때문이다). 마지막으로, 저자들은 '저 – 낙인(low–stigma) 그리고 저–가시성'(low–visibility)의 사회적 맥락은 실패 후 재진입을 위한 최상의 배경을 제공한다고 주장했다.

7.5.3 기업가적 실패에 대한 문화적 이해

사업실패에 대한 문화적 이해에 대한 관점을 채택한 Cardon, Stevens, and Potter(2011)는 미국 신문 보도를 토대로 사업실패에 대한 낙인의 지역적 특성을 분석했다. 어떤 사건을 이해할 때, 개인들은 환경에서 관련 정보를 찾고, 그것을 이해하고 해석하려고 노력한 다음, 이러한 이해와 해석을 바탕으로 특정한 방식으로 행동하는 것을 선택한다(Gioia and Chittipeddi, 1991). 일반적으로, 의미부여(sense making)는 개인이 자신의 환경에서 다른 사람과 상호작용하는 동안 상황을 이해하는 것이기 때문에 사회적 맥락에 따라 결정된다(Weick, 1979). 따라서 문화적 이해의 관점에서, "사회적 공동체는 사업 실패에 대한 맥락을 스캔한 다음, 그러한 실패를 해석하고, 실패에 의미를 부여함으로써, 문화권 안에 있는 다른 사람들도 이러한 해석에 따라 행동할 수 있게 할 수 있는 것이다."(Cardon et al., 2011: 82). 그러나 Cardon 외 연구진(2011)이 주장했듯이, 공식적 규칙과 비공식적 규칙(예: 법률과 문화적 가치)이 다양하기 때문에 사업 실패에 대한 문화적 이해의 측면은 지역에 따라 이질성이 있을 가능성이 있다. 구체적으로, 저자들은 지역의 인구 규모, 경제 발전, 기업가 정신의 일반 수준, 그리고 사업 파산의 수가 실패에 대한 문화적 이해에 영향을 미칠 수 있다고 제안한다. 문화적 이해의 이러한 차이 때문에, (실패에 대한) 언론의 묘사는 사업 실패의 속성을 기술하는 장면에서 불행(즉, 자연재해나 경제 불황을 포함한 기업가의 통제 밖에 있는 이유) 또는 실수(즉, 오류, 불충분한 역량 또는 동기부여, 또는 성공하지 못한 비즈니스 모델과 같은 기업가의 통제 하에 있는 이유)로 묘사하는 등 지역마다 다를 수 있다. Cardon 외 연구진(2011)은 이러한 제안을 시험하기 위해 미국 6대 도시의 지역 신문에 게재된 281개 기사를 분석하고 389건의 사업 실패를 보도했다. 흥미롭게도, 연구는 세 지역(시카고, 뉴욕, 워싱턴 DC)에서 신문 기사가 실패를 기업가들의 실수 탓으로 돌리는 반면, 다른 세 지역(애틀랜타, 오스틴, 샌프란시스코)에서는 실패의 원인이 불운으로 돌리는 것이 훨씬 더 많다는 것을 발견했다. 또한, 저자들은 신문 보도가 실패를 실수 탓으로 가장 많이 돌리는 지역과 기업가들이 낙인찍힌 것으로 묘사한 지역이 동일하다는 것을 발견했다. Cardon 외 연구진(2011)은 사업 실패의 속성과 이러한 실패가 관련된 기업가에 미치는 영향 모두 지역마다 다양하다고 결론지었다. 이러한 결과는 사회문화적으로 의미부여의 과정은 기업가적 노력이 실패한 경우, 개인의 낙인찍기에 지역적으로 차이가 있음을 시사한다.

실제로, 우리의 연구(Shepherd and Patzelt, 근간)는 실패한 벤처로 인해 낙인찍히는 기업가들에 대한 문화적 이해 관점과 일치한다. 앞서 언급했듯이, 근간 예정의 논문에서 우리는 동성애자 기업가가 이성애자 기업가에 비해 다른 사람들에 의해 실패에 대해 더 가혹하게 평가받는다고 주장했다. 왜냐하면 동성애자들에게 오명을 씌우는 관찰자들은 실패의 원인을 기업가들의 자기통제 하에 있는 것(반대는 불운)에 더 기인한다고 인식하기 때문이다. 하지만 통계 분석에서는 흥미로운 지역적 차이가 나타났다. 위계 선형 모형(hierarchical linear modeling) 분석은 전체 표본에 대해 통계적으로 유의한 영향을 분명히 보여주었지만, 샘플을 지리적 영역으로 분할한 후에는 결과가 명확하지 않게 되었다. 구체적으로 설명하면, 우리의 데이터는 바이에른주(뮌헨)와 작센주(라이프치히)의 두 주요 독일 도시에서 수집되었고, 우리는 뮌헨의 하위표본에서만 중요한 영향을 발견했지만 라이프치히 하위표본에서는 영향을 발견하지 못했다. 도시들은 다양한 특성(예: 거주민, 대학 소재)에서 비교될 수 있지만, 한 가지 주요한 차이점은 뮌헨은 서독에 위치하고 라이프치히는 동독에 위치해 있다는 것이다. 라이프치히는 제2차 세계대전 이후 독일이 분단되었고 라이프치히가 독일 민주 공화국(GDR)의 일부였을 때 공산주의의 40년 역사를 되돌아 봐야 한다. GDR 시대 동안 공산주의 정권은 인민의 종교적 활동을 허용하지 않았으며, 이것은 오늘날에도 여전히 교회와 종교의 전반적인 영향력의 감소를 초래한다(Pollack, 2002). 따라서 동성애자인 실패한 기업가들을 낙인찍으려는 종교적 경향은 종교가 공공 생활에서 더 지배적인 역할을 하는 서독의 많은 지역보다 라이프치히에서 더 낮을 가능성이 높다. 실제로 바이에른 주의 수도인 뮌헨의 역사는 로마 가톨릭의 전통이 강한 것이 특징이며, 종교적인 영향력은 지역 사회에 폭넓게 내재되어 있다. 동성애에 대한 가톨릭 교회의 비판적 견해(Gerhards, 2010)를 감안할 때, 뮌헨의 관찰자들이 기업가들이 이성애자일 때보다 동성애자일 때 실패를 더 가혹하게 평가하는 것은 놀라운 일이 아니다. 따라서 우리의 발견은 종교 문화가 실패한 기업가들이 직면하는 낙인찍기 수준의 지역 차이를 설명할 수 있다는 것을 보여준다.

7.5.4 기업가의 기업가적 역량

실패의 낙인을 설명하는 대부분의 연구는 문화적 가치와 제도적 규범과 같은 기업가적 활동의 외생적인 요인에 초점을 맞추고 있지만, Landier(2005)는 낙인을 내생적 요인으로 보는 이론적 모델을 개발했다. 이 모델은 첫째,

기업가가 새로운 벤처 자금을 조달해야 하며 둘째, 벤처 성공은 기업가적인 능력과 운에 달려 있다고 가정한다. 개인적인 정보에 기초하여, 기업가들은 현재의 벤처 사업을 계속하거나 그만두고 새롭게 시작하는 것을 결정한다. 이러한 결정은 실패 후 새로운 벤처기업의 자본 비용(자금 조달의 어려움) 때문에 영향을 받을 수 있는데, 이는 일종의 실패 낙인으로 해석될 수 있다. Landier의 모델은 두 가지 유형의 평형을 보여준다. 첫째, 낙인찍기 수준이 높은 지역(즉, 새로 시작하기 위한 자본 비용이 높은 지역)에서는, 기업가는 실적이 나쁜 벤처만 그만두지만, 기업가가 높은 기업가적 능력을 가지고 있더라도 적당한 성과를 창출하는 벤처사업은 지속하는 것으로 결정한다. 최악의 벤처만 끝나기 때문에 실패한 기업가의 인력 풀은 상대적으로 질이 낮아 실패한 기업가의 높은 자본 비용(즉, 더 높은 낙인)을 정당화한다. 이런 '보수적' 평형(conservative equilibrium) 상황에서는 중간 정도의 성과를 내는 벤처가 계속되기 때문에 전반적으로 수준 높은 기업가적 활동이 낮다. 대조적으로, 낙인 수준이 낮은 지역(즉, 재진입의 자본 비용이 낮은 지역)에서는, 새로운 벤처 사업을 시작하는 것은 상대적으로 쉬워서, 기업가들이 더 유망한 사업을 시작하기 위하여 중간 정도의 실적을 가진 벤처들을 더 쉽게 그만두게 할 수 있는 것이다. 이 상황에서 실패 후 기업가들의 풀은 더 높은 기업가적 능력을 가지므로 낮은 자본 비용을 정당화한다. 이런 '실험적' 평형(experimental equilibrium) 상황에서는, 실적이 적당한 벤처는 포기하기 때문에 질 높은 신규 벤처가 더 많다. Landier 모델의 중요한 의미는, 기업가정신이 기술적 영역(예: 실리콘 밸리)에서 운영되는 지역에서는 실험적 평형이 사회적으로 더 효율적인 반면, 기업가정신이 더 모방적인 지역(예: 많은 유럽 지역)에서는 보수적인 평형이 더 효율적이라는 것이다. 이 모델은 또한 유럽 연합의 첨단 기술 기업가 정신을 육성하려는 시도로 대표되는 정책 입안자들이 한 평형에서 다른 평형으로 전환하려고 할 때 발생할 수 있는 함정을 요약한다. 유럽과 미국 간의 이러한 지역적 차이를 설명하기 위해 Landier(2005: 27)는 프랑스 실리콘 밸리의 기업가 에릭 베하몽(Eric Behamon)의 말을 인용했다.

  20년 전, 스탠포드 대학의 학생이었을 때, 저는 프랑스에서 사업을 시작할 수 있다고 믿었던 제가 얼마나 순진했었는지를 (이제서야) 깨닫습니다. 프랑스에서, 여러분은 일생 동안 실패의 낙인에서 벗어날 수 없습니다. 여기 [Silicon Valley]에서는 (실패란) 자신의 기업가 정신의 표시입니다. 프랑스에서는 위험을 제한하기 때문에 성장을 포기하는 것이 일반적인 관행입니다. 여기서(실리콘밸리), 여러분이 벤처 사업을 시작할 때, 여러분의 목표는 여러분의 분야에서 최고가 되는 것입니다.

그러나 Landier(2005)는 미국 내에서도 실패한 기업가들의 낙인찍기에 상당한 지역적 차이가 있다고 지적했다. 실리콘 밸리에서는 기업가적 능력은 높고, 실패는 거의 명예 배지로 여겨지지만, 다른 주에서는 그 반대이다. 예를 들어, 그는 전략적 벤처 기획의 사장인 W. Donaldson의 다음과 같은 말을 인용했다. "버지니아 남동부의 문화는 여전히 실패에 많은 낙인이 붙어 있다는 것이다. 이 지역의 사업가들은 매우 보수적이다"(Landier, 2005: 9).

요약하자면, 기존의 연구들은 지역적 차이가 사업 실패에 따른 낙인의 상당한 차이를 설명한다는 것을 보여주었다. 이러한 차이점에 대한 설명에는 국가 파산법, 실패의 가시성, 문화적 의미, 지역에 사는 사람들의 기업가적 능력이 포함된다.

7.6 낙인과 실패자의 인상관리

실패의 부정적인 결과를 고려하여, 피해를 최소화하는 방법으로 상황을 관리하는 방법에 대한 선행연구가 이루어졌다. 예를 들어, Sutton and Callahan(1987)은 실리콘 밸리에서 파산한 컴퓨터 회사들의 네 가지 사례를 조사하고, 경영진이 낙인을 최소화하기 위해 어떻게 인상관리 전략을 사용하는지를 탐구했다. 가장 좋은 시기에는 이들 회사의 직원은 175명에서 525명 사이였으며, 파산 당시 그들의 무담보 부채는 120만 달러에서 1,150만 달러에 달했다. 그 당시, 그 회사들의 존속기간은 3.5년에서 12년 사이였다.

Sutton and Callahan은 파산에 관련된 CEO들, 전직 임원들, 채권자들, 변호사들 등 각 회사의 4~7명을 인터뷰했다. 이 연구는 관리자들이 낙인을 관리하기 위해 다섯 가지 다른 전략을 시도했다는 것을 발견했다: 문제를 감추거나, 실패 상황을 긍정적으로 정의하거나, 실패에 대한 책임을 부인하거나, 실패에 대한 책임을 받아들이거나, 그리고 그 상황에서 벗어나려고 노력하는 것이다. 예를 들어, Sutton and Callahan은 실패한 회사의 대표이사와 전임 대표이사의 말을 인용했는데, 두 사람은 모두 책임을 지지 않았다(1987: 423-424).

일본이라는 경쟁자가 등장하면서 시장이 사라졌습니다.

(대표이사)

부정적인 재정 상황은 완전히 외부적인 이유 때문이었습니다.

(창업주이자 전 대표이사)

전임 대표는 그것에 대해 아무것도 할 수 없거나 내켜 하지 않았습니다.

(대표이사)

이와는 대조적으로, 책임을 받아들인 사람들의 예로서, Sutton and Callahan은 다른 벤처기업의 대표이사과 전임 대표이사를 인용했다(1987: 424).

조금 더 경험이 있었더라면 아마 더 잘 대처할 수 있었을 것입니다.

(대표이사)

글쎄요, 저도 멤버였지만, 이사회가 책임을 저야 할 것 같습니다. 네, 제가 [제품]과 관련된 문제에 대해 책임이 있다는 것을 인정합니다. 그런 일이 일어난 것에 대해 정말 죄송하게 생각합니다. 일어나지 않았어야 할 문제입니다.

(창업자 겸 전 대표이사)

Sutton and Callahan의 연구는 실패한 경영진의 오명에 대처하는 다른 방법을 분명히 강조하기 때문에 중요하지만, 다섯 가지 인상관리(impression-management) 전략이 얼마나 효과적인지를 이해하는 것은 그 연구의 목적이 아니었다.

경영진의 실패에 대한 오명에 대처하는 방법에 대한 다른 연구로서, Semadeni 외 연구진들(2008)은 낙인 관리 전략으로서 "(침몰하고 있는) 배에서 뛰어 내리는 것"(jumping ship)의 결과를 탐구하였다. 저자들에 따르면, 배에서 탈출하는 전략은 경영진이 실패 전에 회사를 떠나 책임을 부인할 수 있게 하거나, 정보 흐름이 줄어들어 실패와의 연관성을 숨길 수 있는 지리적으로 먼 지역으로 재배치하는 등 실패 전에 거리를 두는 것을 일컫는다. 구체적으로 저자들은 "사건 발생 전에는 낙인이 찍히지는 않으니, 따라서 실패 상황 이전에 탈출함으로써 낙인을 받는 사태와의 연결고리를 약하게 하거나 끊어야 한다."(2008: 559)라는 인터뷰 내용을 바탕으로, 배에서 탈출하는 사람들은 낙인을 덜 경험하게 되고, 따라서 회사에 남아서 그 낙인이 풀릴 때까지 일하는 사람들보다 더 적은 고용상의 고통을 겪는 것이라는 연구결과를 제시하였다. 게다가, 저자들은 배에서 탈출하는 것이 효과적인 낙인 관리 전략이 될 수 있기 때문에, 더 많은 임원진들은 실패하지 않는 회사에서 보다는 실패하기 전의 이미 쇠퇴하고 있는 기업을 떠나는 경우가 많다고 분석하였다. 저자들은 437개의 실패한 텍사스 은행과 실패하지 않는 은행의 매칭 표본(실패한 은행의 총 1,155명과 매칭되는 은행의 총 1,171명의 임원)을 바탕으로 이 두 가설을 뒷받침하는 것을 발견했다. 따라서 배에서 탈출전략은 효과적인 낙인 관리 전략일 뿐만 아니라 자주 적용되는 전략으로 보인다.

• 7.7   낙인과 실패자의 자기입증

Semadeni 외 연구진(2008)은 실패한 기업가의 노동시장에 낙인과 인상관리가 어떤 영향을 미치는지 탐구한 것이라면, Shepherd and Haynie의 연구(2011)는 실패 후 서로 다른 자아관(self-views)을 가진 사람들이 서로 다른 인상관리 전략에 어떻게 관여하고, 이러한 전략이 실패 후 심리적 안정을 유지하는데 어떻게 기여할 수 있는지를 이해하기 위해 자기 입증 이론(self-verification theory)을 구축했다. 기업가는 긍정적인 자아관을 가지고 있는 것으로 잘 알려져 있지만(예: 성공을 위해 필요한 작업을 수행하는 능력에 대한 과신 : Hayward, Shepherd & Griffin, 2006]), 실패는 분명히 시각의 변화를 초래할 수 있다. 예를 들어, 우리 논문에서, 우리는 실패한 기업가를 인터뷰한 언론인을 인용하여 다음과 같이 말했다.

> 사업 실패로 고생한 사람이라면 누구나 알 수 있듯이, 그 여파는 만만치 않습니다. 여러분은 빚에 허덕이고 있고(친구나 친척에게 빌린 돈 등), 여러분의 자존심은 깊은 곳으로 곤두박질치고 있고, 여러분의 미래는 심각한 의구심 속에 있고, 여러분 주위의 모든 사람들은 여러분이 코끼리 남자 외모를 가진 사람처럼 - 가여움, 협오, 그리고 두려움을 가진 시선으로 바라봅니다(Shepherd and Patzelt, 2015: 253).

이론적 모델을 개발하면서, 우리는(Shepherd and Haynie, 2011) "의미 있는 행동의 세계에서 가장 중요하게 여기는 가치"인 자존감(self-esteem) 측면에서 자아관(self-view)에 초점을 맞췄다(Becker, 1971: 71). 이러한 자존감은 "자부심(self-worth)이 있는 영역에서의 실패"에 가장 취약하다(Niya, Crocker, Bartmess, 2004: 801). 이것은 종종 직장에서의 경우로 보자면, 사람들의 자부심은 자신들이 수행하는 업무를 어떻게 수행하였느냐에 크게 의존한다(Kreiner and Ashforth, 2004; Pierce, Gardner, Cummings, and Dunham, 1989). 예를 들어, 기업가의 정체성이 실패하는 기업의 정체성과 고도로 얽혀 있다면, 그 기업가의 자존감은 더 큰 타격을 입을 가능성이 있다(Chreim, 2002; Corley and Gioia, 2004; Shepherd and Haynie, 2011).

비록 다른 사람들이 실패의 책임을 기업가들에게 강하게 물을 수는 있지만, 자존감 하락에 영향을 미치는 것은 자책(self-blame)의 정도이다. 실제로, 일부 기업가들은 실패 후 자아 보호 전략(ego-protective strategies)을 사용하는 데 이것은 효과적이며, 그들의 자존감을 유지(또는 적어도 그에 미치는 영향을 줄일 수 있도록 도울 수 있다)하는 데 도움이 된다(Baumeister, 1993; Blaine and Crocker, 1993; Greenberg and Pyszczynski, 1985). 예를 들어, 실패에 대한 책임을 외부 원인에 돌림으로써, 기업가는 실패 사건으로부터 (적어도 자신의 마음에서) 자신의 자존감을 보호할 수 있다. 그러나 모든 기업가가 책임을 부인하는 것은 아니며, 그들이 이 부정적인 결과에 대한 책임을 인정하는 범위 내에서 그들의 자존감이 낮아질 것이다(Brewin and Furnham, 1986; Crocker and Major, 1994; Tennen and Herzberger, 1987). 그들은 사업 환경이 유리하다고 인식될 때(예: 자주 발생하는 실패, 낮은 불확실성, 낮은 역동성, 낮은 적대감) 그리고 회사가 신규 및/또는 소규모일 때(Shepherd and Haynie, 2011), 실패에 대한 더 큰 책임을 받아들일 가능성이 있다. 자존감과 자아관(self-view)에 대한 이러한 논의는 중요한데, 이는 기업가의 자아관—자아에 대한 감한 믿음과 느낌 (Swann Jr, 1983)—은 높은 심리적 행복을 유지하기 위해 사용하는 전략에 영향을 미치기 때문이다. 개인이 사용하는 인상관리 전략은 심리적 행복에 영향을 미칠 수 있다. 그러나 이하에서 논의하겠지만, 자존감이 낮은 기업가들은 자존감이 높은 기업가들과는 완전히 다른 심리적 행복의 길을 추구한다 (Shepherd and Haynie, 2011).

　　구체적으로는 높은 자존감을 유지하는 실패한 기업가들은 심리적 안녕을 유지하기 위해 앞서 설명한 Sutton and Callahan(1987)이 구체화한 전략을 추진할 가능성이 높다. 그럼에도 불구하고, 이러한 인상관리 전략에는 정말로 놀라운 단 하나의 전략 같은 것은 없다. 그들이 하는 것은 결국 자신들에 대하여 사람들의 긍정적인 인상을 유지하도록 노력할 뿐이다(만약 그렇지 않으면, 같이 어울리는 것을 피할 것이다). 자신에 대하여 다른 사람들이 좋은 인상을 갖기를 사람들이 원한다는 것은 일반적으로 가정할 수는 있지만, 적어도 자신에 대해 부정적인 견해를 가지고 있는 사람들에게는 그렇지 않다는 충분한 증거가 있다. 우리는 사업 실패가 부정적인 자아관을 가지게 할 수 있다는 것을 이미 검증했고, 이러한 기업가들은 자신들의 심리적 안녕을 유지하거나 증진시키기 위해 다른 방식으로 인상관리 전략을 사용할 가능성이 있다.

　　자기 입증 이론의 기본 원칙은 "사람들은 자아에 대하여 자신들이 가지고 있는 느낌이나 신념을 확인하여 주는 것에 동기가 부여되고, 그에 따라서 행동을 취하며, 또한 자신들의 자아관을 공감하는 다른 사람들을 찾고 그들과 상호작용한다"는 것이다(Shepherd and Haynie, 2011; Swann Jr, 1983). 즉, 사람들은 자신들이 자아에 대하여 가지고 있는 자신들의 관(觀)을 강화하는 행동을 취한다는 것이다(Secord and Backman, 1964; Swann Jr, 2005). Haynie and Shepherd(2011)에서 주장했듯이, 여기에는 부정적인 자아관을 바꾸기보다는 강화하기 위한 행동을 취하는 것(그리고 다른 사람들과의 상호작용)을 포함한다. 이것은 개인들이 항상 다른 사람들의 눈에 더 긍정적으로 보이도록 인상 관리를 활용한다는 견해와는 반대이다; 오히려, 그들은 사람들이 자신들을 실재 그대로 보기를 원한다는 점에서 진실하기를 원한다. 따라서 사업 실패 후 부정적인 자아관을 가진 사람들은 다른 사람들이 이 부정적인 자아관을 여러 가지 중요한 방법으로 확인하도록 인상 관리를 사용하여 심리적 안녕을 증진시킬 가능성이 있다.

첫째, 부정적인 자아관을 가진 사람들은 종종 자신에 대한 부정적인 인상을 가지고 있는 사람들을 찾고 상호작용하는 것을 선택한다. 84명의 대학생을 대상으로 수행한 한 연구에서 Swann Jr(1992)는 부정적인 자아관을 가진 대학생들은 자신들에게 우호적인 인상을 주었던 평가자들보다 자신들에게 우호적이지 않은 인상을 주었던 평가자들과 상호작용하는 것을 더 선호한다는 것을 발견했다. 이 연구에서 한 개인은 "나는 1번(우호적 평가자에 비해 비우호적이었던 평가자)이 더 나은 선택이라고 생각한다. 왜냐하면, … 그는 기본적으로 내 기분을 파악하고 있기 때문이다."(Swann Jr, 1992: 395). 이는 자아에 대한 피드백을 추구할 때 개인은 자기 확인적 사회적 평가(self-confirming social evaluations)를 추구하는 경향이 있음을 보여준다(McCall and Simmons, 1966).

둘째, 반대되는 긍정적인 시각을 가진 사람들과 마주할 때, 이들은 다른 사람들의 관점을 그들의 자아관과 일치하는 것으로 바꾸려고 적극적으로 노력하는 경향이 있다(Swann Jr and Ely, 1984). 그들은 그들 자신에 대한 다른 사람들의 잘못된 견해를 수정하여 결국 자기 확인 피드백을 얻기 위해 그렇게 하는 것이다(Curtis and Miller, 1986). 그러므로 그들은 자신들을 지나치게 긍정적인 시각으로 보는 가족과 친구들을 피하고, 그들의 실패 결과의 심각성과 실패과정에서 자신들의 역할의 심각성을 인지하는 사람들을 찾으려고 하는 것이다. 그렇지 않으면, 그들은 실패의 부정적인 결과를 전달하고 실패에 대한 책임을 지는 인상 관리를 사용하여 자신들에 대해 긍정적인 시각을 가진 사람들(가족 포함)의 견해를 바꾸려고 시도할 수 있다. 이는 실패가 다른 사람의 잘못이며/또는 자신들의 통제 범위 밖에 있는 것이라는 생각을 부인하는 것이다.

마지막으로, 반대되는 견해(자신이 대한 긍정적인 견해를 가진 다른 사람)에 직면할 때, 이들은 상황을 회피할 수 있다. 예를 들어, 대학생들을 대상으로 한 연구에서, Swann Jr and Pelham(2002)에 따르면, 부정적인 자기 견해를 가진 사람들은 자신들에게 호감을 가진 룸메이트들과의 관계를 끝낼 가능성이 더 높다는 것을 발견했다. 이는 안정적인 자기관점을 유지하기 위한 전략(자기관점이 심지어 부정적인 경우에도)으로 철수(withdrawal)를 사용하는 것을 제시하는 것이다. 사업 실패 후 기업가들이 특히 가족들을 떠난다는 일화적 증거도 있다. 최소한 부분적으로나마 이러한 철수 전략에 대한 가능한 설명은, 그들은 자기 확증적인 아닌 증거(non–self–confirming evidence)를 피하고 있다는 것이다. 자기 확증은 기업가들이 자신들에 대한 다른 이들의 호감을 바꾸거나 피하기 위해 인상관리 전략을 사용하는 이유를 설명해 주지만, 그 이후의 문제, 즉 도대체 어떤 영향이 있는가? 부정적인 자아관을 성공적으로 확인했을 때 개인에게 미치는 영향은 무엇인가?에 대해서는 논의하지 않고 있다.

이러한 질문들을 해결하기 위해, Shepherd and Haynie(2011)는 심리적 행복의 개념과 유능함(competence), 관계성(relatedness), 자율성(autonomy)에 대한 욕구와의 관련성을 분석하였다. 실패의 여파로 부정적인 자아관을 가진 기업가들이 몇 가지 인상관리 전략을 통해 심리적 안녕을 높일 수 있는 것으로 보인다. 첫째, 개인은 유능함에 대한 심리적 욕구를 가지고 있지만, 부정적인 자아관을 가지고 있는 사람들에게는 타인의 관점을 향상시키는 것[2]

---

2 역자 주: 타인의 관점을 향상한다(enhancing others' view)는 본문의 내용은 저자들의 글

을 목표로 하는 인상 관리 전략을 취하는 것은 실패 경험으로부터 학습할 수 있는 과정을 저해하고 따라서 과제에 숙달하게 되는 것을 저해하는 것으로 간주되는 것이다(Covington, 1984; Deci and Ryan, 2000; Dweck, 2000). 부정적인 자아관을 고려한다면, 개인이 자신의 역량을 높이기 위해 '실질적이고' 그리고 '정직한' 피드백을 추구하는데, 이것은 자신에게 우호적이지 않은 인상을 가진 타인에게서 나올 가능성이 가장 크기 때문이다. 이러한 부정적인 피드백이 역량을 향상하는 것으로 인식되는 한(Deci and Ryan, 1985), 심리적인 행복을 형성하는 데 도움이 될 수 있다.

둘째, 비록 개인들이 종종 다른 사람들에게 호감을 얻음으로써 관계성에 대한 심리적 욕구를 충족시킬 수 있다고 생각하지만, 그것은 종종 단순히 호감을 받는 것 이상의 것이다. 관계성에 대한 욕구는 "친밀하고, 상호 배려하며, 지지적인" 관계에 의해 충족된다(Crocker and Park, 2004). 이러한 관계는 주고받는 상호작용(Baumeister and Leary, 1995; Collins and Feeney, 2000; Deci and Ryan, 2000)을 포함하며, 이러한 관계는 깊은 수준에서 발전하여 개인이 진정으로 "그 사람을 있는 그대로 보는 것" 즉 진정한 관계로 발전한다. 부정적인 자아관을 가진 사람이 사용하는 긍정적인 인상관리 전략의 문제는 진정성을 숨기고, 따라서 관계성의 욕구를 충족시키는 데 도움이 되는 더 깊은 관계를 형성할 기회를 방해한다는 것이다. 실제로 이러한 경우, 긍정적인 인상관리 전략은 고립을 초래할 수 있다(Deci and Ryan, 1995; Pyszczynski, Greenberg, Solomon, Arndt, and Schimel, 2004). 따라서 관계성의 욕구를 좌절시키고 심리적 행복의 "반전"을 방해하거나 지연시킬 수 있다. 부정적인 자아관을 갖고 있는 실패한 사업가의 경우, 자신들에 대해 우호적이지 않은 인상을 가지고 있는 사람들과 상호 작용함으로써 심리적 안녕이 증진될 가능성이 높다. 왜냐하면, 그들은 자신을 있는 그대로 인정하며, 그것은 진정한 관계의 기초가 되기 때문이다.

을 직역한 것이다. 그러나 문맥의 흐름으로 이해하기로는, 실패한 사람이 자아에 대하여 가지고 있는 부정적인 자아관과는 다른 반대적인 견해를 가진 다른 사람들을 보정하려고 하는 인상관리 전략을 활용하기 때문에 실패로부터의 학습기회를 갖지 못한다는 것으로 이해하는 것으로 전체의 문맥상 이해하는 것이 바람직하다.

마지막으로, 위 관계성에 관련되어 이해할 때, 자율성에 대한 욕구는 다른 사람들과의 진정한 관계를 만들고 유지함으로써 충족될 수 있다(Crocker and Park, 2004; Hodgins, Koestner, and Duncan, 1996). 게다가, 다른 사람들과의 관계를 유지하기 위해 긍정적인 인상관리 전략을 실행해야 한다고 느끼는 것은 자율성의 필요성을 좌절시키는 영향을 갖는다. 즉, 개인은 그렇지 않으면 참여하지 않기로 선택할 수 있는 행동에 강제로 참여해야 한다고 느낄 수 있기 때문이다(Deci, Eghrari, Patrick, and Leone, 1994). 이와는 대조적으로, 부정적인 자아관을 가진 사람들의 경우, 자신을 있는 그대로 보는 사람들과 상호작용을 함으로써, 이들은 실패에 대한 책임감을 가지며, 따라서 앞으로의 삶에 대한 통제권을 유지할 수 있는 것이다(Haynie and Shepherd, 2011). 따라서 사업 실패 후 심리적 안녕을 회복하는 데는 인상 관리가 필요할 수 있지만, 다른 사람들 사이에서 자신에 대한 호감을 조성하고 유지하기 위해 항상 사용되는 인상 관리보다는, 기업가 자신의 자아관과 그 기업가에 대한 다른 사람들의 관점들 사이에 균형(fit)을 달성하기 위해 인상 관리를 사용하는 것이 더 중요한 것으로 보인다(Swann Jr, 1992의 연구와 일치함). 사업 실패 후 부정적인 자아관을 갖게 된 경우, 이들에 대한 다른 사람들의 견해를 조율하기 위해(또는 상호작용을 피하기 위해) 인상관리 전략을 사용할 수도 물론 있다. 그러나 비록 다른 사람들의 인상을 덜 호의적으로 바꾸는 것이 직관에 어긋나게 들리지만(그리고 심지어 파괴적일 수도 있지만), 그것은 기업가들이 그들의 심리적 안녕을 향상시키는 데 도움을 주는 것으로 보인다.

요약하자면, Haynie and Shepherd(2011)가 주장했듯이, 자기 입증으로서의 인상 관리는 심리적 안녕을 구축함으로써 회복력을 높일 뿐만 아니라 실패로부터의 학습에도 도움이 될 수 있다. 첫째, 실패 후 부정적인 자아관이 만들어진다는 것은 기업가 자신이 실패에 대한 책임을 받아들이는 것이다. 책임을 수용하는 것은 기업가의 행동이 자신의 미래에 대한 통제에 영향력을 가질 수 있는 것이며, 실패를 통해 배울 기회가 있고, 다음에 다른 결과를 얻기 위해 배우는 것을 정확하게 할 수 있다는 것을 나타낸다. 이 학습은 실패 사건이 기업가 자신의 관점에 미치는 영향을 역전시키는 과정을 시작할 수 있다. 또한, 실패의 책임을 기업가에게 돌리는 사람들을 찾고, 그렇지 않은 사람들을 회피하는 것은, 개방적이고 정직한 사람들과 진정한 관계를 형성하기에 기업가가 더 나은 위치에 있다는 것이다. 실패로 이어지는 사태를 분석하는 데 있어, 이러한 관계는 학습을 용이하게 하는 귀중한 정보의 원천이 될 수 있다. 즉, 이러한 진실한 다른 사람들과의 상호작용을 통해 기업가는 실패에 대한 타당한 설명을 형성하고 더 발전시킬 수 있는 것이다.

• 7.8 논의

7.8.1 기업가와 관리자에 대한 함의

기업가적 실패와 그 결과로 인한 낙인에 대한 우리들의 연구 결과는 실패한 기업의 경영자와 기업가들에게 실무적인 측면에서 많은 중요한 시사점을 갖는다.

첫째, 실패의 낙인을 피하기 위해 기업가와 경영자가 자신의 개인적 특성과 기업의 특성이 실패에 대한 타인들의 평가에 얼마나 영향을 미치는지를 아는 것은 중요하다. 어느 정도까지는, 기업가적인 도전에 따른 실패는 "보이지 않는" 낙인(Clair et al., 2005; Ragins, 2008)이다. 즉, 모든 관찰자에게 즉각적으로 보여 지는 것은 아니기 때문이다(실패한 사람에 대한 정보를 찾지 않는 한). 따라서 많은 상황에서 기업가는 자신의 실패를 관찰자에게 공개해야 할지 숨길지를 결정할 수 있다. 실패한 회사에서 더 높은 지위를 차지하고 있었거나, 그들의 회사를 대표하였거나, '명성과 지위'를 누리고 있었거나, 동성애자인 사람들은 낙인을 피하고자 한다면 과거의 실패를 감추는 것이 더 나은 것으로 보인다. 이와는 대조적으로, 좋은 의도(예: 환경 친화적인 기술을 추구함)를 가지고 사업을 실패한 기업가들은 관찰자들로부터 신뢰를 얻고, 다른 사람들에게 실패를 드러내기로 결정할 때도 덜 낙인찍히는 것처럼 보인다. 이 경우 실패와 선의를 함께 관찰자에게 전달하는 것이 바람직해 보인다.

둘째, 실패를 다른 사람에게 조금이라도 드러낼지 여부를 이해하는 것은 물론, 관찰자가 다르게 반응하는 것을 기업가와 경영자가 아는 것도 중요하고 필요한 통찰이다. 복잡한 상황을 단순화하는 경향이 있는 사람들, 그러한 단순화를 지지하는 사회 규범(예: 언론인의 보도속도 또는 제보자의 보호와 가해자로부터 시민의 보호-Wiesenfeld et al., 2008)에 동조하는 사람들, 그리고 조망 수용이 낮은 사람들(다른 사람의 관점을 취하는 데 어려움을 겪는 개인들)에게 실패를 드러내는 것은 아마도 실패에 대한 가혹한 평가가 뒤따를 가능성이 크다. 따라서 실패한 기업가들과 경영자들은 이러한 그룹의 사람들에게 공개적으로 실패를 드러내는 것을 신중하게 고려할 수 있다.

셋째, 기업가와 경영자가 지역적 환경 차이에 따라 실패에 대해 다르게 반응한다는 것을 아는 것도 중요하고 필요한 통찰이다. 일부 기업가들은 그들의 벤처 사업을 어디서 시작할지 선택할 수 있다. 특히, 사업 모델이 높은 실패 위험(예: 첨단 기술 부문의 경우)을 포함할 때, 그들은 상대적으로 낙인이 낮은 지역(예: "용서" 바탕의 파산법이 있는 지역, 실패에 대한 공개가 낮은 지역, 실패를 수용하는 문화를 가진 지역)에서 회사를 시작하는 것을 고려하거나, 또는 실패 후에 그들의 경력을 계속해 나갈 때도 고려할 만하다.

넷째, 기업가적인 역량이 높은 지역에서는 실패에 대한 낙인이 상당히 적게 보이기 때문에 기업가와 관리자가 지역에 대하여 고려해야 할 특히 중요한 요소는 기업가적 능력이다(Landier, 2005). 실제로, 실리콘 밸리와 같은 지역에서는, 기업 실패가 시행착오 학습의 정상적인 부분으로 여겨진다. 이 연구결과는 실패를 정상적인 것으로 받아들이는 성격과 태도를 가진 사람들은 그러한 지역으로의 이동이 바람직하다는 것을 강조한다. 부분적으로 낙인이 생략되어 실패는 같은 개인에게도 자주 일어날 수 있다. PayPal의 공동 설립자인 Max Levchin이 다음과 같이 언급했다(www.npr.org):

제가 시작한 첫 번째 회사는 큰 타격으로 실패했습니다. 두 번째는 조금 덜 실패했지만 여전히 실패했습니다. 세 번째는 적절한 실패였지만 괜찮았습니다. 저는 빨리 회복했습니다. 네 번째는 거의 실패하지 않았습니다. 여전히 기분이 좋지는 않았지만 괜찮았습니다. 다섯 번째가 PayPal이었습니다.

다섯째, 일단 실패가 불가피해졌거나 이미 발생한 경우, 기업가와 경영자는 낙인을 최소화하기 위해 사용할 수 있는 여러 가지 인상관리 전략을 가지고 있다. 문제 은폐, 실패 상황을 긍정적 시각으로 규정, 실패에 대한 책임 부인, 실패에 대한 책임 수용, 상황에서 철수하려는 전략 등이 그것이다. 그러나 이러한 전략이 부정적인 낙인 결과를 완화시키는 데 어떻게 효과적인지에 대한 체계적인 연구는 여전히 부족하다. 예를 들어, Sutton and Callahan(1987)은 너무 오랫동안 그 상황에서 물러나 있는 것은 이해당사자와의 관계를 지속해서 손상시킬 수 있고 따라서 향후의 경력에 저해되는 요소이기 때문에 전반적으로 상황을 악화시키는 것으로 예시한다. 따라서 기업가와 경영자는 낙인을 벗기 위해 위에서 설명한 인상관리 전략을 신중하게 사용할 수 있다.

여섯째, 노동 시장 내에서 빈번하게 적용되고 효과적인 것으로 보이는 하나의 낙인 관리 전략은 배에서 탈출하는 것, 즉 실패가 불가피해 보이면 회사를 떠나는 것이다(Semadeni et al., 2008). 그러나 기업가와 경영자는 이 전략을 적용하는 데 다시 주의해야 한다. 왜냐하면, 이 전략이 예를 들어 배에서 뛰어내린 사람들의 심리적 행복(예: 죄책감)이나 실패한 회사에 남아 있거나 지지한 사람들과의 개인적 관계에 어떤 다른 결과를 초래할 수 있는지 불분명하기 때문이다.

마지막으로, 기업가와 경영자에게 중요한 시사점은 실패로부터 낙인을 벗기 위한 인상관리 전략의 효과가 자신들의 자아관에 달려 있다는 것이다. 인상관리 전략과 그 효과에 대한 대부분의 연구는 암묵적으로 긍정적인 자아관을 가정하고 있지만, 실패하거나 실패한 기업가 및 경영자들은 자신에 대해 부정적인 관점을 가질 가능성도 있다. 따라서 올바른 전략을 선택할 때는 자신의 관점을 인식하는 것이 도움이 될 것 같다. 또한, 기업가들과 경영자들은 개인의 심리적 안녕을 증진하기 위해 인상 관리 전략을 사용하는 것과 파산한 기업을 전진시키는 것(예: 파산 후 구조조정 등) 사이에 발생할 수 있는 잠재적 충돌을 알아야 한다. 그들의 부정적인 자아관이 실패한 기업의 미래 회복과 상충되는 인상관리 전략을 제안한다면, 이 회사를 떠나는 것이 최선의 선택일 것이다.

REFERENCES

Adler, P. S. & Kwon, S. W. 2002. Social capital: Prospects for a new concept. *Academy of Management Review*, 27(1): 17−40.

Armour, J. & Cumming, D. 2008. Bankruptcy Law and Entrepreneurship. *American Law and Economics Review*, 10(2): 303−350.

Baron−Cohen, S. 1995. *Mindblindness: An essay on autism and theory of mind*. Cambridge, MA: MIT press.

Baumeister, R. F. 1993. *Self−esteem: The puzzle of low self−regard*. New York: Plenum Press.

Baumeister, R. F. & Leary, M. R. 1995. The need to belong: desire for inter− personal attachments as a fundamental human motivation. *Psychological Bulletin*, 117(3): 497.

Becker, E. 1971. *The birth and death of meaning* (2 ed.). New York: Free Press.

Blaine, B. & Crocker, J. 1993. *Self−esteem and self−serving biases in reactions to positive and negative events: An integrative review, Self−esteem*: The puzzle of low self−regard. pp. 55−85. New York: Plenum Press.

Bodenhausen, G. V. & Wyer, R. S. 1985. Effects of stereotypes in decision making and information−processing strategies. *Journal of Personality and Social Psychology*, 48(2): 267−282.

Brewin, C. R. & Furnham, A. 1986. Attributional versus preattributional variables in self−esteem and depression: A comparison and test of learned helplessness theory. *Journal of Personality and Social Psychology*, 50(5): 1013.

Cannella, A. A., Fraser, D. R., & Lee, D. S. 1995. Firm failure and managerial labor markets evidence from Texas banking. *Journal of Financial Economics*, 38(2): 185−210.

Cardon, M. S., Stevens, C. E., & Potter, D. R. 2011. Misfortunes or mistakes?: Cultural sensemaking of entrepreneurial failure. *Journal of Business Venturing*, 26(1): 79−92.

Chen, C. C. & Meindl, J. R. 1991. The construction of leadership images in the popular press: The case of Donald Burr and People Express. *Administrative Science Quarterly*. 36(4): 521−551.

Chreim, S. 2002. Influencing organizational identification during major change: A communication−based perspective. *Human Relations*, 55(9): 1117−1137.

Clair, J. A., Beatty, J. E., & Maclean, T. L. 2005. Out of sight but not out of mind: Managing invisible social identities in the workplace. *Academy of Management Review*, 30(1): 78−96.

Collins, N. L. & Feeney, B. C. 2000. A safe haven: an attachment theory perspective on support seeking and caregiving in intimate relationships. *Journal of personality and social psychology*, 78(6): 1053.

Corley, K. G. & Gioia, D. A. 2004. Identity ambiguity and change in the wake of a corporate spin−off. *Administrative Science Quarterly*, 49(2): 173−208.

Covington, M. V. 1984. The self−worth theory of achievement motivation: Findings and implications. *The Elementary School Journal*: 85(1): 5−20.

Crocker, J. & Major, B. 1994. Reactions to stigma: The moderating role of justifications. Paper presented at the The psychology of prejudice: The Ontario symposium.

Crocker, J., Major, B., & Steele, C. 1998. Social stigma. In S. T. Fiske & D. Gilbert & G. Lindzey (Eds.), *Handbook of Social Psychology*, Vol. 2: 504−553. Boston, MA: McGraw−Hill.

Crocker, J. & Park, L. E. 2004. The costly pursuit of self−esteem. *Psychological bulletin*, 130(3): 392.

Curtis, R. C. & Miller, K. 1986. Believing another likes or dislikes you: Behaviors making the beliefs come true. *Journal of Personality and Social Psychology*, 51(2): 284.

Deci, E. L. & Ryan, R. M. 1985. *Intrinsic motivation and self−determination in human behavior*. New York, NY: Plenum.

Deci, E. L., Eghrari, H., Patrick, B. C., & Leone, D. R. 1994. Facilitating internalization: The self-determination theory perspective. *Journal of personality*, 62(1): 119−142.

Deci, E. L. & Ryan, R. M. 1995. Human autonomy: The basis for true self−esteem, In M. Kemis(ed.), Efficacy, Agency, and Self−esteem: 31−49: New York: Plenum Press.

Deci, E. L. & Ryan, R. M. 2000. The "what"and "why"of goal pursuits: Human needs and the self−determination of behavior. *Psychological inquiry*, 11(4): 227−268.

DiMaggio, P. J. & Powell, W. W. 1983. The iron cage revisited: Institutional isomorphism and collective rationality in organizational fields. *American Sociological Review*, 48(2): 147−160.

Djankov, S., McLiesh, C., & Shleifer, A. 2007. Private credit in 129 countries. *Journal of financial Economics*, 84(2): 299−329.

Dweck, C. S. 2000. Self−theories: *Their role in motivation, personality*, and development. Philadelphia: Psychology Press.

Efrat, R. 2006. The evolution of bankruptcy stigma. *Theoretical inquiries in Law*, 7(2): 365−393.

European Commission. 2003. *The new SME definition − user guide and model declaration, Enterprise and Industry declarations*. Brussels, BE: Enterprise and Industry Declarations.

Fan, W. & White, M. J. 2003. Personal bankruptcy and the level of entrepreneurial activity. *Journal of Law & Economics*, 46: 543−567.

Galinsky, A. D. & Ku, G. 2004. The effects of perspective−taking on prejudice: The moderating role of self−evaluation. *Personality and Social Psychology Bulletin*, 30(5): 594−604.

Gerhards, J. 2010. Non−Discrimination towards Homosexuality The European Union's Policy and Citizens' Attitudes towards Homosexuality in 27 European Countries. *International Sociology*, 25(1): 5−28.

Gioia, D. A. & Chittipeddi, K. 1991. Sensemaking and sensegiving in strategic change initiation. *Strategic Management Journal*, 12(6): 433−448.

Greenberg, J. & Pyszczynski, T. 1985. Compensatory self−inflation: A response to the threat to self−regard of public failure. *Journal of Personality and Social Psychology*, 49(1): 273.

Haynie, J. M. & Shepherd, D. 2011. Toward a theory of discontinuous career transition: Investigating career transitions necessitated by traumatic life events. *Journal of Applied Psychology*, 96(3): 501−524.

Hayward, M. L., Rindova, V. P., & Pollock, T. G. 2004. Believing one's own press: The causes and consequences of CEO celebrity. *Strategic Management*

Journal, 25(7): 637－653.

Hayward, M. L., Shepherd, D. A., & Griffin, D. 2006. A hubris theory of entrepreneurship. *Management Science*, 52(2): 160－172.

Herek, G. M. 1994. Assessing heterosexuals' attitudes toward lesbians and gay men: A review of empirical research with the ATLG scale. In B. Greene & G. M. Herek (Eds.), Lesbian and gay psychology: *Theory, research, and clinical application*: 206－228. Thousand Oaks, CA: Sage.

Herek, G. M. 2000. The psychology of sexual prejudice. *Current Directions in Psychological Science*, 9(1): 19－22.

Hermalin, B. E. & Weisbach, M. S. 1998. Endogenously chosen boards of directors and their monitoring of the CEO. *American Economic Review*. 88(1): 96－118.

Herman, D. 1997. *The antigay agenda: Orthodox vision and the Christian Right*. Chicago: University of Chicago Press.

Hodgins, H. S., Koestner, R., & Duncan, N. 1996. On the compatibility of autonomy and relatedness. *Personality and Social Psychology Bulletin*, 22: 227－237.

Johnson, D. W. 1975. Cooperativeness and social perspective taking. *Journal of Personality and Social Psychology*, 31(2): 241－244.

Kreiner, G. E. & Ashforth, B. E. 2004. Evidence toward an expanded model of organizational identification. *Journal of Organizational Behavior*, 25(1): 1－27.

Kulik, C. T., Bainbridge, H. T. J., & Cregan, C. 2008. Known by the company we keep: Stigma－by－association effects in the workplace. *Academy of Management Review*, 33: 216－230.

Landier, A. 2005. Entrepreneurship and the Stigma of Failure. Available at SSRN850446. University of Chicago Graduate School of Business. Chocago.

Lee, S. H., Peng, M. W., & Barney, J. B. 2007. Bankruptcy law and entrepreneurship development: A real options perspective. *Academy of Management Review*, 32(1): 257－272.

McCall, G. J. & Simmons, J. L. 1966. *Identities and Interactions*. New York: The Free Press.

Mühlauer, A. & Radomski, S. 2005. *Mein kleiner Kapitalist darf jetzt raus*, Südde utsche Zeitung. www. sueddeutsche. de/geld/reden－wir－ueber－geld－mein－

kleiner—kapitalist—darf—jetzt—raus—1. 2287535.

Neuberg, S. L., Smith, D. M., Hoffman, J. C., & Russell, F. J. 1994. When we observe stigmatized and "normal" individuals interacting: Stigma by association. *Personality and Social Psychology Bulletin*, 20(2): 196—209.

Niiya, Y., Crocker, J., & Bartmess, E. N. 2004. From vulnerability to resilience: Learning orientations buffer contingent self—esteem from failure. *Psychological Science*, 15(12): 801—805.

Pierce, J. L., Gardner, D. G., Cummings, L. L., & Dunham, R. B. 1989. Organization—based self—esteem: Construct definition, measurement, and validation. *Academy of Management Journal*, 32(3): 622—648.

Pollack, D. 2002. The change in religion and church in Eastern Germany after 1989: A research note. *Sociology of Religion*, 63(3): 373—387.

Pyszczynski, T., Greenberg, J., Solomon, S., Arndt, J., & Schimel, J. 2004. Why do people need self—esteem? A theoretical and empirical review. *Psychological bulletin*, 130(3): 435.

Ragins, B. R. 2008. Disclosure disconnects: Antecedents and consequences of disclosing invisible stigmas across life domains. *Academy of Management Review*, 33(1): 194—215.

Richardson, D. R., Hammock, G. S., Smith, S. M., Gardner, W., & Signo, M. 1994. Empathy as a cognitive inhibitor of interpersonal aggression. *Aggressive Behavior*, 20(4): 275—289.

Secord, P. F. & Backman, C. W. 1964. An interpersonal approach to personality. *Progress in experimental personality research*, 2: 91—125.

Semadeni, M., Cannella, A. A., Fraser, D. R., & Lee, D. S. 2008. Fight or flight: Managing stigma in executive careers. *Strategic Management Journal*, 29(5): 557—567.

Sessa, V. I. 1996. Using perspective taking to manage conflict and affect in teams. *Journal of Applied Behavioral Science*, 32(1): 101—115.

Shepherd, D. A. & Haynie, J. M. 2011. Venture failure, stigma, and impression management: A self-verification, self-determination view. *Strategic Entrepreneurship Journal*, 5(2): 178—197.

Shepherd, D. A., Patzelt, H., Williams, T. A., & Warnecke, D. 2014. How Does

Project Termination Impact Project Team Members? Rapid Termination, 'Creeping Death', and Learning from Failure. *Journal of Management Studies*, 51(4): 513−546.

Shepherd, D. A. & Patzelt, H. 2015. Harsh Evaluations of Entrepreneurs Who Fail: The Role of Sexual Orientation, Use of Environmentally Friendly Technologies, and Observers' Perspective Taking. *Journal of Management Studies*, 52: 253−284.

Simmons, S. A., Wiklund, J., & Levie, J. 2014. Stigma and business failure: implications for entrepreneurs' career choices. *Small Business Economics*, 42(3): 485−505.

Slovic, P., Finucane, M. L., Peters, E., & MacGregor, D. G. 2007. The affect heuristic. *European journal of operational research*, 177(3): 1333−1352.

Sutton, R. I. & Callahan, A. L. 1987. The stigma of bankruptcy: Spoiled organizational image and its management. *Academy of Management Journal*, 30(3): 405−436.

Swann Jr, W. B. & Pelham, B. 2002. Who wants out when the going gets good? Psychological investment and preference for self−verifying college roommates. *Self and Identity*, 1(3): 219−233.

Swann Jr, W. B. 2005. The self and identity negotiation. *Interaction Studies*, 6(1): 69−83.

Swann, W. B. & Ely, R. J. 1984. A battle of wills: self−verification versus behavioral confirmation. *Journal of personality and social psychology*, 46(6): 1287.

Swann, W. B. 1992. Seeking "truth,"finding despair: Some unhappy consequences of a negative self−concept. *Current Directions in Psychological Science*. 1(1): 15−18.

Swann, W. B., Jr. 1983. Self−verification: Bringing social reality into harmony with the self, In J. Suls & A.G. Greenwald (ed.), *Psychological perspectives on the self*. Vol. 2: 33−66. Hillsdale, NJ: Erlbaum.

Tennen, H. & Herzberger, S. 1987. Depression, self−esteem, and the absence of self−protective attributional biases. *Journal of personality and social psychology*, 52(1): 72.

Todd, A. R., Bodenhausen, G. V., Richeson, J. A., & Galinsky, A. D. 2011. Perspective taking combats automatic expressions of racial bias. *Journal of Personality and Social Psychology*, 100(6): 1027−1042.

Todd, A. R., Galinsky, A. D., & Bodenhausen, G. V. 2012. Perspective taking undermines stereotype maintenance processes: Evidence from social memory, behavior explanation, and information solicitation. *Social Cognition*, 30(1): 94−108.

Tversky, A. & Kahneman, D. 1974. Judgment under uncertainty: Heuristics and biases. *Science*, 185(4157): 1124−1131.

Weick, K. 1979. *The social psychology of organizing*. Reading, MA: Addison−Wesley.

Weiner, B. 1985. An attributional theory of achievement motivation and emotion. *Psychological Review*, 92(4): 548−573.

Wiesenfeld, B., Wurthmann, K., & Hambrick, D. 2008. The stigmatization and devaluation of elites associated with corporate failures: A process model. *Academy of Management Review*, 33(1): 231−251.

Zappe, C. 2011. *Das Stigma des Scheiterns Frankfurter Allgemeine Zeitung*. www. faz.net/aktuell/beruf−chance/arbeitswelt/wenn−unternehmer−pleite−gehen− das−stigma−des− scheiterns−1638565. html

Learning from Entrepreneurial Failure

기업가적 실패와 내러티브

이전 장에서 우리는 기업가적인 프로젝트를 종료하는 결정과 실패와 관련된 학습을 논의했지만, 이제 우리는 의미부여 과정의 기저에 있는 구체적인 메커니즘에 초점을 맞춘다. 우리가 앞에서 제시한 바와 같이, 기업가(혁신)적인 프로젝트는 종종 더 높은 수준의 위험과 불확실성으로 특징지어지며 (Deeds, DeCarolis, and Coombs, 2000), 이로 인해 더 높은 프로젝트 실패율을 보이는 것은 당연하다(Corbett, Neck and DeTienne, 2007).

이러한 프로젝트와 관련된 실패율의 특히 두드러진 예는 과학 기반 조직의 신제품 개발(NPD) 부문에서 찾을 수 있다(Pisano, 2010). 그러한 조직들은 잠재적 아이디어의 실현 가능성이 매우 불확실한 맥락에서 운영되기 때문에, 혁신적인 도전은 그렇지 않은 도전에 비하여 더 많은 실패를 초래할 수 있다(Pisano, 2010). 이러한 높은 실패율의 결과로, 이러한 조직은 실패를 효율적으로 (정보)처리, 해석 및 이해할 수 있는 시스템을 개발하여 이후의 신제품개발 활동에 지식을 활용할 수 있어야 한다. 따라서 프로젝트 실패는 종종 조직의 상황을 보다 포괄적으로 이해할 수 있으므로 조직에 유익하다는 것이 입증된다(Popper and Lipshitz, 2000). 또한, 이전 장에서 살펴본 바와 같이, 이러한 실패는 새로운 지식을 학습하는 결과를 이끌어서 미래성과를 향상시킬 수 있는 것이다(McGrath, 1999).

　　실패가 유익할 수 있지만, 위험이 없는 것은 아니며 현저하게 부정적인 영향을 초래할 수도 있다(Shepherd, Wiklund, and Haynie, 2009b). 높은 수준의 실패를 경험하면 성과 저하가 나선형적으로 증폭될 수 있으며(Lindsley, Brass and Thomas, 1995), 이는 궁극적으로 기업들이 탐색적 사업기획(exploratory initiatives)을 줄이거나 아예 없애고 대신 불확실성이 적은 노력에 집중하는 방향으로 유도되는 것이다(March, 1991). 앞에서 언급했듯이, 높은 수준의 프로젝트 실패를 경험한 개인은 그러한 경험의 결과로 부정적인 감정(즉, 슬픔)을 키울 수 있다(Shepherd, Patzelt, and Wolfe, 2011b). 이러한 부정적인 감정은 수많은 메커니즘을 통해 한 개인으로부터 조직의 다른 구성원들에게 전달될 수 있다. 감정 전염(emotional contagion : Hatfield, Cacioppo, and Rapson, 1992), 간접 효과(vicarious affect : Bandura, 1986), 정서적 영향(affective influence : Ashkanasy and Tse, 2000)이든 간에, 이러한 감정 전이(transfer of emotions)는 집단 감정(collective emotions)의 발달로 이어질 수 있으며, 궁극적으로 팀과 기업 성과에 영향을 미칠 수 있다(Barsade, 2002; Dasborough, Ashkanasy, Tee, and Tse, 2009; Hatfield, Cacioppo, and Rapson, 1994). 실패는 학습 과정의 장애요소로 작동할 뿐만 아니라 학습의 기회도 제공한다는 점을 고려한다면, 향후 프로젝트의 성공 가능성을 높이기 위해서 조직은 실패 경험으로부터 학습을 방해받지 않으면서 실패에 대한 의미를 부여하는 방법에 대하여 더 깊이 이해하는 것이 중요하다.

　　의미부여의 과정과 관련하여, 개인과 조직 모두 실패 사건을 의미부여와 이해하는 방법에 관련된 가장 중요한 요소 중 하나는 커뮤니케이션이다(Weick, 1995). 커뮤니케이션은 정보를 전달하는 수단으로서도 중요하지만, 또한 원하는 메시지를 전달하기 위해 정보를 조직하고 프레임을 만들 수 있는 필수적인 메커니즘이다(Boje, 1994). 조직이 침묵을 지키고 커뮤니케이션에 적극적으로 참여하는 것을 거부하는 조직은 끊임없이 변화하는 환경에 대처하기 위해 필요한 변화를 하지 못하게 될 위험을 안게 되는 것이며, 이는 결과적으로 조직이 노후화의 위협에 직면하게 된다(Morrison and Milliken, 2000). 조직의 관점에서, 주요 메시지를 전달하기 위해 사용되는 가장 두드러진 커뮤니케이션 형태 중 하나는 조직 내러티브(organizational narratives)의 형태로 제공되는 것이다. 내러티브(Narratives)는 의미부여 형성 과정의 필수적인 부분이며(Brown, Stacey, Nandhakumar, 2008), 혁신(Bartel and Garud, 2009), 학습(Garud, Dunbar, and bartel, 2011), 변화(Dunford and Jones, 2000)와 같은 조직 성과에 중요하게 관련되어 있다. 따라서 조직은 주요 메시지에 대한 커뮤니케이션을 위하여 의미부여 과정의 구성요소인 내러티브와 내러티브에 포함된 메시지를 조직이 어떻게 사용하는지에 대하여 더 잘 이해하는 것이 중요해진다.

이 장에서, 우리는 먼저 내러티브, 더 구체적으로 말하면, 내러티브의 감정적 내용이 의미부여 과정에서 어떤 역할을 하는지 분석한다. 내러티브의 내용이 의미부여 과정에서 어떤 역할을 하는지 살펴봄으로써, 실패가 조직 내러티브에 영향을 미친다는 사실에 주목한다. 구체적으로, 우리는 중요한 사건의 결과(즉, 실패)로 조직 내러티브의 정서적 내용이 어떻게 변화되는지, 그리고 이러한 변화가 의미부여 과정의 필수적인 요소로 어떻게 작용할 수 있는지를 분석한다. 이를 통해, 우리는 수행성과의 부정적인 또는 긍정적인 결과에 따라서 조직이 내러티브를 변경하는 방식에 대해 더 깊이 이해할 수 있다. 이 논의에 풍부함을 제공하기 위해, 우리는 대형 제약 회사들이 실패한 의약품 프로젝트를 이해하고 의미부여를 시도한 광범위한 사례를 제시한다. 실제로 제약 산업에서는 프로젝트 실패가 성공보다 발생할 가능성이 더 높으며(Pisano, 2010), 그리고 제약 산업 부문에서의 프로젝트 실패 비용은 일반적으로 현저하게 높다(DiMasi, 2001; DiMasi, Hansen, Grabowski, 2003). 그럼에도 불구하고, 성과와 생존능력은 궁극적으로 R&D 활동과 관련이 있기 때문에 제약 회사는 덜 위험한 영역에서 연구 개발(R&D) 이니셔티브에만 매달릴 수는 없는 것이다(Del Monte and Papagni, 2003).

둘째, 우리는 내러티브에 반영되는 인지 접근 방식과 이러한 접근 방식이 후속 성과, 특히 실패 사태 이후 "반전"에 어떻게 영향을 미칠 수 있는지를 분석한다. 구체적으로, 실패 후 특정 내러티브 요소가 어떻게 커뮤니케이션되는지를 분석하고, 이러한 특정의 내러티브 요소가 이후의 성과와 어떻게 연관되는지를 분석하기 위하여 우리는 실패(Shepherd et al., 2011b), 기업가

그림 8-1 개념적 모형

적 지향성(entrepreneurial orientation : Rauch, Wiklund, Lumpkin, and Frese, 2009) 및 감정(Shepherd, 2009)에 대한 이전 연구를 기반으로 한다. 풍요로움을 더하기 위해, 우리는 전미 대학 풋볼 디비전 시즌Ⅰ에 대한 이야기를 하는데, 특히 시즌 첫 패배 직후의 감독들의 기록에 대한 분석과 그에 따른 다음 경기에서의 결과와 관련한 내용을 다룬다(Wolfe and Shepherd, 2015k). 대학 풋볼 경기는 일정 부분 기업가적인 조직으로 볼 수 있기 때문에(Napier and Nilsson, 2006; Sperber, 2004), 이 내용에 대한 내러티브는 다른 부분에서의 실패 내러티브의 역할과 결과에 대해 매우 유익할 수 있다. 이 장에 상세하게 기술된 전체적인 개념 모델은 <그림 8-1>과 같다.

제8장의 나머지 부분은 다음과 같이 진행한다. 우리는 먼저 제8장의 이론적 맥락, 즉 의미부여로서의 내러티브를 확립하기 위해 선행연구 문헌을 검토한다. 둘째, 우리는 각각의 연구 질문에 답하고, 마지막으로 시사점을 탐구한다.

• 8.1 의미부여 과정과 내러티브

의미부여는 과거 사건에 대한 이치에 맞는 회고적 설명(plausible retro-spective accounts)을 지속적으로 개발하는 과정으로, 현재는 물론 미래의 행동과 활동에 정보를 제공하는데 활용되는 것이다(Weick, Sutcliffe, and Obstfeld, 2005). 의미부여 과정은 예상치 못한 실패(Cannon, 1999), 구조조정(Balogun and Johnson, 2004), 변화(Luscher and Lewis, 2008)와 같은 중요한 사건을 이해하기 위해 조직이 사용하는 중요한 프로세스로 간주된다. 의미부여의 핵심은 커뮤니케이션이다. Weick과 동료들은 의미부여는 "글과 말로 구현된다"고 기술하고 있으며(Weick et al., 2005: 409), "(의미부여는) 읽기, 쓰기, 대화 및 편집(editing)과 같은 보이지 않는 손은 매개 혹은 조정 역할을 함으로써 조직의 규범을 형성하기 때문에 중요한 활동"으로 진술되기도 한다(Gioia, Thomas, Clark, and Chittipeddi, 1994). 그러므로 의사소통이 의미부여 과정에 어떻게 활용되는지를 이해하는 것은 필수적이다. 그러나 내러티브가 단순한 사실의 집합 이상의 것이라는 것을 인정하는 것이 중요하다. 즉, 내러티브는 조직의 다양한 맥락을 배경으로 원인과 결과를 연결하는 데 활용된다(Brown et al., 2008). 실제로, 의미부여의 주요 목표는 반드시 정확한 설명을 제공하는 것이 아니라, 이러한 해석의 타당성을 판단하고 후속 조치에 대한 영향을 탐구하는 것이다(Mills, 2003). 타당성(plausibility)은 과거의 사건에 대한 주어진 설명이 신뢰할 수 있어서 대상자(target audience)에게 믿음을 사는 것을 의미한다(Weick, Sutcliffe, and Obstfeld, 1999). 이러한 의미에서 의미부여는 조직이 과거의 경험을 주목하고, 조율하고, 명칭을 붙이고, 이를 토대로 하여 행동하는 것을 지원하는 것이다(Weick et al., 2005).

중요한 것은, 내러티브는 과거, 현재 및 미래의 조치에 대한 타당성 있는 설명을 제공할 뿐만 아니라 조직의 사태에 대한 타당한 설명을 제공하는 데 사용된다(Quinn and Wolline, 2008). 내러티브는 등장인물에 의해 이루어지는 상호 관련된 사건이나 활동에 대하여 주제를 가지고 있는 연속되는 설명이다. 등장인물들은 작가가 가지고 있는 의미를 독자들에게 전달하거나, 누구에 대해 이야기를 듣고, 그들에 대해 이야기하는 것이다(Barry and Elmes, 1997; Czarniawska, 1998). 내러티브는 콘텐츠 측면에서 매우 다양하지만, 모두 세 가지 핵심 요소를 공유한다. (1) 주제, (2) 바람직한 목표 또는 목적, (3) 바람직한 목표 또는 목적으로 부터 등장인물을 지원하거나 제약하는 일단의 요인이다(Fiol, 1989). 내러티브는 또한 세속적인 요소(암묵적 또는 명시적)를 함축하고 있으며, 이야기의 줄거리(plot)를 형성한다. 플롯은 내러티브 전체에 걸쳐 묘사되는 가장 중요한 개요(scheme) 혹은 전체 줄거리이다(Barry and

Elmes, 1997; Gabriel, 2000).

8.1.1 프로젝트 실패와 내러티브의 부정적 감정 내용

조직성과는 조직이 기업가적 활동에 착수하는 정도에 따라 달라진다 (Covin and Miles, 1999; Rauch et al., 2009). 대기업에서 이것은 주로 R&D 활동에서 시작한다(Khandawalla, 1977). 이러한 프로젝트에 참여하는 개인들은 프로젝트에 대하여 심리적 주인의식(psychological ownership)을 갖는 것이 보통이다(Pierce, Kostova, and Dirks, 2001). 이러한 주인의식은 긍정적인 심리적 자원(Avey, Avolio, Crossley, and Luthans, 2009)으로 볼 수 있으며, 이는 조직 변화에 대한 이익뿐만 아니라 긍정적인 감정의 증가를 가져올 수 있다(Avey, Wernsing, and Luthans, 2008). 또한, 집단 수준에서 경험되는 긍정적인 감정은 협력을 강화하고, 갈등을 줄이며, 인지하고 있는 성과에 긍정적인 영향을 미치는 것으로 나타났다(Barsade, 2002).

그러나 기업가적 프로젝트의 이러한 편익은 잠재적 위험을 감수하지 않고 이루어지지 않는다. 기업가적 프로젝트는 개인의 성공 동기를 증폭시킬 수 있지만, 프로젝트가 실패할 경우(이 프로젝트를 둘러싼 높은 불확실성을 고려할 때, 실패 가능성은 높다), 부정적인 정서적 결과를 초래할 수 있다(Shepherd, Covin and Kuratko, 2009a; Wiklund and Shepherd, 2011). 만약 그러한 부정적인 감정이 개인 차원에서 충분히 예리하게 느껴진다면, 그들은 또한 집단 내에서 비슷한 감정을 만들어 낼 수 있고, 본질적으로 '집단 감정'(collective emotions)을 형성할 수 있다(Cannon and Edmondson, 2001). 집단 감정은 공유된 사회 내의 개인들의 집단이 경험하는 감정이다(Stephan and Stephan, 2000). 개인의 감정이 집단에 영향을 줄 수 있는 것처럼 집단 감정도 집단 내 개인의 감정에 영향을 줄 수 있다. 이러한 집단 기반 감정(group-based emotions)은 "갈등적인 상황에 대한 개인적 및 사회적(집단적) 대응을 형성하는데, 그리고 사회적 맥락의 진화에 중추적인 역할을 할 수 있다. 이러한 사회적 맥락을 통하여 집단에 형성된 정서적 분위기와 집단의 정서적 지향성(collective emotional orientation)을 유지하는 것이다."(Bar-Tal, Halperin, and De Rivera, 2007). 집단 내 개인들은 다양하게 감정을 가질 수 있더라도, 이러한 공통적으로 공유된 집단적 감정은 반드시 개인의 감정과 일치하지는 않을 수 있다. 그럼에도 불구하고 집단의 관점과 일치하는 공통적인 행동으로 집단 구성원들을 이끌 수 있는 것이다.

집단 감정이 조직의 내러티브와 관련되면서, 집단적 감정은 종종 조직이 공개적으로 발표하는 자료에서도 드러난다(Bar-Tal, 2001). 우리가 분석한 연례 보고서에서 발췌한 내용은 프로젝트 실패로 인한 부정적인 감정의 생성에 대한 증거를 제공한다(Wolfe and Shepherd, 2015a). 이에 대한 사례는 유럽의약청(EMA: European Medicines Agency)으로부터 신약 특허 신청에 실패한 조직이 발표한 연례 보고서에서 볼 수 있다.

2006년 12월, 유럽특허청(EPO)은 독일의 일반 제조업체인 GmbH의 항소에 따라 넥시움(Nexium)에 대한 유럽 물질 특허 중 하나가 기각될 것이라고 판결했습니다. 이 특허의 원래 만료일은 2014년입니다. EPO의 결정에 실망했지만, 우리는 Nexium을 보호하는 지적 재산 포트폴리오에 대한 완전한 신뢰를 계속 유지하고 있습니다(AstraZeneca, 2007).

이하에서 자세히 설명하겠지만, 감정에 대한 인지는 중요하다, 집단의 부정적 감정은 작업 결과와 성과에 상당한 영향을 미칠 수 있기 때문이다 (George and Brief, 1992).

프로젝트 실패로부터 생성된 집단의 부정적 감정의 결과로, 조직은 종종 실패 사건에 대한 내러티브(서술)의 내용을 변경한다(Dutton, Wolline, Frost and Lilius, 2006). 시간이 지남에 따라, 이러한 집단적 감정이 더 보편화됨에 따라, 부정적인 감정을 다루는 조직의 체계적인 대응에 더욱 깊이 스며들면서 잠재적으로 조직적 관례와 규범(Huy, 1999)으로 진화될 수 있는 것이다. 더욱이, 이러한 관례와 규범은 조직 내러티브의 개발에 영향을 미칠 수 있고, 더 많은 수준의 부정적인 감정 내용을 포함하는 실패 사건에 대한 내러티브가 되는 것이다. 더욱이, 이러한 실패 내러티브는 실패한 결과를 도출한 활동을 합리화하거나 정당화하는 수단으로 조직에 의해 사용될 수 있다 (Vaara, 2002). 부정적인 사건(실패)에 대한 신빙성을 부여하거나 옹호하기 위하여 실패 내러티브(failure narratives)를 활용하는 사례는 아래의 단락에서 볼 수 있다.

2007년 GSK(Glaxo Smith Kline's)의 주가는 FTSE 100 지수가 4% 상승했던 것에 비해 5% 하락했습니다. 그것은 우리 투자자들에게 실망스러운 일이었는데, 그들 중 상당수는 우리 회사 직원이기도 합니다. 우리들은 강한 자신감으로 2007년을 시작하였고, Tykerb 출시와 알리(alli)의 FDA 승인을 포함한 몇 가지 중요한 이정표를 달성하였습니다. 1분기에는 예상을 깨고 14%의 EPS 성장을 달성했습니다. 시장이 이 긍정적인 소식을 받아들이면서 우리의 주가는 대부분의 동종 회사들을 앞질렀습니다. 그 후, 2007년 5월, 뉴잉글랜드 의학 저널(NEJM)의 한 기사는 우리의 두 번째로 큰 제품인 아반디아(Avandia)와 관련하여 심혈관 위험이 있을 수 있다고 발표했습니다. 그 후 언론의 집중적인 보도가 이어졌고, 데이터 전체를 설명하려는 우리의 노력에도 불구하고, 의사들은 더 이상의 FDA 지침 없이 새로운 환자들에게 Avandia를 처방하는 것을 꺼렸습니다. Avandia 매출은 크게 줄었고 이는 우리 주가에 부정적인 영향을 끼쳤습니다. 2007년 10월 FDA의 해명에 따라, 우리는 이제 새롭게 승인된 라벨을 갖게 되었고, 더 명확하게 진행할 수 있게 되었습니다(GlaxoSmithKline, 2007).

내러티브는 서술적 플롯에 의해 의미를 부여받은 이전 사건을 재검증하는 것으로 구성되지만, 플롯(각색)은 사건에 내재된 것이 아니라 이러한 사건에 의미를 부여하려는 시도로 저자들에 의해서 사용된 구성이라는 점에 주목한다(Vaara, 2002). 결과적으로, 경험을 보다 호의적이고 덜 실망스러운 방식으로 그려보기를 바라면서 프로젝트 실패에 대한 특정 이야기를 변화시킬 가능성이 있는 것이다.

프로젝트 실패에 대한 내러티브(서술)의 부정적인 감정적 내용은 주요 주주들에게 이러한 프로젝트 노력이 실패로 귀결되었음에도 불구하고 프로젝트가 중요했고 회사는 이러한 프로젝트에 관한 최종적인 미래의 성공에 대해 낙관적인 태도를 유지한다는 신호를 보낼 수 있다. 또한 실패의 중요성에 대한 이러한 메시지는 R&D 활동에 대한 지속적인 조직적 의지를 전달할 수 있다. R&D 사업은 앞서 언급한 바와 같이 지식 집약적 산업의 많은 기업들에게 미래 성과를 위한 열쇠이기 때문이다. 다음은 조직이 실패 사례와 관련된 내러티브를 R&D 활동에 대한 미래 헌신과 실패한 연구 계획의 궁극적인 성공에 대한 낙관론을 전달하는 메커니즘으로 활용하는 방법을 보여주는 것을 발췌한 내용이다.

> 미오자임(Myozyme)은 2008년 우리의 가장 큰 도전이었고 가장 큰 실망이었습니다. 지금까지 가장 성공적인 글로벌 출시 이후, 제조와 규제 문제 때문에 폼페병(Pompe disease)에 이 획기적인 치료법의 혜택을 받을 수 있는 모든 환자들에게 치료가 허락되지 못했습니다. 미국에서는 승인과 생산의 장애물이 여전히 남아있지만, 우리는 이러한 난제를 극복하고 올해 2,000리터 및 4,000리터 규모의 바이오 원자로 생산 제품에 대한 규제 승인을 확보할 수 있다고 확신합니다. 유럽에서는 2009년 2월 4,000리터 규모로 제작된 Myozyme이 예정일보다 앞당겨 승인됐습니다. 유럽에 있는 두 개의 4,000리터 원자로와 미국의 예견되고 있는 승인으로, 우리는 곧 환자들을 위한 충분한 공급을 보장할 수 있을 것이고 전 세계적으로 Myozyme의 엄청난 잠재력을 실현하기 시작할 것입니다.

우리는 내러티브에 담겨진 부정적인 감정 내용의 중요성을 탐구하기 시작했지만(제8장과 이전 장에서), 그러한 논의는 긍정적인 감정의 역할을 탐구하지 않고는 불완전하기 때문에, 다음은 이에 대하여 설명하고자 한다.

8.1.2 내러티브의 긍정적 및 부정적 감정 내용

긍정적인 감정과 부정적인 감정은 종종 상호 관련된 개념으로 여겨지지만, 그것들은 뚜렷하게 분리되고 독특한 구조를 가지고 있다. 이 분야에 대해서 상당한 연구가 이루어졌으며 긍정적인 감정과 부정적인 감정이 서로 대부분 독립적이라는 강력한 증거를 보여주었다(Diener and Emmons, 1984).

긍정 및 부정 감정은 두 가지 기본 척도인 빈도(frequency)와 강도(intensity)를 기반으로 보다 면밀하게 조사할 수 있으며, 이를 통해 두 가지 감정의 구별이 명확해진다(Diener, Larsen, Levine and Emmons, 1985). 물론, 한 가지 감정을 경험하는 데 소비되는 시간은 개인이 다른 감정을 경험할 수 있는 시간에 영향을 미치며, 그렇기 때문에, 연구는 빈도 차원과 관련하여 두 가지 형태의 감정은 매우 부적으로 상관되어 있다는 것을 보여주었다(Diener et al., 1985). 반대로, 한 종류의 감정을 더 격렬하게 경험하려는 성향은 다른 종류의 감정을 더 격렬하게 경험하는 경향을 초래할 수 있다. 이는 두 가지 유형의 감정이 강도 차원에서는 매우 긍정적으로 상관되어 있음을 보여준다(Diener et al., 1985). 그러므로 한 가지 경험의 평균적인 영향 수준은 빈도(긍정과 부정 감정이 부적으로 상관되는)와 강도(긍정과 부정 감정이 정적으로 상관되는)의 결과이기 때문에, 긍정과 부정 감정의 전체적인 상관관계는 낮다. 이 두 감정 구조의 독립적 특성은 언제 그리고 어떻게 그것들이 연관되어 있는지 그리고 그들이 어떤 차별적 영향을 미치는지 탐구할 수 있게 해준다.

긍정적인 감정은 "복구"(undoing) 메커니즘을 통해 부정적인 감정의 결과를 줄일 수 있다(Fredrickson, Mancuso, Branigan and Tugade, 2000). 긍정적인 감정의 복구 역할은 긍정적인 감정이 부정적인 감정의 결과로 경험하는 해로운 결과를 줄이거나 제거할 수 있는 능력을 의미한다(Fredrickson et al., 2000). 이러한 긍정적인 감정의 복원 효과(undoing effect)의 증거로서, Fredrickson 외 동료들은 9/11 테러 공격 이후 개인의 회복력에 대한 연구를 수행했고, 긍정적인 감정은 부정적인 경험 이후의 그들의 전반적인 회복력을 향상시킴으로써 개인에게 실질적으로 도움이 된다는 것을 발견했다(Fredrickson, Tugade, Waugh, and Larkin, 2003).

부정적인 감정을 (긍정적인 감정으로) 복구하는 것 이상으로, 긍정적인 감정은 "개인의 사고-행동 레퍼토리(thought-action repertoire)를 확대하고, 마음에 떠오르는 인지와 행동의 범위를 넓힐 수 있다"(Tugade and Fredrickson, 2004). 부정적인 감정을 복구하고, 사고-행동 자원을 확대함으로써, 긍정적인 감정은 실패의 결과로 인하여 발생할 수 있는 부정적인 감정을 조절하는 데 도움이 될 수 있다(Tugade and Fredrickson, 2004). 예를 들어 긍정적인 감정은 개인의 복원력을 증가시키고(Tugade and Fredrickson, 2004), 실패한 기업가가 새로운 사업을 도전하도록 노력하게 하는 가능성을 제고하고(Hayward, Forster, Sarasvathy and Fredrickson, 2009), 조직 변혁을 수행하는데 도움이 되는 것으로 나타났다(Sekerka and Fredrickson, 2008).

연구표본에서 발굴한 긍정적인 정서적 내용을 보여주는 몇 가지 문구들은 조직의 발전 파이프라인(경로)의 차원에서 희망적인 관점을 나타내는 다음과 같은 진술을 포함한다.

우리는 우리의 파이프라인에 강력한 잠재적 신약개발 그룹을 갖게 되어 기쁩니다. 우리의 최신 의약품 뒤에는 현재 FDA가 검토 중인 만성 골수성 백혈병에 다사티닙(dasatinib)을 포함한 유망한 마지막 단계의 화합물이 있습니다. 3단계 개발의 다른 화합물로는 암을 위한 ixabephilone, ipilimumab, vin-fluine, belatacept, 고형 장기 이식 거부반응을 막기 위한 belatacet, 그리고 제2형 당뇨병을 위한 saxagliptin이 있습니다(Bristol Meyrs Squibb, 2005).

한 기업이 향후 성장 전망에 대해 긍정적인 전망을 하고 있는 다음과 같은 대목은 긍정적인 정서적 내용을 담고 있음을 보여준다.

예측하지 못한 사건들을 제외하고, Roche는 2007년에 추가적으로 긍정적인 성장을 기대하고 있습니다. 우리는 그룹 전체 및 제약부문의 매출이 국내 통화 기준으로 두 자릿수 비율로 계속 증가할 것으로 예상합니다. 제약 부문과 진단 부문 모두에서 Roche는 현지 통화에서 시장 평균 이상 판매 증가세가 지속될 것으로 예상하고 있습니다. Roche의 목표는 연구, 개발, 생산 및 마케팅에 상당한 투자를 했음에도 불구하고 Core EPS가 그룹 매출에 맞춰 성장하는 것입니다(Roche, 2006).

긍정적인 감정과 그 영향(즉, 복원 및 확장)이 조직 수준에서도 존재하는 것으로 나타났다(Fredrickson, 2003). 조직 수준에서 긍정적인 감정은 "유용한 인지 및 사회적 능력"을 자극할 수 있으며(Sekerka and Fredrickson, 2008), 관계적인 힘을 구축하고 강화한 결과로 협력을 강화시킬 수 있으며(Sekerka and Fredrickson, 2008), 조직 변화의 가능성을 증폭시킬 수 있다(Avey et al., 2008). 구체적으로, 감정은 사회적 환경에서 진화하며, 따라서 사회적 기능을 수행할 수 있다(Fisher and Manstead, 2008). 예를 들어, 긍정적인 감정은 그룹 구성원들의 서로에 대한 연관성을 높여주는 '사회적 접착제'의 한 형태로 작용할 수 있다는 의견이 제시되었고(Fisher and Manstead, 2008), 리더나 매니저의 긍정적인 감정 표현은 전반적인 집단성과를 예측한다는 연구 결과가 나왔다(George, 1995). 그럼에도 불구하고, 이러한 감정과 그 영향은 의미부여 목적으로 조직적인 내러티브를 사용하는 데 어떻게 작용하는가? 이제 이 문제를 다룬다.

8.1.3 긍정적 피드백과 내러티브의 부정적 감정

프로젝트 실패가 종종 부정적인 사건으로 인식되지만(Iacovoc and Dexter, 2005; Shepherd et al., 2011b), 하나 혹은 그 이상의 프로젝트 실패가 반드시 조직의 전반적인 성과를 반영하는 것은 아니다. 실제로, 조직이 더 많은 실험을 하고, 더 많은 미래를 탐색하고, 가능성이 없는 프로젝트를 신속하게 종료하는 등 더 기업가적일 때 성과가 향상된다는 주장이 제기되었다(McGrath, 1999). 본질적으로, 프로젝트 실패의 더 높은 빈도는 더 높은 수준으로 상황 주도성(proactiveness)과 혁신에 참여하는 기업(McGrath, 1999)에서 흔하게 나타나며, 두 가지 성격 모두 전반적으로 기업가적 지향성(entrepreneurial orientation)의 기본 구성 요소를 구성한다(Covin, Green and Slevin, 2006). 또한, 이 책 전체에 걸쳐 지속적으로 강조되지만, 실패는 개인 및 조직 학습의 기회이며(Chuang and Baum, 2003), 학습은 조직 성공의 중요한 선행요인(Minniti and Bygrave, 2001)이다. 실패의 결과로 뒤따르는 학습은 조직이 그러한 실패의 근본적인 원인에 의미를 부여하고 이해할 수 있는 기회를 제공하므로, 향후 활동에 동기를 부여하고 유사한 실수가 반복될 가능성을 줄일 수 있는 것이다.

수익성은 기업실적을 나타내는 매우 중요한 지표이기 때문에(Anderson,

Fornell, and Lehmann, 1994), 수익성의 증가는 일반적으로 긍정적인 사건, 즉 기업실적의 개선을 나타내는 긍정적인 피드백으로 간주된다. 긍정적인 피드백은 집단의 자부심, 참여, 자존감을 증가시키는 것을 포함하여 많은 이점을 만들어 낼 수 있다(Nadler, 1979). 그것은 구성원들의 협력과 공동 작업을 촉진하고(Druskat and Wolff, 2001), 부정적인 감정을 감소시키며, 긍정적인 웰빙을 증진시킨다(Salanova, Llorens, Cifre, Martínez, and Schaufeli, 2003). 결과적으로, 실패가 발생할 가능성이 있는 조직에서는, 높은 프로젝트 실패율이 개인과 조직 수준 모두에서 발생할 수 있는 잠재적인 부정적인 결과에 대응하기 위해 기업 수익성과 같은 긍정적인 피드백의 또 다른 원천에 조직차원에서 주의를 집중하는 것이 중요할 것이다.

대부분의 조직은 현재 성과를 이전에 설정된 임계값과 비교하여 허용 가능한 수준에서 지속 여부를 결정한다(Greve, 2002). 이러한 평가의 결과는 혁신(Bolton, 1993), 전략적 관점(Grinyer and McKiernan, 1990), 기업 방향재조정(Lant, Milliken, and Batra, 1992)과 같은 중요한 조직 프로세스에 종종 영향을 미친다. 임계값 관점에서 성과를 분석할 때, 조직에서는 일반적으로 현재 성과가 이전 연도의 성과보다 높으면 수용 가능하고 성공적인 것으로 간주한다는 관점을 채택한다. 그러나 성과가 과거 수준 이하로 떨어질 경우 일반적으로 그러한 성과는 부정적인 시각에서 보게 되는 것이다(Greve, 2002). 따라서 기업의 수익성이 기준치 수준을 유지하거나 그 이상을 달성한다면, 높은 실패율과 관련된 부정적 결과의 위험은 이 긍정적인 피드백에 의해 다소 완화된다. 실제로, 긍정적인 성과 피드백(높은 실패율에도 불구하고)은 R&D에 대한 투자와 같은 더 많은 기업가적 노력을 장려하는 것으로 밝혀졌다(Scherer, 2001; Wolfe and Shepherd, 2015k 참조).

조직이 구성하는 내러티브는 성과 피드백의 정보를 포함하고 기업의 전반적인 위상을 나타내기 위해 수정될 가능성이 높다. 이 문제를 조사하기 위해, 우리는 2002년부터 2010년까지 EMA(유럽의약청)에 적어도 하나의 의약품 승인 신청서를 제출한 공개된 기업들의 연간 보고서를 분석했다(Wolfe and Shepherd, 2015). 성과(예: 프로젝트 실패 및 수익성)는 내러티브 개발(예: 연례 보고서 작성) 이전에 발생하기 때문에, 이들 변수들 사이의 인과 관계에는 이론

적 근거가 있다. 연간 보고서를 분석하는 것은 유리한 측면이 있는데, 그것
은 중요한 이해당사자들에 의해 면밀히 검토되기 때문에 내러티브를 대신할
수 있는 것이며, 따라서 조직에 중요한 영향을 미칠 수 있는 것이다(Stanton,
Stanton, and Pires, 2004). 결과적으로, 이러한 보고서 내에서 작성된 내러티브
는 조직의 과거, 현재 및 미래 활동을 합리화할 뿐만 아니라 조직을 적절하
게 묘사하기 때문에 최고 경영진에게 필수적이다. 우리의 샘플은 68개의 기
업과 총 356개의 관찰(즉, 연간 보고서 총 수)을 포함하였다.

  부정적인 성과(프로젝트 실패의 형태) 그리고 긍정적인 성과(수익성 증가의
형태)가 조직 내러티브에 내포된 긍정적 및 부정적 감정 내용의 정도와 어떻
게 관련되어 있는지 연구하면서, 긍정적 및 부정적 성과 결과 모두 조직 내
러티브의 부정적 콘텐츠에 영향을 미친다는 것을 발견했다. 또한 긍정적 정
서 내용이 내러티브의 부정적 정서 내용에 영향을 줄 뿐만 아니라 수익성의
손익에 따라서 이러한 관계가 완화된다는 것을 발견했다.

  이 연구에서 우리는 연례 보고서와 같이 상대적으로 정제되고 표준화된
(예: 실패에 대한 언급 제한, 부정적인 감정적 내용 최소화 등) 내러티브를 구성해내
는 대규모 조직의 경우에도 프로젝트 실패 수준이 높을수록 부정적인 감정
적 내용으로 이어진다는 것을 발견했다. 더불어서, 일반적으로 긍정적인 감
정 내용을 더 많이 가진 내러티브는 부정적인 감정 내용을 적게 포함했다.
또한 Wolfe and Shepherd(2015a)는 긍정적인 성과 피드백이 낮을 때보다 긍
정적인 성과 피드백이 높을 때, 긍정적인 감정 내용과 부정적인 감정 내용
사이의 부적인 상관성이 더 크다는 것을 발견했다. 이러한 연구결과는, 성과
피드백과 관련된 내러티브의 정서적 결과에 대한 우리의 이해에 시사점을
준다.

8.1.4 프로젝트 실패와 내러티브의 부정적 감정 내용

  우리의 연구결과의 첫 번째 중요한 의미는 기업가적인 프로젝트의 실패
율이 클수록 내러티브의 부정적인 정서적 내용이 크다는 것이다(Wolf and
Shepherd, 2015a). 신제품 개발과 일반적으로 R&D 프로세스가 제약 산업에서

성공의 토대가 되지만(Del Monte and Papagni, 2003; DiMasi et al., 2003), 이러한 프로젝트는 본질적으로 불확실성이 더 높기 때문에 프로젝트 실패율이 더 높아진다(DiMasi, 2001). 이를 주목해야 하는 중요한 이유는, 직원들은 자신의 통제하에 있는 프로젝트에 대한 높은 수준의 심리적 주인의식을 향상할 수 있다는 것을 보여주었기 때문인데(Pierce et al., 2001), 심리적 주인의식은 개인과 조직의 성과를 촉진하는 긍정적인 감정을 발생시킬 수 있으며, 특히 조직 변화의 상황에서는 특히 그렇다(Avey et al., 2008). 그러나 제2장에서 제시한 바와 같이, 프로젝트 팀원에게 더 중요한 프로젝트일수록 프로젝트가 실패할 때 더 많은 슬픔을 겪게 된다(Shepherd et al., 2009a; Shepherd, Patzelt, and Wolfe, 2011a).

이러한 유형의 부정적인 정서 반응은 개인과 집단적 수준에서 모두 느낄 수 있다(Cannon and Edmondon, 2001). 앞서 언급했듯이 집단 감정은 '특정 사회에서 다수의 개인들이 공유하는 감정'을 말한다(Wolfe and Shepherd, 2015k). 개인의 감정에서 집단 감정으로의 발달은 암묵적으로 그리고 명시적으로 많은 감정 전이 과정을 통해 일어날 수 있다. 암묵적으로, 집단 감정은 감정 전염(Hatfield et al., 1992)과 간접 효과(vicarious affect)를 통해 발전할 수 있다(Bandura, 1986). 명시적 프로세스의 관점에서, 정서적 영향(Ashkanasy and Tse, 2000)과 정서적 감정 표현(Kelly and Barsade, 2001)은 집단 감정의 발전에 기여할 수 있다. 개인의 감정이 집단적 감정이 되는 메커니즘에 관계없이, 프로젝트 실패에서 발생하는 집단적 감정은 내러티브를 변화시킬 수 있다(Dutton et al., 2006).

놀랄 것도 없이, 프로젝트 실패는 종종 부정적인 감정을 일으키기 때문에(Cannon and Edmondson, 2001; Shepherd et al., 2011a), 그러한 실패에 대해 구성된 이야기(내러티브)는 높은 부정적인 감정적 내용을 가질 것이다. 그러나 프로젝트 실패가 조직 내러티브에 부정적인 감정 내용을 증가시키는 것만이 유일한 영향은 아니다. 내러티브 플롯(narrative plot)은 과거 사건을 이해하기 위한 시도로 작가에 의해서 작성되기 때문에(Vaara, 2002), 조직은 실패로 이끌었던 활동을 설명하기 위해 프로젝트 실패 내러티브를 활용할 수 있으며(Vaara, 2002), 프로젝트 실패의 묘사 방법을 변경하기 위해 필요한 대로 플롯을 수정할 수 있다. 즉, 단순히 실패의 결과를 반영하기보다는, 내러티브 저자는 프로젝트 실패의 선행 조건들을 구성하고 반영할 수 있는 것이다. 이러한 방식으로, 내러티브는 기업에 실패한 프로젝트의 중요성을 이해관계당사자에게 알리는 데 사용될 수 있고, 또는 기업 성과를 향상시키기 위한 수단으로 유사한 기업가적인 프로젝트에 대한 기업의 지속적인 관심을 알리는 데 사용될 수 있다.

프로젝트 실패의 결과로 더 높은 수준의 부정적인 감정을 포함하는 구절의 예는 다음 구절에서 볼 수 있으며, 이 구절은 한 조직이 시장에서 제품을 철수해야 하는 것과 다른 후기 단계의 개발을 중단해야 하는 것에 대한 실망을 자세히 설명하고 있다.

이러한 노력들은 우리의 장기적인 지속가능성을 강화하고, 올해 우리의 성장단계에서 겪었던 일부 차질로 인한 영향을 견딜 수 있도록 도울 것입니다. 2006년 2월, 우리는 항응고제인 엑산타(Exanta)를 시장에서 철수시키고 환자 안전을 위해 개발을 중단했습니다. 또한 우리는 잠재적 당뇨병 치료제인 갈리다(Galida)와 뇌졸중의 잠재적 치료제인 NXY−059의 말기 개발을 중단했는데, 이는 충분한 환자 편익을 입증하지 못했기 때문입니다. 그러한 결정은 실망스럽지만, 새로운 의약품을 제공하고 환자 안전에 대한 우리의 헌신을 반영하고, 오로지 최고 품질의, 가장 높은 가능성 있는 후보군(개발 중인 신약)들의 포트폴리오를 유지하려는 우리 기업의 도전과제들을 보여드리는 것입니다(AstraZeneca, 2006).

8.1.5 긍정 및 부정적 감정을 담은 내러티브

우리가 발견한 두 번째 중요한 암시는 내러티브의 긍정적인 감정 내용이 클수록 부정적인 감정 내용이 더욱 적어진다는 것이다(Wolfe and Shepherd, 2015a). 그러한 발견은 긍정적인 감정이 부정적인 감정의 영향을 "복원"시킬 수 있을 뿐만 아니라, 사고−행동 자원의 집합을 확대할 수 있다는 개념과 일치하며, 이는 예상치 못한 실패에 의해 생성된 부정적인 감정을 조절하는 데 도움이 될 수 있다(Tugade and Fredrickson, 2004). 긍정적인 감정이 개인 수준에서 가질 수 있는 영향 외에도, 여러 증거들은 그것들이 조직 수준에서도 유사하게 유익하다는 것을 증명할 수 있다는 것을 암시한다(Fredrickson et al., 2003). 감정은 사회적 맥락에서 발전하며, 따라서 사회적 기능에 영향을 미칠 수 있다(Fisher and Manstead, 2008). 그런 의미에서, 긍정적인 감정은 사회적 차원에서 집단 구성원을 하나로 묶는 일종의 '사회적 접착제'로 작동되고 있음이 주장되었으며(Fisher and Manstead, 2008), 따라서 조직 내에서 보여지는 전반적인 협력 수준을 증가시킨다는 것이다(Sekerka and Fredrickson, 2008). 이러한 협력 증대는 조직 변화와 관련된 상황에서 특히 유용한 것으로 나타났다(Avey et al., 2008).

다음의 소개되는 문단의 사례는 긍정적인 감정 요인을 포함하는 것으로, 조직이 약품 개발 활동과 관련된 긍정적인 결과를 논의하는 것이다.

우리는 인디애나폴리스에 있는 회사의 주사용 제품 및 건조 제품 공장을 현재의 모범 제조 관행(Good Manufacturing Practices)을 준수하는 상태로 고려하기로 한 FDA의 결정에 따라 2003년에 매우 중요한 진전을 이루었습니다. 그 결과 인디애나폴리스에서 Zyprexa®[1] IntraMuscular에 대한 성공적인 사전 승인 검사를 받았습니다. 이 결과를 바탕으로 FDA는 현재 Cymbalta(우울증 치료약)에 대한 사전 승인 검사가 필요하다고 생각하지 않는다고 밝혔지만, 그러한 검사는 FDA의 재량에 달려 있습니다. 또한 Cialis(발기부전치료제)와 Alimta(항암치료제)에 대해 두 번의 성공적인 사전 승인 검사를 받았습니다. 우리는 지금까지 이룩한 발전에 만족하며 이를 유지하는 것뿐만 아니라 Lilly를 업계 품질의 벤치마크로 만들기 위해 최선을 다하고 있습니다(Eli Lilly, 2003).

또한 동일한 맥락에서 긍정적 및 부정적 정서 내용을 활용하는 것을 입증하는 발췌문은 다음 구절에서 볼 수 있다. 미국에서 약물 실험 결과에 대

---

1 역자주: 조현병과 양극성 장애의 치료에 사용되는 올란자핀(olanzapin)의 상품명.

한 실망감을 자세히 설명하고 있지만, 동아시아 시장에서 이 약의 적용에 대한 지속적인 낙관론을 제시하고 있다.

> Iressa 환자의 생존에 대한 ISEL 연구의 실망스러운 예비 분석 결과는 2004년 미국 이외 지역의 매출에 거의 영향을 미치지 않았습니다. 2005년 미국에서는 새로운 처방약의 급격한 감소가 예상되며, 매출은 확인된 환자 사용량으로만 인정될 것입니다. 서구 시장에서는 상업적 전망이 확실히 감소했지만, 동아시아 지역의 환자들에 대한 신약의 긍정적인 결과는 이러한 중요한 시장에서 지속적으로 성공적인 사업을 할 수 있다는 전망을 제시합니다 (AstraZeneca, 2004).

8.1.6 수익성의 매개 역할

마지막으로, 내러티브의 긍정적이고 부정적인 감정 내용의 조정은 복잡할 수 있다. 실제로 수익성의 증가 등 긍정적인 성과 사건이 발생하면 긍정적인 내용과 부정적인 내러티브 내용의 관계가 증폭된다(Wolfe and Shepherd, 2015a). NPD(신제품연구개발) 이외의 영역에서 긍정적인 결과를 가지게 되면 개인과 조직은 조직 내러티브가 내포하고 있는 프로젝트 실패와 지나치게 동일시(over-identify)하거나 반추할 가능성을 줄이는 데 도움이 된다. 그러한 긍정적인 사건은 실패의 부정적인 결과에서 벗어나 조직의 중요한 다른 영역으로 주의를 돌릴 수 있는 것이다(Ocasio, 1997, 2011). 이러한 관심의 확대는 프로젝트 실패가 관심의 초점이 될 가능성을 감소시키거나 심지어 제거함으로써 조직이 구성하는 내러티브에 높은 수준의 부정적인 감정 콘텐츠를 감소시킬 수 있다. 기업가적인 관점에서, 부정적인 것보다는 긍정적인 것에 더 초점을 맞춘 이러한 정서적 내용의 조정은 "기업가적 행동은 자부심의 지배와 수치심의 상대적 부재로 특징지어진다"라는 생각에 대하여 동조하는 것이다(Goss, 2005: 212). 수익성이 내러티브의 긍정적 및 부정적 정서적 내용 사이의 관계에 미치는 매개 역할을 더 잘 가시화하기 위해, <그림 8-2>는 이러한 효과에 대한 그래픽 표현을 포함하고 있다. <그림 8-2>에서

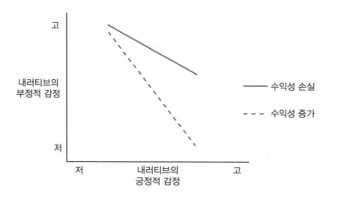

그림 8-2 긍정적 감정내용, 수익성, 부정적 감정내용

알 수 있듯이, 긍정적인 정서적 콘텐츠가 부정적인 정서적 콘텐츠에 미치는 부적 영향은 조직이 수익성의 손실을 경험했을 때 보다 수익성 증가가 있을 때 더욱 두드러진다.

8.2 내러티브 요소와 실패로부터의 반등

위에서 우리는 성과 결과가 조직 내러티브의 정서적 내용에 영향을 미칠 수 있다는 것을 제시하였지만, 제8장의 나머지 부분에서는 내러티브의 감정적 내용이 실패 이후의 행동과 성과에 어떻게 영향을 미칠 수 있는지 탐구한다. 실패 내러티브의 정서적 내용을 다시 탐구하지만, 우리는 조직 수준에서 기업가적 행동의 중요한 예측인자로서 기업가적 지향성(EO: entrepreneurial orientation)을 포함하는 것이 중요하다고 생각한다(Lumpkin and Dess, 1996; Rauch et al., 2009; Short, Broberg, Cogliser and Brigham, 2010). 내러티브의 내용과 실패로부터 "반등"(bounce back)하는 팀의 능력 사이의 관계를 탐구하기 위해, 이어지는 하위 섹션에서는 풍부한 맥락을 위하여 사례를 제시한다. 즉, Division I 대학 풋볼 대회에서 시즌 첫 패배 직후 감독들이 작성한 경기 후 기자회견 녹취록이다(연구 방법에 대한 자세한 설명은 Wolfe and Shepherd,

2015k. 참조). 실제로 스포츠 팀은 기업가적 조직의 좋은 예를 대표하는 것으로 나타났다(Ratten, 2010, 2011).

8.2.1 기업가적 지향성 내용과 반등

비록 대부분의 이전 증거는 EO가 조직 성과에 긍정적인 영향을 미친다는 생각을 지지했지만(Rauch et al., 2009), 최근의 연구는 이 관계가 아마도 선형적이지 않다는 것을 암시했다(Zahra and Garvis, 2000). 실제로 최근 중소·중견기업에서 EO와 실적의 관계를 조사한 프로젝트에서는 이러한 관계가 본질적으로 U자형임을 시사했다(Kreiser, Marino, Kuratko, and Weaver, 2013). 의미부여의 측면에서 이해하면, 내러티브는 실패 후 효과적으로 반등하는 데 요구되는 필요한 만큼의 EO를 전달하는 데 사용될 수 있다. 내러티브는 사건에 의미를 부여하기 때문에(Orbuch, 1997), 그것들은 과거 사건에 대한 세부사항을 연관시킬 뿐만 아니라 미래의 행동에 영향을 미치는 데 사용될 수 있다(Orr, 1995). 이러한 방식으로, 내러티브는 특히 조직의 변화를 이끄는 데 중요한 영향을 미친다(Dunford and Jones, 2000). 따라서 내러티브에 포함된 EO 콘텐츠의 수준은 실패가 어떻게 해석되고 따라서 후속 성과에 중요한 영향을 미칠 수 있는 지를 전달하려는 시도를 의미한다.

유의해야 할 중요한 점은 EO 활동을 수행하는 것이 보편적으로 긍정적인 결과를 낳지 않는다는 것이다(Hart, 1992). 기업가적인 이니셔티브는 대개 초기 자원의 상당한 노력을 요구하기 때문에(Hornsby, Kuratko, Shepherd, and Bott, 2009), 조직은 기업가적 활동에 자원을 투입하기 위해서 조직 생존에 역시 중요한 활동에 대한 투자를 포기하는 것이다(Rosenbusch, Brinckmann, and Bausch, 2011). 따라서 생존을 위한 시도라는 측면에서, 상대적으로 낮은 EO를 가진 조직들은 상대적으로 쉽게 이익을 낳는 분야에 자원을 더 잘 할당할 수 있고 결과적으로 더 높은 성과를 경험할 수 있다. 낮은 EO는 기업가적으로 행동해야 하는 필요성과 관련된 언어(예: 사전적, 혁신적, 위험 감수 등)의 사례를 적게 포함하고 있는 내러티브에 반영될 것이다. 이처럼 기업가적으로 행동할 필요성이 낮은 언어의 예로는 인디애나 대학이 서던 일리노이

대학에 시즌 첫 패배를 한 후 Lynch 코치로부터의 내용이다.

그들의 경기력이 살아나기 시작한 후 우리 팀의 경기력이 살아나지 못했습니다. 우리의 문제입니다. 저는 남부 일리노이가 아주 좋은 축구팀이라고 생각합니다. 그리고 그들은 오늘 그들이 경기한 방식에 대해 많은 인정을 받을 만합니다. 우리는 긍정적인 것을 찾을 것입니다. 그리고 아직 많은 시즌 게임이 남아있습니다. 그것이 중요합니다. 우리는 테이프를 보고, 앞으로 전진할 것입니다. 저는 정말 우리가 나아질 거라고 믿고 있습니다. 제 생각엔 9경기를 남겨두고 운명을 좌우하는, 반드시 이겨야 할 게임은 없다고 생각합니다. 하지만 당신들은 매 경기를 이기고 싶어합니다. 그런 의미에서, 앞으로 9경기는 모두 정말 중요합니다. 큰 틀에서 보면, 우리가 더 나아지고 토요일에 멋진 경기를 하는 것이 중요합니다. 우리는 연습한 것을 크게 바꾸지는 않을 것입니다. 우리는 우리가 하는 것을 믿고 우리가 훈련해 왔던 것을 믿습니다. 우리는 새로운 초점이 필요합니다. 이런 상대와 경기하려면 우리가 최고가 되어야 한다는 사고방식이 필요합니다(Lynch, 2006).

유사하게 듀크 대학의 코치인 Roof는 2006년 풋볼 시즌에서 첫 패배 후 다음과 같이 언급하였다.

(우리는) 기회가 있을 것이고, 기회가 올 때, 올 때마다, 어떻게 오든 그것을 활용해야 합니다. 경기를 보시면 우리 풋볼 팀도 그런 것 같습니다. 우리가 어떤 실수를 하더라도 우리는 득점 할 기회가 있었고, 승리할 수 있는 위치에 있었지만, 우리는 기회를 살리지 못했습니다. 우리 풋볼 팀은 기회를 잘 살릴 수 있을 것이며, 휴식기간을 잘 활용할 것이며, 기회를 우리가 직접 만들든 혹은 주어지든 간에 기회를 잘 살릴 것입니다(Roof, 2006).

사전에 능동적으로 행동하는 팀(Lumpkin and Dess, 2001) 또는 실력 향상을 위한 시도로 더 위험성이 큰 행동을 하는 팀(Covin and Slevin, 1989)은 종종 그러한 행동이 상당한 비용을 수반한다는 것을 발견한다(Li and Atuahene-Gima,

2001; Rosenbusch et al., 2011). EO 관련 이니셔티브는 일반적으로 주요 자원의 대규모 초기 지출이 필요하며(Hornsby et al., 2009), 그리고 더 높은 수준의 불확실성과 자주 연계되기 때문에(Alvarez, 2007), 이러한 유형의 기업가적인 활동은 비용을 초과하는 보상을 생성할 가능성이 낮다(Freel, 2005). 실제로, 적당한 수준의 EO 내러티브 콘텐츠는 혁신과 변화에 대한 의지가 부족함을 나타낼 수 있으며, 이는 다시 후속 성과에서 성공 부족으로 이어질 수 있다. 활동만 적당히 변화시킴으로써, 팀은 절대 필요한 변화에 대한 깊은 이해를 개발할 충분한 시간이나 동기가 없었기 때문에 이러한 활동 실행 능력이 저하될 수 있는 것이다. 결과적으로, EO 이니셔티브를 통해 도입된 변형이 경쟁사(혹은 상대팀)를 혼란스럽게 할 정도로 다르지 않을 수 있는 정도의 것이라면, 이는 결국 성과 향상을 저해할 수 있는 것이다.

적당한 수준의 EO는 편익을 능가하는 비용을 유발하지만, EO 활동에 상당한 노력을 기울이려는 팀은 관련 비용을 능가하는 편익을 경험할 수 있다(Kreiser et al., 2013). 기업가적 이니셔티브에 매우 적극적인 팀의 경우, 비용은 여전히 상당히 높다. 그러나 이러한 팀들의 의도된 목표에 대한 높은 수준의 헌신과 집중 때문에, 이러한 활동의 이득은 궁극적으로 초기 비용보다 더 클 수 있다. 우리의 연구 표본에서 발견된 높은 EO 콘텐츠의 예로는 2005년 Northwestern에 패한 위스콘신의 Alvarez 코치의 다음과 같은 발췌문이다.

우리 팀 선수들은 실수를 수정해야 하며, 우리 팀은 우리가 잘못한 부분을 드러내야 합니다. 가장 큰 문제는 소통이었다고 봅니다. 그것은 우리가 고쳐야 할 것이다. 그리고 근본으로 돌아가야 합니다. 이번 주에는 완전히 다른 경기 계획을 가지고 있고, 다른 유형의 팀을 방어해야 합니다. 선수들은 항상 실수를 고치고 앞으로 나아가야 합니다. 앞으로 남은 다섯 게임을 위해서 제가 생각하기에는 게임하는 동안에 선수들끼리 소통과 그들 자신을 스스로 관리하고 (전술적인) 변화 등이 중요하다고 봅니다. 그런데 지난 게임은 그렇지 못했습니다(Alvarez, 2005).

EO 컨텐츠가 높은 또 다른 사례는 사우스 캐롤라이나의 Spurier 코치의 다음 문장이다.

우리 수비 코치들이 수비 편대를 재편성하려고 시간을 조금 더 들이고 있습니다. 수비 대형에 약간의 변형이 있을 수 있습니다. 우리는 더 많은 공격을 시도하기 위해서, Sidney(Rice)와 다른 리시버들을 향해 공을 던지는 것을 만들어내기 위해서, 그리고 점수를 획득하기 위해 무언가를 해야만 합니다. 저희가 새로운 계획을 다 공개하고 싶지는 않지만 뭔가 다른 모습의 공격이 될 것 같습니다, 팬 분들께만 말씀드리겠습니다. 바라건대, 팬들께서는 기밀을 지켜주십시오. 다시 한 번 지난번 경기 방식에 유감을 표명합니다. 분명히, 우리는 공을 이리저리 움직였습니다. 1야드 라인, 2야드 라인까지 전진했습니다만, 득점까지는 못했습니다. 좋은 팀들은 2야드 라인 정도까지 전진하면 득점하거나 세 번의 전진 패스 정도면 득점에 성공합니다. 우리는 그것을 못했습니다. 후반전에는 우리가 2야드 라인에 다다랐을 때 우리는 던지려고 시도했지만 그렇게 할 수 없었습니다. 우리는 모든 것을 재평가하고 있고, 다르게 뭔가를 하려고 노력하고 있습니다(Spurrier, 2006).

요약하면, 기존의 문헌은 EO가 전반적으로 유익하다고 강조해 왔지만, 이러한 관계가 본질적으로 선형적이지 않다는 최근의 연구는 EO가 이전 실

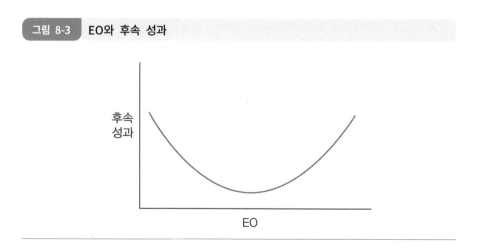

그림 8-3　**EO와 후속 성과**

패에서 회복하는 팀의 능력에 어떤 영향을 미치는지 더 자세히 조사하도록 우리를 이끌었고, 이제 우리가 이 문제에 눈을 돌리게 되었다. 우리의 결과는 사실 내러티브 EO 콘텐트와 후속 성과 사이의 관계가 U자형이며, 상대적으로 낮은 수준 또는 높은 수준의 EO 콘텐트가 적당한 수준의 EO 콘텐트보다 더 유익하다는 것을 보여준다. 이 관계를 보다 명확하게 <그림 8-3>으로 나타냈다.

8.2.2 부정적 감정과 반등

이전 장들을 통해, 우리는 기업가적 활동이 본질적으로 위험한 노력이라는 것을 확인했으며(Covin and Slevin, 1991; Llmpkin and Dess, 1996), 따라서 실패에 취약하다는 것을 알게 되었다(Wiklund and Shepherd, 2011). 우리는 또한 이러한 성격의 실패는 관련된 사람들 사이에서 상당한 부정적인 감정 반응을 일으킬 수 있다는 것을 보여주었다(Shepherd et al., 2011b). 그러나 프로젝트 실패에 대한 이러한 부정적인 감정 반응은 이후의 성과에 긍정적인 영향을 미칠 수 있다. 즉, 부정적인 감정이 항상 해로운 것은 아니다. 부정적인 감정이 주의 집중을 유지하게 하거나(Bless, Bohner, Schwarz, and Strack, 1990), 정보 처리 과정을 강화하거나(Schwarz, 1990), 공간 성과(spatial performance)를 향상하거나(Gray, 2004), 지각된 수용가능한 성과 표준을 제고하거나(Cervone, Kopp, Schaumann, and Scott, 1994), 결과적으로 목적 달성의 가능성을 확대시킬 수 있다는 것(Brown and Eisenhardt, 1997) 등과 같은 이점이 있음을 입증하는 연구들이 있다. 이러한 증거에 토대하는 경우, 실패와 관련된 내러티브에 부정적인 정서적 내용의 완전한 부재가 유익하지 않을 수 있고 실제로 후속 수행을 방해할 수 있는 것을 예측할 수 있다.

실패에 관한 부정적인 감정을 거의 또는 전혀 표현하지 않는 것이 후속 성과에 해가 될 수 있지만, 반면 부정적인 감정의 과도한 수준은 개인(Pierce et al., 2001)과 집단 수준(Cannon and Edmondson, 2001)에서 부정적인 결과를 초래할 수도 있다. 증거에 따르면, 실패에 대한 과도한 동일시 또는 반추는 문제 해결에 방해가 될 수 있으며(Lyubomirsky and Nolen-Hoeksema, 1995), 실패 사건을 이해하고 의미부여의 과정을 방해할 수도 있다(Borders, Earleywine, and Jajodia, 2010; Kross, Ayduk, and Mischel, 2005). 이러한 이유로, 낮은 수준의 부정적인 감정을 경험하고 표현하는 것에서 적당한 수준의 감정으로 이동하는 것이 유익할 수 있지만, 실패 내러티브의 중간에서 높은 수준의 부정적인 감정 콘텐츠로 이동하는 것은 성과 저하를 초래할 가능성이 있다. 따라서 실패 내러티브 내에서 적당한 양의 부정적인 감정 콘텐츠는 실패에 너무 많은 주의를 기울이지 않고 미래 행동에 관한 정보를 적절하게 전달하는 역할을 한다(즉, 실패에 할당된 상당한 수준의 주의는 반추와 성과 저하로 이어질 수 있다)(Lyubomirsky and Nolen-Hoeksema, 1995).

흥미롭게도, 이러한 기대와는 달리, 우리의 최근 연구 결과(Wolfe and Shepherd, 2015)는 적당한 수준의 부정적인 정서적 내러티브 내용이 후속 성과에 가장 유익하다는 생각을 지지하지 않는다. 사실, 우리의 최근 연구 결과는 높거나 낮은 수준의 부정적인 감정적 내용이 적당한 수준보다 더 나은 성과 결과를 낳는다는 것을 보여준다. 낮은 부정적 감정은 조직에 대한 정서적 몰입(affective commitment)을 유지하는 데 도움이 될 수 있는 것으로 보인다(Belschak and Hartog, 2009) - 이 사례에서는 팀에 대한 정서적 몰입 - 그리고 정서적 몰입은 성과향상과 관련되어 있음이 연구결과로 보여주고 있다(Sinclair, Tucker, Cullen, and Wright, 2005). 낮은 수준의 부정적인 감정적 진술의 예로는 "알다시피, 우리는 오늘 우리가 희망했던 결과를 얻지 못했습니다. 하지만 저는 우리 선수들이 머리를 숙이지 않기를 바랍니다.", "우리는 분명히 게임에서 진 것에 만족하지 않습니다." 그리고 "우리는 조금 더 열심히 해야 하고 조금 더 협력을 해야 합니다." "파괴적이게 놔두면, 그것은 절망적일 뿐입니다"와 같은 구절들이 있다. 부정적인 감정은 정서적 몰입의 감소(Belschak and Hartog, 2009; Shepherd et al., 2011b)와 문제 해결 능력의 저해 요소(Lyubomirsky and Nolen-Hoeksema, 1995)이며, 그리고 당연하지만 이 두 가지 모두는 성과를 감소시킨다(Belschak and Hartog, 2009; Rude, Maestas, and Neff, 2007). 실패에 대한 강박관념(Rude et al., 2007)은 - 최소한 단기적으로는 - 다음 프로젝트 즉, 다음 주 게임에서 다시 뛰어서 좋은 성적을 거둘 수 있는 강력한 동기부여가 될 수 있는 것이다.

우리의 연구에서 발췌한 더 높은 수준의 부정적인 감정을 보여주는 것은 2005년 시즌의 첫 패배 이후 미시간 주립 대학의 코치 Smith로부터 다음과 같은 인용된 내용이다.

우리는 더 많은 플레이를 만들고 공격 면에서 더 큰 플레이를 만들 필요가 있습니다. 만약 우리가 그것을 해낼 수 없다면, 그것은 우리의 잘못입니다. 우리 선수들은 열심히 하였지만, 더 잘 준비될 필요가 있습니다. 이기기 위해서는 더 많은 플레이를 해야 합니다. 이제 우리는 그 조각들을 집어 들고 앞으로 나아가야 합니다. 우리는 이번 주를 넘기고, 게임이 없는 주에 열심히 훈련하고, 오하이오 주에 갈 준비를 해야 합니다. 우리는 수비 측면에서 좋은 경기를 펼치지 못했습니다. 우리는 전반전에 좋은 플레이를 펼치지 못했습니다. 후반에는 공격 진영에서 많은 기회를 놓쳤으며, 킥이 날카롭지 못했습니다. 우리 모두가 한 몫 한 것은 사실입니다. 아프고, 너무 아프고, 아파해야 합니다. 선수들이 느꼈으면 좋겠고 그 느낌을 잊지 않았으면 좋겠습니다. 힘들긴 하지만, 우린 다시 반등할 것입니다(Smith, 2005).

2009년 첫 패배 이후 미시시피 주립대학의 Mullen 코치로부터 발췌한 것도 이 점을 잘 보여준다.

지난 주 저는 우리 선수들이 좋은 플레이를 할 수 있는 더 나은 포메이션을 구축하지 못한 코치진에게 실망했습니다. 잘한 적도 몇 번 있었고, 어떤 플레이는 좋았고, 어떤 플레이는 그렇지 못했지만, 그래도 경기 중 플레이를 하려면 더 좋은 위치에 있어야 했습니다. 우리는 아직 개선해야 할 것이 많습니다. 승리가 아니라면 용납되지 않지만, 전 "L-word"를 쓰는 게 싫습니다. 그것은 우리에게 받아들여지지 않으며, 정상에 오르지 못할 때 그것은 매우 실망스럽습니다(Mullen, 2009).

우리의 연구 결과는 실패 내러티브 내에 포함된 부정적인 감정적 내용이 상대적으로 낮거나 높은 수준의 부정적인 감정적 내용이 중간 수준보다

그림 8-4   부정적 감정내용과 후속 성과

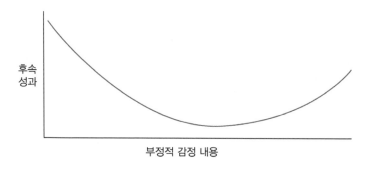

이후의 수행에 더 유익하다는 것을 보여준다. 이러한 실패 내러티브의 부정적인 감정 내용과 이후의 수행 사이의 U자형 관계를 나타낸 그래프는 <그림 8-4>에서 볼 수 있다.

8.2.3 긍정적 감정과 반등

실패 내러티브와 이후 성과의 관계에서 부정적인 감정의 역할을 이해하는 것이 중요하듯이 긍정적인 감정의 영향도 고려해야 한다. 이 장의 앞부분에서 언급했듯이, 긍정적인 감정은 "확장과 수립" 현상(Fredrickson, 1998, 2001)을 초래할 수 있으며, 업무 관련 과제(Lyubomirsky, King, and Diener, 2005)뿐만 아니라 기업가적인 과제(Cardon, Zietsma, Saparito, Matherne, and Davis, 2005; Cardon, Wincent, Singh, and Drnovsek, 2009)에서 개인의 수행능력 향상에 기여한다. 확장과 수립 원칙을 통해 정보 처리를 촉진함으로써, 긍정적인 감정이 개인의 추론과 의사결정 과정을 개선하는 것으로 나타났다(Lyubomirsky et al., 2005). 또한 그룹 수준에서도 유사한 효과가 발생하는 것으로 입증되었다(Fredrickson, 2003). 따라서 실패 내러티브의 긍정적인 감정 내용과 관련하여, 적당한 수준의 긍정적인 감정 내용을 포함시키는 것은 이후의 성과에 대한 개선을 가져올 수 있을 것이다.

긍정적인 감정이 성과를 향상시키는 것처럼 보이지만, 그들의 영향력이 항상 유익한 것은 아닐 수도 있다. 그 이면의 이유는 긍정적인 감정과 낙관주의 사이의 관계에 있다. 긍정적인 감정은 부정적인 사건 이후 낙관론의 수준을 높일 수 있다는 것을 선행의 연구결과는 시사하고 있다(Fredrickson et al., 2003). 낙관주의와 같은 긍정적인 감정은 개인(Isen, 2002)과 조직(Avey et al., 2008) 수준에서 부정적인 사건에 뒤이은 과제에서 성과를 향상시키는 것으로 나타났기 때문에 유용할 수 있다. 그러나 높은 수준의 낙관주의(즉, 지나친 낙관주의)는 형편없는 의사결정으로 이어질 수 있다(Hmieleski and Baron, 2008). 실제로 과잉 낙관주의는 기업가들 사이에서 아마도 가장 일반적으로 주목되는 편향이며(Baron, 2004), 기업가적 성과에 대한 그것의 부정적 영향은 잘 연구되어 있다(Lowe and Ziedonis, 2006). 과잉 낙관론의 위험은 변화와 개선의 필요성을 찾고 인식하는 능력 및 동기를 감소시키는 결과를 초래할 수 있다는 것이다. 변화의 필요성 및/또는 변화에 대해 어떤 것을 할 동기의 결여에 대하여 묵과하고 있는 것은 프로젝트 실패를 예방하는 데 필요한 학습과 변화와는 정반대의 태도이다. 지나친 낙관주의는 프로젝트 적응을 방해하거나 지연시킴으로써 프로젝트 실패를 더 쉽게 만들 수 있다. 그러므로 실패 사건에 대해 긍정적인 감정을 어느 정도 표현하는 것은 후속 성과에 이익을 줄 수 있지만, 실패 내러티브에 긍정적인 감정을 극단적으로 표현하는 것은 실제로 미래의 행동을 방해할 수 있다.

본 연구에서 나온 그러한 구절의 예로는 2005년 시즌의 첫 패배 이후 네브래스카의 Callahan 코치의 다음과 같은 회고이다.

오늘은 기회가 좀 있었지만, 살리지를 못했습니다. 저는 우리 선수들이 정말 자랑스럽습니다. 오늘 게임에는 많은 긍정적인 요소가 있습니다. 과정에서 도덕적 승리는 없지만, 저는 오늘 우리 팀이 싸운 방식이 정말 자랑스럽습니다. 이것을 즉시 풀어주는 것이 중요합니다. 그리고 우리 팀 선수들은 빠르게 적응하고 변화에 엄청난 집중력을 가지고 있다는 것이 중요합니다. 그리고 저는 우리 선수들이 수비할 때, 오늘 그들이 그들의 노력을 펼친 방법에서 명백하게 보여줬다고 생각합니다. 이 팀은 회복력이 뛰어난 축구팀이고, 자원이 풍부한 축구팀이며, 다음 주에 그들이 돌아올 것이라고 확신합니다(Callahan, 2005).

2008년 시즌의 첫 패배 이후 오클라호마 대학의 Stoops 코치로부터 받은 이 구절은 또한 극단적인 긍정적인 감정을 보여준다.

항상 그랬듯이, 지난 주 텍사스와의 경기를 돌이켜보면, 정말 힘든 경기라고 생각했습니다. 저는 우리 선수들의 노력이 매우 자랑스럽습니다. 두 축구팀은 정말 좋은 경기를 했는데, 제가 전에 말했듯이, 4쿼터에서 경기를 승리로 이끌기 위해 좋은 플레이를 펼친 텍사스팀에 경의를 표합니다. 좋은 경기의 부분에 대하여 말하자면, 양 팀이 좋은 플레이를 펼쳤다는 것입니다. 텍사스는 훌륭한 팀입니다. 그들은 계속 공격해왔고, 우리는 계속 버텨냈습니다 (Stops, 2008).

우리의 연구 결과는 실패 내러티브의 긍정적인 감정 내용과 후속 성과 사이의 제시된 거꾸로 된 U자 관계를 뒷받침하고 있는데, 여기서 중간 수준의 긍정적 감정 내용이 후속 성과에 미치는 영향과 관련하여 상대적으로 높거나 낮은 수준보다 더 유익하다는 것이다. 이 관계의 그래프는 <그림 8-5>에서 볼 수 있다.

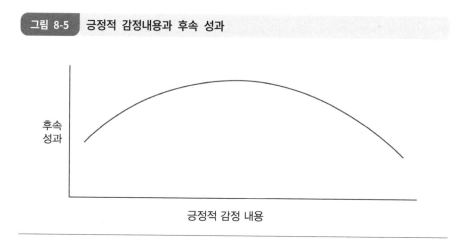

그림 8-5 긍정적 감정내용과 후속 성과

후속
성과

긍정적 감정 내용

• 8.3 **논의**

8.3.1 기업가정신, 실패 그리고 조직 내러티브를 위한 시사점

연구의 첫 번째 발견은 특히 과학 기반 조직과 관련하여 기업가정신 연구에 중요한 기여를 보여준다. 과학 기반 조직은 R&D 분야에서 높은 수준의 활동을 계속 유지하는 것이 필수적이다. 왜냐하면, 기술적 실현가능성은 기껏해야 타당성이 의심스럽고 터무니없이 높은 실패율에 직면한 혁신적 활동(예: R&D)이기 때문이다. 조직은 특정성과의 결과를 고려하여 내러티브의 내용을 변경한다는 것을 우리 연구진은 발견하였으며, 조직이 이러한 사건을 이해하려고 노력하며, 그러한 분석을 기업가적 및 혁신적 활동을 유지하는 데 도움이 될 수 있도록 적용하고 있음을 입증하였다. 더불어서, 실패율만으로는 내러티브의 부정적인 정서적 내용 수준과 관련하여 고려해야 할 중요한 요소는 아님을 발견하였으며, 따라서 우리 연구진은 모든 실패가 동일하게 만들어지지 않으며 실패 사태를 동질적이고 보편적으로 동일한 경험으로 간주해서는 안 된다는 것을 입증하였다.

또한 연구의 첫 번째 연구결과에서 제시하는 것은 실패와 동시에 긍정적인 성과 피드백이 발생하는 경우, 조직은 이와 같은 긍정적인 성과 측면을 전달하는 데 초점을 맞춘다는 것이다. 즉 본질적으로 프로젝트 실패에 집중되어지는 초점을 전환하려는 의도인 것이다. 이것은 조직 내러티브에 담긴 긍정적인 감정과 부정적인 감정적 내용 사이의 상호 작용이 실제로 복잡하다는 것을 암시한다. 조직은 내러티브 속에 담겨져 있는 이러한 요소들을 통합하는 것을 결정할 때 여러 가지 중요한 요소를 비교하여 고려해야 한다. 이는 특히 조직의 내러티브 내에서 전달되는 메시지가 조직이 과거 사건을 정확히 이해하고 의미를 부여하는 방법뿐만 아니라 미래의 행동을 규정하고 영향을 미치는 방법을 결정하는 데 영향을 미치기 때문에 중요한 것이다.

8.3.2 실패, 의미부여 및 후속 성과에 대한 시사점

우리의 두 번째 연구결과는 첫 번째 연구 결과를 확장한 것으로서, 실패 내러티브가 의미 부여에 수행하는 역할과 이러한 내러티브 안에 포함된 특정 요소가 후속 성과와 관련하여 반등하는 데 어떻게 영향을 미치는지를 조사하였다. 실패 내러티브의 EO 콘텐트와 후속 성과 사이의 제안된 U자형 관계를 뒷받침하는 증거와 관련하여, 우리는 이것이 EO-성과 관계에 대한 우리의 주장에 대한 강력한 지지를 나타낸다고 믿는다. 비교적 안정적이고 지속적인 특성으로 EO에 초점을 맞춘 대부분의 이전 연구와 달리, 우리의 연구는 훨씬 짧은 시간 동안 EO가 후속 성과와 어떻게 관련되는지 조사했다. 이러한 관점에서 볼 때, 우리의 연구결과는 효과적으로 빠르게 회복하기 위해, 보다 온건한 EO 전망보다는 상대적으로 높은 또는 낮은 EO 관점을 갖는 것이 더 유익할 수 있음을 시사하며, 근본적으로 당면한 상황에 따라 "진로를 유지"하거나 "배의 진로를 바로잡는" 기회가 가능하다는 것이다.

이 연구와 관련하여 두 번째 중요한 시사점은 부정적인 감정 내용과 그 이후의 성과 사이의 유사한 U자형 관계를 발견하는 데서 볼 수 있다. 부정적인 감정의 적당한 수준이 극도로 높거나 낮은 수준보다 더 이로운 것으로 통념적으로 간주되는 반면에, 우리의 연구결과는 정반대의 연구결과를 주장한다. 다시 한 번 설명하면, 이러한 결과가 측정되는 것은 비교적 짧은 종단 조사 시간과 관련이 있을 수 있다. 높은 수준의 부정적인 감정은 실패 사건에 대한 강박적인 반성으로 이어질 수 있고, 이는 장기간에 걸쳐 매우 해로운 것으로 판명될 수 있지만, 그러한 강박 관념은 개인과 조직이 단기적 성과에 대해 빨리 회복하도록 동기를 부여하는 데 실제로 도움이 될 수 있다. 따라서 우리의 결과는 높은 수준의 부정적 감정이 성과에 부정적인 영향을 미친다는 기존의 일반적인 생각을 반박하기보다는, 부정적인 감정이 실패에 대하여 미치는 영향은 단기 및 장기적 측면과 대비하여 볼 때 다를 수 있기 때문에 보완적인 관점을 제시하는 것이다.

마지막으로, 우리의 분석 결과는 긍정적인 감정의 영향에 관한 기존 문헌을 보완하고 확장한다. 우리는 긍정적인 감정이 후속 성과를 향상시킨다는 것을 발견했지만, 이 영향력은 특정 수준까지만 유효하며, 사실, 이 "최적수준"을 지나 더 증가하면 실제로 성과가 저하될 수 있다. 긍정적인 감정과 후속 성과 사이의 거꾸로 된 U자형 관계는 낮은 수준의 긍정적인 감정이 내러티브의 기초가 되는 인지 과정을 제한할 수 있다. 인지과정의 제한은 본질적으로 실패의 결과로 인한 변화 잠재성을 감소시키며, 반면 높은 수준의 긍정적인 감정은 경험적 편향(예를 들어, 지나치게 과장된 낙관주의)을 생성할 수 있다는 생각과 일치하며, 그것은 또한 성과향상을 저해할 수 있는 것이다. 결과적으로, 본 연구는 긍정적인 감정의 확장－수립 이론의 영향에 대한 잠재적 경계 조건의 증거를 제시하며, 긍정적인 감정의 높은 수준이 항상 더 유익하지는 않을 수 있음을 보여준다. 적어도 실패 내러티브의 감정 내용과 후속 성과와 관련하여 빠르게 반전을 도모하는 능력과 관련될 때는 더욱 그렇다.

• 8.4 결론

이 장 및 그 기초 연구(Wolfe and Shepherd, Press, 2015a)에서는 성과와 내러티브 내용 사이의 관계뿐만 아니라 내러티브 내용과 후속 성과 사이의 관계를 조사했다. 이전 연구는 내러티브가 의미부여 과정에서 수행하는 역할을 견고하게 확립했지만, 이 연구들은 주로 이 두 개념 사이의 이론적 관계에 관심을 가져왔다. 내러티브와 의미부여에 관한 풍부한 현존하는 이론적 작업을 보완하기 위해, 우리는 이 관계의 근본적인 메커니즘에 대한 더 깊은 이해를 발전시켰고 이 연구 영역에 대한 몇 가지 중요한 새로운 통찰력을 제시했다.

실패를 둘러싼 상황이 그 실패를 경험하고 이해하는 방법에 영향을 준다. 실패가 더 큰 포괄적인 성공의 맥락에서 경험될 때, 그것은 잠재적으로 해로운 것으로 해석되지 않으며, 결과적으로 조직 내러티브에서 전달되는 부정적인 감정 내용이 당연히 더 낮은 수준으로 이어질 것이다. 게다가, 실패에 대해 구성된 내러티브는 의미부여 과정에 중요한 역할을 하며 미래의 성공에 중요한 시사점을 갖는다. 특히, EO 콘텐츠뿐만 아니라 긍정적 및 부정적 정서 콘텐츠 모두 후속 성과와 성공에 유의적이지만 비선형적인 영향을 미치는 것으로 나타났다.

REFERENCES

Alvarez, B. 2005. *Northwestern University post-game press conference*. University of Wisconsin-Madison, 8th of October, 2005.

Alvarez, S. A. 2007. Entrepreneurial rents and the theory of the firm. *Journal of Business Venturing*, 22(3): 427-442.

Anderson, E. W., Fornell, C., & Lehmann, D. R. 1994. Customer satisfaction, market share, and profitability. Findings from Sweden. *The Journal of Marketing*, 58(3): 53-66.

Ashkanasy, N. M. & Tse, B. 2000. Transformational leadership as management of emotion. A conceptual review. In N. M. Ashkanasy & C. E. J. Hartel & W. J. Zerbe (Eds.), *Emotions in the workplace: research, theory, and practice.* 221-235. Westport, CT: Quorum Books.

AstraZeneca. 2004. *2004 Annual Report of AstraZeneca.* London.

AstraZeneca. 2006. *2006 Annual Report of AstraZeneca.* London.

AstraZeneca. 2007. *2007 Annual Report of AstraZeneca.* London.

Avey, J. B., Wernsing, T. S., & Luthans, F. 2008. Can positive employees help positive organizational change? Impact of psychological capital and emotions on relevant attitudes and behaviors. *The Journal of Applied Behavioral Science*, 44(1): 48-70.

Avey, J. B., Avolio, B. J., Crossley, C. D., & Luthans, F. 2009. Psychological ownership: theoretical extensions, measurement and relation to work outcomes. *Journal of Organizational Behavior*, 30(2): 173-191.

Balogun, J. & Johnson, G. 2004. Organizational restructuring and middle manager sensemaking. *Academy of Management Journal*, 47(4): 523-549.

Bandura, A. 1986. *Social foundations of thought and action: A social cognitive theory.* Englewood Cliffs, NJ: Prentice-Hall.

Bar-Tal, D. 2001. Why does fear override hope in societies engulfed by intractable conflict, as it does in the Israeli society? *Political Psychology*, 22(3): 601−627.

Bar−Tal, D., Halperin, E., & De Rivera, J. 2007. Collective emotions in conflict situations: Societal implications. *Journal of Social Issues*, 63(2): 441−460.

Baron, R. A. 2004. The cognitive perspective: A valuable tool for answering entrepreneurship"s basic "why" questions. *Journal of Business Venturing*, 19(2): 221−239.

Barry, D. & Elmes, M. 1997. Strategy retold: Toward a narrative view of strategic discourse. *Academy of Management Review*, 22(2): 429−452.

Barsade, S. G. 2002. The ripple effect: Emotional contagion and its influence on group behavior. *Administrative Science Quarterly*, 47(4): 644−675.

Bartel, C. A. & Garud, R. 2009. The role of narratives in sustaining organizational innovation. *Organization Science*, 20: 107−117.

Belschak, F. D. & Hartog, D. N. D. 2009. Consequences of positive and negative feedback: The impact on emotions and extra−role behaviors. *Applied Psychology*, 58(2): 274−303.

Bless, H., Bohner, G., Schwarz, N., & Strack, F. 1990. Mood and persuasion: A cognitive response analysis. *Personality and Social Psychology Bulletin*, 16(2): 331−345.

Boje, D. M. 1994. Organizational storytelling. *Management Learning*, 25(3): 433−461.

Bolton, M. K. 1993. Organizational innovation and substandard performance: When is necessity the mother of innovation? *Organization Science*, 4(1): 57−75.

Borders, A., Earleywine, M., & Jajodia, A. 2010. Could mindfulness decrease anger, hostility, and aggression by decreasing rumination? *Aggressive Behavior*, 36: 28−44.

Bristol−Meyrs Squibb. 2005. *2005 Annual Report of Bristol−Meyrs Squibb*. New York.

Brown, A. D., Stacey, P., & Nandhakumar, J. 2008. Making sense of sensemaking narratives. *Human Relations*, 61(8): 1035−1062.

Brown, S. L. & Eisenhardt, K. M. 1997. The Art of Continuous Change: Linking

Complexity Theory and Time—Paced Evolution in Relentlessly Shifting Organizations. *Administrative Science Quarterly*, 42(1): 1—34.

Callahan, B. 2005. T*exas Tech University post—game press conference*. University of Nebraska, 8th of October, 2005.

Cannon, D. R. 1999. Cause or control? The temporal dimension in failure sensemaking. *The Journal of Applied Behavioral Science*, 35(4): 416—438.

Cannon, M. D. & Edmondson, A. C. 2001. Confronting failure: antecedents and consequences of shared beliefs about failure in organizational work groups. *Journal of Organizational Behavior*, 22(2): 161—177.

Cardon, M. S., Zietsma, C., Saparito, P., Matherne, B. P., & Davis, C. 2005. A tale of passion: New insights into entrepreneurship from a parenthood metaphor. *Journal of Business Venturing*, 20(1): 23—45.

Cardon, M. S., Wincent, J., Singh, J., & Drnovsek, M. 2009. The nature and experience of entrepreneurial passion. *Academy of Management Review*, 34: 511—532.

Cervone, D., Kopp, D. A., Schaumann, L., & Scott, W. D. 1994. Mood, self—efficacy, and performance standards: Lower moods induce higher standards for performance. *Journal of Personality and Social Psychology*, 67(3): 499—512.

Chuang, Y.—T. & Baum, J. A. C. 2003. It's all in the name: Failure—induced learning by multiunit chains. *Administrative Science Quarterly*, 48(1): 33—59.

Corbett, A. C., Neck, H. M., & DeTienne, D. R. 2007. How corporate entrepreneurs learn from fledgling innovation initiatives: Cognition and the development of a termination script. *Entrepreneurship Theory and Practice*, 31(6): 829—852.

Covin, J. G. & Slevin, D. 1989. Strategic management of small firms in hostile and benign environments. *Strategic Management Journal*, 10: 75—87.

Covin, J. G. & Slevin, D. 1991. A conceptual model of entrepreneurship as firm behavior. *Entrepreneurship Theory and Practice*, 16: 7—25.

Covin, J. G. & Miles, M. P. 1999. Corporate entrepreneurship and the pursuit of competitive advantage. *Entrepreneurship Theory and Practice*, 23(3): 47—63.

Covin, J. G., Green, K. M., & Slevin, D. P. 2006. Strategic process effects on the entrepreneurial orientation−sales growth rate relationship. *Entrepreneurship Theory and Practice*, 30: 57−81.

Czarniawska, B. 1998. *A narrative approach to organizational studies.* Thousand Oaks, CA: Sage.

Dasborough, M. T., Ashkanasy, N. M., Tee, E. Y. J., & Tse, H. H. M. 2009. What goes around comes around: How meso−level negative emotional contagion can ultimately determine organizational attitudes toward leaders. *The Leadership Quarterly*, 20(4): 571−585.

Deeds, D. L., DeCarolis, D., & Coombs, J. 2000. Dynamic capabilities and new product development in high technology ventures: An empirical analysis of new biotechnology firms. *Journal of Business Venturing*, 15(3): 211−229.

Del Monte, A. & Papagni, E. 2003. R&D and the growth of firms: Empirical analysis of a panel of Italian firms. *Research Policy*, 32(6): 1003−1014.

Diener, E. & Emmons, R. A. 1984. The independence of positive and negative affect. *Journal of Personality and Social Psychology*, 47(5): 1105−1117.

Diener, E., Larsen, R. J., Levine, S., & Emmons, R. A. 1985. Intensity and frequency: Dimensions underlying positive and negative affect. *Journal of Personality and Social Psychology*, 48(5): 1253−1265.

DiMasi, J. A. 2001. Risks in new drug development: Approval success rates for investigational drugs. *Clinical Pharmacology & Therapeutics*, 69: 297−307.

DiMasi, J. A., Hansen, R. W., & Grabowski, H. G. 2003. The price of innovation: New estimates of drug development costs. *Journal of Health Economics*, 22(2): 151−185.

Druskat, V. U. & Wolff, S. B. 2001. Group emotional intelligence and its influence on group effectiveness. In C. Cherniss & D. Goleman (Eds.), *The emotionally intelligent workplace*: 132−155. San Francisco, CA: Jossey−Bass.

Dunford, R. & Jones, D. 2000. Narrative in strategic change. *Human Relations*, 53(9): 1207−1226.

Dutton, J. E., Worline, M. C., Frost, P. J., & Lilius, J. 2006. Explaining compassion organizing. *Administrative Science Quarterly*, 51(1): 59−96.

Eli Lilly. 2003. *2003 Annual Report of Eli Lilly.* Indianapolis, IN.

Fiol, C. M. 1989. A semiotic analysis of corporate language: Organizational boundaries and joint venturing. *Administrative Science Quarterly*, 34(2): 277−303.

Fischer, A. H. & Manstead, A. S. R. 2008. The social functions of emtions. In M. Lewis & J. Haviland−Jones & L. F. Barrett (Eds.), *Handbook of emotions*, 3rd ed.: 456−468. New York: Guilford Press.

Fredrickson, B. L. 1998. What good are positive emotions? *Review of General Psychology*, 2(3): 300−319.

Fredrickson, B. L., Mancuso, R. A., Branigan, C., & Tugade, M. M. 2000. The undoing effect of positive emotions. *Motivation and Emotion*, 24(4): 237−258.

Fredrickson, B. L. 2001. The role of positive emotions in positive psychology: The broaden−and−build theory of positive emotions. *American Psychologist*, 56(3): 218−226.

Fredrickson, B. L. 2003. Positive emotions and upward spirals in organizations. In K. S. Cameron & J. E. Dutton & R. E. Quinn (Eds.), *Positive organizational scholarship: Foundations of a new scholarship*: 163−175. San Francisco: Berrett−Kohler.

Fredrickson, B. L., Tugade, M. M., Waugh, C. E., & Larkin, G. R. 2003. What good are positive emotions in crisis? A prospective study of resilience and emotions following the terrorist attacks on the United States on September 11th, 2001. *Journal of Personality and Social Psychology*, 84(2): 365−376.

Freel, M. S. 2005. Perceived environmental uncertainty and innovation in small firms. *Small Business Economics*, 25(1): 49−64.

Gabriel, Y. 2000. Storytelling in organizations: *Facts, Fictions, and Fantasies*. Oxford: Oxford University Press.

Garud, R., Dunbar, R. L. M., & Bartel, C. A. 2011. Dealing with unusual experiences: A narrative perspective on organizational learning. *Organization Science*, 22(3): 587−601.

Genzyme. 2008. *2008 Annual Report of Genzyme*. Cambridge, MA.

George, J. M. & Brief, A. P. 1992. Feeling good−doing good: A conceptual analysis of the mood at work−organizational spontaneity relationship. *Psychological Bulletin*, 112(2): 310−329.

George, J. M. 1995. Leader positive mood and group performance: The case of customer service. *Journal of Applied Social Psychology*, 25(9): 778−794.

Gioia, D. A., Thomas, J. B., Clark, S. M., & Chittipeddi, K. 1994. Symbolism and strategic change in academia: The dynamics of sensemaking and influence. *Organization Science*, 5(3): 363−383.

GlaxoSmithKline. 2007. *2007 Annual Report of GlaxoSmithKline*. London.

Goss, D. 2005. Schumpeter's legacy? Interaction and emotions in the sociology of entrepreneurship. *Entrepreneurship Theory and Practice*, 29: 205−218.

Gray, J. R. 2004. Integration of emotion and cognitive control. Current *Directions in Psychological Science*, 13(2): 46−48.

Greve, H. R. 2002. Sticky aspirations: Organizational time perspective and competitiveness. *Organization Science*, 13(1): 1−17.

Grinyer, P. & McKiernan, P. 1990. Generating major strategic change in stagnating companies. *Strategic Management Journal*, 11: 131−146.

Hart, S. L. 1992. An integrative framework for strategy−making processes. *Academy of Management Review*, 17(2): 327−351.

Hatfield, D. E., Cacioppo, J. T., & Rapson, R. L. 1994. *Emotional Contagion*. Cambridge, England: Cambridge University Press.

Hatfield, E., Cacioppo, J. T., & Rapson, R. L. 1992. Primitive emotional contagion. In M. S. Clark (Ed.), *Review of Personality and Social Psychology: Vol. 14. Emotions and Social Behavior*: 151−177. Newbury Park, CA: Sage.

Hayward, M. L. A., Forster, W. R., Sarasvathy, S. D., & Fredrickson, B. L. 2009. Beyond hubris: How highly confident entrepreneurs rebound to venture again. *Journal of Business Venturing*, 25(6): 569−578.

Hmieleski, K. M. & Baron, R. A. 2008. When does entrepreneurial self−efficacy enhance versus reduce firm performance? *Strategic Entrepreneurship Journal*, 2(1): 57−72.

Hornsby, J. S., Kuratko, D. F., Shepherd, D. A., & Bott, J. P. 2009. Managers' corporate entrepreneurial actions: Examining perception and position. *Journal of Business Venturing*, 24(3): 236−247.

Huy, Q. N. 1999. Emotional capability, emotional intelligence, and radical change. *Academy of Management Review*, 24(2): 325−345.

Iacovoc, C. L. & Dexter, A. S. 2005. Surviving IT project cancellations.

Communications of the ACM, 48(4): 83−86.

Isen, A. M. 2002. Missing in action in the AIM: Positive affect's facilitation of cognitive flexibility, innovation, and problem solving. *Psychological Inquiry*, 13(1): 57−65.

Kelly, J. R. & Barsade, S. G. 2001. Mood and emotions in small groups and work teams. *Organizational Behavior and Human Decision Processes*, 86(1): 99−130.

Khandawalla, P. N. 1977. *The design of organizations*. New York: Harcourt Brace Jovanovich.

Kreiser, P. M., Marino, L. D., Kuratko, D. F., & Weaver, M. K. 2013. Disaggregating entrepreneurial orientation: The non−linear impact of innovativeness, proactiveness and risk−taking on SME performance. *Small Business Economics*, 40(2): 273−291.

Kross, E., Ayduk, O., & Mischel, W. 2005. When asking "why" does not hurt distinguishing rumination from reflective processing of negative emotions. *Psychological Science*, 16(9): 709−715.

Lant, T. K., Milliken, F. J., & Batra, B. 1992. The role of managerial learning and interpretation in strategic persistence and reorientation: An empirical exploration. *Strategic Management Journal*, 13(8): 585−608.

Li, H. & Atuahene−Gima, K. 2001. Product innovation strategy and the performance of new technology ventures in china. *Academy of Management Journal*, 44(6): 1123−1134.

Lindsley, D. H., Brass, D. J., & Thomas, J. B. 1995. Efficacy−performance spirals: A multilevel perspective. *Academy of Management Review*, 20(3): 645−678.

Lowe, R. A. & Ziedonis, A. A. 2006. Overoptimism and the performance of entrepreneurial firms. *Management Science*, 52(2): 173−186.

Lumpkin, G. T. & Dess, G. G. 1996. Clarifying the entrepreneurial orientation construct and linking it to performance. *Academy of Management Review*, 21(1): 135−172.

Lumpkin, G. T. & Dess, G. G. 2001. Linking two dimensions of entrepreneurial orientation to firm performance: The moderating role of environment and industry life cycle. *Journal of Business Venturing*, 16(5): 429−451.

Luscher, L. S. & Lewis, M. W. 2008. Organizational change and managerial sensemaking: Working through paradox. *Academy of Management Journal*, 51(2): 221−240.

Lynch, B. 2006. *Southern Illinois post−game press conference*. Indiana University, 19th of October, 2006.

Lyubomirsky, S. & Nolen−Hoeksema, S. 1995. Effects of self−focused rumination on negative thinking and interpersonal problem solving. *Journal of Personality and Social Psychology*, 69(1): 176−190.

Lyubomirsky, S., King, L., & Diener, E. 2005. The benefits of frequent positive affect: Does happiness lead to success? *Psychological Bulletin*, 131(6): 803−855.

March, J. G. 1991. Exploration and exploitation in organizational learning. *Organization Science*, 2(1): 71−87.

McGrath, R. 1999. Falling forward: Real options reasoning and entrepreneurial failure. *Academy of Management Review*, 24: 13−30.

Mills, J. H. 2003. *Making sense of organizational change*. London, UK: Routledge.

Minniti, M. & Bygrave, W. 2001. A dynamic model of entrepreneurial learning. *Entrepreneurship Theory and Practice*, 25(3): 5−17.

Morrison, E. W. & Milliken, F. J. 2000. Organizational silence: A barrier to change and development in a pluralistic world. *Academy of Management Review*, 25(4): 706−725.

Mullen, D. 2009. *Anburn University post−game press conference*. Mississippi State University, 12th of October, 2009.

Nadler, D. A. 1979. The effects of feedback on task group behavior: A review of the experimental research. *Organizational Behavior and Human Performance*, 23(3): 309−338.

Napier, N. K. & Nilsson, M. 2006. The development of creative capabilities in and out of creative organizations: Three case studies. *Creativity and Innovation Management*, 15(3): 268−278.

Ocasio, W. 1997. Towards an attention−based view of the firm. *Strategic Management Journal*, 18: 187−206.

Ocasio, W. 2011. Attention to attention. *Organization Science*, 22(5): 1286−1296.

Orbuch, T. L. 1997. People's accounts count: The sociology of accounts. *Annual Review of Sociology*, 23: 455.

Orr, J. 1995. *Talking about machines: An ethnography of a modern job*. Ithaca, NY: ILR Press.

Pierce, J. L., Kostova, T., & Dirks, K. T. 2001. Toward a theory of psychological ownership in organizations. *Academy of Management Review*, 26(2): 298−310.

Pisano, G. P. 2010. The evolution of science−based business: Innovating how we innovate. *Industrial and Corporate Change*, 19(2): 465−482.

Popper, M. & Lipshitz, R. 2000. Organizational learning. *Management Learning*, 31(2): 181−196.

Quinn, R. W. & Worline, M. C. 2008. Enabling courageous collective action: Conversations from United Airlines Flight 93. *Organization Science*, 19: 497−516.

Ratten, V. 2010. Developing a theory of sport−based entrepreneurship. *Journal of Management & Organization*, 16(4): 557−565.

Ratten, V. 2011. Sport−based entrepreneurship: Towards a new theory of entrepreneurship and sport management. *International Entrepreneurship and Management Journal*, 7(1): 57−69.

Rauch, A., Wiklund, J., Lumpkin, G. T., & Frese, M. 2009. Entrepreneurial orientation and business performance: An assessment of past research and suggestions for the future. *Entrepreneurship Theory and Practice*, 33(3): 761−787.

Roche. 2006. *2006 Annual Report of Roche*. New York.

Roof, T. 2006. *University of Richmond post−game press conference*: 2nd of September, 2006: Duke University.

Rosenbusch, N., Brinckmann, J., & Bausch, A. 2011. Is innovation always beneficial? A meta−analysis of the relationship between innovation and performance in SMEs. *Journal of Business Venturing*, 26(4): 441−457.

Rude, S. S., Maestas, K. L., & Neff, K. 2007. Paying attention to distress: What's wrong with rumination? *Cognition & Emotion*, 21(4): 843−864.

Salanova, M., Llorens, S., Cifre, E., Martínez, I. M., & Schaufeli, W. B. 2003.

Perceived collective efficacy, subjective well−being and task performance among electronic work groups: An experimental study. *Small Group Research*, 34(1): 43−73.

Scherer, F. M. 2001. The link between gross profitability And pharmaceutical R&D spending. *Health Affairs*, 20(5): 216−220.

Schwarz, N. 1990. Feelings as information: Informational and affective functions of affective states. In E. T. Higgins & R. M. Sorrentino (Eds.), *Handbook of motivation and cognition: Foundations of social behavior*, Vol. 2: 527−561. New York: Guilford.

Sekerka, L. E. & Fredrickson, B. L. 2008. Establishing positive emotional climates to advance organizational transformation. In N. M. Ashkanasy & C. L. Cooper (Eds.), *Research companion to emotion in organization*: 531−545. Cheltenham, UK: Edward Elgar Publishing.

Shepherd, D. A. 2009. Grief recovery from the loss of a family business: A multi− and meso−level theory. *Journal of Business Venturing*, 24(1): 81−97.

Shepherd, D. A., Covin, J. G., & Kuratko, D. F. 2009a. Project failure from corporate entrepreneurship: Managing the grief process. *Journal of Business Venturing*, 24(6): 588−600.

Shepherd, D. A., Wiklund, J., & Haynie, J. M. 2009b. Moving forward: Balancing the financial and emotional costs of business failure. *Journal of Business Venturing*, 24(2): 134−148.

Shepherd, D. A., Patzelt, H., & Wolfe, M. 2011. Moving forward from project failure: Negative emotions, affective commitment, and learning from the experience. *Academy of Management Journal*, 54(6): 1229−1259.

Short, J. C., Broberg, J. C., Cogliser, C. C., & Brigham, K. H. 2010. Construct validation using Computer−Aided Text Analysis (CATA). *Organizational Research Methods*, 13(2): 320−347.

Sinclair, R. R., Tucker, J. S., Cullen, J. C., & Wright, C. 2005. Performance differences among four organizational commitment profiles. *Journal of Applied Psychology*, 90(6): 1280−1287.

Smith, J. 2006. *University of Michigan post−game press conference*: Michigan State University,

Sperber, M. 2004. College sports, inc. In D. G. Stein (Ed.), *Buying in or selling out?: The commercialization of the american research university.* 17. Piscataway, NJ: Rutgers University Press.

Spurrier, S. 2006. *University of Georgia post−game press conference.* University of South Carolina, 9th of September, 2006.

Stanton, P., Stanton, J., & Pires, G. 2004. Impressions of an annual report: An experimental study. *Corporate Communications: An International Journal,* 9(1): 57−69.

Stephan, W. G. & Stephan, C. W. 2000. An integrated theory of prejudice. In S. Oskamp (Ed.), *Reducing prejudice and discrimination:* 225−246. Hillsdale, NJ: Erlbaum.

Stoops, R. 2008. *University of Texas post−game press conference.* Oklahoma University. 11th of October, 2008.

Tugade, M. M. & Fredrickson, B. L. 2004. Resilient individuals use positive emotions to bounce back from negative emotional experiences. *Journal of Personality and Social Psychology,* 86(2): 320−333.

Vaara, E. 2002. On the discursive construction of success/failure in narratives of post−merger integration. *Organization Studies,* 23: 211−248.

Weick, K. E. 1995. *Sensemaking in organizations.* London: Sage.

Weick, K. E., Sutcliffe, K. M., & Obstfeld, D. 1999. Organizing for high reliability: Processes of collective mindfulness. *Research in Organizational Behavior,* 21: 81−123.

Weick, K. E., Sutcliffe, K. M., & Obstfeld, D. 2005. Organizing and the process of sensemaking. *Organization Science,* 16(4): 409−421.

Wiklund, J. & Shepherd, D. A. 2011. Where to from here? EO−as− experimentation, failure, and distribution of outcomes. *Entrepreneurship Theory and Practice,* 35(5): 925−946.

Wolfe, M. T. & Shepherd, D. A. in press. What do you have to say about that? Performance events and narratives' positive and negative emotional content. *Entrepreneurship Theory and Practice,* 39(4): 895−925.

Wolfe, M. T. & Shepherd, D. A. 2015k. "Bouncing back" from a loss: Entrepreneurial orientation, emotions, and failure narratives. *Entrepreneurship*

Theory and Practice, 39: 675—700.

Zahra, S. A. & Garvis, D. M. 2000. International corporate entrepreneurship and firm performance: The moderating effect of international environmental hostility. *Journal of Business Venturing*, 15(5-6): 469—492.

실패경험으로부터 더 많이 학습하기 위하여 무엇을 할 수 있는가?

기업가적인 행동(entrepreneurial action)은 *de novo*(새로운 조직의 시작 : the creation of a new organization), 그리고 *de alio*(기존 조직에서 새로운 벤처 사업의 시작 : the creation of a new venture within an established organization)의 배경에서 발생한다. 이러한 두 가지 배경 속에서 탄생하는 기업가적 행동의 공통점은 기회라고 믿는 것을 탐구(exploiting)해 보려는 동기(modes)이다. 우리는 기회 믿음(opportunity belief) 혹은 잠재 기회(potential opportunity)라고 부르는데, 왜냐하면 기회라는 것의 특징과 매력의 상징은 높은 수준의 불확실성에 처해 있기 때문이다. 기회 믿음이 정확한지의 여부에 대하여 확실성을 가지고 말하는 것은 불가능하다. 오로지 잠재적 기회를 탐구한 시도 후에나 알 수 있기 때문이다. 이와 같이 고도의 불확실성이 주어진 조건에서는, 기업가적 행위자들은 때때로(아마도 빈번하게) 일이 잘못돼 가고 있으며(get it wrong), 결국 그들의 기업가적 모험은 실패라는 것을 알게 될 것이다. 기회 믿음, 불확실성 그리고 실패는 매우 밀접하게 연관되어 있기 때문에, 이 책은 이러한 상호관계성을 분석하는 것이다. 우리는 이 마지막 장에서, 각 장을 뒷받침하는 다양한 사회과학 연구로부터 배운 것을 음미하고 몇 가지 실질적인 시사점을 제시한다.

　기업가적인 기회가 주는 매력의 불확실성을 감안한다면, 기업가적인 행동은 성공이라는 측면에서 보면 넓은 범주의 다양한 성과를 창출한다. 예를 들면, 기업가적인 조직은 그렇지 못한 조직에 비하여 새롭고 모험적인 사업을 추구하며, 그것은 다양한 차원에서의 결과(성공이 큰 반면 실패도 클 수 있음)를 창출할 것이다. 이것이 중요한 이유는, 기업가적인 행위(개인이든 기업이든)는 긍정적인 측면에서 편익을 초래할 수 있으며, 이것이 부정적인 비용을 어느 정도 최소화 할 수 있으며, 이것이 전반적인 성과에 긍정적인 영향을 가질 수 있기 때문이다. 많은 저서들은 기업가적인 활동의 긍정적인 측면을 강조하고 자산화하는 방법을 제시하는 반면에, 기업가적 행동의 부정적 비용(downside costs)을 최소화하는 방법에 대하여는 외면하고 있다. 이것이 우리가 실패를 연구한 이유이며, 이 책을 저술한 이유이다. 이 책은 잘못 되어가는 기업가적 행동의 비용을 감소시키기 위하여 실패를 관리하는 방법에 대한 실질적인 조언을 제공하였고, 그래서 전반적으로 기업가적 행위자들의 성과를 제고하는데 도움이 될 것으로 기대한다.

　이하에서는 각 장에서 얻은 지식으로부터 실질적인 시사점을 제시한다. 구체적으로, 다양한 수준에서 - 독립적인 조직을 창조하는 개인, 기존 조직 내에서 기업가적인 프로젝트 수행하는 팀원, 기업가적인 조직 수준 - 실패에 대응하는 차이를 살펴볼 것이다. 이 책의 많은 실제적인 시사점은 이러한 모든 기업가적 행위자들에게 유사한 방식으로 적용된다. 그러나 적용하다보면 행위자 수준 간에 차이점과 심지어는 경합적 이해관계가 있을 수 있다. 이제 우리는 이러한 함축적인 의미에 눈을 돌리고자 한다.

사람은 중요한 무언가를 상실하였기 때문에 슬픔을 느낀다(제2장)

　이 책의 기본적이고 근본적인 전제는 실패는 부정적인 감정적 반응을 일으킬 수 있고, 이러한 부정적인 감정 반응은 실패의 비용을 악화시킬 수 있다는 것이다. 비록 우리는 이러한 비용이 어떻게 더 빨리 감소할 수 있는지를 탐구하지만, 이러한 부정적인 감정 반응을 일으키는 것에 대한 우리의 이해의 함의를 분석하는 것 또한 중요하다. 기업가적인 노력의 실패로 인한 부정적인 감정 반응은 중요한 것을 잃음으로써 발생한다. 이 연구결과의 함축적 의미는 기업가적인 행위자들이 새로운 도전의 실패에 대해 슬픔을 느끼지만, 왜 그들이 이렇게 느끼는지 이해하지 못할 수도 있다는 것이다. 그들의 감정에 대한 이해 부족은 추가적인 불안과 다른 부정적인 감정을 만들어내기 때문에 해결책을 찾기가 어렵다.

● 2.1 프로젝트는 심리적 욕구 충족 정도만큼 중요하다.

　　새로운 도전(venture)은 행위자들의 심리적 욕구, 즉 유능감, 소속감 그리고 자율성을 만족시킬 수 있다. 이처럼 새로운 도전은 행위자의 심리적 측면에서 중요하기 때문에, 기업가적인 도전을 감행하는 개인들은 종종 그들의 새로운 도전적인 사업에 상당한 정도로 개인적 투자를 한다. 이러한 투자(대체로 비재무적 투자로 시간, 에너지, 감정적 몰입 등)는 새로운 사업 성공을 성취하기 위한 도전에서 직면하는 장애물을 극복하는 데 중요하다. 새로운 도전이 참여하고 있는 사람들의 심리적 욕구를 충족시키는 데 주요한 역할을 하는 것을 고려한다면, 그들이 어떤 사업을 추진해야 하는지 또는 어떤 사업에 배정되어야 하는가에 대해 생각해봐야 할 만한 시사점이 있다. 이상적으로는, 그들의 근본적인 심리적 욕구를 최선으로 충족시키는 사업에 자신들의 기업가적 활동을 집중해야 한다. 새로운 도전에서 개인적 욕구가 충족된다면, 그 사람은 도전을 극복하는 데 더 끈질기게 노력할 수도 있으며, 따라서 궁극적으로 성공을 거둘 것이며, 필요로 하는 곳에 필요한 투자를 하는 것이 되는 것이다.

　　기존의 기업가적인 기업 맥락(배경)에서는, 관리자들은 (실패한) 조직구성원들을 위하여 그들의 유능감·소속감 및 자율성에 대한 심리적 욕구를 충족시키는 데 도움이 되는 프로젝트를 설계하거나 선택할 수 있다. 즉, 모든 사람은 이러한 욕구를 가지고 있지만, 각 욕구의 강도는 사람마다 다를 수 있다. 예를 들면, 유능함에 대한 욕구가 소속감이나 자율성에 대한 욕구보다 더 강한 사람이 있는 반면에, 당연히 다른 경우도 있다. 따라서 새로운 사업 도전(ventures)과 기업 환경의 배경을 전제로, 도전을 통하여 개인들의 심리적 욕구를 충족시켜 준다는 것은 한편으로 벤처 성공에 대하여 동기를 부여하는 동시에 다른 한편으로는 실패에 따른 슬픔에 관련된 심리적 욕구를 극복하는 것과 관련 있는 것이다. 따라서 여기에서는 제2장에서 설명한 세 가지 다른 심리적 욕구에 대한 슬픔관리(grief–management)를 위한 시사점을 논의할 것이다.

2.1.1 유능함에 대한 심리적 욕구 관리와 슬픔 감소

사람은 자신들의 능력에 맞는 프로젝트나 업무 배치 혹은 기업가적인 도전을 가치 있게 여긴다. 따라서 관리자는 구성원들에게 프로젝트를 맡길 때 그들의 현재 기술과 지식 그리고 경험에 맞게 그리고 현재의 기술을 발전시키는 기회와 그래서 결국 한 단계 성장하는 기회를 갖게 하는 것이 중요하다. 이와 같은 조직은 체계적인 접근방법–개별 구성원들의 능력을 알고 업무배당이나 활동을 그러한 특정 기술 수준과 연계시키는 것–을 발전시키는 것이 중요하다. 그렇게 함으로써, 관리자들은 조직 구성원들의 역량을 향상하고 동기를 부여할 수 있으며, 그래서 결국 개인들이 온전히 업무에 몰입하는 기회를 제고하며, 결과적으로 해당 프로젝트를 성공시키는 것이다. 마찬가지로, 독립적인 새로운 기업을 창업하려는 기업가는 자신이나 창업 팀이 보유한 일종의 기술, 지식 및 경험이 기회를 추구하는 데 도움이 될 수 있어야 한다. 이러한 논리는 언뜻 당연해 보이지만, 기업가가 두 가지 잠재적인 기회에 직면하여, 즉 자신의 능력과 덜 관련이 있는 대안(기회)에 비해 예상되는 성장폭이 낮음에도 불구하고 자신의 능력에 "적합한" 기회 중에서 어느 하나를 결정하여야 할 때 의미가 더 명확해진다. 특히, 잠재적으로 자신의 능력 수준을 잘못 파악하여 보유하지 않은 기술이나 경험을 요구하는 사업에 자원을 투자하는 사람들에게 그 시사점은 중요하다.

유능감이라는 심리적 욕구를 충족시키는 업무를 찾는 것이 유용하겠지만, 이러한 욕구는 새로운 기술, 지식과 경험을 제고하거나 구축하는 업무로까지 확대한다. 다시 말하면, 단순히 현재 역량 수준에 맞는 업무보다 현재의 역량을 발전시키거나 혹은 현재 역량을 토대로 개인을 밀어붙이는 업무가 사람의 심리적 만족감(psychological benefit)을 더 크게 제공한다. 조직 구성원들 중에는 자신들의 경력이나 자아 자체의 성장의 기회를 제공하는 벤처업무에 배당받는 것을 감사하게 여긴다. 조직 구성원들이 자신들의 현재 역량을 활용하기를 원하고 또한 새로운 역량 개발을 원한다는 것을 관리자들이 안다는 것은, 관리자들이 새로운 벤처를 디자인하거나 다양한 기업가적 프로젝트에 직원들을 배당하는 데 중요한 시사점이다. 유사하게, 기업가들도 새로운 기회를 추구하는데 열심이지만, 그러한 기회의 탐색(exploitation)이 현재의 기술이나 지식 그리고 경험에 의존한다면, 어떤 기업가들은 성장의 기회가 없다–몰아 부치는 느낌도 없고 그래서 새로운 역량을 개발할 기회가 없다–고 느끼기 때문에 그러한 벤처(도전)에는 싫증을 느끼게 되는 것이다. 그러므로 유능감이라는 심리적 욕구를 최선으로 만족시키는 방법을 안다는 것이 중요하다.

일반적으로 유능감이라는 욕구를 고려하여 개별 프로젝트를 관리하는 것도 중요하지만, 관리자가 슬픔을 줄이고 학습을 장려하여야 하는 실패의 맥락에서는 더욱 현실적인 문제가 된다. 즉 실패라는 사태는 자신의 유능함 수준에 대하여 의문을 제기하는 것이며, 따라서 자신의 역량 혹은 유능성을 성장케 하는 기회로 인식할 수도 있는 것이다. 따라서 프로젝트 실패 자체는 프로젝트 팀원들의 유능함에 대한 욕구를 충족시키는 데 도움이 될 수 있다. 다시 말하면, 프로젝트의 실패는 팀 구성원들의 프로젝트 직무 수행 능력이 반영된 것이지만, 심리적 욕구를 충족시키는 것은 단순히 개인의 현재 역량을 이용하는 것을 넘어 역량 개발을 수반할 수도 있다. 따라서 팀원들이 프로젝트 실패로부터 많은 것을 배울 수 있었다고 느낀다면, 부족함(실패)에 대한 초기 감정은 경험에서 얻은 새로운 역량향상에 의해 다소 상쇄될 수 있다. 따라서 관리자는 팀원들이 실패 경험으로부터 학습하고, 이러한 학습의 결과로 그들의 역량을 더욱 개발하고 조직에 더 유용하게 활용되는 방식으로 강화한다면, 팀원들은 부정적인 감정 반응을 줄이고 결국 팀원들이 다음 프로젝트를 위해 더 잘 준비할 수 있게 되는 것이다.

2.1.2 소속감에 대한 심리적 욕구 관리 및 슬픔 감소

팀원과 관리자들은 조직과 프로젝트 팀 그리고 구성원들 사이에 "맞는다는 느낌"(a sense of fit)을 구축하는 것에 관심이 있다. 개인들이 조직구조에 맞는 느낌을 갖게 되면, 성과창출에 긍정적으로 영향을 끼치는 소속감(sense of belongingness)을 가지게 되는 것이다. 소속감에 대한 심리적 욕구를 충족시키기 위하여 관리자들은 프로젝트에 적합한 직원을 선택하고, 그 개별 구성원들이 팀의 일원 – 그들은 프로젝트와 프로젝트에서 일하는 개인들의 집합을 동일시한다 – 이라는 것을 느끼도록 환경을 조성한다. 프로젝트를 통하여 팀원들이 소속감에 대한 심리적 욕구를 충족하는 것이라면, 그 프로젝트는 그들에게 더욱 중요한 것이 되는 것이다. 팀원들은 더 많은 몰입을 할 것이고, 따라서 과업 성공의 가능성이 높아지며, 따라서 개인들의 팀에 대한 일체감은 더욱 증가한다.

소속감에 대한 욕구는 개별 기업가에게도 적용가능하다. 새로운 조직을 시작하는 개인은 외로운 늑대일지라도, 새로운 사업은 소속감에 대한 그의 심리적 욕구를 충족하는 데 도움을 줄 것이다. 소속감에 대한 이러한 욕구는 관리팀의 다른 멤버나 직원들과의 상호작용이나 혹은 비즈니스 그룹에 가입함으로써 충족될 수도 있다. 많은 새로운 조직들은 기업가적인 팀에 의해서 만들어지며, 설립한 팀은 소속감에 대한 심리적 욕구를 가진 개인들을 충족하는데 도움을 줄 것이다. 기존의 조직 관리자들처럼 기업가들도 동일하게 자신들과 직원들 사이의 소속감 형성을 위하여 적합성을 고려해야만 한다. 구체적으로는, 기업가는 관리자 및/또는 기타 조직 구성원들을 고용하기 위한 선택 기준으로 개인적인 자격 조건 이상의 적합성(fit)을 요구할 수 있다.

실패 사건의 맥락에서 보면, 관리자와 개별 기업가는 팀원들의 소속감이 슬픔 감소에 얼마나 영향을 주는지 반드시 고려해야만 한다. 관리자가 각 팀의 멤버들을 프로젝트 후 재배치되어야 할 자원으로 보는 인식은 개별적인 팀원들에 대한 팀의 중요성을 평가 절하하는 것이 된다. 개인 차원에 초점을 두고 팀을 해체하는 것은 역시 팀의 중요성을 반영하지 않는 태도이다. 하나의 팀이 해체되면, 소속감에 대한 심리적 욕구는 좌절되는 것이다. 다시 말하면, 하나의 프로젝트가 실패하고 직원들이 재배치되는 것은, 팀의 다른 구성원들과의 관계성을 상실한다는 부정적인 감정 반응을 가지게 되는 것이다. 이러한 고통은 인지 과정, 학습 및 후속 프로젝트에서 인간적 관계형성을 위한 투자 동기에 부정적으로 영향을 가질 수밖에 없다.

팀 멤버들의 소속되고자 하는 심리적 욕구와 그러한 욕구의 좌절에 따른 부정적 감정 결과의 중요성을 관리자가 이해한다면, 관리자들은 팀 전체 혹은 팀 일부(a subset of the team)를 유지하기 위하여 노력할 필요가 있다. 이것은 프로젝트 실패로부터 소속감에 대한 심리적 욕구가 좌절되는 것을 최소화할 수 있는 것이다. 따라서 팀 구조를 유지함으로써 후속하는 과제에서 구성원 상호간에 혹은 팀 전체로 암묵적 지식(tacit knowledge)의 활용 등과 같은 추가적인 이점이 있다. 이처럼 실패사건으로부터 얻은 가치 있는 정보로 보존될 수 있어야 하며, 나중에 후속 과제에 적용될 수 있어야 한다.

2.1.3 자율성에 대한 심리적 욕구 관리와 고통 감소

벤처 시작을 동기부여 하는 많은 요인들이 있지만, 독립(independence)에 대한 욕구─자신의 삶에 영향을 미치는 의사결정에 대한 자율성(autonomy)─가 가장 강력한 동기요인 중 하나이다. 이러한 동기요인의 강력함에도 불구하고, 다른 욕구(직업 안정성, 불확실성 감소)는 개인의 자율성에 대한 욕구를 약화시킬 수 있다. 그러므로 개인이나 기업가는 자신의 자율성에 대한 자아 욕구의 강력함을 명확하게 이해할 필요가 있다.

기존 조직에서는 개인이나 팀에게 자율성은 덜 보장된다. 그러나 신규 벤처사업은 성격상 다른 것에 비하여 성공적이 되기 위하여 더 큰 자율성을 요구하는 게 있다. 자율성에 대한 조직 구성원의 심리적 욕구에 대한 이해가 높은 관리자의 경우, 이러한 욕구를 충족하는 데 도움이 되도록 직원들을 프로젝트에 배치하고 이것은 직원 개인의 욕구와 기업가적인 사업 성격 사이의 더 큰 적합도를 만들어낼 수 있는 것이다. 유사한 방식으로, 관리자들은 자율성과 대체안-구조화가 높고(불확실성의 정도가 낮음), 위험요소가 적은-사이의 상쇄효과에 대하여 직원들과 소통할 수 있다. 중요한 시사점은, 관리자들은 선제적으로 자율성에 대한 높은 욕구를 가진 직원들을 그것에 적합한 직무에 배치하는 것이 중요하다는 것이다.

개별 기업가의 경우, 벤처사업의 생애(lifecycle) 단계 혹은 주기에 따라 유사한 자율성의 상쇄관계(tradeoffs)가 존재한다. 예를 들어, 설립자의 딜레마(founder's dilemma : Wasserman, 2012)에서 성공한 기업가는 비즈니스를 빠르게 성장시킬 수 있으며, 결과적으로 외부로 부터 자금을 조달해야 할 필요성이 증가한다. 비록 이러한 성장이 기업가를 부유하게 만들 수는 있지만, 이는 또한 사업 운영 방법에 대해 결과적으로 더 큰 발언권을 가진 다른 사람들(즉, 성장에 자금을 대기 위한 재무 투자자)에게 의사결정 권한을 양도할 가능성이 있다는 것을 의미이기도 하다. 이처럼 더 커진 발언에는 일상적인 운영, 출시 제품, 지리적 위치 및 전문 경영인으로 기업가를 대체하는 가능성과 관련된 결정이 포함될 수 있다. 이처럼 설립자의 딜레마를 해결하기 위해, 기업가는 독립성 대 성장의 중요성을 따져볼 필요가 있다. 다시 말하면, 그들이 부자가 되는 것을 선호하는지(그리고 자율성을 포기한다) 또는 Wasserman(2012)이 "왕"이라고 부르는 것이 될 수 있는 것(즉, 자율성을 유지하되 개인의 부를 희생한다)에 대한 중요성을 따져볼 필요가 있다. 자율성에 대한 심리적 욕구를 충족시키는 것이 무엇인지 이해하는 것은 벤처 수명주기(venture's lifespan)의 여러 단계에서 의사결정이 달라질 수 있다.

실패의 맥락에서 이해하면, 관리자는 후속 프로젝트 혹은 역할 배치를 결정할 때 직원의 자율성 욕구를 고려해야만 한다. 왜냐하면 이것은 (실패경험에 따른) 고통과 회복에 영향을 주기 때문이다. 구체적으로, 경영자들이 실패의 결과로 직원의 자율성을 제거한다면, 기업가적인 행동에 몰두하려는 직원들에게 부정적인 자극이 되는 것 이상으로, 팀원들이 프로젝트 실패에 대해 느끼는 슬픔의 감정을 확대하는 것이 된다. 중요한 것은, 후속 과제에서 자율성의 변화(즉, 자율성 상실)에 대하여 팀원이 감지하게 되면(관리자가 의도했건 아니었던 간에), 프로젝트 실패에 대한 보다 심한 부정적 반응을 가지게 되는 것이고, 따라서 후속 프로젝트의 성과 저조를 자초할 가능성이 높아지는 것이다. 관리자가 깨달아야 할 필요가 있는 것은, 팀원들은 프로젝트 실패로부터 학습할 수 있다는 것이며, 따라서 자율성을 축소하기보다는 자율성을 보다 더 보장받을 가치가 있다는 것이다.

직원들이 새로운 업무배치에 대하여 어떻게 반응하는가를 인지하는 것 이상으로, 관리자는 프로젝트 팀원들과 선제적으로 그들이 새 프로젝트에서 가지길 원하는 자율성의 수준에 대하여 — 이전 프로젝트에서 경험한 자율성 수준과의 유사성에 관계없이 — 소통해야 한다. 팀원들이 이러한 확신에 신뢰를 가지는 정도에 따라서, 자율성에 대한 심리적 욕구의 좌절을 감소시킬 수 있으며, 후속 프로젝트에 대한 그들의 의욕이나 동기부여를 축소시키는 고통(슬픔)을 감소시킬 수 있으며, 뿐만 아니라 후속 프로젝트에 대한 인지과정을 저해하는 슬픔을 감소시킬 수 있는 것이다.

개인 기업가의 경우, 실패 사건은 자율성을 좌절시켜 개인이 직원으로 일자리를 찾거나 혹은 다른 벤처 사업을 추진하는 것을 선택하도록 압박할 가능성이 높다. 개별 기업가가 벤처 실패와 관련된 슬픔을 관리하고, 실패로부터 학습하고, 그 지식을 새로운 아이디어에 적용할 수 있는 정도에 따라서, 자율성에 대한 지속적인 열망은 새로운 벤처에 기름을 부을 수 있다. 더욱이, 실패 사건은 자율성에 대한 자신의 선호를 재평가하도록 이끌 수 있으며, 직무 안정성(job security)과 같은 다른 목표와 그 욕구를 균형 있게 조정하게 하는 계기가 될 수도 있다. 이러한 개인은 직무 안정성을 선호하여 일부 자율성이 덜 보장되는 기업 차원의 사업(이니셔티브)에 배치되는 것을 선호하는 것과 같이 "더 안전한" 환경에서 다양한 기회를 추구할 수 있다. 실패 사건은 자율성에 대한 욕구 수준이 얼마나 강한가에 대한 인식을 포함해 무언가 잘못되었다는 강력한 신호를 제공한다. 이러한 좌절의 결과로, 기업가는 이전 수준의 자율성을 유지하면서 새로운 벤처에 (실패경험으로부터 학습한) 지식을 적용할 수도 있고, 또는 새로운 커리어로 이어지는 자기 자신에 대한 학습에도 적용할 수도 있다.

2.1.4 대안적 기회의 구축을 통한 상실감의 관리 및 슬픔 감소

지금까지 우리는 주로 기업가적인 도전과 개인 및 기업 수준에서 인간의 욕구 충족과의 관계에 대하여 집중적으로 설명하였다. 그러나 기업가적인 행위자들의 기본적인 심리적 욕구를 만족시키는 새로운 벤처(도전)에는 잠재적인 단점이 있다: 새로운 벤처기업이 개인의 심리적 욕구를 충족시킬수록, 그 벤처는 행위자에게 더 중요하며 실패하면 더 많은 슬픔을 경험하게된다는 것이다. 따라서 경영자와 기업가는 자신과 직원들의 심리적 욕구를 충족하는 활동에 얼마나 밀접하게 연결시켜야 하는지를 고려할 때 잠재적인 딜레마에 직면한다. 한편으로 행위자의 심리적 욕구를 충족시키는 벤처는 성공할 가능성이 더 높다. 그러나 다른 한편으로, 만약 그들이 실패한다면, 그들은 더 많은 부정적인 감정적 반응을 만들 것이다. 왜냐하면 그러한 욕구의 충족은 벤처 실패로 인해 좌절되었기 때문이다.

이러한 딜레마를 고려하면, 실패에 대한 고통 반응에 영향을 끼치는 다른 요인에 초점을 두는 것이 중요하다. 정확하게 표현하면, 벤처 실패가 행위자의 심리적 욕구를 좌절시키는 정도는 차선의 대안이 이러한 심리적 욕구를 어느 정도 충족시키느냐에 달려 있다. 비즈니스에 실패한 기업가에게, 차선의 대안이 그들의 심리적 욕구를 충족하는 데 충분하지 않을 수 있다. 그러나 아마도 그들이 또 하나의 새로운 조직을 즉각적으로 시작한다면, 이것은 고통의 생성을 감소시키는 데 도움이 될 것이다. 그러나 비즈니스 실패후 즉시 새로운 조직을 만드는 것은 실행 가능한 옵션이 아닌 경우가 많다. 실패한 사업의 사업가들은 실업에 직면할 수 있다. 이는 그들의 심리적 욕구를 충족하는 데 효과적이지 않다는 것은 당연할 것이다. 그 대신에 그들은 일자리를 구할 수도 있다. 실패한 기업가들에게 유능함, 소속감, 자율성에 대한 심리적 욕구를 충족시킬 수 있는 기회를 제공하는 것은 고용(취업)의 내용에 따라 다양하다. 예를 들어, 실패한 사업의 기업가가 프로젝트 팀이 매우 도전적인 과제를 할당받고 팀 스피릿이 강조되며 팀이 의사결정을 하고 조치를 취하는 데 상당한 자율성이 주어지는 고도로 기업가적인 조직의 연구개발(R&D) 부서에 고용(혹은 취업)되는 대안이 있을 수 있다. 이런 경우 심리적 욕구 충족이 좌절되는 정도는 미미할 수 있다.

벤처 실패에 대한 슬픔의 생성에 대한 이해를 바탕으로 차선의 대안이 가지는 함의는 기존의 조직 내에서 프로젝트 실패를 경험한 팀 구성원들에게 더 큰 적용 가능성을 갖는다. 프로젝트 실패가 자신들의 유능감, 소속감, 자율성에 대한 욕구를 좌절시킬 때 팀원들이 슬픔을 느낄 것이라는 사실을 깨달음으로써, 관리자는 새로운 프로젝트로의 전환을 생각하고 구성할 수 있는 기회를 갖게 된다. 즉, 팀 구성원들의 프로젝트 실패로 인해 좌절되는 것을 이해함으로써 관리자는 심리적 욕구를 충족시키거나 최소한 이전의 (실패한) 프로젝트와 새 프로젝트 사이의 격차를 최소화하는 후속 프로젝트를 제공할 수 있다.

만약 관리자들이 팀원들의 심리적 욕구를 충족시키기 위해 대체 프로젝트를 제공할 수 없다면, 그들은 프로젝트 실패에 대한 더 큰 부정적인 감정 반응에 직면하게 될 것이고, 이러한 부정적인 감정들은 후속 프로젝트의 결과에 반영되는 것이다. 특히, 이러한 부정적인 감정들은 팀원들의 만족도의 차이에서 비롯된다. 즉 심리적 욕구의 좌절은 프로젝트 실패로 인한 학습과 후속 실패 후 프로젝트 과제에 대한 감정적 투자와 헌신을 동기 부여하는 인지 처리과정을 감소시킬 수 있다. 이는 관리자가 프로젝트 실패로 인한 부정적인 감정 반응의 발생을 어떻게든 극복할 수 없다면(또는 그러한 감정들을 빨리 소멸시킬 수 없다면), 다음 프로젝트의 성공에 부정적인 영향을 미칠 가능성이 높다는 것을 의미한다. 즉, 그러한 감정은 도미노(또는 부정적인 나선형) 효과를 만들어 낼 수 있다.

여기서 언급된 많은 시사점들이 기본적인 심리적 욕구를 충족시키는 데 도움이 되는 차선책들을 선택하거나 만들어냄으로써 슬픔의 수준을 최소화하는 것과 관련이 있지만, 우리는 이러한 시도들을 넘어서 행위자들이 기업가적 벤처 실패에 대해 어느 정도 슬픔을 경험할 가능성이 있다는 것을 인정해야 한다. 이러한 기업가적 행위자들은 그러한 반응이 기업가적 과정의 아주 중요한 부분이며 실패는 중요한 교훈을 배울 기회를 의미하며 앞으로 나아가기 위한 방향을 제공한다는 것을 이해할 필요가 있다. 따라서 이러한 부정적인 감정을 경험하는 것을 개인의 결함으로 간주해서는 안 된다. 기업가적인 기업 환경에서, 관리자가 고통의 느낌을 갖는 것의 정상성(normality)과 실패를 학습의 기회로 소통할 수 있는 정도에 따라서, 프로젝트 실패에 대한 슬픔의 부차적인 비용(secondary costs)을 줄이는 데 도움을 줄 수 있다. 예를 들어, 관리자들은 이러한 메시지를 가지고 직원들과 소통함으로써 다른 모든 사람들과 스스로를 격리시키는 것을 예방할 수 있다. 그러한 노력이 수반되지 않으면, 팀원들은 자신들만이 고통을 받는다고 생각하기 때문에 고통을 느끼고 타인과의 교류를 스스로 단절하기 때문이다. 오히려 슬픔이 어느 정도 정상적인 결과라는 것을 깨닫게 되면 다른 사람들과 계속 연결될 가능성이 높아지는데, 이는 또한 슬픔에서 더 빨리 회복하고 실패를 이해하며 다음 프로젝트로 나아가려는 동기를 갖게 될 가능성이 높다.

조직과 기업가들은 종종 프로젝트와 관련된 슬픔을 관리하기 위해 애쓰는데, 특히 실패가 프로젝트의 몇 가지 자연스러운 결과 중 하나라고 느끼게 하는 데 어려움을 겪는다. 마찬가지로, 조직에서 실패가 (지나치게) 정상화되면, 개인들은 실패 사건이 제공할 수 있는 가능한 교훈에 무감각해질 수 있다. 슬픔을 관리하고 실패의 정상사고를 피한다는 개념을 구축함에 있어서, 우리는 제3장의 경영적 함의로 눈을 돌려, 자기연민의 개념과 이러한 관점이 학습을 포함한 실패 경험으로부터 긍정적인 결과를 어떻게 촉진시키는지에 초점을 맞추고 있다.

실패로부터 학습을 위한 자기연민(제3장)

이 책에서 중요한 주제로 다루었듯이 기업가적인 실패는 관련된 개인들에게 부정적인 감정을 일으킬 수 있는 사건이다. 제3장에서, 우리는 실패에 대응하는 두 가지 다른 관점에 대해 논의했다. 쾌락적 관점(hedonic perspective)에서 실패를 바라보는 시각은 개인이 쾌락을 추구하며 실패 경험의 정서적 고통을 포함해 고통을 발생시킬 수 있는 상황을 회피하려는 동기를 부여한다는 설명이다. 따라서 실패 사건에 대한 반응은 가능한 한 신속하게 고통을 초래하는 대상을 제거하는 것이다. 대조적으로, 개인적인 성장관점(eudaimonic perspective)에서 실패를 바라보는 시각은, 개인들은 성장하고 향상되기 위해 상처받기 쉬운 위치에 자신을 두고 역경에 직면하게 하는 것이다. "우리를 죽이지 못하는 것은 무엇이든지 우리를 더 강하게 만들 뿐이다"라는 속담처럼 이러한 도전적이고 어쩌면 불리한 상황들은 반드시 피해야 하는 것이 아니라 개인이 참고 배워야 할 상황으로 볼 수 있다. 실제로 파괴적일 수 있는 부정적인 피드백을 피하는 것은 헤도닉적인 관점인데, 사람은 쾌락주의적 관점을 추구하는 경우 불리한 여건에 대하여 다른 사람들을 비난하고(타인에게 실패를 귀인), 따라서 학습 기회를 회피하는 경향이 있다. 그러나 이것은 역설적으로 그들이 장기적으로 더 크고 부정적인 결과를 겪게 할 수도 있는 것이다.

사람들이 왜 실패에 그들이 하는 방식으로 반응하는지 이해함으로써, 기업가적인 행위자들은 실패로부터 학습하는 것에 대한 몇 가지 중요한 장벽을 극복하는 능력을 개발하고 활용할 수 있다. 예를 들어, 사람들이 높은 자존감을 유지하려는 동기가 있고, 그들이 종종 실패를 그 자존감에 대한 도전으로 본다는 것을 인식함으로써, 관리자들은 팀원들이 실패 사건 이후에 자기 방어 메커니즘을 작동하는 이유를 포함하여 그들의 자존감을 보호하기 위하여 활용하는 자기 방어 메커니즘의 유형에 대해 더 깊이 이해할 것이다(그러나 그것은 그들의 실패 경험으로부터 배우는 것을 방해한다).

여기에서는 학습을 저해하는 방어기제(defensive mechanisms)가 작동하는 것을 방어하기 위하여 자기연민(self−compassion)이 이것을 어떻게 극복하는지를 살펴본다. 개인수준에서 자기연민의 세 가지 구성요소를 알아보고, 자기연민이 긍정 정서(positive emotions)에 미치는 간접적인 영향을 탐구하고, 또한 조직이 자기연민을 활용하여 실패로부터의 학습을 위한 최적의 환경을 제공하는 방법을 살펴볼 것이다.

● 3.1 학습 방해 요인으로써 자아 방어 메커니즘과 자기연민의 활용

자기 연민은 실패 경험으로부터 학습을 방해하는 일종의 부적응 메커니즘－이러한 메커니즘은 자존감을 보호하기 위하여 작동한다－의 작동(편향) 없이 자기 가치의 감정을 보호할 수 있는 방법을 제공한다. 따라서 기업가적 인 행위자가 자기 연민을 개발할 수 있는 경우, 이는 도전 실패에서 발생하 는 슬픔의 수준을 줄이고, 학습 실패를 방해하는 자아 방어 메커니즘의 작동 을 억제하며, 후속하는 기업가적인 행동에 더 강력한 동기를 부여하는 기반 을 제공하는 중요한 자원이 되는 것이다. 실패의 맥락에서 보면, 개인은 실 패에 대한 자신의 감정적 반응이 자신에 대한 돌봄과 용서의 감정으로 접근 하고, 자신의 경험이 인간의 공통된 경험의 일부라는 것을 인식하고, 비판단 적인 방법으로 자신의 부족과 결점을 이해하는 것을 포함할 때, 자신에게 자 기연민을 보이는 것이다(Neff, 2003). 여기서 중요한 의미는 자기 연민이 실패 사건 이후 개인들을 생산적인 인적자원으로 되돌리는 중요한 촉매가 될 수 있고, 어쩌면 더 중요한 것은, 그러한 개인들이 경험으로부터 학습하고 성장 할 수 있게 한다는 것이다.

3.1.1 자기 연민과 인지

자기 연민을 지닌 팀원들은 그렇지 않은 멤버들보다 더 행복하고, 더 낙관적이고, 더 마음 챙김을 잘 하는 것뿐만 아니라, 이러한 개인들은 실패 에 대한 지각된 위협으로부터 자존감을 보호하기 위하여 활용되는 정신적 혹은 인지적 전술(mental or cognitive tactics)에 덜 의존한다. 따라서 관리자들 이 팀원들을 보다 더 자기 연민적이 되도록 격려하고 코치함으로써, 팀원들 의 자존감은 기업가적 과제의 결과에 덜 영향을 받을 수 있게 하며, 그렇게 함으로써 그들은 실패에 직면하여 덜 자기 비판적이며 덜 방어적이 될 수 있는 것이다.

중요한 것은, 자기 연민을 보인다는 것은 실패에 대하여 타인을 비난함 으로써 자신에게 면피를 준다는 의미가 아니다. 실패에 대한 비난(blame), 부 인(denial), 혹은 다른 역기능적 반응은 자존감을 보호하려는 인지적 전략의 증상이며 실패로부터 학습할 수 있는 기회를 상실하는 것이다. 자존감을 보 호하려고 애쓰는 개인들은 그 안에서 자신의 역할을 인식하지 못할 때 실패로부터 배울 것은 거의 없다. 반면에, 커다란 자기 연민을 가진 기업가적인 행위자들은 자아 존중감을 보호하려고 애쓰는 대신에 실패에서 자신들의 역할[1]을 포함하여 잘못된 것으로부터 정보를 가공해 낼 수 있는 것이다.

3.1.2 자기 연민과 감정

실패의 여파로 자기 연민의 활용은 인지적 측면과 정서적 측면에서 함의를 가진다. 자기 연민을 보인다는 것은 자신들의 모험적인 도전에 감정적 투자를 하지 않겠다는 의도도 아니며, 자신이 실패하는 경우 부정적 감정 반응을 경험하지 않을 것이라는 것을 의미하는 것도 아니다. 자기연민적인 사람은 프로젝트 실패와 같은 부정적인 사건 발생 후 자신들에게 중요한 무언가를 상실했기 때문에 부정적인 감정 반응을 경험하는 것이다. 그러나 자존감을 보호하려는 애쓰는 사람들과 달리, 자기연민적인 사람은 자신들의 부정적인 감정을 인지하지만 그러한 부정적 감정에 휩쓸리지 않으려고 하는 것이다.

부정적 사건 이후의 잠재적인 역경들을 관리하는 방법을 조직이 이해하고 있다면, 부정적 사건은 변화를 새롭게 시작하게 하고, 실패로부터 학습하게 하는 그리고 앞으로 전진하게 만드는 독특한 기회가 될 수 있는 것이다. 실패에 대한 반응에서 자기 연민의 중요성을 인지하면서 그러한 경험에서 학습하고 다시 도전하는 동기를 유지하는 능력은 자기 연민의 활용과 구축의 중요성을 강조하는 것이다. 제3장에서는 관리자와 개인이 자기 연민을 향상할 수 있는 세 가지 구체적인 방법으로 자기 용서, 인간의 공통적 특성, 마음 챙김을 제시하였다. 이제 자기 공감대를 형성하는 이 각각의 요소와 개인과 관리자에 대한 함의를 논의한다.

---

1 역자 주: 저자들은 role이라는 용어를 사용하는데, 사전적으로는 역할로 번역하지만, '실패가 발생하였는데 자신이 무슨 일을 어떻게 했는지를 알아보는 것'이 중요하다면, 여기에서는 role의 번역은 자신의 한 일을 곱씹어보는 과정 정도로 이해하면 좋겠다.

3.1.3 실패로부터 학습과 자기 용서의 활용

기업가적인 도전을 한 개인들은 실패를 경험하였을 때 가혹한 자아비판보다는 자아에게 더욱 용서하는 마음으로 다가갈 수 있도록 자기 자신을 격려하여야 하며 그리고 관리자들은 팀원들을 이런 방법으로 격려하여야 한다. 사람들은 실패에 직면하여 타인을 비난하기도 하지만, 자아를 가혹하게 비난하는 반응을 보이는 사람들도 있다. 자신을 가혹하게 비난하거나 혹은 가혹한 자기비판은 자기를 용서하지 않은 모습이며, 이런 식의 자기비판은 실패 사건에 대한 부정적인 감정반응을 악화시키고, 반성이나 다른 형태의 불안감을 불러일으킬 수 있다. 관리자는 팀원들에게 힘든 시기를 겪고 있고, 그런 상황에서는 자신의 결점에 관대해야 한다는 것을 인식하도록 함으로써 자신들을 용서할 수 있도록 격려할 필요가 있다. 자신의 결점에 관대하다고 해서 스스로를 면피하도록 하는 것은 아니다. 반대로 기업가적인 사람들은 자기 친절을 가지고 자신의 결점과 실패 사건에 어떻게 연결되었는지에 대해 학습을 전제로 하는 보다 '신중한' 그리고 '균형있는' 관점을 가질 수 있는 것이다. 마찬가지로 사업에 실패한 기업인도 자신의 결함을 사업 실패의 원인으로 인정하면서도 수용함으로써 스스로 자애로운 모습을 보여줄 수 있다.

다시 말하면, 실패의 여파로 고통받는 친구에게 보여줄 것과 같은 친절을 기업가적인 행위자들은 자신들에게도 보여주도록 격려할 필요가 있다는 얘기다. 이런 자기 친절은 상황을 망각하거나 무시하는 것이 아니라 온화하고 인내심을 통해 현재 상황에 대처하는 행동을 장려하는 것이다. 그러나 실패 사건은 일을 빨리 처리해야 하는 긴급한 상황을 초래할 수 있기 때문에 기업가적 행위자들이 쉽게 균형을 취하기는 어려운 것이다. 하지만, 이런 행위자들은 자기친절의 자상함과 인내심을 통해 "속도는 줄이고, 좀 더 서두른다"는 말처럼, 더 빨리 생산적인 방향으로 나아갈 수 있는 것이다.

3.1.4 실패로부터의 학습과 인간 보편성의 이해

자기 연민을 발전시키는 두 번째 방법은 인간의 보편성-'개인의 경험을 타인의 그것과 분리하고 격리된 것으로 보기보다는 더 많은 사람들이 공통적으로 경험하는 것의 일부로서 자신의 경험을 이해하는 것'-을 통해서이다(Neff, 2003: 85). 실패 사건에 대해 기분이 좋지 않은 기업가적인 행위자들은 다른 사람들도 실패 사건을 경험하는지, 그것이 흔한 일인지, 그리고 다른 사람들이 실패를 경험했을 때, 그들 역시 실패 사건에 부정적인 감정적 반응을 보이는지를 자문함으로써 실패를 모든 인간에게 보편적인 것이라는 관점을 가지도록 고무할 수 있다. 즉, 스스로 말하거나 다른 사람과 대화하는 것은 기업가적 태도를 갖는 사람들이 실패에 반응하여 느끼는 방식이 많은 다른 사람들과 매우 유사하다는 것을 깨닫도록 돕는다.

이러한 논의를 촉진하기 위해, 경영자들은 실패한 프로젝트의 팀원들과 이전에 실패했고 성공하지 못한 것을 극복한 다른 팀원들이 참여하는 실패의 공유된 경험에 대해 이야기하기 위해 직원들 간의 토론을 조직할 수 있다. 마찬가지로, 개인 기업가들은 성공을 찾는 과정에서 여러 번 실패했을 가능성이 있는 멘토 기업가들을 찾을 수 있다. 이러한 관계뿐만 아니라 다른 "기업가적인 공동체" 자원들은 프로젝트에서 실패하는 것이 성공으로 나아가는 과정에서 별난 것이 아니고 꽤 흔하다는 관점을 제공할 가능성이 높다. 실패를 극복하기 위한 커뮤니티를 형성하는 유형과 방법은 개인이나 관리자의 창의성에 따라 다양한데, 직접 토론, 그룹 상호 작용, 온라인 커뮤니티 및 다른 많은 형태를 포함할 수 있다.

이러한 인간 보편성의 관점을 취함으로써 얻는 이점은 기업가적인 행위자들이 (실패에 대한) 자신의 (부정적) 감정이 유일하다는 잘못된 믿음 아래 다른 사람들로부터 스스로 자신을 고립시킬 가능성이 적어진다는 것이다. 인간 공통성 관점은 개인이 실패 경험을 통해 얻은 정보를 발전시키고, 학습하고, 축적하는 데 집중할 수 있게 한다. 반면 고립은 예를 들어 외로움과 관련된 걱정과 같은 부정적인 감정을 악화시킬 수 있으며, 또한 학습에 중요한 정보의 요소들과 다음 단계로 나아가는 데 필요한 다른 중요한 정보로부터 개인을 분리시킬 수도 있다.

3.1.5 실패로부터의 학습과 마음 챙김의 활용

기업가적인 행위자들은 "실패에 대한 고통스러운 감정에 지나치게 함몰되기보다는 균형 잡힌 인식 속에서 고통스러운 생각과 감정을 유지하는" 마음 챙김의 과정을 통해 자기 연민을 형성할 수 있다(Neff, 2003: 85). 기업가적인 행위자들은 종종 새로운 상황에 개방적인 방식으로 접근하도록 고무되지만, 실패 감정에 어떻게 접근해야 하는지에 대해서는 조언이 없다. 즉, 실패 사건을 다루는 마음에 있어서 기업가적 행위자들은 실패 상황에 대해 열린 마음(open-minded)뿐만 아니라 열린 가슴(open-hearted)으로 접근해야 한다.

열린 마음으로 접근하면 부정적인 감정이 사라지거나 무시되는 것이 아니라 호기심을 가지고 분석하게 된다. 개인이 분석을 목적으로 그 실패 상황에서 자아와 자존감을 분리할 수 있을 때 실패에 대한 부정적 감정은 호기심으로 탐구된다. 이렇게 함으로써, 사람들은 부정적인 감정을 균형 있게 유지할 수 있다. 즉, 기업가적인 행위자들은 이러한 부정적인 감정들이 반성적 방식(주로 부정적 결과를 초래함)의 "야성적으로"("running wild" - 통제할 수 없어 실패감정이 자기를 가혹하게 비난하게 방치하는 것) 흘러가지 않도록 하여, 그들의 부정적인 감정을 탐구할 수 있다. 한편으로 마음 챙김은 부정적인 감정을 학습 과정에 대한 입력요인으로 상황을 부각시킬 수 있는 기회를 제공하며, 반대로 실패로부터 학습의 인지 과정을 방해하지 않도록 개인들이 이러한 부정적인 감정을 견제할 수 있게 해준다.

기업가적 프로젝트의 관리자와 개별적인 기업가들은 프로젝트 후 활동을 구성하는 방법에 의해 마음 챙김을 개발하고 실천할 수 있다. '사후 토론'(post-mortem discussions)은 유용할 수 있지만, 토론이 모든 부정적인 측면에만 초점이 집중되거나 혹은 문제와 실수가 과장되거나 과도하게 부풀려졌을 때는 가치를 잃을 수 있다. 프로젝트에 대한 반추를 위한 메커니즘을 선택함에 있어, 관리자와 기업가는 실패 사건에 대한 개방적인 관점을 장려하도록 보장해야 한다. 이는 부정적인 감정이 거부되는 것이 아니라 사건이 적절한 위치와 관점에 위치함으로써 학습과 진보를 위한 기회를 극대화한다는 것을 의미한다.

3.2 긍정 감정 생성과 자기연민의 활용

실패로부터 학습하고 기업가적인 행동에 다시 참여하려는 동기를 유지하기 위한 자기 연민의 직접적인 함의 이상으로, 자기 연민은 많은 간접적인 함의를 가지고 있다. 구체적으로는 도전적인 벤처 실패에도 불구하고 기업가적인 행위자에게 긍정적인 감정을 불러일으키도록 자기 연민을 키울 수 있다. 긍정적인 감정은 부정적인 감정을 "해결"하는 데 도움을 줄 수 있고, 따라서 실패 경험으로부터 학습의 장애물을 제거할 수 있기 때문에 이러한 긍정적인 감정을 생성하고 활용하는 것이 중요하다. 마찬가지로 긍정적인 감정은 실패로부터 학습하는 것과 후속적인 기업가적인(혁신적인) 과제에 관여하는 것과 같은 새로운 과제에 필요한 인지 과정을 강화할 수 있다. 게다가 긍정적인 감정은 다음 도전으로 나아가려는 동기를 촉진시킨다. 그러므로 기업가적인 행위자들은 긍정적인 감정을 생성하기 위해 자기 연민을 사용할 수 있고, 그들은 경험으로부터 학습하는 능력과 동기를 증진시키고 앞으로 전진하게 되는 것이다.

3.3 실패로부터의 학습과 조직수준에서의 자기 연민의 활용

기업가적인 행위자들이 실패 경험으로부터 학습할 수 있도록 도움이 되는 자기 연민의 역할은 또한 조직차원에서도 시사하는 바가 있다. 조직들도 더욱 자기 연민적이 될 수 있다는 것은 조직이 그들의 프로젝트 실패로부터 학습하는 조직적 능력을 향상시키는 것이다. 조직이 더욱 자기 연민적이라는 것은, 조직 실패에 대한 조직 구성원들의 집단적인 정서 대응이 조직과 그 구성원들에 대한 배려와 용서의 관대함을 집단적으로 느끼고 있음으로; 이러한 부정적인 감정이 조직 경험의 일부라는 것을 인식함으로; 조직과 그 구성원들의 부족함과 실책들에 대하여 비판단적인 방식으로 이해함을 의미하는 것이다. 그러므로 관리자들은 집단적 차원에서 자기 연민을 발전시키기 위한 규범, 관례, 시스템을 구축하여야 한다. 조직은 이러한 관행을 기존의 구조와 관례로 통합함으로써, 후속하는 실패 사건에 대한 자기 연민을 경험하도록 개인, 팀 및 조직에게 요구되는 맥락을 제공하여 조직적 수준에서의 마음 챙김을 발전시킬 가능성이 높다.

지속과 행동 대안의 상실(제4장)

지금까지 주로 논의 내용은 실패사건에 대한 개인의 대응 유형과 대응 유형에 따른 학습이나, 후속 활동 그리고 이러한 활동의 효과성이 어떻게 다른지에 대한 것이었다. 여기에 암시된 사실은, 실패 사건이 발생하였고, 그것을 개인이 지각하였고, 그런 다음 그것의 결과에 영향을 받는다는 것이다. 이하에서는 제4장과 제5장의 시사점을 논의하는데, 주요 다뤘던 내용은 실패 중인 프로젝트(failing projects), 실패과정에 있는 활동을 지속하기로 하는 결정, 그리고 이러한 고집(의사결정)이 최종 실패에 대한 영향과 실패 경험으로부터의 전반적인 학습에 미치는 영향에 분석의 초점을 두었다. 이러한 내용들은 주로 실패하고는 있으나 아직은 실패하지 않은 프로젝트나 벤처 사업을 하고 있는 기업가와 관리자에게 주는 몇 가지 중요한 시사점이 있다.

기업가적인 활동에 대한 전통적인 관점은 끈기가 미덕이라(persistence is a virtue)는 것이다. 즉 이것은 기업가적인 성공을 위하여 극복해야만 하는 눈에 보이지 않는 많은 장애물들을 고려한다면 이해되는 논리이다. 기업가적인 벤처 사업이나 기업 프로젝트 혹은 비즈니스에서 끈기란 시간과 에너지 그리고 자금에 대한 추가적인 요구를 의미한다. 끈기(혹은 지속)가 결국 성공적인 결과로 이어질 수 있을지라도, 지속에 수반되는 추가적인 투자는 또한 실패 비용의 증가, 즉 해당 프로젝트가 조기에 종료된 것보다 더 큰 비용을 초래한다. 이 책에서 우리는 지속의 이러한 부정적인 측면, 즉 기업가적인 행위자가 저성과(poor performance) 벤처를 지속하는 경우 발생하는 측면을 다뤘다.

실패하는 벤처사업에 대한 고집은 성과가 낮은 조직의 기업가와 기존 기존에서 저성과 프로젝트의 관리자 모두에게 발생하는 현상이다. 이러한 행태의 중요한 시사점은, 실패하는 프로젝트에 기업가가 고집을 부리는 경우, 그들은 잠재적 실패의 비용을 증가시키는 것뿐만 아니라 비효율적이고 비생산적인 방식으로 자원을 활용한다는 것이다. 구체적으로 설명하면, 자원을 결국엔 실패하는 프로젝트(a dead-end project)에 비효율적으로 그리고 부적절하게 투자한다는 것이다. 그러한 자원은 기업가나 조직에게 이익을 창출하는 보다 생산적인 용도에 활용될 수 있는 것이다. 따라서 제시하고자 하는 시사점은, 저성과의 벤처사업에 대한 종료결정의 적기가 중요하며, 그것은 실패하는 벤처 혹은 프로젝트에 묶여있는 자원을 효율적인 활용을 위해서 그리고 기업가의 회복-경험으로부터의 학습과 재도전을 위한 자신의 능력과 동기-을 위해서도 중요하다는 것이다. 제4~5장의 각 section에서 강조하는 것은, 기업가가 실패하는 프로젝트에 혹은 그 결과에 지나친 집착을 피하는 세 가지 중요한 제거(takeaways) 방법이다. 즉, 반등기를 기대하여 취하는 지연결정의 회피, 고집(미련, 지속)에 수반되는 높은 비용을 피하기 위하여 성과 역치의 설정, 집단 효능의 양날의 검에 대한 인식이다.

● 4.1 실패로부터 회복 개선과 지연결정의 회피

기업가적인 도전을 하는 사람은 실패 중에 있는 도전에 대한 종료를 종종 지연하는 결정을 내린다. 기업가적인 행동을 하는 사람들이 왜 저성과에도 불구하고, 고집하는 지를 이해함으로써, 우리는 손실을 초래하는 활동에 집착의 증가(escalation of commitment)를 피할 수 있는 판단을 가지게 되는 것이다. 부실한 성과를 창출하는 행동을 고수하는 이유 중 하나는 지연(procrastination)이다. 기업가적이라는 맥락에서 볼 때, 지연은 (단기적으로는)

감정적으로 불쾌한 것으로 간주되기 때문에 성과를 제대로 내지 못하는 프로젝트의 종료를 연기하는 것을 의미한다. 이와 같이 단기 차원에서 예상되는 부정적인 감정 때문에 더욱 신속한 종료가 결국에는 기업가적인 행위자에게 유익하다는 사실을 무시하게 만드는 것이다. 이러한 딜레마를 감안한다면, 기업가적인 행위자들이 단기적인 부정적 감정에 대한 혐오를 극복하기 위한 구조나 시스템을 구축하여야 한다.

실패하는 프로젝트에 관련된 지연을 감축하기 위한 첫 번째 단계는 지연이 진행 중인 것을 인식하는 것이다. 지연을 인식함으로써, 기업가적인 행위자는 실패해 가고 있는 기업가적인 노력의 종식을 지연함으로써 가지는 단기적 이익과 즉시 종료하는 것의 장기적 이익과 비교하여 보다 분명하게 비교할 수 있다. 다시 말하면, 편향의 존재와 본질을 강조함으로써, 개인은 그 편향에 굴복하지 않을 가능성이 더 높아진다. 하지만 단기적으로 상처를 줄 수 있는 행동을 취하지 않는 것은 강력하다. 개인과 집단은 모두 지연에 대하여 직접적인 감시를 위한 체계적인 점검조치를 개발할 필요가 있다. 프로젝트 의사결정자들은 프로젝트가 실패하기 시작하는 경우 지연에 대한 우려를 제기하도록 팀 구성원을 배치하거나, 프로젝트를 평가하고 종료 결정이 지연되고 있는지 여부를 고려하기 위해 매월 반복적으로 회의를 개최할 수 있다. 최소한 이러한 접근법이나 이와 유사한 접근법들은 의사결정자들이 지연의 가능성에 주의를 기울이는 메커니즘을 제공하여 보다 사전 예방적인 프로젝트 관리를 가능하게 할 것이다.

성과가 형편없는 프로젝트의 종료를 연기시킴으로써 지연하는 기업가적인 행위자들의 경향성을 인지하였다면, 다음 단계는 지연을 유발하는 감정과 다른 요소들을 어떻게 극복할 것인가를 결정하는 것이다. 기존의 조직에서는, 프로젝트 팀 구성원들 사이에서 예상되는 실패의 부정적인 결과를 감소시키고자 하는 관리자에 의해서 지연의 가능성은 낮아질 수 있으며, 따라서 종료를 지연시킴으로써 가지는 이익을 감소시키는 것이다. 종료지연결정의 방지는 이 책 전체에서 언급하고 있는 다수의 방법을 통하여 가능할 수 있다. 예를 들면, 자기 연민이 자존감에 대한 실패의 위협을 감소시킬 수 있는 정도에 따라서 단기적으로 회피되어야 하는 부정적 결과들은 감소되며,

따라서 지연은 덜 유혹적이 될 수 있는 것이다. 마찬가지로, 개인이 실패와 관련된 부정적인 감정을 더 빨리 줄일 수 있는 능력(예: 진동 지향)에 더 자신감을 갖는다면, 단기적으로 실패의 부정성은 그리 크지 않다.

마지막 단계로, 의사결정자는 (프로젝트 종료의 부정적인 결과에만 또는 주로 초점을 맞추는 것과는 반대로) 프로젝트 종료의 장기적인 이익에 초점을 맞출 수 있다. 경영자가 종료 결정 지연과 관련된 장기 비용을 더 부각시킬 수 있다면, 이는 또한 (실패의 부정적인 결과를 피함으로써) 프로젝트를 연장하는 이익보다 종료하는 편익이 더 크다는 방정식을 바꿀 수 있다. 따라서 즉각적인 종료가 더 바람직한 것으로 판단할 수 있다. 그러나 지연을 통해 얻는 보다 즉각적인 이익의 영향을 고려할 때, 지연을 줄이는 더 효과적인 방법은 실패의 부정적인 결과에 대한 팀원들의 예상을 감소시키는 것이다.

• 4.2 값비싼 유지를 피하기 위한 성과 역치의 설정

프로젝트 종료 결정을 미루는 것에 대한 분석의 초점을 두는 것도 중요하지만, 여전히 행위자들에게 행동의 변화가 필요하다는 것을 설득하지 못할 수도 있다. 구체적으로는, 실패하는 프로젝트에 대한 지속결정이 누구는 그렇고, 누구는 그렇지 않고의 문제가 아니라, 사람마다 다른 성과 임계값을 갖고 있다는 것이다. 미루는 것을 넘어, 어떤 이들은 실적이 저조함에도 불구하고 지속하고, 반면 다른 이들은 종료하는 이유를 설명하는 것은 성과기준의 이러한 차이 때문이다. 만약 우리가 성과 임계값의 역할과 이러한 임계값이 어떻게 설정되는지를 이해할 수 있다면, 우리는 벤처 종료의 비용이 많이 드는 지연을 피하기 위한 성과 임계값을 설정하는 것에 대해 어느 정도 통제할 수 있을 것이다. 성과 역치 기준설정에는 다음 세 가지 심리적 측면을 포함한다. 세 가지 측면은, 성과를 둘러싼 불확실성, 개인차원에서의 의사결정의 편향성(편견), 및 대안의 가용성 등이 포함된다.

4.2.1 미래성과의 불확실성

기업의 실적이 저조하다는 것은 분명할 수 있지만, 미래성과를 확실하게 판단하기 어려운 경우가 종종 있으며, 이는 특정 환경 속에서는 더 곤란할 수 있다. 의사결정자는 미래의 기업 실적의 성격에 대해 더 불확실할 때 현재의 성과에 대한 문턱값을 낮출 수 있다. 즉, 그러한 상황에서, 그들은 기업 성과가 회복될 것이라는 믿음을 유지할 가능성이 있다. 아직 확실한 정보가 거의 없기 때문에, 그들은 반전의 가능성이 있다고 믿는다. 그러나 그러한 믿음은 실제 사실보다 희망적인 생각(wishful thinking)에 기초할 가능성이 더 높다. 대조적으로, 기업가적인 행위자가 프로젝트의 미래 상태에 대한 높은 확실성(예: 프로젝트가 실패할 가능성이 매우 높음)을 가지고 있는 경우, 그들은 반전을 위해 버티는 것이 아니라 프로젝트를 종료하려는 의지가 더 강할 것이다. 여기서 중요한 의미는 기업가, 관리자 및 조직 구성원들이 보다 불확실한 환경에서 성과 임계값을 낮출 가능성이 더 높다는 것을 인식하는 것이다.

4.2.2 의사결정의 개인적 편향

기업가적 행위자들과 일부 개인들은 성과 임계값을 낮추고, 따라서 실적이 저조한 벤처사업을 지속할 수 있는 특정한 편향을 가지고 있다. 그러한 편향 중 하나는 이전의 결정을 정당화하려는 욕구이다. 벤처종료 결정은 종종 (이전 결정과) 단절된 상태에서 이루어진 하나의 결정이 아니라는 것을 인식하는 것이 중요하다. 즉, 의사결정자의 마음에는 종료결정이란 잠재적으로 이전 결정에 토대하거나 반대방향으로 갈 수 있는 결정이다. 따라서 새로운 기업가적인 프로젝트를 시작한 벤처 설립자나 조직 구성원은 벤처나 프로젝트를 시작하기로 한 그들의 결정을 정당화하는 경향이 있을 수 있다. 그러한 결정을 정당화하는 한 가지 방법은 낮은 성과 임계값을 유지함으로써 (벤처나 프로젝트를 시작하기 위한 결정과 모순되는 것으로 보일 수 있으므로) 벤처나 프로젝트를 종료하지 않는 것이다. 따라서 이러한 기업가적인 행위자들은 종료 결정을 용이하게 추진되기 위한 기준을 설정하는 대신, 주로 이전 결정을 정당화하기 위해 설계된 기준을 사용한다. 기업가적인 행위자는 벤처와 관련된 매몰 비용(sunk costs)(예: 창업 비용, 시간 투자 등)이 있지만, 벤처가 계속 진행되도록 추가 투자를 할지를 결정할 때 이러한 매몰 비용을 고려해서는 안 된다는 점을 인식함으로써 이러한 편향을 극복할 수 있다. 하지만, 이것은 쉽지 않다. 실제로, 우리는 많은 다른 맥락에서, 사람들이 의사결정에 매몰 비용을 사용해서는 안 된다는 것을 알고 있지만, 어쨌든 그렇게 한다는 것을 알고 있다. 그것은 극복하기 어려운 강력한 편향이다.

프로젝트 종료 결정에 영향을 미치는 또 다른 편향 요인은 사람들이 자신을 일관성 있는 사람으로 보이고 싶어 한다는 것이다. 이러한 욕구는 기업가적 행위자들이 그들의 최초 신념을 확인하는 정보를 찾는 확증 편향(confirmation bias)으로 이어질 수 있다. 이러한 편향의 영향을 받은 기업가적인 행위자들은 기회가 매력적이라는 믿음을 뒷받침하는 정보만을 찾아 그들의 신념과 반대로 작용하는 정보를 무시하고, 불신하거나, 인지하지 못하고, 고려하지 못하게 할 수 있다. 이러한 의사결정 편향을 해결하기 위해 기업가적인 행위자(프로젝트 팀 매니저 포함)는 일반적으로 기회 추측(opportunity conjecture)의 진실성에 대해 더 유용하기 때문에 반대논리나 자료를 찾아야 한다. 여기에는 일관성 있게 반대하는 관점을 제공할 팀 구성원들을 선택하거나 대안적인 관점을 제공할 외부 컨설턴트 또는 조언자의 도움을 받는 방법이 포함될 수 있다. 마찬가지로 기업가적인 팀에서는 관리자가 많은 대안적 관점을 장려하고 환영하는 환경을 조성하여 종료 지연으로 인한 자원 낭비를 초래할 수 있는 확증 편향을 방지해야 한다. 의사결정자들이 더 불확실한 증거를 찾고 그 출처나 내용에 대한 비판을 중단하도록 권장될 때, 그들은 실적이 좋지 않은 벤처는 종료되어야 한다는 정보에 더 개방적일 수 있다.

기업가적인 행위자들은 또한 이전의 조직적 성공으로부터 현재의 상황에 너무 많이 투영한다는 것을 알아야 한다. 현재의 기업가적 노력과 환경이 성공을 거둔 과거와 동일하다고 가정하기보다는 상황과 조건이 어떤 면에서 다르고 그 차이가 어떤 영향을 미치는지 자문해 볼 수 있을 것이다. 다름을 인식하는 것은 이전의 결정과 행동이 현재의 상황과 조건에 직접적으로 적용되지 않을 수 있기 때문에 이전의 결정과 행동과의 일관성 유지에 욕구편향을 제거하는 데 도움이 될 수 있다.

4.2.3 대체 경력 옵션의 가용성

의사결정자들의 성과 역치는 그들이 다른 매력적인 경력 대안을 가지고 있지 않을수록 낮아질 것이다. 그들은 절대적 의미에서는 매력이 없는 선택임에도 불구하고 또한 지연된 실패가 고도의 비용을 초래함에도 불구하고 자신들의 선택을 최선이라고 고집하려고 한다. 이것이 의미하는 바는, 의사결정자는 더욱더 나은 경력 대안을 만들어냄으로써 자신이 가치 있게 여기는 기업가적인 벤처사업의 성과 역치를 낮게 하지 않을 수 있다는 것이다. 다시 말하면, 의사결정자는 그들이 매력적인 경력 기회를 가지면, 그에 따라서 집착의 확대에 따른 비용을 감소시킬 수 있기 때문에 현재의 기업가적 모험을 종료하려 할 것이다. 기업가적인 노력에 따른 전환 비용(switching costs)을 낮출 수 있는 정도에 따라서, 그 사람은 실적이 저조한 회사에 덜 갇혀 있다고 느끼고, 그래서 모험을 종료하고 차선의 대안적 경력으로 나아갈 것이다. 실제로 앞에서 우리는 팀원들의 심리적 욕구를 인정하고 그러한 욕구 충족을 위하여 공략함으로써 더욱 매력적으로 만들어지는 대안, 즉 현재의 벤처에 대한 대안을 경영자들이 만들 수 있는 몇 가지 실용적인 방법을 제시하였다.

• 4.3 집단 효능감과 양날의 검

우리는 주로 의사결정에 영향을 미치는 개인 수준 요인에 주로 초점을 맞춰왔지만, 성과가 좋지 않음에도 불구하고 지속성에 영향을 미치는 집단 역학도 있다. 구체적으로는 집단 효능감(collective efficacy)이 성공 달성에 걸

림돌을 극복하는 이점을 제공하지만, 실패가 발생했을 때 실패에 따른 재정적 비용이 필요 이상으로 클 정도로 실적이 저조함에도 불구하고 지속성을 부추길 수 있다. 이것이 의미하는 바는, 반드시 집단적 자기 효능감을 줄이는 것이 아니라 집단적 효능이 근본적인 기회 신념(opportunity belief)을 부정하는 증거인 반대 의견과 정보를 고려하는 시스템으로 구축하여 집단 효능감의 순기능이 잠식되지 않도록 팀을 설계하자는 것이다. 위에서 언급한 제안과 일관되게, 팀 리더는 그룹의 핵심 가정에 도전하기 위해 각 회의에서 반대 의견을 제시할 개인을 구체적으로 지정할 수 있다. 이와 일관되게, 팀 구성원은 단순히 자원 봉사자를 받아들이기 보다는 핵심 팀원으로 구성원을 배정해야 한다(프로젝트에 관한 공통의 신념을 모두가 공유할 수 있음). 마찬가지로 외부인은 객관적이고 편견 없는 피드백을 제공할 수 있는 위치에 있기 때문에 반대 의견을 제공하는 중요한 역할을 할 수 있다. 마지막으로, 팀은 실적이 저조한 벤처사업이 종료되어야 한다는 사실을 입증하기 위해 사실을 지적하는 경험 있는 사람, 즉 과거의 챔피언에게 도움을 받는 방법도 고려할 수 있다.

요약하면, 기업가적 벤처의 종료를 지연하여 비용이 많이 드는 결정에 영향을 미치는 많은 요소들이 있지만, 기업가적인 행위자들은 이러한 상황을 관리하기 위한 많은 도구를 가지고 있다. 벤처를 시작하기 전에 프로젝트를 종료하는 잠재적 문제를 능동적으로 인식하고 다룸으로써, 행위자들은 종료 결정을 평가할 때 개인의 편향과 그룹 내 영향에 굴복하는 위험을 줄일 수 있다.

저성과 프로젝트 지연의 이득(제5장)

앞부분에서 제시한 바와 같이, 벤처의 종료 결정에는 성과 역치를 낮게 설정하게 하는 편향과 인식뿐만 아니라 벤처의 미래에 대한 불확실성을 포함한 뉘앙스가 포함되어 있다. 비록 기업가적인 행위자들이 그들의 모험을 지속하도록 이끄는 많은 요소들이 있지만, 이러한 지속은 실패에 따르는 재정적 비용을 더 크게 만든다. 이렇게 증가된 재정비용은 자영기업의 기업가들에게는 부정적인 영향을 미친다. 즉, 그들은 깊은 재정의 수렁에 빠져 있기 때문에 빠져나오기에 더 어렵고 시간이 많이 소요되는 것이다.

그러나 회복이 갖는 의미는 재정적인 측면에서 이익을 만들어 내는 것 그 이상이며, 따라서 관리자나 기업가가 기업가적인 벤처나 프로젝트의 종결을 결정하는 데 고려해야 하는 추가적인 미묘함이 있다. 이 책 전체에서, 벤처 실패에 대한 부정적인 정서 반응은 실패경험으로부터의 학습과 앞으로 전진하는 데 필요한 동기부여를 방해한다는 것을 주장하였다. 그러나 특정 조건에서, 기업가적 행위자는 실패가 일어날 것을 인지하지만, 종결에 어느 정도의 지연은 그들이 실패에 정서적으로 준비하는 데 유용하며, 그것은 그들이 실패 사건으로부터 회복하고 학습하는 데 유리한 상태에 있게 되는 것이다.

결국엔 실패할 기업가적인 노력을 종결하는 데 약간의 지연은 회복을 감소시킬 것이라는 게 일반적이다. 그러나 포괄적 의미에서 회복이란 재정 및 정서적 회복을 포함하고 있다는 것을 고려한다면 일반적인 관념은 재음미될 필요가 있는 것이다. 재정적 회복은 조기 종결로 촉진될 수 있는 반면에, 정서적 회복(실패경험으로부터의 학습을 포함)은 약간의 종결 지연을 통하여 향상될 수 있다. 종결에는 당연히 당사자에게는 고통이 예견되기 때문이다. 여기에서의 핵심은, 기업가적인 행위자가 자신의 모험이 곧 실패할 것을 인지하게 되면, 예견되는 고통 때문에 벤처 종결을 미루고자 하지만, 감정이 완전히 소진되는 정도까지는 아니다. 예상되는 고통의 기간 동안에, 기업가적인 행위자들은 실패한 프로젝트에 대하여 점검하고, 감정을 잘 표명하고(articulate), 학습한 교훈을 문서화하는 활동에 몰입할 수 있다.

이하에서는, 종결 지연에 대하여 논의함으로써 벤처 종결 시기와 관련한 목표와, 학습에의 활용성, 종결 후 매력적인 프로젝트에 실패 경험자들을 재배치하는 것의 중요성, 그리고 변화를 자극하는 신호로서 부정적 감정을 인식하는 필요성과의 균형을 위한 제안을 할 것이다.

기업가적인 도전을 종결하는 결정 시점의 중요성에 대한 인식을 토대할 때, 특별히 종결의 속도와 관련하여 프로젝트 종결을 위한 구체적인 함의가 있다. 프로젝트가 종결되는 속도는 중요한 기제인데, 그 기제를 통하여 조직은 불확실성을 관리하기 때문이다. 기업가적인 프로젝트란 불확실한 미래에 대한 탐사를 의미하는 것이기 때문에, 그들이 정보를 들춰내면, 유망성이 없는 프로젝트로부터 자원은 철회되어 대신에 유망한 프로젝트에 투입되는 것이다. 이것이 관리 차원에 가지는 시사점은, 불확실성을 관리하기 위해 기업은 잠재적 미래 제품이나 비즈니스를 개척하기 위해 작고 새로운 다양한 시제품(ventures)을 개발함에 있어서 기업가적이 될 필요가 있는 것이다. 따라서 경영은 유망함을 보여주지 않은, 즉, 실패하는 프로젝트(failing project)는 빠르게 종료하고 자원을 재배치하는 것에 만전을 기해야 하는 것이다. 이러한 접근법의 가치는, 실패한 이러한 모험들조차도 프로젝트에 참여한 멤버들과 조직 전체가 학습할 수 있는 정보를 제공한다는 것이다. 그러나 이 책 전체에서 논의한 바와 같이, 모든 개인과 조직이 그들의 프로젝트로부터 학습하는 것도 아니며, 미래 유망함이 보이지 않는 벤처사업들을 모두 빠르게 종료하는 것도 아니다.

불확실성 관리의 논리구조는 조직의 최고관리층들의 관점으로부터 나온다. 그리고 이들은 불확실성을 관리하고 포트폴리오 접근법을 활용하는 데 관심을 가지고 있다. 이처럼 각각의 신규 벤처는 리얼 옵션(real option)의 관념과 일관성을 갖는다. 그러나 복수의 새로운 벤처를 다루는 최고관리층의 관점은 하나의 프로젝트만을 다루는 팀 구성원들의 관점과는 다르다. "옵션을 가진 자"의 관점은 "옵션의 대상자"의 관점과는 다른 것은 당연하다 (McGrath, 1999). 그러므로 최고관리층이 특정 벤처에서 일하는 팀원들의 관점에 대한 이해와 프로젝트 종결 과정에서의 그들의 느낌과 생각에 대하여 이해하는 정도에 따라서, 조직을 둘러싼 불확실성을 관리하는 포트폴리오 접근방법을 보다 잘 활용할 것이다.

실패란 기업가적 환경(자영 및 기존 조직의 새로운 벤처)에서는 빈번하게 발생하는 이벤트임을 일관되게 주장해 왔으며, 그러한 도전은 실패경험으로 부터 개인과 조직이 학습하고 재도전하는 동기를 부여할 수 있음을 의미한다. 사실, 관리자들은 실패경험으로부터 학습하기 위하여 실패사건으로부터 직원들이 집중하였던 주의(attention) 내용을 자산화할 필요가 있다. 그러나 동시에, 학습과 재도전의 동기를 방해하는 부정적 감정을 최소화할 필요가 있다. 우리는 기업가적 프로젝트에 대한 연구를 통하여 몇 가지 관리적 함의를 제시한다.

5.1.1 개인을 보다 매력적인 프로젝트에 재배치하여 부정적인 감정을 감소시켜라.

프로젝트의 조속한 종결은 당사자들이 상실에 대하여 감정적으로 대처하는 데 충분한 시간이 적기 때문에 실패 후 심리적 고통의 수준이 매우 높을 것으로 예상할 수 있지만, 프로젝트 실패에 대한 부정적 감정 반응은 실패당사자들이 판단하기에 종결된 이전 프로젝트보다 더 상위에 있는 프로젝트(예: 공학적인 과제)에 배치를 받으면 다소 완화된다. 얼핏 보면, 제2장에서 시사하는 내용과 모순되는 것 같아 보인다. 제2장에서는, 기업가적 행위자들은 그들의 벤처가 실패하는 경우 심리적 고통을 느끼는 이유를 제시하였다 (그리고 후속하는 프로젝트가 개인의 근본적인 심리적 욕구-유능감, 소속감, 자율성-를 충족하는 데 미흡한 것이라고 판단하기 때문에 벤처 실패는 심리적 고통을 생성한다는 것을 설명하였다). 그러나 차기 프로젝트가 현재의 실패 프로젝트에 비하여 열등한 것으로 예상할 필요는 없다. 실제로, 벤처가 현재 실패 중이라는 사실은 프로젝트가 구성원들의 중요한 욕구를 충족하는 데 충분하지 못하다는 것(즉, 도전의 욕구가 없다)의 반증일 수 있기 때문에, 새로운 다른 벤처에 재배치가 더 우수한 옵션이 될 수도 있다. 그러므로 실패한 팀원들은 자신들이 생각하기에 더 우수한 대안적인 기업가적인 프로젝트에 재배치되면 이전의 프로젝트 실패에 대한 부정적 감정을 관리할 필요는 없어진다는 것이다.

5.1.2 실패 경험으로부터 학습하는데 요구되는 동기는
어느 정도의 슬픔 없이 부여되지는 않는다.

벤처 종결은 기업가적 행위자들에게 심리적 고통을 유발하며, 이러한 고통은 재도전에 필요한 학습과 동기부여에 방해가 된다. 그래서 이 책의 함의 중 많은 부분이 심리적 고통을 감소하는 것에 집중하였다. 따라서 상위의 후속 프로젝트에 조속한 재배치는 심리적 고통을 거의 생성하지는 않지만, 그러나 어떠한 학습도 이루어지지 않는다. 이것은 몇 가지 측면에서 시사를 한다. 실패 사건이 부정적 감정 반응을 생성하지 않으면, 팀원들이 의미를 부여하기 위한(즉, 학습 메시지 탐색) 노력에 크게 주의를 집중할 필요가 없다는 것이다. 다시 말하면, 어떤 부정적 감정 반응은 학습과정에 중요한 입력 요소라는 것이다. 다른 또 하나의 시사점은, 특히 실패 프로젝트보다 우위의 것으로 여겨지는 대안 프로젝트에 조속한 재배치는 학습하는 데 충분한 시간을 제공하지 못한다는 점이다. 그러므로 프로젝트 실패 후 빠른 재배치 문제를 다양한 각도에서 조명하면, 프로젝트 종료의 지연은 분명히 부정적인 감정 반응(예 : 서서히 다가오는 죽음)을 유발할 것이다. 그런데 그러한 지연 기간은 다른 한편으로는 실패경험으로부터 학습을 위한 동기부여와 시간을 제공할 수 있는 것이다. 다시 말하면, 팀원들이 프로젝트 실패 경험으로부터 학습한 교훈을 공식화, 표명 및 명문화하는 데 동기부여와 시간을 제공하는 것이다. 그러므로 이러한 상황에서 관리자는 종결 결정을 지연함으로써 실패 프로젝트로부터 학습을 촉진할 수 있는 것이다.

5.1.3 실패하는 혹은 실패한 경험으로부터 반추하고
학습하는 기회를 만들어라.

팀 구성원이 새 프로젝트에 배정되기 전에 프로젝트 실패 경험을 성찰하고, 명확히 설명하며, 명문화하는 시간을 할애할 때 학습이 촉진된다(심지어 성과가 낮은 프로젝트에 대한 조속한 종료의 경우에도). 예를 들어, 보고 세션의 구현은 성과가 저조한 프로젝트에 대한 지속적인 자금지원의 중단에 따른 비용 감소와 서서히 죽어가는 죽음과 관련된 부정적인 감정 측면에서 지연된 종료로 얻게 되는 것과 유사한 이점을 제공할 수 있다. 즉, 관리자들은 팀원들에게(서서히 다가오는 죽음의 기간 혹은 실패 후이든) 기존 프로젝트 이슈에 대해 명확하게 설명하도록 격려함으로써 팀의 다른 사람들에게 잠재적인 해결책을 제공할 수 있다. 프로젝트 실패를 둘러싼 이슈를 명확히 함으로써, 개인은 실패에 대한 자신의 가정(assumptions)을 더 잘 이해하고 의문을 제기할 수 있으며, 이를 다른 사람들에게 명확하게 설명하고 피드백을 제공받음으로써, 실패에 대한 보다 타당한 설명이 개발될 수 있는 것이다. 공개적으로 표명이 된 후(After articulation), 더 많은 시간이 부여되면 학습한 교훈을 체계화할 기회가 제공되는 것이고, 따라서 개별적인 학습을 조직적인 학습으로 전환이 시작되는 것이다. 즉, 서서히 사망하는 동안 팀원들은 프로젝트 실패에서 얻은 문제, 해결책 및 교훈을 기록하기 시작해야 한다.

감성지능, 감성능력 그리고 슬픔 회복과 의미부여(제6장)

기업가적인 도전과 실패는 개인과 조직에게 부정적인 결과를 다양하게 초래할 수 있다. 앞에서 지적한 바와 같이, 가치 있는 그 무언가를 상실했다는 심리적 고통, 프로젝트 그 자체, 혹은 관심 있는 그리고 도전적인 과제의 (미래의 잠재적 기회) 상실 우려 등이 이에 해당한다. 그러나 이 책에서 강조하는 가장 근본적인 관점은 기업가적인(혁신적인) 개인은 가장 먼저 그리고 최고의 행동 마인드를 가진 사람이라는 것이다(first and foremost action minded). 즉, 기업가적인 행위자들은 종종 가혹하고 불확실한 외부 환경에서 비즈니스 아이디어를 생성하기 위해 문제를 해결해 나가고 기회를 탐색하며 어려움을 견디는 데 익숙한 사람들이다. 이러한 관점에서, 우리는 기업가적인 실패에 관련한 심리적 고통을 조절하기 위해 개인과 조직 활동에 초점을 두었다. 결국 심리적 고통의 극복과 실패경험으로부터의 학습(overcoming grief and learning from failure)이다.

• 6.1 슬픔을 제거하기보다는 슬픔을 조절하는 것

제6장에서 강조했듯이, 개인은 다른 슬픔 회복 모드를 통해 방향을 잡는다. 이러한 모드에는 손실 지향(개인이 실패의 원인에 주의를 기울이는 경우), 복원 지향(앞으로 나아가기 위한 행동에 집중할 수 있도록 인지 능력이 자유로워지는 경우), 진동 지향(개인과 조직이 손실과 복원 방향 사이에서 진자운동)이 포함된다. 여기서 기업가적인 조직의 관리자와 기업가적인 개인 행위자에게 가장 중요한 의미는 진동 지향이 이상적인 슬픔 회복 모드이므로 이를 개발하고 장려해야 한다는 것이다.

슬픔 모드(손실과 복원) 유형 사이를 왔다 갔다 함으로써, 기업가적인 행위자들은 실패와 관련한 정보를 살펴봄으로써(즉, 프로젝트가 왜 실패하였으며, 고려해야 할 다양한 요인은 무엇인가 등) 실패 상황에 의미를 부여할 수 있게 되며, 그런 후에 정보를 해석하는 것이다(즉, 이러한 정보들을 미래에 얼마나 적합하고, 미래상황에 우리는 무엇을 다르게 할 수 있는가? 등). 그런데, 실패경험에 심리적 고통의 부정적 감정이 지나치게 높으면, 실패를 분석할 수 없는 지경에 이르게 되고, 결국 학습을 크게 위축시킨다. 마찬가지로, 개인이나 조직이 실패에 대하여 무감각해지거나 혹은 실패가 조직 차원에서 정상적인 것(norms)으로 간주되면, 고통은 제거되겠지만 실패경험으로부터 학습하는 기회는 거의 없다.

실제적인 관점에서 볼 때, 기업가적인 행위자들은 부정적 감정을 대하는 모드에서 딜레마에 직면한다. 한편으론, 그들은 실패경험과 관련한 고통을 제거하는 대신에 학습기회는 줄어드는 것이고, 따라서 미래 실패의 위험을 가중시키는 것이다. 다른 한편으론, 심리적 고통이 적절하게 관리되지 않으면, 조직은 학습 부족과 지속적인 수행으로 인해 고통을 겪을 수 있다. 이러한 딜레마를 고려하여, 우리 연구팀은 개인수준(building emotional intelligence: 감성지능 향상)과 조직수준(developing an emotional capability: 감성능력개발)에서 고통(슬픔)을 건강한 수준으로 관리하기 위한 몇 가지 제안을 제시하고, 그러한 방법은 보다 나은 학습, 미래실패 위험 감소 및 성과향상을 창출하는 논리를 제시하였다.

6.1.1 개인 수준에서 심리적 고통을 관리하는 방법: 감성지능을 개발하라.

개인 수준의 감성 지능은 슬픔－회복 모드의 선택과 효과에 대한 하나의 설명을 제공한다. 감성지능이 높은 사람은 자신의 감정을 알고 이해한다. 이러한 기본적인 인식은 감정을 미래로 향해 나아가도록 관리와 조절을 가능케 하는 것이다. 개인들은 감정적 반응을 촉발하는 요인들, 즉 사회적 배경이나 사건 그리고 기타 요인들을 포함한 요인들을 인식함으로써 자기인식(자신의 감정상태에 대한 인식)을 높일 수 있다. 자기인식을 통하여 실패경험 후 팀 멤버들은 실패와 관련된 감정적 경험을 둘러싼 것들에 대하여 명확하게 이해될 수 있는 것이다.

유사한 방식으로, 감성지능이 높은 개인은 자신들의 감정을 조절하고, 자신들의 감정이 격해지는 것을 인지한다. 그래서 이러한 개인들은 하나의 심리적 고통 회복 유형에서 다른 것으로 전이(예: 손실지향에서 복원지향으로)가 이루어지는 감정적 신호를 인식한다. 이들은 또한 사회적 상호작용의 과정에서 감정의 영향을 이해하기 때문에 타인의 감정적 반응과 감수성(sensitivity)에 대응하는 방법을 안다. 그들은 또한, 동일한 현상에도 개인들마다 서로 다르게 반응한다는 것도 알고 있으며, 따라서 그들은 부정적인 사건에 대한 다양한 감정적 반응을 수용하도록 조절할 수도 있다. 감정을 조절할 수 있는 능력을 향상한 기업가적인 행위자들은 심리적 고통에 대한 다양한 반응에 훨씬 더 개방적이기도 하다. 이러한 개방성이 진동 유형(oscillation mode)에 필수적이며, 개인들을 더 다양한 정보에 노출시킬 수 있으며, 그럼으로써 실패를 분석하고 의미부여의 과정을 만들어 갈 수 있는 것이다.

이러한 논의에서 중요한 측면은, 기업가적 행위자들은 팀 프로젝트가 실패해 가고 있을 때 개인들의 감성지능을 팀 차원에서 전향적으로 고려해야 한다. 관리자들은 감성지능을 채용절차와 직원역량개발에 중요한 도구로 구축하여야 한다. 그러한 능력이 심리적 고통을 관리하는 데 유용하기 때문이다.

6.1.2 조직 차원의 슬픔 관리 : 감성능력을 개발하라

개인 수준에서의 감성지능의 향상은 심리적 고통을 조절하는 데 도움이 되는 것처럼, 다른 한편 조직 수준에서의 감성 능력 또한 슬픔 조절 기제의 향상에 중요한 요인이다. 조직의 감성능력은 조직 구성원들의 감정 상태를 인지, 탐색, 주목하는 조직의 관례와 구조에서 명백하게 나타난다. 다시 말하면, 조직은 실패로부터의 감정을 제거하려고 적극적으로 애쓰기보다는 감정에 대한 건강한 조절을 촉진하는 데 더욱 관심을 갖는다. 기업가적 행위자들은 조직의 감성능력을 향상시킴으로써 실패와 관련한 심리적 고통을 조절하는 데 장치를 잘 갖추고, 따라서 실패의 상실을 학습과 다른 성취의 기회로 전환시킨다.

관리자들은 조직 구성원들의 감정 상태를 인지하고 이해하기 위하여 실패대응 체계 혹은 관례(routines)를 개발하여야 한다. 예를 들어, 일대일 회의, 팀 회의 또는 감정 반응에 대한 섹션을 포함하는 사후 보고회와 같이, 프로젝트 실패 후 팀 구성원들이 감정을 표현하도록 하는 특정 프로토콜을 설정할 수 있다. 또는, 관리자는 팀 구성원들이 프로젝트에 대한 우려의 목소리를 내고 동일한 방식으로 느낄 수 있는 다른 사람들과 상호 작용할 수 있는 온라인 도구를 활용할 수 있다. 이러한 조직 관례들이 최고관리층에 의해 그리고 보상 구조를 통하여 지지될 때, 조직은 팀원들의 실패경험에 대하여 감정적으로 대처하는 방법에 대한 중요한 정보를 정기적으로 수합할 수 있으며, 그것은 상황에 맞는 후속 조치를 가능하게 한다.

마찬가지로, 프로젝트 전체 진행기간 동안(즉, 실패하기 전에) 감정 공유를 강조하고 보상하기 위해 루틴이 적절하게 마련될 수 있다. 이는 프로젝트 전반에 걸쳐 팀 구성원들의 정서적 투자를 측정하는 데 도움이 될 수 있으며, 제5장에서 논의한 것처럼 프로젝트가 서서히 죽음을 맞이하고 있는 경우, 프로젝트가 종료되기 전에 팀 리더가 학습 활동을 시작하는 데 집중할 수 있도록 도울 수 있다. 조직은 팀 구성원들이 정서적 우려를 표현하고 해결할 수 있는 창의적인 접근 방식을 알 수 있게 됨에 따라 팀 구성원들이 손실과 복원 지향 사이를 전환할 수 있고, 프로젝트 실패에 대한 정보를 검색하며, 향후 개선을 위해 해당 정보를 분석할 수 있는 맞춤형 후속 솔루션을 개발할 수 있는 것이다. 이러한 루틴과 구조는 바람직한 행동을 지원하는 보상과 결합되어 후속 프로젝트의 성과뿐만 아니라 학습도 향상시킬 수 있다.

6.1.3 습관화와 둔감화에 따른 실패의 정상화 및 그 위협

조직 구조와 관례가 슬픔 회복과 조절에 필요한 상황맥락적 구조를 제공한다 할지라도, 조직에서 실패를 다루는 관례를 고려함에 있어서 기업가적인 행위자들은 구성원들이 실패에 습관화되고 실패의 결과에 둔감화되는 것을 반드시 피하여야 한다.

습관화(habituation)는 사회화 과정을 통하여 발전하는데, 실패 분류 자체 및 실패를 가치와 연결하는 것, 예를 들면, 실패는 나쁜 것, 좋은 것 혹은 정상적인 것 등을 포함한다. 기업가적인 조직은 이러한 사회화 과정에 주목하여야 하는바, 사회화 과정은 직원들의 행태에 당연히 영향을 미치고 또한 미래의 프로젝트 성과와 학습과정에도 영향을 주기 때문이다. 구체적으로 설명하면, 실패가 낙인화되면, 조직원들은 위험을 덜 감수하려고 할 것이고, 또한 혁신적이지만 불확실한 프로젝트에 덜 참여하려 할 것이다. 반대로, 실패가 무분별하게(extensively) 칭송되고, 조직구성원들이 최종 실패에 따른 후속하는 결과에 대하여 의식이 없는 것은 눈을 감은채로 프로젝트를 수행하는 것이나 다름없는 것이다. 최소한, 기업가적 행위자들은 그들이 기대하는 가치를 적극적으로 구축해야 하고, 조직 활동에 대하여 그러한 가치를 연결시켜야 한다.

실패의 정상사고화(normalization)에 기여하는 두 번째 기제는 둔감화(desensitization)이다. 둔감화가 일어나면, 특별한 실패(예: 프로젝트에 수백만 달러의 손실, 프로젝트의 성과 달성에 실패한 팀 등)가 평범하고 정당화되고 심지어 흔한 것으로 간주된다. 이와 같은 중대한 신호(실패)의 희석은 실패원인이 되는 주요한 문제를 감추는 것이 된다. 즉 후속하는 행위나 성과에 중요한 정보를 기업가적인 행위자들에게 감추는 것이 된다. 물론 조직은 실패에 대하여 조직구성원들을 덜 예민하게 하여 부정적 감정을 축소하거나 제거해야 한다. 그러나 감정적 요소를 제거하는 것에는 감수해야 하는 관련된 비용이 있는데, 그것은 부정적 감정을 적절하게 관리하거나 조절하는 것보다 더 크다.

제6장에서, 그리고 여기서 요약하는 바와 같이, 우리는 간단한 질문을 탐구했다: 왜 일부 개인과 조직은 실패를 통해 학습하고, 학습한 교훈을 미래의 활동에 적용하는 건강한 방식으로 실패에 더 효과적으로 대응할 수 있는가? 이에 대한 대답으로, 우리는 개인들이 그들의 감성 지능을 개발할 수 있고, 조직은 감성 능력을 개발하는 구조와 루틴을 제공할 수 있다는 것을 발견했다. 따라서 이 논의에서 빼놓을 수 없는 핵심은 조직이 감성 지능과 조절 활동을 통합하는 관례와 구조를 개발해야 한다는 것이다. 그렇게 함으로써, 조직은 실패를 정상사고화하는 것을 피할 수 있으며, 부정적 감정과 그러한 감정 원인들을 빠르게 인지하고 대응하는 문화를 구축함으로써, 직원들이 실패 경험으로부터 학습할 수 있도록 유도할 수 있는 것이다.

심리적 안녕의 향상과 낙인 관리(제7장)

앞 절에서 표시한 바와 같이, 실패를 정상사고화하는 데 조직 루틴을 사용할 수 있으며, 실패의 정상사고화는 기업가적인 행위자들이 개선의 기회를 무시하거나 인식하지 못하게 한다. 습관화와 둔감성이 실패를 정상화시키는 반면 개인이나 단체, 심지어 지역사회의 다른 행동들은 실패하는 사람들을 식별해내고 낙인찍음으로써 정반대의 극단으로 치닫는다. 정상화와 마찬가지로 낙인찍기는 기업가적인 행위자들의 심리적 안녕을 방해하고 미래의 성과를 손상시킨다. 이 섹션에서는 개인이 낙인을 방지하고 관리할 수 있는 방법에 대해 설명한다. 구체적으로, 우리는 낙인에 영향을 미치는 요인들과 기업가적인 행위자들이 어떻게 그들의 행복에 위협이 되는 요인들을 최소화할 수 있는지에 대해 논의한다.

지금까지 우리는 주로 기업가적인 행위자들이 실패 사건을 둘러싼 내러티브를 관리하는 방법에 초점을 맞추었다. 그러나 실패에 대한 전반적인 내러티브에 기여하는 다른 중요한 행위자들, 즉 다른 조직 구성원, 투자자, 커뮤니티 구성원, 넓은 의미의 사회 등이 있다. 때때로, 이들이 말하는 실패에 대한 이야기들은 영웅적이다. 하지만, 어떤 상황에서는 타인의 실패에 대한 이야기가 좋게만 회자되는 것은 아니다. 이야기는 훨씬 더 깊이 파고들어 실패와 관련된 개인에게 낙인을 찍기도 한다. 낙인 혹은 오명은 사회적 규범에서 벗어나는 방식으로 행동하는 개인에 대한 사회적 평가절하이다. 여기에는 부서, 조직 또는 더 넓은 지역사회를 포함한 다양한 사회적 단위의 규범이 포함될 수 있다. 기업의 실패든 기성 조직 내 프로젝트의 실패든 오명은 실패를 경험한 개인에게 불안감과 사회적 배제의 감정을 초래하기에 충분히 강력할 수 있다. 실제로 한 개인이 실패의 결과로 직장에서 퇴출당한 다는 것은 재취업의 곤란함 등으로 재정회복을 상당히 지연시킬 수 있으며, 다른 한편 자영업으로 재진입한다면 외로움과 부정적 감정을 악화시켜 심리적 안녕을 더욱 떨어뜨릴 수 있다.

낙인이란 외부의 요인으로부터 생성되는 것이기 때문에 이를 최소화하는 것은 기업가적인 행위자들에게 특별한 도전이 부과된다. 이러한 어려움에도 불구하고, 낙인화와 낙인화에 따른 부정적인 결과를 피하거나 최소화할 수 있는 다양한 방법이 있다. 구체적으로, 우리 저자들은 (1) 낙인을 피하는 데 있어 개인의 역할을 결정하는 것을 포함하여 낙인에 대한 성찰과 (2) 낙인을 줄이거나 또는 심리적 안녕을 증진시키기 위해 개인은 자신에 대한 다른 사람의 인상과 의견에 영향을 미칠 수 있는 행동을 제시한다.

7.2 자기반성과 낙인 회피

7.2.1 실패로부터 낙인과 상처받기 쉬운 자아에 대한 인식

실패와 관련된 모든 사람들이 모두 같은 정도로 낙인찍히는 것은 아니다. 놀랄 것도 없이, 종종 비난과 혹평으로 지목되는 것은 기업의 리더 혹은 팀 리더이다. 이 낙인은 특히 이전에 유명인이거나, 그들의 행동에 기만적이거나 비윤리적인 것이거나, 탐욕스러운 것으로 인식되었던 사람들에게 강하게 나타난다. 우리 저자들은 이전 연구 중 하나에서, 실패로 인한 낙인의 정도는 실패의 속성과는 크게 관련이 없는 기업가적인 행위자의 속성에 달려있다는 것을 발견했다. 구체적으로, 우리는 동성애자들이 이성애자들보다 똑같은 실패에 더 많은 낙인을 받고 있다는 것을 발견했다. 동성애자라는 낙인이 아직도 남아있고 이 낙인이 실패의 낙인효과를 더 크게 하는 것이다. 우리의 전문 연구 영역이 아닌 사회적 이슈를 다루는 것이기 때문에 우리 연구진은 너무 많은 권고를 망설였지만, 동일한 인상 관리 전략의 다수가 적용되고 더 중요해질 가능성이 높다. 다행히도, 동성애자라는 낙인은 시간이 지남에 따라 줄어들고 있는 것으로 보인다(수용하는 추세의 속도는 지역적으로 다를 수 있지만).

동성애자에 대한 이러한 부정적인 편견과는 대조적으로, 선한(good) 의도를 지닌 사업(예: 환경을 보호하는 기술을 제공하는 벤처기업)을 하려는 사람들에게는 긍정적인 편향이 있는 것으로 보인다. 즉, 비즈니스 실패와 관련된 낙인은 다른 사람을 돕거나 자연 환경을 보존하려는 시도와 관련이 있을 때는 줄어든다. 따라서 특정 실패에 대한 낙인의 수준을 줄이기 위해, 개인은 사업의 기저가 다른 사람들을 돕기 위한 좋은 의도라는 것을 전달(호소)할 수 있으며, (대중이 이러한 좋은 의도를 믿는 경우) 이러한 노력은 슬픔의 수준을 줄이는 데 도움이 될 가능성이 있다. 요약하면, 기업가적인 행위자들은 벤처에 참여하기 전에 실패에서 오는 낙인에 대한 취약성을 성찰하는 것을 고려할 수 있어야 하며, 잠재적으로 이러한 고려사항을 더 넓은 의사결정 구조에 반영할 수 있어야 한다. 이렇게 함으로써, 기업가는 새로운 벤처 창업과 관련된 개인적 위험을 더 잘 이해할 수 있으며, 벤처가 실패할 경우 사회적 평가절하를 견뎌낼 수 있다.

7.2.2 낙인의 최소화와 실패의 은폐

전술한 바와 같이, 낙인은 관리하기 곤란한 사회적 판단이다. 그러나 낙인을 감소하기 위한 한 가지 방법은 낙인을 찍는 사람들의 수를 감소시키는 것이다. 대체적으로 은폐된 채로 남아 있을 수 있는 유형의 실패의 경우라면 가능할 수 있다. 다시 말하면, 실패가 은폐될 수 있다면 실패는 보이지 않는 낙인이 될 수 있는 것이다. 따라서 실패가 은폐되면 될수록, 실패 당사자에게 낙인과 피해는 감소될 것이다. 그러나 타인이 결국은 알게 될 자신에 대한 중요한 무언가를 은폐하는 행위는 결국 부정적인 결과를 낳는다. 정확하게 표현하면, 낙인을 은폐하는 것과 관련한 부정적 감정과 스트레스는 엄청나다.

이러한 논의에서 발견한 주요한 교훈은, 개인은 자신의 낙인을 관리하기 위한 접근 방식을 사전에 능동적으로 선택해야 한다는 것이다. 그렇게 함으로써, 그들은 부정적인 결과를 자신들이 가장 잘 관리할 수 있는 방안(즉, 낙인찍힐 수 있는 행동의 은닉 혹은 공개)으로 능동적으로 선택할 수 있으며, 따라서 프로젝트 실패 후 심리적 안녕이 증진될 가능성을 높일 수 있다.

7.2.3 자기 입증 전략의 활용 및 심리적 안녕의 향상

처음 두 가지 제안은 낙인의 부정적인 영향을 실제로 줄일 수 있지만, 새로운 제안(즉, 자기 입증 전략 활용)은 낙인과 관련된 부정적인 감정의 강도를 시간이 지남에 따라 완화시키는 데 더 도움이 된다. 인상 관리 전략의 기본 가정은 낙인을 피하고 자신의 눈과 타인의 눈에 긍정적인 이미지를 유지하는 것이다. 그러나 인상 관리의 목표는 항상 긍정적인 이미지를 확립하는 것이 아니다; 때때로, 개인의 목표는 자신이 자신을 보는 것처럼 다른 사람들도 자신들을 그렇게 보게 하는 것일 수 있다. 이것이 의미하는 바는, 실패가 부정적인 자아관을 만들어 내는 정도에 따라서, 이러한 개인은 자신이 상호작용하는 사람이 자신에 대해 비슷한 인상을 갖도록 인상 관리 전략을 수행할 수 있다는 것이다. 즉, 자신을 둘러싼 사람들이 (실패한 자신에 대하여) 부정적인 견해를 가지고 있다는 것을 확실히 하기 위해, 다소 반직관적이지만, 더 큰 낙인을 쓸 가능성에도 불구하고 개인의 심리적 행복을 증진시킨다는 것이다.

실패 경험 후 부정적인 자아관(self-view)을 가진 사람들은 자신들의 실패와 관련하여 자신들을 부정적으로 바라보는 관점을 가진 사람들과 선택적으로 상호작용함으로써 자신의 심리적 복지를 향상시킬 수도 있다(최소한 일시적이라도). 흥미로운 사실은, 자신들에 대하여 긍정적인 견해를 가진 사람들을 만나면, 그들(실패 후 부정적인 자아관을 가진 사람)은 다른 사람들의 그러한 긍정을 부정으로 변화하도록 인상관리전략을 동원한다는 것이다. 이러한 인상관리전략이 다른 사람을 자신과 같은 관점으로 돌리는 데 실패하는 경우, 그들은 자신들에 대하여 긍정적 견해를 가지고 있는 사람들로부터 달아난다. 반직관적인 것처럼 보이지만, 당신을 있는 그대로 보는("see you as you really are")(최소한 자신이 자신을 바라보는 방식으로) 사람들과 상호작용을 하면 심리적 안녕을 높일 수 있다. 전술한 바와 같이, 자기입증은 인상관리전략으로서 자아에 대한 반성과 자신과 같은 관점을 가진 타인을 탐색하는 것 두 가지를 모두 포함한다. 이것은 일시적으로 안도를 제공할 수는 있겠지만, 낙인과 관련하여 핵심적인 문제를 해결하지는 못한다. 다음 절에서는 인상관리전략을 추가적으로 분석하는데, 장기적인 관점에서 낙인과 낙인의 결과를 감소시키려는 의도를 가지고 외부 관찰자들의 오명을 씌우는 인식을 직접적으로 목표로 하는 내용을 다룰 것이다.

• 7.3 타인의 인상과 여론 및 낙인 감소

7.3.1 당신이 위치하는 지역에 대한 이해

모든 문화나 사회 집단이 사회적 규범을 같은 방식으로 인식하는 것은 아니다. 즉, 사회 규범으로부터의 일탈이라고 간주되는 것에 대한 인식의 차이가 있다. 따라서 기업가적인 행위자는 낙인의 "법칙"이 지역에 걸쳐 균일하게 적용되지 않기 때문에 인상과 여론에 영향을 미치려고 시도할 때는 자신의 지역 내에서 수용하고 있는 실패에 대한 인식을 고려해야 한다.

첫째, 규범적 기대를 구성하는 것이 무엇인지, 따라서 규범적 기대를 위반하는 것이 무엇인지, 그리고 규범적 기대가 실제 실행되는 정도는 지역마다 다르다는 것이다. 실제로, 파산법은 국가별로 다르며, 실패에 대한 낙인도 지역 간의 편차가 있다. 구체적으로 파산법은 기업가를 파산죄로 처벌하는 정도에서 차이가 있다. 이것은 사업의 실패라는 것에 국한한 국가의 제도적 규범을 반영하지만, 기존의 조직 내의 사업 실패를 포함하여, 더 일반적으로 실패의 문화적 규범을 반영할 수도 있다. 개인이 실패의 낙인을 예상할 수 있는 범위 내에서, 징벌적 파산법(punitive bankruptcy laws)이 있는 지역은 사람들이 기업가적인 활동에 참여하는 동기를 약화시킨다. 여기서 핵심 요점은 기업가적인 프로젝트에 대한 위험 평가에는 벤처 실패 시 부정적인 낙인의 가능성과 "처벌"과 관련된 문제가 고려되어야 한다는 것이다. 처벌은 지역 규범에 따라 공식적(예: 법원에서 기소)이거나 비공식적(예: 사회 공동체 구성원들 사이의 부정적인 인식)일 수 있다.

둘째, 사업 실패에 대한 가시성에도 지역적 차이가 있다. 실제로 실패에 대한 오명을 쓰고 실패자에 대한 실질적인 정보를 대중에게 제공하는 지역에서는 낙인의 부정적 영향이 확대된다. 즉, 실패를 더 잘 드러나게 함으로써, 낙인이 눈에 보이지 않게 되는 경우가 적어지는 것이고, 따라서 감추거나 숨기기가 더 어려워진다. 다른 지역에서는 비즈니스 실패가 주어진 개인정보 보호 규칙이나 규범 때문에 공개되기가 더 어려울 수 있으며, 이는 낙인 결과에 영향을 미칠 수 있다.

마지막으로, 파산법과 실패의 가시성이 국가 간 낙인찍기의 차이를 설명하는 데 도움이 되지만, 국가 내에서도 문화적 차이가 있다. 예를 들어, 언론에서 실패에 대한 기사화 하는 방법은 실패와 관련된 낙인을 줄이거나 증가시킬 수 있다. 미디어가 지역의 규범을 반영할 수도 있지만, 실패에 대한 이야기가 독자들의 실패 의견과 궁극적으로 실패를 경험하는 사람들의 낙인찍기 수준에 영향을 미치는 의미부여(sensegiving) 기능도 있는 것이다.

또한, 인식의 차이는 국가 간뿐만 아니라 국가 내 지역 간에도 발생하며, 이러한 차이는 실패로 인한 낙인찍기 수준에 영향을 미칠 수 있다. 앞서 한 연구에서 동성애자인 개인이 이성애자보다 실패로부터 더 많은 낙인을 쓴다는 사실을 어떻게 밝혀냈는지 언급했지만, 지역적 차이의 증거도 발견했다. 성적 지향에 기초한 실패의 낙인이 증가한 것은 종교적 가치가 강한 지역이지만, 종교적 가치가 약한 지역일수록 더 적게 존재한다는 것을 발견했다. 실패에 대한 낙인찍기 수준에 지역적 차이가 있다는 것을 인식하는 것의 의미는 복잡하다. 일부 개인들의 경우, 사업지의 지역적 이전이 그들을 사회적 네트워크에서 멀어지게 할 수 있고, 이것은 실패를 더 많이 만들 수 있지만, 다른 지역으로 이전하는 것이 필요할 수도 있다. 낙인찍기 및 실패 가능성이 높다는 점에서 궁극적으로 기업가적인 행동의 매력에 대한 지역적 차이는 정책 입안자들에게 중요한 영향을 미치지만, 이것은 우리가 정부에 처방을 제공하기 전에 훨씬 더 많은 연구가 필요하다.

7.3.2 낙인을 씌울 것 같지 않은 사람과의 교제

위에서 지적한 바와 같이, 기업가적인 행위자들은 그들이 사업을 운영하기로 선택한 국가, 지역 및 지역사회를 포함하여 그들의 사업 벤처의 광범위한 맥락을 고려함으로써 낙인의 위협을 최소화할 수 있다. 더 넓은 비즈니스 환경을 넘어, 개인은 낙인의 위험(및 그와 관련된 부정적인 결과)을 줄이는 사회적 관계를 추구할 수도 있다.

비록 다른 사람들이 낙인찍기 사건(실패)을 알고 있더라도, 소셜 네트워크의 모든 사람들이 그 사람에게 낙인을 가지지는 않을 것이다(또는 덜 심각한 결과를 초래하는 낙인을 가질지도 모른다). 예를 들어, 소셜 네트워크의 사람들이 실패를 경험한 개인과 자발적으로 어울릴 수(혹은 단절) 있을 때, 그들은 그 낙인이 그들 사이에서 "닳아 없어질 것"이라고 느낄 것 같지는 않지만, 그러나 낙인을 쓴 개인을 사회적으로 배제할 필요까지는 느끼지 않을 수도 있다. 그러므로 사회적 관계의 자발적인 측면을 고려한다면, 실패를 경험한 개인은 자신이 중요하게 여기는 사람을 낙인이라는 전염으로부터 "방어" 함으로써 중요한 사회적 관계, 즉 외로움을 피하고 슬픔을 조절하며 회복을 촉진하는 관계를 유지할 수 있다. 개인이 다른 사람의 실패에 대해 가지는 다양한 반응을 고려할 때, 기업가적 실패가 발생할 때에도 지지하는 사람을 찾아야 한다.

심지어 낯선 사람들조차도 실패에 대해 누군가를 낙인찍는 정도는 다양하다. 우리는 다른 사람들의 관점을 취하는 사람들이(조망 수용 능력이 있는 사람) 실패를 경험하는 개인의 입장에 더 잘 대처할 수 있다는 것을 알고 있고, 따라서 실패에 대해 그들에게 낙인을 씌울 가능성이 적다는 것을 알고 있다. 아마도 실패를 경험하는 사람들은 조망 수용에 능한 사람들에게 도움(또는 어떤 형태의 도움이든)을 청하기 위해 접근하는 것이 바람직할 것이다. 이러한 접근 방식의 과제는 관점을 잘 취하는 사람들을 알아채는 것이다. 쉽지 않은 일이지만, 그들이 가진 직업, 과거에 사람들을 도왔던 정도, 그리고 역경을 겪은 그들 자신의 경험에서 드러날 것이다. 조망 수용 능력이 있는 사람을 선택한다기보다는, 개인들이 다른 사람들에게 이러한 사고방식을 강조할 수 있다. 이것은 그들에게 여러분의 입장이 되어보라고 하거나 혹은 그들이 큰 실패를 겪거나 역경에 직면했을 때를 생각하고 그들이 어떻게 느꼈는지, 다른 사람들이 그들을 어떻게 대했고, 그들이 회복해야 할 필요가 있을 때 생각해보라고 요청하는 것만큼 간단할 수 있다.

따라서 전반적으로 사회적 환경이 실패에 대하여 낙인을 가지지만, 기업가적인 행위자들은 여전히 이해력 있는 개인들로부터 사회적 지원을 구할 수 있다. 이러한 사회적 지원은 실패 사건으로부터 회복하고 학습하는 데 매우 중요할 수 있다. 또한 이 지원은 초기 실패의 교훈을 적용할 수 있는 미래의 기업가적 행동을 동기화하는 데 도움이 될 수 있다.

7.3.3 실패에 대한 낙인 최소화 및 인상관리전략의 활용

낙인을 피하거나 최소화하려는 시도 이상으로 실패를 경험하는 사람들은 낙인을 줄이거나 부정적인 결과를 줄이기 위해 다른 전략을 활용할 수 있다. 앞서 언급한 낙인을 극복하는 데 있어 장애물이 만만치 않지만, 우리의 연구는 개인이 낙인을 직면하는 데 무력하지 않다는 것을 시사한다. 구체적으로, 우리는 기업가적인 행위자가 낙인을 해결하기 위해 네 가지 인상 관리 전략을 적용할 수 있다고 제안한다.

첫째, 개인들은 그들의 실패를 긍정적인 시각으로 다른 사람들에게 정의함으로써 의미를 제공하는 것을 활용할 수 있다. 즉, 다른 사람들이 실패 사건을 부정적인 것의 발생으로 인식한다는 것을 받아들이기보다는 실패를 경험한 개인들이 실패로 인해 발생하는 긍정적인 편익을 부각 및 전달할 수 있다는 것이다. 예를 들어, 그러한 개인들은 실패로부터 얼마나 많은 것을 배웠는지, 경제와 사회에 가치를 창출하는 프로젝트를 개발하는 데 얼마나 많은 사람들이 자신들의 실패로부터 학습하였는지, 그리고 실패가 어떻게 다른 기회를 드러냈는지를 강조할 수 있다. 실패의 이점을 강조하면서 실패를 경험하는 사람들에 대한 다른 사람들의 혹독한 평가가 누그러져 낙인이 줄어들 수도 있다.

둘째, 개인은 실패에 대한 책임을 부인할 수 있다. 개인이 실패에 대한 책임을 지지 않으면, 타인이 그를 실패에 대한 책임을 물어 비난하기 곤란하고, 그렇기 때문에 낙인화를 제거하거나 최소화할 수 있다. 듣는 사람들이 (실패한 사업이나 프로젝트의) 리더에게 책임이 없다는 이야기를 믿느냐가 과제다. 사람들은 성공에 대해서는 내부귀인으로, 실패에 대한 외부귀인 하는 것을 인지하고 있다. 사람들은 이러한 귀인 편향성을 인지할 가능성이 높으며 실패에 대한 책임이 리더에게 있지 않다는 확신을 가질 무언가를 취할 것이다. 실패를 경험한 개인은 이 인상관리 전략이 먹혀들도록 다른 어느 곳에 놓여 있는 책임에 대해 그럴듯한 이야기를 할 필요가 있을 것이다.

셋째, 위의 것과 반대되는 인상 관리 전략은 실패에 대한 책임을 지는 것이다. 책임을 지는 것이 낙인을 강화하는 더 가혹한 평가를 초래할 수 있다는 이전 단락의 개념과 일치하지만, 실패에 대한 책임을 지게 됨으로써, 개인은 실패 사건으로부터 이익(학습)이 있다는 것을 더 많은 정당성을 가지고 주장할 수 있다(실패 사건으로부터의 학습과 같은 첫 번째 인상관리 전략과 합침). 또한, 대부분의 사람들이 부정적인 사건에 대해 다른 사람들을 탓하는 귀인 편향이 있다는 것을 전제할 때, 실패에 대한 책임을 지는 것은 더 성숙한 접근과 용서할 가치가 있는 접근을 의미한다.

마지막으로, 실패의 낙인을 피하기 위해, 개인들은 그 상황에서 벗어나려고 시도할 수 있다. 이러한 접근법의 극단적인 예는 실패하는 회사의 관리자나 프로젝트가 실패하는 팀의 구성원들이 낙인 회피하기 위하여 "침몰하는 배에서 뛰어 내리는" 경우이다. 즉, 그들은 실패하는 프로젝트에 끝까지 잔류하여 결국 실패를 맞이하는 사람들이 실패자라는 낙인을 뒤집어쓰는 것처럼 자신들은 낙인을 받지 않으려고 침몰하는 배에서 뛰어내리는 것이다. 그러나 이러한 배에서 탈출하는 전략의 효과는 탈출하는 시간에 달려 있다: 만약 그 사람이 너무 늦게 뛰어 내렸다면, 비록 실패 사건이 일어나기 전에 떠났을지라도, 다른 사람들은 여전히 그 사람을 배의 침몰과 연관시킬 수 있고, 그래서 결국 실패에 의해 낙인을 받을 수 있다.

결론적으로, 기업가적인 실패는 외부 사람들로부터 반응을 불러일으킨다. 이 반응은 국가, 지역, 그룹 차원의 다양한 요인에 따라 달라질 수 있지만 학습을 억제하고 향후 성과를 위협하는 낙인으로 나타날 수 있다. 이 연구의 범위는 모든 수준에서 낙인의 원인에 영향을 미치는 권고안을 만드는 데 한계가 있지만, 기업가적인 행위자들은 실패의 낙인을 피하고 최소화할 수 있는 많은 옵션을 가지고 있다. 이 절에서 언급한 바와 같이, 의미제공은 기업가적인 행위자들이 실패에 대한 낙인을 최소화하거나 억제하기 위해 사용할 수 있는 주요 인상관리 도구 중 하나이다. 이제 우리는 의미제공 (sensegiving) 및 의미부여(sensemaking)가 학습을 포함한 실패의 긍정적인 결과에 어떻게 영향을 미치는지 더 자세히 탐구한다.

실패 사건에 대한 의미 부여와 의미 제공을 위한 내러티브의 구축(제8장)

이 책 전반을 통하여 우리가 반복적으로 주장한 것은, 장래의 기업가적인 활동에 정보를 제공하고 동기를 부여하기 위하여 실패의 원인을 조사 분류(process)하고, 해석하고 이해할 필요가 있다는 것이다. 이러한 주장을 위해, 우리는 이 과정의 장애물(즉, 슬픔, 낙인 등)과 개인이 그러한 장애물을 어떻게 극복하고 (성공적으로) 학습하고 다시 도전할 수 있는지에 대해 논의하였다. 그러나 학습의 장애물을 극복하는 것 이상으로, 실패 사건을 이해하는 과정이 종종 새로운 이야기, 즉 서술(narrative)로 제공될 수 있다는 것을 인식하는 것도 중요하다. 즉, 실패 사건의 교훈은 즉각적으로 자명(self-evident)해지는 것은 아니고, 발현(emergence)과 내재화(internalization)의 과정이 필요한 경우가 많다.

• 8.1 실패 사건에 대한 내러티브

책 전반에 걸쳐 자세히 설명했듯이, 실패의 경험과 실패에 대한 부정적인 감정적 반응은 이후의 기업가적인 활동에 참여하는 의욕을 저하시킬 수 있다. 이러한 의욕저하의 영향은 기업가적 행위자들이 더 보수적이 되고 기존 기술 및/또는 시장을 이용(exploiting)하는 데 집중하는 경향이 있으므로 보다 급진적인 기회에 대한 탐사(exploration)를 피하는 것이다. 이러한 경향에서 비롯된 관리에 가지는 실질적인 함의는 프로젝트 실패를 (잠재적) 이해관계자뿐만 아니라 기업가적인 그룹, 팀 및 조직 내에서 어떻게 커뮤니케이션이 되느냐가 실패 경험에 의미를 부여하는 데 중요하다는 것이다. 즉, 실패에 대한 내러티브는 프로젝트 실패가 후속하는 기업가적 프로젝트의 성과에 미칠 수 있는 영향을 기업가적인 행위자, 이해관계자 및 기타 외부인에게 이해와 설명 그리고 소통하는 데 중요하다는 것이다.

8.1.1 내러티브는 단순한 사실의 집합이 아니다.

내러티브가 사실의 총합 이상의 것이라는 사실을 인지하면서, 관리자들은 타당한 실패 이야기를 개발하기 위하여 이전 행동의 원인과 결과를 연결시키기 시작하였다. 하나의 실패 사건을 내러티브를 통하여 공개적으로 명확하게 표명하는 것은 하나의 활동으로서의 의미를 굳이 제한하지 않고 실패라는 보다 큰 맥락에서 주제가 되는 요소들을 구별해내어 한 개인의 경험으로만 머물지 않도록 하는 것으로, 동시에 실패 후 조사에서 생성된 정보와 사실을 보다 포괄적 범주에서 분석함으로써 그 가치를 동시에 높이는 것이다. 타당한 실패담(실패의 인과성)은 과거의 사건에 관한 메시지를 전달할 뿐만 아니라 실패로부터 학습하는 데 중요한 추가적인 정보를 드러내어 미래의 행동에도 정보를 제공한다.

8.1.2 내러티브는 보다 포괄적인 이야기이다.

중요한 것은, 내러티브는 하나의 프로젝트 실패를 조망 수용으로 만들 수 있다는 점이다. 구체적으로 프로젝트 실패는 부정적인 사건으로 간주되지만, 기업가적인 기업의 전반적인 성과는 다양한 새로운 벤처사업에 도전함으로써 기대할 수 있다. 전체적으로 성과가 향상되면서 조직 구성원들은 긍정적인 감정을 경험할 가능성이 높으며, 이러한 긍정적인 감정들은 특정 프로젝트 실패에서 생성된 부정적인 감정을 회복할 수 있다. 따라서 프로젝트 실패가 일반적으로 발생하는 조직현상의 모습으로 받아들이는 기업가적인 조직의 경우, 긍정적인 기업 성과 전체(또는 적어도 기업가적인 조사를 통하여 긍정적인 성과의 가능성이라도)로 구성원들(및 기타 중요한 이해관계자)의 주의를 이끄는 것은 조직이 프로젝트 실패로부터의 이점을 실질적으로 활용할 수 있다는 믿음을 심어주는 데 도움이 된다. 이와 같이 전반적인 성과에 긍정적으로 초점을 맞추는 것의 이점은 그룹의 자부심 증가, 참여(involvement) 및 협력(cooperation)과 같은 분야로 연결되어 나타날 수 있다.

실패 사건에 대한 "장기적 관점" 혹은 더 넓은 맥락을 포괄하는 내러티브를 공유함으로써 실패와 관련된 비애를 줄이는 동시에 행위자들이 후속하는 도전에서 피해야 하는 혹은 지속해야 하는 행동, 관례 또는 활동의 주제들을 인지하도록 장려하는 것이다. 하지만, 이러한 광범위한 주제들은 긍정적인 시각으로 조명될 때 더 효과적이 된다. 따라서 내러티브가 기업 성과와 같은 긍정적인 피드백에 이해관계자들의 관심을 집중시킬 수 있는 정도에 따라서, 이 초점은 개별적인 프로젝트 실패에 대한 부정적인 정서 반응을 다소 부정하는 역할을 할 것이다.

8.2 실패 내러티브 속에 감정과 기업가적 지향성의 표현

전술한 일반적인 권고안을 넘어서, 우리의 연구는 내러티브 안에서 실패사건으로부터 학습을 촉진하거나 저해시키는 구체적인 표현들을 확인하였다. 이것은 긍정적 및 부정적 감정의 표현 그리고 기업가적 지향성(EO: entrepreneurial orientation)이 포함된다.

8.2.1 실패 내러티브 속에 높은(high) 혹은 낮은(low) 부정적 감정 담기

우리의 연구는 실패 경험에서 회복하는 과정에서 실패의 내러티브와 기업가적인 행위자의 능력, 두 가지 측면에서 부정적인 감정의 역할에 대하여 함의를 제시한다. 실패 내러티브의 경우, 내러티브 안에 낮은 부정적 감정 내용을 담는 것은 조직에 대한 이해관계자의 헌신을 유지하는 데 도움이 된다는 점에서 효과적인 것처럼 보이며, 이것은 조직의 성공을 위해 중요하다. 반면, 내러티브에 높은 부정적인 감정 내용을 담는 것은 매우 중요한 후속의 수정 조치에 대한 긴박감을 조성하고 그에 따라 성과를 향상시키므로 효과적인 것처럼 보인다. 그러나 부정적인 감정 내용을 낮게 혹은 높게 내러티브에 담는다는 것이 가지는 함의는, 중간 수준의 부정적인 감정 내용이 두 세계의 최악의 상황을 모두 활용하는 것처럼 보인다는 것이다. 즉 조직에 대한 정서적 몰입을 감소시키고 문제 해결을 방해하면서, 시정 조치를 촉진하지도 동기를 부여하는 긴급성을 유발하지도 않는다는 것이다. 따라서 기업가적 행위자들은 자신들의 내러티브를 가지고 동기를 부여하고자 하는 행동을 신중하게 고려한 다음, 그러한 내러티브 내에서 부정적인 감정을 적절히 활용해야 한다.

8.3 실패 내러티브 속에 긍정적 감정을 표현하기 : 지나치게 많지 않은 적정하게

내러티브의 부정적인 감정 내용을 이해하는 것도 중요하지만, 또한 긍정적인 감정 내용을 이해하는 것도 중요하다. 특히 긍정적인 감정이 부정적인 감정으로부터 단순히 연속체의 반대쪽 끝에 있는 것이 아니기 때문이다. 긍정적인 감정 내용을 포함하는 내러티브는 집중력과 인지 과정을 제약하는 부정적인 감정을 상쇄할 수 있고 심지어 되돌릴 수도 있다는 점에서 성과를 향상시킬 수 있다. 즉, 내러티브의 긍정적인 감정 내용은 도전 실패의 이유에 대한 정보를 포착하는 데 있어 범위가 더 넓어지고, 이 정보를 해석하고 이해하는 데 있어 인지적으로 더 유연한 사고를 반영할 수 있다. 그러나 내러티브 안에 긍정적인 감정 내용을 담는 것에 위험이 전혀 없는 것은 아니다. 우리의 연구결과에 따르면, 내러티브에 너무 많은 양의 긍정적 감정의 내용이 포함되는 것은 프로젝트 실패 후 개인의 "반등"(bounce back) 능력을 떨어뜨릴 수 있다. 왜냐하면 그것은 과도한 낙관주의로 이어질 수 있으며, 지나친 낙관주의는 학습의 능력과 동기를 저하시키며, 따라서 학습한 것에 토대한 후속 활동의 능력과 동기도 역시 저조해지는 것이며 결국 후속하는 프로젝트에서 성과 향상을 기대할 수 없게 된다.

8.3.1 실패 내러티브에 기업가적 지향성을 높게 혹은 낮게 표현하기

프로젝트 실패에 대한 내러티브에 담긴 감성 내용의 중요성을 이해하는 것도 중요하지만, EO 콘텐츠가 실패에서 회복하는 기업 능력에 영향을 미칠 수 있는 것을 인식하는 것도 중요하다. 실패 내러티브를 구성할 때, 상대적으로 높거나 낮은 수준(중간은 아님)의 부정적인 감정 내용을 갖는 것이 실패에서 회복하는 데 가장 유익한 것처럼, 따라서 EO 함량의 높거나 낮은 수준을 갖는 것도 실패 회복에 도움이 된다. 즉, 높은 수준의 EO 콘텐츠는 "배의 항로를 바로잡기"(need-to-right-the-ship)와 같은 방식으로 접근하게 함으로써 개인들이 보다 높은 수준의 기업가적인 활동에 참여하게 하고, 따라서 극적으로 다른 결과를 실현하기 위해 능동적으로 혁신하고 일상과 행동을 변경하도록 자극한다. 따라서 기업가적인 팀의 관리자들은 프로젝트 실패 후 "항로 바로 잡기"(righting the ship)가 중요한 결과라고 믿는 경우, 실패 내러티브에서 높은 수준의 EO를 담아야 한다.

대조적으로, 낮은 수준의 EO 내용은 실패가 다소 이례적인 사건으로 인식되고 시스템적으로 광범위한 변화의 필요성을 제기하지 않는 "현재 궤도 유지"(stay-the-course) 접근방식과 관련이 있다. 따라서 기존의 활동과 루틴을 유지하면 바람직한 결과가 나올 것으로 예측하는 것이다. 이러한 상황에서 기업가적인 경영자들은 조직이 궤도에 있다고 인식하는 것이다. 그들은 단지 특정 기회를 "놓쳤을지는" 모르겠으나, 현재 궤도에서 크게 벗어날 필요가 거의 없다고 인식하는 것이다. 반대로, 중간 수준의 EO는 기업가적 이니셔티브에 대한 "도로 중간"(middle-of-the-road) 접근방법을 나타내는 것이며, 그 결과는 후속 성과를 감소시키고 미래의 실패 가능성을 증가시키는 것이다.

요약하면, 내러티브의 EO 콘텐츠는 높은 수준 또는 낮은 수준에서 존재하는 경우에만 실패에서 회복되는 개인들을 돕는 데 유용할 수 있다. 마찬가지로, 감정 표현이 조직의 목적과 일치할 때(즉, 코스를 유지하거나 운영방식의 근본적인 변화에 동기를 부여할 때) 도움이 되는 것이다.

결 론

실패는 기업가적인 도전에 일상적인 결과이며, 다수의 긍정적이며 부정적인 결과를 낳을 수 있다. 이 책 전반에서, 저자들은 왜 실패가 실패 당사자와 외부 관찰자 모두에게 특정의 반응을 이끌어내는가 그리고 그러한 반응은 어떻게 그리고 왜 약화되는가에 초점을 두었다. 더 나아가서, 실패에 대한 부정적 반응을 약화시키는 데 활용된 방법의 다양한 결과를 논의하였다. 어떤 반응은 학습을 향상시켰고, 다른 것은 긍정적 결과를 낳았고, 그리고 또 다른 것들은 기업가적인 행위자들을 효과적으로 보호하였다.

우리의 연구내용을 종합함으로써, 우리가 기대하는 바는 기업가적인 의사결정자에게 일단의 도구를 제공함으로써 실패에 대한 그들의 이해를 제고하고, 특별히 실패를 효과적으로 다룰 수 있도록 도움을 주는 데 있다.

첫째, 기업가적 행위자는 실패 사건 이후에 슬픔의 근원을 선제적으로 식별해야 한다. 프로젝트의 중단에 따른 상실감인가? 기술적 도전에 대한 업무 능력의 부족함에 따른 슬픔인가? 혹은 개인 정체성의 상실에 따른 슬픔인가? 실패와 관련된 슬픔을 다루기 위해, 기업가적 행위자들은 먼저 부정적인 감정 반응의 동인을 이해해야 한다.

둘째, 우리는 실패경험으로부터 학습하는 것을 방해하는 실패 후 자존감의 문제, 즉 자존감을 높이는 방안을 논의하였다. 반면에, 자기 연민의 도입과 적용은 프로젝트 실패에 대한 진정성 있는 성찰을 위한 경로를 창출하며, 그리고 학습과 미래 성과를 방해하는 공통적인 문제들(어딘가에 비난과 책임을 묻거나 혹은 자기 혐오적 태도)을 극복하는 방법을 제시한다.

셋째, 우리는 실패하는 과정에 있는 프로젝트에 집착하는 것의 문제를 논의하였고, 기업가적인 행위자들이 실패하고 있는 프로젝트에서 빠져나오는(pull the plug) 시기를 결정하는 데 고려해야 하는 여러 요인들을 설명하였다. 이러한 요인들은 프로젝트에 할당된 자원(리얼 옵션으로서)과 프로젝트가 실패하는 동안 발생하는 학습을 포함한다. 만약 행위자들이 이러한 요인 모두를 충분히 고려하지 못한다면, 미래 프로젝트의 성과를 향상시킬 수 있는 기회를 상실하는 것이다.

마지막으로, 개인과 조직이 기업가적인 실패에 연관된 당사자의 감정 조절과 외부자의 인식을 관리하기 위한 능력을 개발하는 다양한 전략을 논의하였다. 개인이 실패를 다루는 자신의 현재 능력에 대하여 어떻게 생각하던지 간에, 낙인을 관리하기 위한 감성지능과 인상관리를 개발할 기회가 있으며, 개인들이 실패경험으로부터 보다 긍정적인 결과를 성취하는 데 도움이 되는 실패 내러티브 구축 도구를 개발할 기회가 있다. 더 나아가서, 조직은 실패로부터 학습하고 성장하기 위한 긍정적인 환경을 조성하기 위한 능력, 관례 그리고 구조를 발전시킬 수 있다.

기업가적인 실패가 개인과 조직에 미치는 영향, 개인과 조직이 실패에 대응하는 방법, 그리고 실패경험에 대하여 사회가 보다 긍정적으로 지지하는 방법 등에 대하여 여전히 연구할 것이 아직 많이 남아있지만, 이 책은 우리가 바라는 기업가 정신의 중요한 측면을 더 잘 이해하기 위한 긴 여정 중 중요한 한 단계를 제시하였다.

REFERENCES

McGrath, R. 1999. Falling forward: Real options reasoning and entrepreneurial failure. *Academy of Management Review*, 24: 13－30.

Neff, K. 2003. Self－compassion: An alternative conceptualization of a healthy attitude toward oneself. *Self and identity*, 2(2): 85－101.

Wasserman, N. 2012. *The founder's dilemmas: Anticipating and avoiding the pitfalls that can sink a startup*. Princeton, NJ: Princeton University Press.

찾아보기

옮긴이
박상규

나사렛대학교 교수(소속: 오웬스 교양대학)로 재직 중이다. 충남대학교에서 행정학(조직이론전공) 박사학위를 취득하였다. 복잡성이론(Complexity or Chaos Theory)에 토대한 학습조직에 대한 학문적 관심은 실패학연구(failure study)로 이어졌다. 실패학 관련 주요 연구관심주제는 학습실패(learning failure)와 실패내성(failure tolerance), 개인과 조직차원에서 실패원인 등이다. 실패학 이외의 강의와 연구 분야는 감성지능·리더십과 팔로워십·사회생물학·인간행동예측분석(people analytics) 등이다. 최근 연구논문으로는, 커넥티브 리더십(connective leadership)의 사례분석 및 함의(근간), 대학 혁신 생태계의 공진화 전략에 대한 이론적 고찰(2020), 비선라인에 의해 작동되는 정치권력의 구조(2020), 환관정치의 구조에 관한 연구(2019), 규범적 비서론의 정립을 위한 연구-청와대 비서진을 중심으로(2017), 뇌 과학(Brain science)기반의 창의성 향상 수업모형(안) 개발(2017. proceedings), 뇌 과학으로 이해하는 비서역할과 역량(2017. proceedings), 비서직의 직무가치에 대한 연구(2016), 행정조직의 사회적 진화기제에 관한 연구-사회생물학의 원용-(2015) 등이 있다.

실패의 성공학

초판발행	2021년 10월 30일
지은이	Dean A. Shepherd, Trenton Williams, Marcus Wolfe, Holger Patzelt
옮긴이	박상규
펴낸이	안종만 · 안상준
편 집	전채린
기획/마케팅	오치웅
표지디자인	이수빈
제 작	고철민 · 조영환
펴낸곳	(주) **박영사**
	서울특별시 금천구 가산디지털2로 53, 210호(가산동, 한라시그마밸리)
	등록 1959. 3. 11. 제300-1959-1호(倫)
전 화	02)733-6771
f a x	02)736-4818
e-mail	pys@pybook.co.kr
homepage	www.pybook.co.kr
ISBN	979-11-303-1398-6 93350

* 파본은 구입하신 곳에서 교환해 드립니다. 본서의 무단복제행위를 금합니다.
* 역자와 협의하여 인지첩부를 생략합니다.

정 가   22,000원

이 저서는 2021학년도 나사렛대학교 학술연구지원비에 의해 수행된 연구임